Direito Comercial
e das Sociedades

Direito Comercial e das Sociedades

ENTRE AS EMPRESAS E O MERCADO

2018

Maria Elisabete Ramos

DIREITO COMERCIAL E DAS SOCIEDADES
ENTRE AS EMPRESAS E O MERCADO

AUTOR
Maria Elisabete Ramos

EDITOR
EDIÇÕES ALMEDINA, S.A.
Rua Fernandes Tomás, nºs 76-80
3000-167 Coimbra
Tel.: 239 851 904 · Fax: 239 851 901
www.almedina.net · editora@almedina.net

DESIGN DE CAPA
FBA.

PRÉ-IMPRESSÃO
EDIÇÕES ALMEDINA, SA

IMPRESSÃO E ACABAMENTO
ACD Print, S.A.
janeiro 2018

DEPÓSITO LEGAL
436659/18

Os dados e as opiniões inseridos na presente publicação são da exclusiva responsabilidade do(s) seu(s) autor(es).
Toda a reprodução desta obra, por fotocópia ou outro qualquer processo, sem prévia autorização escrita do Editor, é ilícita e passível de procedimento judicial contra o infrator.

 GRUPOALMEDINA

BIBLIOTECA NACIONAL DE PORTUGAL – CATALOGAÇÃO NA PUBLICAÇÃO

RAMOS, Maria Elisabete, 1966-

Direito comercial e das sociedades : entre as empresas e o mercado. – (Direito para economistas, gestores e marketeers)
ISBN 978-972-40- 7023-0

CDU   347

ABERTURA

Exercer ou não ou o comércio é uma decisão que, em regra, não depende de autorização alheia. A liberdade de comércio constitui atualmente uma das traves-mestras das economias de mercado.

Liberdade de comércio não equivale a ausência de normas jurídicas reguladoras da atividade económica. Através da regulação jurídica da economia, o Estado e os poderes públicos traçam limites, condicionam ou incentivam os agentes económicos.

A ninguém aproveita o desconhecimento da lei. Aos empreendedores, gestores de empresas, auditores, contabilistas certificados, titulares de órgão de fiscalização, secretários da sociedade, profissionais com responsabilidades em matéria de relações com os investidores, responsáveis pelos sistemas de *compliance*, é exigível que cumpram as regras jurídicas pertinentes ao ofício de cada um.

Este manual ambiciona condensar as noções fundamentais de direito comercial e de direito das sociedades comerciais relevantes para a tomada de decisões legalmente informadas em cada uma daquelas profissões.

Retomam-se os temas clássicos daquelas disciplinas jurídicas – atos de comércio, comerciantes, empresas e sociedades comerciais. Simultaneamente, chamam-se ao texto temas e expressões segregadas pela incessante inovação do mundo empresarial. Procura-se revelar o sentido jurídico-comercial ou jurídico-societário de tais expressões ou temas, de modo a permitir quer o conhecimento da abstrata regulação jurídico-comercial, quer a ligação à concreta prática empresarial.

Deliberadamente, é adotado um estilo conciso que privilegia as questões essenciais, motivado a dar a conhecer o que é fulcral em que cada uma das matérias abordadas. Espera-se, todavia, que cada leitor/a se sinta estimulado/a a aprofundar conhecimentos e a alargar horizontes. Por isso, no fim de cada capítulo o/a leitor/a encontrará a lista da bibliografia citada, recomendações de leituras suplementares e a indicação de sítios na *internet* que podem constituir significativas fontes de informação e de aproximação às matérias tratadas no capítulo.

Acredito que os professores universitários não podem nem devem subtrair os estudantes à complexidade das matérias tratadas. O ensino universitário, em minha opinião, não pode sacrificar a busca do conhecimento no altar do simplismo. Mas deve honrar a palavra pedagogia e a missão do pedagogo. Que, como todos nós sabemos, é aquele que conduz os estudantes em direção ao saber.

Chãs de Semide, novembro de 2017

LISTA DE ABREVIATURAS E SIGLAS

Ac.	–	Acórdão
ACE	–	Agrupamento Complementar de Empresas
AEIE	–	Agrupamento Europeu de Interesse Económico
art.	–	artigo
arts.	–	artigos
BCE	–	Banco Central Europeu
CCiv.	–	Código Civil
CCom.	–	Código Comercial
CCoop.	–	Código Cooperativo
CDA	–	Código do Direito de Autor e dos Direitos Conexos
CIRC	–	Código do Imposto sobre o Rendimento das Pessoas Coletivas
CIRE	–	Código da Insolvência e da Recuperação de Empresas
CMVM	–	Comissão do Mercado de Valores Mobiliários
CNot.	–	Código do Notariado
CP	–	Código Penal
CPC	–	Código de Processo Civil
CPI	–	Código da Propriedade Industrial
CPPT	–	Código de Procedimento e de Processo Tributário
CPTA	–	Código de Processo nos Tribunais Administrativos
CRCom.	–	Código do Registo Comercial
CRP	–	Constituição da República Portuguesa
CSC	–	Código das Sociedades Comerciais
CVM	–	Código dos Valores Mobiliários
DL	–	Decreto-Lei
DLR	–	Decreto Legislativo Regional
EPE	–	Entidade Pública Empresarial
FEDER	–	Fundo Europeu de Desenvolvimento Regional
FMI	–	Fundo Monetário Internacional

FSE	–	Fundo Social Europeu
IMT	–	Imposto Municipal sobre as Transmissões Onerosas de Imóveis
INE	–	Instituto Nacional de Estatística
JO	–	Jornal Oficial da União Europeia
L	–	Lei
LAV	–	Lei da Arbitragem Voluntária
LCCC	–	Lei dos Contratos de Crédito aos Consumidores
LCCG	–	Lei das Cláusulas Contratuais Gerais
LGT	–	Lei Geral do Trabalho
LOSJ	–	Lei da Organização do Sistema Judiciário
LUCH	–	Lei Uniforme relativa ao Cheque
LULL	–	Lei Uniforme relativa às Letras e Livranças
Nt.	–	nota
PER	–	Processo Especial de Revitalização
PME	–	Pequena e Média Empresa
RGIC	–	Regime Geral das Instituições de Crédito e Sociedades Financeiras
RJCR	–	Regime Jurídico do Capital de Risco
RJCS	–	Regime Jurídico do Contrato de Seguro
RJPADLEC	–	Regime Jurídico dos Procedimentos Administrativos de Dissolução e de Liquidação de Entidades Comerciais
RNPC	–	Registo Nacional de Pessoas Coletivas
ROC	–	Revisor Oficial de Contas
RRNPC	–	Regime do Registo Nacional de Pessoas Coletivas
RSPE	–	Regime do Setor Público Empresarial
SGPS	–	Sociedades Gestoras de Participações Sociais
SNC	–	Sistema de Normalização Contabilística
STJ	–	Supremo Tribunal de Justiça
t.	–	tomo
TFUE	–	Tratado sobre o Funcionamento da União Europeia
TUE	–	Tratado da União Europeia
UE	–	União Europeia
v.	–	veja

Capítulo I
INTRODUÇÃO AO DIREITO COMERCIAL

1. O que é o direito comercial?

1.1. Direito privado especial

É comum dizer-se que o direito civil constitui o *direito privado geral* e o direito comercial é direito *privado especial* (não excecional). Quer-se significar que, na grande divisão que separa direito privado de direito público, o direito comercial é essencialmente *direito privado*, porque, tipicamente, regula relações jurídicas entre sujeitos (pessoas singulares e coletivas) privados ou entre sujeitos privados e entidades públicas despidas das suas prerrogativas públicas. No entanto, o direito comercial integra também normas de direito público, como são os casos das normas relativas às firmas dos comerciantes, às obrigações de inscrição no registo comercial ou, ainda, as normas penais incluídas no Código das Sociedades Comerciais.

Atualmente, quando se afirma que o direito comercial é um direito privado *especial* quer-se significar que, por referência ao direito civil (direito privado geral), o direito comercial apresenta especialidades, particularidades que, contudo, não constituem um regime oposto ao regime-regra (não é, por isso, direito excecional). Ilustremos com um exemplo. O art. 874º do CCiv. apresenta a "noção" (geral) do contrato de compra e venda. Já o art. 463º do CCom. prevê as notas caraterísticas das "compras e vendas comerciais". Esta última disposição não repete a noção de contrato de compra e venda; limita-se a prever as especialidades que permitem caraterizar a compra e venda mercantil e diferenciá-la da civil.

DIREITO COMERCIAL E DAS SOCIEDADES. ENTRE AS EMPRESAS E O MERCADO

Na ordem jurídica portuguesa, a natureza especial do direito comercial não está dependente da submissão a uma jurisdição específica. Atualmente, a competência dos juízos de comércio (art. 128° da LOSJ) não assenta nos atos de comércio.

Mas se assim é, se o direito comercial é *fragmentário* porque regula *aspetos particulares* de determinadas relações jurídicas-privadas, continua a ser necessária a intervenção do direito civil, como resulta do art. 3° do CCom.. "As questões suscitadas pelas relações comerciais não têm de ser resolvidas apenas pelo direito comercial: podem sê-lo (...) pelo direito civil" (Xavier, 1977-78:12).

Não é correto identificar o direito comercial com a disciplina especial do comércio, seja este último entendido em *sentido económico* ou em *sentido jurídico*. Normalmente, o comércio em *sentido económico* é definido como a atividade de interposição na circulação dos bens ou de interposição nas trocas, de que a compra para revenda é a expressão paradigmática. Já o comércio em *sentido jurídico* é constituído pelas atividades económicas a que, em determinada ordem jurídica e em dado momento histórico, são aplicadas as normas jurídico-mercantis. Por conseguinte, o comércio em *sentido jurídico* abrange o comércio em sentido económico e outras atividades, como sejam a indústria e serviços, conforme resulta dos arts. 230°, nos seus diversos números, 366°, ss., 394°, todos do CCom.

Também não é correto dizer-se que todo o comércio em sentido económico é regulado pelo direito comercial. Na verdade, como veremos *infra*, a compra e venda civil (não mercantil) não é regulada pelo direito comercial (art. 464° do CCom.).

À luz das normas vigentes, deve também ser rejeitada a ideia de que o direito comercial regula todas as atividades económicas, pois várias delas estão praticamente arredadas deste ramo de direito: indústria extrativa, agricultura (vejam-se os arts. 230°, §§ 1°, 2°, 464°, n° 2, do CCom.), artesanato (art. 230°, § 1°, 464°, n° 3°), serviços profissionais.

Acresce, como recordou Lobo Xavier (1977-78: 8), que os atos "formalmente comerciais" – de que são exemplo as letras de câmbio –, sendo regulados pelo direito comercial, não pertencem nem ao comércio em sentido económico nem ao comércio em sentido jurídico, nem com este mantêm uma conexão necessária.

Historicamente, foram desenvolvidos três critérios de delimitação do direito comercial: *a) conceção subjetivista* – o direito comercial aplica-se aos comerciantes; *b) conceção objetivista* – o direito comercial aplica-se aos atos

CAPÍTULO I – INTRODUÇÃO AO DIREITO COMERCIAL

de comércio como tal caraterizados na lei; *c)* direito comercial aplica-se às *empresas* (comerciais) e às relações estabelecidas no quadro do desenvolvimento da empresa.

Na sua génese, cada um destes critérios delimitadores do direito comercial é tributário de determinadas circunstâncias históricas que os moldaram. A conceção *subjetivista* de direito comercial, moldada primeiramente nas corporações medievais, vê este ramo do direito como um "direito de classe" (Coutinho de Abreu), criado por mercadores para servir os seus interesses. A conceção *objetivista*, consolidada em França na sequência da Revolução francesa e plasmada no Código de Comércio de 1807, faz assentar a delimitação do direito comercial no "ato de comércio".

Outros Códigos de matriz objetivista se seguiram. Considere-se os códigos italiano e espanhol de 1882 e 1885 e, em Portugal, os Códigos de Comércio de 1833 e 1888.

É interessante observar que na conceção objetivista o direito comercial aplica-se, não só ao exercício profissional de atos de comércio, mas também à *prática isolada* ou *esporádica* de um ato de comércio. O que constitui um traço distintivo deste critério de delimitação do direito comercial porque no sistema subjetivo só são comerciais os atos praticados por quem exerce profissionalmente o comércio.

Efetivamente, como sublinha Ferrer Correia, não há "sistemas subjetivos puros, nem sistemas radicalmente objetivos. Todos utilizam, afinal, a noção de ato de comércio e em todos assume importância maior ou menor a noção de comerciante" (Correia, 1973: 17).

Com a industrialização da economia são criadas as condições para que se passe a considerar que as especialidades do direito comercial se justificam pela prática massiva de atos ou atividades no contexto de uma estrutura organizada que permite a reprodução contínua do processo produtivo. Emerge a empresa (comercial) como o critério delimitador do direito comercial. Este modelo teve a sua primeira consagração legal em 1934, na Holanda, e, sobretudo, em Itália em 1942.

Nenhum destes critérios delimitadores do direito comercial é completamente satisfatório e isento de críticas.

1.2. O direito comercial português

Momento marcante da regulação jurídico-mercantil é, sem dúvida, a aprovação do primeiro Código Comercial português. Conhecido por Código de

Ferreira Borges (em homenagem ao redator do Código), ele é publicado em 1833. Mais tarde, em 1888, é publicado o Código Comercial, conhecido por Código de Veiga Beirão (em homenagem ao Ministro da Justiça que tomou a iniciativa deste Código).

Este é ainda o Código Comercial em vigor, apesar das muitas normas revogadas e substituídas por legislação extravagante (*v.g.* sociedades comerciais, seguros, insolvência, *etc.*).

O art. 1º do Código Comercial de 1888 proclama que "a lei comercial rege os atos de comércio, sejam ou não comerciantes as pessoas que neles intervêm". Apesar do tom lapidar desta norma, a verdade é que o Código Comercial e a lei mercantil regulam "fenómenos que não são atos de comércio" (Abreu, 2016:41), como sejam, por exemplo, os casos das obrigações dos comerciantes ou a organização das sociedades.

No século XX o direito comercial conheceu avanços significativos que, de algum modo, procuram acompanhar a evolução da economia. O que implicou a revogação sucessiva de normas do Código Comercial e a sua substituição por normas extravagantes (vale por dizer, consagradas fora do Código Comercial) e, não menos importante, um reforço do peso e relevo das fontes externas de direito comercial (v. *infra*). A heterogeneidade da atividade económica torna, segundo Engrácia Antunes, "obsoletos os paradigmas legais clássicos da codificação jusmercantil (os conceitos de "ato de comércio" e "comerciante")" e compromete o propósito de codificar a matéria mercantil (Antunes, 2008:217).

Nem o Código Comercial nem a legislação extravagante define ou carateriza o que seja o direito comercial português. Essa é tarefa da doutrina. Coutinho de Abreu carateriza o direito comercial (português) como "o sistema jurídico-normativo que disciplina de modo especial os atos de comércio e os comerciantes" (Abreu, 2016:41). Segundo a proposta de Freitas do Amaral, o direito comercial "é o ramo do direito privado constituído pelo sistema de normas jurídicas que regulam o estatuto dos comerciantes e o regime dos atos e atividades de comércio" (Amaral, 2004: 309).

É certo que a conceção objetivista do Código Comercial é o "ponto de partida", complementado com a disciplina dedicada aos comerciantes. O Código Comercial identifica quem é comerciante na ordem jurídica portuguesa (art. 13º do CCom.), organiza o seu estatuto jurídico (vejam-se os arts. 18º e ss. do CCom.), regula os atos subjetivos de comércio (art. 2º, 2ª parte do CCom.). E, por conseguinte, apesar do teor do art. 1º do CCom, ele é também um código de comerciantes. Ou seja, um sistema *misto* que combina atos de comércio com comerciantes.

CAPÍTULO I – INTRODUÇÃO AO DIREITO COMERCIAL

Eis alguns problemas da vida económica regulados pelo direito comercial e pelo direito das sociedades: uma cooperativa de construção deve ser considerada comerciante? Um menor pode ser comerciante? Quem responde pelas dívidas de uma sociedade por quotas? O trespassante de um estabelecimento comercial pode, após a celebração do trespasse, estabelecer-se em negócio concorrente ao do estabelecimento trespassado e nas proximidades deste? Como é constituída a firma do comerciante em nome individual? Qual é o capital social mínimo de uma sociedade por quotas? O que é uma operação de "project finance"? Até que ponto podem os administradores confiar em informações que lhes são prestadas por outras pessoas? Quais as consequências do dolo do tomador do seguro na validade do contrato de seguro? Estão os administradores de sociedades obrigados a celebrar contrato de seguro de responsabilidade civil?

2. Fontes do direito comercial

A expressão "fontes do direito" é polissémica, pois foi, ao longos dos séculos, agregando sentidos. No *sentido técnico-jurídico*, as fontes de direito referem os modos pelos quais se constitui e se manifesta o direito positivo vigente numa determinada comunidade histórica (Ramos, 2017: 31). Trata-se, pois, neste contexto, de apurar os modos pelos quais se constituem e se manifestam as normas jurídicas que especialmente regulam os atos de comércio e os comerciantes.

Comecemos pelas *fontes internas*. Caraterizam-se estas por resultarem da atividade de órgãos ou entidades nacionais. Na primeira linha estão os *atos legislativos*, conforme caraterização constante do art. 112º, 1, da CRP – leis, decretos-leis e decretos legislativos regionais.

A Constituição da República Portuguesa, em particular a designada "constituição económica", contém normas com relevo jurídico-comercial como sejam, por exemplo, os art. 61º, 1 (iniciativa privada), o art. 81º, *f)* (incumbências prioritárias do Estado), art. 82º (setores de propriedade de meios de produção), art. 85º (cooperativas e experiências de autogestão), art. 86º (empresas privadas), art. 99º (objetivos de política comercial). O que significa que as leis comerciais de hierarquia inferior à Constituição da República Portuguesa devem obediência às disposições constitucionais.

A principal fonte interna do direito comercial é, sem margem para dúvidas, a *lei*. No elenco da lei, há que destacar o Código Comercial de 1888, aprovado por Carta de Lei de 28 de junho de 1888. Este Código elaborado no século XIX está parcialmente revogado. Acresce que os sinais do tempo também são visíveis por um lado, na omissão de atividades económicas propiciadas por tecnologias não conhecidas no século XIX (por exemplo, o transporte aéreo) e, por outro, na desatualização da linguagem.

A adesão de Portugal às Comunidades, formalizada através do Tratado de Adesão assinado em 1985, determinou que a ordem jurídica portuguesa tivesse de se adaptar ao já existente acervo comunitário em matéria comercial (por exemplo, incorporando na ordem jurídica portuguesa as 1ª e 2ª Diretivas sobre sociedades (v. *infra*)). E, além disso, determina que o Estado Português esteja obrigado a cumprir o direito da União Europeia, em matéria jurídico-comercial.

Fora do Código Comercial, há que salientar o relevo do Código das Sociedades Comerciais, do Código dos Valores Mobiliários, do Regime Jurídico do Contrato de Seguro, do Código da Propriedade Industrial, das normas sobre firmas e denominações consagradas no Regime do Registo Nacional de Pessoas Coletivas, do Código da Insolvência e da Recuperação de Empresas ou do Código do Registo Comercial.

Como fontes do direito comercial há que considerar, ainda, a *doutrina* e a *jurisprudência*. Distinguem-se dos atos legislativos (art. 112º da CRP) porque, por um lado, na sua origem não está uma decisão política e, por outro, não dispõem de força obrigatória geral (como é caraterístico dos atos legislativos). A *jurisprudência* designa o conjunto das decisões dos tribunais na decisão de casos concretos. Na verdade, à jurisprudência é reconhecido o decisivo papel de, na decisão de casos concretos, aplicar, interpretar as normas jurídicas vigentes. Sabendo que o "tribunal não pode abster-se de julgar, invocando a falta ou obscuridade da lei ou alegando dúvida insanável acerca dos factos em litígio" (art. 8º, 1, do CCiv.), cabe à jurisprudência integrar lacunas. A jurisprudência tem um papel constitutivo do direito comercial.

A merecer particular destaque no mundo empresarial é a jurisprudência que resulta da atividade dos tribunais arbitrais e da sua atividade de arbitragem (sobre esta, v. *infra*).

A *doutrina*, enquanto o pensamento dos juristas sobre questões de direito, desempenha o relevante papel de *explicitar* as soluções jurídicas acolhidas pelo sistema jurídico, contribuindo para esclarecer o sentido jurídico das normas (Ramos, 2017:25). Por outro lado, assume significativo relevo no desenvolvimento do direito, apontando soluções novas e caminhos para a resolução de casos concretos. A *doutrina comercial* é uma das fontes de que se servem os juízes na hora de prepararem as suas decisões e, aspeto não

CAPÍTULO I – INTRODUÇÃO AO DIREITO COMERCIAL

menos importante, é um dos elementos de que se servem os gestores que, para tomarem *decisões informadas*, se socorrem de pareceres jurídicos. Não raras vezes, a decisão dos gestores de sociedades incorpora dados jurídicos que os decisores precisam de ver clarificados através de opiniões de juristas.

Confrontadas com a complexidade e intensidade de regulação jurídica, as empresas socorrem-se de pareceres jurídicos que, embora não sejam vinculativos, contribuem para comportamentos empresariais respeitadores da lei. Várias empresas têm, aliás, departamentos de *compliance* cuja missão é assegurar que a organização atua em conformidade com a lei, regulamentos, contratos celebrados, regras de conduta e de relacionamento com os clientes (v. *infra*).

Cabe, ainda, referir o papel dos usos e *costumes mercantis*, enquanto fontes de direito. Sublinha Piedelièvre (2015:16) que os usos comerciais adquirem no direito comercial uma importância superior à registada no direito civil.

Também Engrácia Antunes refere que o costume mercantil tem relevo ou no âmbito do pequeno comércio local – considere-se, por exemplo, o "costume de estabelecer uma prioridade cronológica na celebração dos contratos de compra e venda de bens ou serviços nos estabelecimentos comerciais de acordo com a ordenação das filas de espera – ou, no extremo oposto, no âmbito do grande comércio internacional ou globalizado – onde a inadequação das fontes estaduais e a insuficiência das clássicas fontes supra-estaduais ("maxime", Convenções) tem proporcionado terreno fértil ao desenvolvimento e sedimentação de verdadeiras normas consuetudinárias" (Antunes, 2008:224).

Os *usos mercantis* correspondem a práticas comerciais estabilizadas adotadas designadamente por comerciantes, mas sem caráter obrigatório. Já o *costume mercantil* consiste em práticas reiteradas e constantes observadas com a convicção da obrigatoriedade, pois incorporam normas jurídicas obrigatórias. Comum aos usos e costumes jurídicos é a circunstância de a regulação que deles de retira se ter constituído, não por uma vontade política-legislativa (como o direito legislado), mas emergir de uma prática social reiterada e constante. A aceleração histórica e o atual dinamismo e inovação da atividade comercial não oferecem as condições sociais propícias a que se sedimentem e se consolidem usos comerciais ou costumes jurídicos comerciais. Nos designados sistemas de *civil law* (direito legislado), os usos e costumes têm vindo a perder importância e relevo enquanto fontes de direito.

A doutrina sublinha a relação entre o costume mercantil e as normas contratuais (Engrácia, 2008:237). Salienta-se que muitos dos contratos não são dotados de regime legal próprio (por isso, se dizem legalmente atípicos), mas são maciçamente usados pela prática empresarial e comercial. Considere-se, a título de exemplo, o "franchising", o "know-how", o "project finance" "renting". Ora, segundo Pais de Vasconcelos (1995:61) e Engrácia Antunes (2008:237), as normas que regem estes contratos atípicos são de fonte consuetudinária.

No direito português, deve ser afirmado o costume jurídico como fonte de direito comercial. E também os usos mercantis devem ser considerados fonte de direito CCiv.. Efetivamente, várias normas da lei comercial invocam os usos: vejam-se os exemplos dos artigos 232º, § 1º, 238º, 248º, 269º, § 2º, 271º, § único, todos do CCom. Fora do Código Comercial considerem-se, a título de exemplo, o art. 6º, 2[1] que considera admissíveis as liberalidades sociais que possam ser consideradas usuais, o art. 317º do CPI que define concorrência desleal como todo o ato de concorrência "contrário às normas e usos honestos de qualquer ramo de atividade económica".

Na jurisprudência portuguesa podem ser encontrados alguns exemplos de usos comerciais. Foi considerado uso bancário ou "uso da praça" a prática adotada pela Caixa Geral de Depósitos que permite a movimentação de contas bancárias por pessoas que não sabem ler nem escrever, mediante a aposição da respetiva impressão digital e a assinatura a rogo do titular (v. Acórdão do Tribunal Constitucional de 22 de maio de 1996, Proc. 179/94, relator: Tavares da Costa).

Há, ainda, que considerar (embora não conste da lista de fontes do direito incluída no Código Civil) modos de constituição do direito comercial de natureza "institucionalmente social", de que são exemplo os códigos de conduta, os estatutos que regem pessoas coletivas (por exemplo, as sociedades) e códigos de governo.

No âmbito do direito comercial são frequentes os instrumentos de "soft law". A designação é muito abrangente e, por isso, necessita de ser delimitada. Ela descreve um conjunto de regras que, constituindo modelos de atuação *recomendada*, não são obrigatórias para os agentes económicos nem são garantidas por sanções jurídicas.

Podem ser elaboradas pelo Estado ou por entidades da Administração pública, por intermédio dos seus órgãos, por instituições da União Europeia e, ainda, por entidades privadas. Pense-se, por exemplo, nas recomendações emitidas pela Autoridade da Concorrência ou pela Comissão do Mercado de Valores Mobiliários, nas Orientações elaboradas pela Comissão Europeia

---

[1] São do CSC as normas jurídicas cuja fonte legislativa não seja mencionada.

CAPÍTULO I – INTRODUÇÃO AO DIREITO COMERCIAL

(*guidelines*) ou nos Códigos de Conduta ou, ainda, nos Códigos de Bom Governo elaborados por organizações públicas ou privadas. Veja-se, a título de exemplo, o "Código de Governo das sociedades da CMVM 2013 (Recomendações)" que, justamente, agrega um conjunto de *recomendações* elaboradas por este regulador do mercado de capitais que, por definição, não são obrigatórias. Estes códigos de governo manifestam a "tendência contemporânea para uma "disciplina multinível" e "em rede" de muitas das relações sociais "(Frada, 2014:340).

Não raras vezes, o *soft law* corresponde a uma forma de *autorregulação* dos agentes económicos e *maxime* dos comerciantes. As empresas ou as associações de determinado setor concordam em seguir determinadas regras reconhecidas por todas como geradoras de boas práticas. Esta autorregulação constitui, por vezes, uma versão preparatória de futura legislação de caráter obrigatório, em especial quando o Estado reconhece que não bastam normas de cumprimento voluntário, substituindo assim o "soft law" por "hard law".

Em matéria de governo das sociedades cotadas (v. *infra*, sobre esta noção), a ordem jurídica portuguesa articula as *recomendações* inscritas no Código de Governo das Sociedades (*soft law*) com as disposições imperativas do Regulamento da CMVM sobre o governo das sociedades (*hard law*). Nos termos do art. 1º do Regulamento 4/2013 sobre o Governo das sociedades, a sociedade deve incluir no relatório de governo societário "a apreciação da sociedade quanto ao cumprimento das recomendações previstas no código de governo da sociedade adotado" (disposição de natureza regulamentar de *cariz obrigatório*). Consagra-se aqui o modelo "comply or explain". A sociedade ou cumpre as recomendações ou explica ao mercado as razões porque as não cumpriu.

Na ordem jurídica portuguesa vigoram normas jurídicas comerciais que têm origem *externa*. Nos termos do art. 8º, 2, da CRP, "as normas constantes de convenções internacionais regularmente ratificadas ou aprovadas vigoram na ordem interna após a sua publicação oficial e enquanto vincularem internacionalmente o Estado Português". Ora, uma das fontes externas que mais relevo tem em matéria de direito comercial são, justamente, as convenções internacionais.

É de salientar neste contexto as convenções internacionais de vocação universalista. Considerem-se, a título de exemplo, a Lei Uniforme relativa às letras e livranças, estabelecida pela Convenção assinada em Genebra, em 7 de junho de 1930, aprovada em Portugal pelo DL nº 23721, de 29 de março de 1934, e ratificada pela Carta de 21 de junho de 1934, e a Lei Uniforme relativa ao cheque, estabelecida pela Convenção assinada em Genebra a 19 de março de 1931, aprovada em Portugal pelo DL n° 23721, de 29 de março de 1934, e confirmada e ratificada pela Carta de 10 de maio de 1934. As normas destas convenções integram a ordem jurídica portuguesa e aplicam-se às empresas e cidadãos em Portugal.

Por força de integração Portugal na União Europeia, destaque-se o relevo dos *regulamentos* e das *diretivas* (art. 288° do TFUE). Os regulamentos vigoram diretamente na ordem jurídica portuguesa e têm força obrigatória geral (veja-se, por exemplo, o Regulamento (CE) n° 139/2004 do Conselho, de 20 de janeiro de 2004, relativo ao controlo das concentrações de empresas). O que significa que, embora sejam elaborados por instituições da União Europeia e publicados no *Jornal Oficial da União Europeia*, os regulamentos são aplicáveis a cidadãos e a empresas em Portugal.

As diretivas necessitam de ser *transposta* para a ordem jurídica nacional (art. 288° do TFUE), não têm aplicabilidade direta.

A transposição é necessariamente operada através de lei, decreto-lei ou decreto-legislativo regional (art. 112°, 8 da CRP). A diretiva é uma fonte externa, mais precisamente é uma *fonte do direito derivado da União Europeia*. Os atos de transposição (lei, decreto-lei ou decreto-legislativo regional) *são fontes do direito interno*.

Veja-se, a título de exemplo, a Diretiva 2007/36/CE do Parlamento Europeu e do Conselho, de 11 de julho de 2007, relativa ao exercício de certos direitos dos acionistas de sociedades cotadas. Esta diretiva foi transposta para a ordem jurídica interna através do DL n° 49/2010, de 19 maio.

O que importa salientar é que os Estados-Membros destinatários das diretivas estão obrigados à transposição, no prazo nelas fixado. Essa é uma das razões (não a única) de muitas das alterações legislativas ocorridas na ordem jurídica portuguesa.

No contexto do comércio internacional são usuais as expressões "Lex Mercatoria", "Ius Mercatorum" ou "New Law Merchant" que pretendem "designar um complexo normativo, de carácter material, que abrange os usos, práticas ou costumes do comércio internacional" (Brito, 2004:111). É certo que já na sua génese histórica o direito comercial apresentava uma *vocação internacional*. Mas também é ajustado sublinhar-se que a intensificação do comércio internacional implicou a necessidade de regras uniformes. Estas podem decorrer dos usos internacionais, dos contratos-tipo, do direito corporativo, sendo que a arbitragem comercial internacional tem um importante papel na aplicação de tais regras (Abreu, 2016:40). Ora, muitos destes

CAPÍTULO I – INTRODUÇÃO AO DIREITO COMERCIAL

contratos-tipo ou contratos-modelo são, segundo alguma doutrina, de fonte consuetudinária (Antunes: 2008:237).

Várias organizações desempenham um papel relevante na constituição deste direito que regula o comércio internacional. Pense-se, por exemplo, na Comissão das Nações Unidas para o comércio internacional (CNUDCI/ /UNCITRAL), no Instituto para a Unificação do Direito Privado (UNI-DROIT) ou na *International Chamber of Commerce* (ICC) que se apresenta como uma "organização mundial de empresas".

É no âmbito da ICC que são desenvolvidos os *International Commercial Terms* (*Incoterms*). Publicados pela primeira vez em 1936, os *Incoterms* visam tornar mais claras as cláusulas (*terms*) relativas ao contrato de compra e venda internacional. Neste contexto fala-se numa "venda CIP" ou numa "venda FOB". A última versão dos *Incoterms* data de 2010, mas este é um projeto que regularmente é renovado, de modo a adequar-se às condições das trocas internacionais.

Também não deve ser desmerecido o papel da jurisprudência de tribunais externos na conformação do direito comercial português. Saliente-se o papel da jurisprudência do Tribunal de Justiça da União Europeia que, na sua tarefa de interpretação das normas dos Tratados e do direito derivado da União, desenvolve conceitos que são adotados pelos legisladores nacionais. Pense-se, por exemplo, na noção "comunitária" de empresa (v. *infra*) que foi acolhida, por exemplo na Recomendação da Comissão Europeia sobre a definição de pequena e média empresas (v. *infra*) e que também influenciou a definição legal de empresa que consta do art. 3º da Lei da Concorrência (v. *infra*).

Bibliografia citada

Abreu, J. M. Coutinho (2016), *Curso de direito comercial. Introdução, atos de comércio, comerciantes, empresas, sinais distintivos,* 10ª ed., Coimbra: Almedina.

Amaral, Diogo Freitas do (2004), *Manual de introdução ao direito,* vol. I (com a colaboração de Ravi Afonso Pereira), Coimbra, Almedina.

Antunes, José Engrácia (2008), "Os usos e o costume no direito comercial. Algumas breves reflexões", *Estudos comemorativos dos 10 anos da Faculdade de Direito da Universidade Nova de Lisboa,* Coimbra: Almedina.

Brito, Maria Helena (2004), *Direito do comércio internacional,* Coimbra: Almedina.

Correia, A. Ferrer (1973), *Lições de direito comercial,* vol. I (de harmonia com as prelações feitas ao 4.º ano jurídico de 1972-73, com a colaboração de Manuel Henrique Mesquita e António A. Caeiro), Coimbra.

Frada, Manuel Carneiro da (2014), "Ou cumpres ou explicas-te!" Sobre a *soft law* no governo societário", *III Congresso de Direito das Sociedades em Revista,* Coimbra: Almedina.

Piédelièvre, Stéphane (2015), *Droit commercial. Actes de commerce, commerçants, fonds de commerce, concurrence, consommation,* 10ᵉ edition, Paris.

Ramos, Maria Elisabete (2017), "O direito e a vida social – a ordem jurídica", *Manual de introdução ao direito. Saber direito para entender o mercado,* 2ª ed., Coimbra: Almedina.

Vasconcelos, Pedro Pais (1995), *Contratos atípicos,* Coimbra: Almedina.

Xavier, Vasco Lobo (1977-1978), *Direito comercial,* Sumários das lições ao 3º ano jurídico, Coimbra.

CAPÍTULO I – INTRODUÇÃO AO DIREITO COMERCIAL

Para saber mais

I – Leituras recomendadas

Abreu, J. M. Coutinho (1998), "Uma introdução ao direito comercial", *Ab Vno ad Omnes. 75 anos da Coimbra Editora 1920-1995*, Coimbra: Coimbra Editora.

Abreu, J. M. Coutinho (2011), "Sobre a (não) reautonomização do Direito Comercial", *Estudos em Homenagem ao Professor Doutor Carlos Ferreira de Almeida*, vol. II, Coimbra: Almedina.

Costa, Ricardo (2014), "O direito comercial português: direito misto, autónomo e basicamente empresarial", *Para Jorge Leite. Escritos jurídicos*, vol. II, Coimbra: Coimbra Editora.

Cunha, Paulo Olavo (1998), "Comércio", *Enciclopédia Verbo*, Vol. 7, Lisboa/S. Paulo: Edição Século XXI, Verbo.

Cunha, Paulo Olavo (2016), *Direito Empresarial para Economistas e Gestores*, 2ª ed., Coimbra: Almedina.

Galgano, Francesco, *História do direito comercial*, tradução de João Espírito Santo, Lisboa: Signo, s/d.

International Chamber of Commerce (2010), *Incoterms 2010®. ICC rules for the use of domestic and international trade terms*, Paris: ICC Services Publications.

II – Sítios oficiais de conteúdo informativo relevante para compreender o que é o direito comercial

Para melhor perceber o que é a lei como fonte interna de direito comercial, recomenda-se a consulta do sitio do *Diário da República*, jornal que procede à publicação oficial dos atos legislativos – www.dre.pt.

Tendo em conta que na União Europeia o processo legislativo envolve, essencialmente, o Conselho da União Europeia, a Comissão e o Parlamento Europeu (arts. 14º, 16º, 17º, 2, do TUE), a consulta dos sítios oficiais destas instituições pode permitir o conhecimento da sua atividade como, em particular, das iniciativas em curso em matéria jurídico-comercial.

Parlamento Europeu: http://www.europarl.europa.eu/portal/pt

DIREITO COMERCIAL E DAS SOCIEDADES. ENTRE AS EMPRESAS E O MERCADO

Conselho da União Europeia: http://www.consilium.europa.eu/pt/home/

Comissão Europeia: https://ec.europa.eu/commission/index_pt

Uma forma rápida de conhecer os atos legislativos (art. 289° do TFUE) da União Europeia em matéria comercial é consultar regularmente o *sítio* do Jornal Oficial da União Europeia. A edição eletrónica do Jornal Oficial (JO em linha) passou a fazer fé e a produzir efeitos jurídicos a partir de 1 de julho de 2013. Para o acesso direto ao Jornal Oficial da União Europeia, consultar: http://eur-lex.europa.eu/oj/direct-access.html.

Para ter uma primeira aproximação às 11 cláusulas que constituem os *Incoterms* 2010, elaboradas pela Câmara de Comércio Internacional, v. http://www.iccwbo.org/products-and-services/trade-facilitation/incoterms-2010/the-incoterms-rules/

Também é fácil o acesso à jurisprudência do Tribunal de Justiça da União Europeia ou do Tribunal Geral. Basta procurar o sítio oficial e usar os formulários de busca que aí se encontram: http://curia.europa.eu/jcms/jcms/j_6/pt/

Para exemplos de jurisprudência de tribunais arbitrais, pode ser consultada a página da CICAP – Centro de Informação do Consumo e de arbitragem do Porto: http://www.cicap.pt/jurisprudencia/ ou do Centro de Arbitragem da Câmara de Comércio e de Indústria: http://www.centrodearbitragem.pt/index.php?lang=pt

CAPÍTULO I – INTRODUÇÃO AO DIREITO COMERCIAL

Para estudar melhor

I. Distinga:

a) Jurisprudência comercial *de* doutrina comercial;

b) Costume mercantil *de* lei mercantil;

c) Costume mercantil *de* uso mercantil;

d) Compra e venda civil *de* compra e venda mercantil;

e) Regulamento *de* Diretiva;

f) Recomendações da CVMV *de* Regulamentos da CMVM.

II. Analise criticamente a seguinte afirmação:

"O direito comercial é o ramo do direito que regula o comércio".

III. Considere as seguintes informações:

No Preâmbulo da Proposta de Lei nº 52/XIII, da Presidência do Conselho de Ministros, lê-se:

"Há várias décadas que as instituições da União Europeia desenvolvem esforços no sentido da promoção da igualdade entre mulheres e homens na tomada de decisões, nomeadamente procurando reforçar a presença daquelas em órgãos de administração e de fiscalização das empresas, adotando recomendações neste domínio e promovendo a autorregulação. Estes esforços alicerçam-se num quadro legal e jurisprudencial sólido de combate à discriminação em função de vários fatores, incluindo sob formas aditivas e intersecionais.

O Pacto Europeu para a Igualdade entre Homens e Mulheres (2011-2020), adotado em 7 de março de 2011, sublinha que as políticas de igualdade entre mulheres e homens são vitais para o crescimento, a prosperidade e a competitividade, apelando a uma ação urgente para promover a igualdade de participação das mulheres e dos homens no processo de tomada de decisão a todos os níveis e em todos os domínios, de modo a tirar pleno partido de todos os talentos. A mobilização dos recursos humanos disponíveis é um elemento determinante para poder enfrentar os novos desafios demográficos, competir com êxito numa economia globalizada e assegurar vantagens em relação a outros países. (…)

Muito embora Portugal já disponha de alguns instrumentos legais quanto a esta matéria, constata-se a insuficiência da legislação nacional para alcançar efetivamente as metas europeias. Em concreto, várias medidas têm vindo a ser aprovadas, como foram a Resolução do Conselho de Ministros nº 19/2012, de 8 de março, que pretendeu promover a presença plural de mulheres e de homens nos órgãos de administração e de fiscalização das entidades do setor empresarial do Estado e das empresas do setor privado cotadas em bolsa, e da Resolução do Conselho de Ministros nº 11-A/2015, de 6 de março, tendo em vista a celebração, com as empresas cotadas em bolsa, de um compromisso que promova um maior equilíbrio na representação de mulheres e de homens nos respetivos conselhos de administração, pressupondo, por parte das empresas, a vinculação a um objetivo de representação de 30% do sexo sub-representado, até final de 2018".

Resolva as seguintes questões:

1. Identifique e caraterize as fontes de direito comercial referidas no texto citado.

2. É juridicamente correto afirmar-se que a matéria da composição do órgão de administração e de fiscalização das sociedades cotadas encontra-se regulada no Código Comercial? Justifique a sua resposta.

3. Através de que meio podem as empresas privadas cotadas em bolsa conhecer o teor da Resolução do Conselho de Ministros nº 11-A/2015, de 6 de março?

Capítulo II
ATOS DE COMÉRCIO

1. Atos de comércio

1.1. Caraterização geral

Neste capítulo vai ser tratada a distinção entre "atos de comércio" e "atos não comerciais". Ela está pressuposta no Código Comercial de 1888 que adotou o modelo objetivista (ainda que em versão não pura) de delimitação da matéria mercantil.

Tal opção surge proclamada no art. 1º do Código Comercial de 1888: "A lei comercial rege os atos de comércio, sejam ou não comerciantes as pessoas que neles intervêm."

A "lei comercial" não define o "ato de comércio". Em sistemas de matriz objetiva (como é o sistema português), têm sido ensaiados pela doutrina *conceitos unitários* de atos de comércio, a partir de três critérios principais: *a)* finalidade especulativa (é ato de comércio o que é praticado com finalidade especulativa); *b)* interposição nas trocas ou a circulação da riqueza (é ato de comércio aquele que opera a interposição nas trocas ou a circulação da riqueza); *c)* a empresa (é ato de comércio o que é praticado pela empresa ou no contexto da empresa) (Abreu, 2016:74).

Considerando a ordem jurídica portuguesa, percebe-se que nenhum dos critérios permite um conceito unitário de ato de comércio que se adeque à legislação comercial portuguesa em vigor. Entre o elenco de atos objetivos de comércio previstos pela lei portuguesa estão atos que não visam o escopo

DIREITO COMERCIAL E DAS SOCIEDADES. ENTRE AS EMPRESAS E O MERCADO

lucrativo (pense-se, por exemplo, atos de comércio praticados por cooperativas, Estado, agrupamentos complementares de empresas), não configuram uma atividade de interposição nas trocas (pense-se, por exemplo, na aquisição de participações sociais relativas a sociedades comerciais), nem pressupõem a existência de empresa (considere-se, a título de exemplo, a prática de atos de comércio esporádicos fora do quadro da empresa, como é o caso de uma episódica compra para revenda).

Já Guilherme Moreira reconheceu em 1889 que era impossível formular o conceito unitário de ato de comércio, ou seja um conceito que reunisse as caraterísticas dos vários atos que a lei comercial prevê. Também em França a doutrina refere que não é possível encontrar o "critério geral" de ato de comércio (Piedelièvre, 2015:49).

O art. 2° do CCom. *não apresenta uma lista expressa*, nem sequer indicativa, de atos objetivos de comércio. O art. 2° do CCom, ao dizer que são "atos de comércio todos os que se acharem especialmente regulados neste Código", está a fazer uma *remissão implícita* para o Código Comercial e para a lei mercantil. E, por esta via, está a propiciar uma "lista implícita" (Santos, 2007:6).

O que resulta do art. 2° do CCom. não é a definição de ato de comércio, mas sim a caraterização de *atos de comércio objetivos* (1ª parte) e de *atos de comércio subjetivos* (2ª parte).

Os atos de comércio já foram referenciados como "operações", "operações jurídicas", "factos jurídicos mercantis" (Xavier, 1977-78:33, no seguimento de Olavo, 1970:62). Atendendo à sua estrutura jurídica, na categoria de "factos jurídicos mercantis" cabem, desde logo, os *contratos comerciais* (os previstos e regulados no Livro II, como por exemplo, o contrato de compra e venda mercantil), *negócios jurídicos unilaterais* (por exemplo, o saque de uma letra), certos *factos ilícitos especialmente regulados na lei mercantil* (por exemplo, os arts. 72°, ss.[1], ou a "barataria do capitão", prevista no art. 604°, § 1° do CCom., que, como salienta o Ac. do STJ de 29.01.2008, em que é relator o Juiz Conselheiro Salvador da Costa, se traduz em "faltas ligeiras ou graves, intencionais ou meramente culposas do capitão ou de algum membro da tripulação"), *simples atos jurídicos* (como, por exemplo, a interpelação e avisos dirigidos a sócios remissos, previstos nos arts. 203°, 3, 204°, ss., 285° e 286°).

Discute a doutrina portuguesa se os *factos jurídicos não voluntários ou naturais* podem ser considerados atos de comércio. Pense-se, por exemplo, na

---

[1] São do Código das Sociedades Comerciais as normas legais cuja fonte legislativa não é mencionada.

CAPÍTULO II – ATOS DE COMÉRCIO

prescrição de direitos cambiários, prevista no art. 70° da LULL. (Respondendo afirmativamente a esta questão, Olavo, 1970:62, Cordeiro 2012:206. Rejeitando que os factos jurídicos não voluntários possam ser considerados atos de comércio Xavier 1977-78:33, nt. 1, Ascensão, 1998/1999: 71, Abreu 2016:78, Costa 2014:126).

Coutinho de Abreu (2016:78) define atos de comércio como "os factos jurídicos voluntários especialmente regulados em lei comercial e os que, realizados por comerciantes, respeitem as condições previstas no final do art. 2° do CCom."

1.2. Principais classificações (legais e doutrinais)

1.2.1. Atos objetivos de comércio e atos subjetivos de comércio

A primeira classificação que deve ser considerada é a que separa os atos de comércio em *objetivos* e *subjetivos*. Atendendo ao art. 2° do CCom., são atos *objetivos* de comércio "todos aqueles que se acharem especialmente regulados neste Código". Ou seja, a qualificação de um ato de comércio como objetivo *não depende da qualidade do sujeito que o pratica*, mas da circunstância de ele se encontrar "especialmente" regulado no Código Comercial e na lei mercantil.

De acordo com o art. 2°, 2ª parte, são considerados atos *subjetivos* de comércio "todos os contratos e obrigações dos comerciantes, que não forem de natureza exclusivamente civil, se o contrário do próprio ato não resultar". Neste caso, a qualificação mercantil do ato depende, em primeira linha, da *qualidade de comerciante* do sujeito que o pratica.

No entanto, alguns atos especialmente regulados pela lei também exigem a *qualidade de comerciante* (veja-se o caso do contrato de transporte previsto nos arts. 366° e ss. do CCom., em que o empresário, em regra, é comerciante) e a qualificação de um ato como ato subjetivo de comércio depende da verificação das duas *condições objetivas* previstas na parte final do art. 2° do CCom: não ser de natureza exclusivamente civil e se o contrário do próprio ato não resultar.

Tomando em consideração o CCom., são atualmente considerados *atos objetivos de comércio*: fiança (art. 101°), mandato (arts. 231°, ss.), conta corrente (arts. 344°, ss.), operações de banco (arts. 362°, ss.), penhor (arts. 397°, ss.), depósito (arts. 403°, ss.), depósito de géneros e mercadorias nos armazéns gerais (arts. 408°), compra e venda (arts. 463°, ss.), reporte (arts. 477°, ss.), escambo ou troca (art. 480°), aluguer (arts. 481°-482°), transmissão e reforma de título de crédito mercantil (arts. 483º-484º), todos do CCom., e atos relativos ao comércio marítimo.

Também devem ser considerados atos objetivos de comércio os que se encontrem regulados em "leis comerciais" posteriores ao CCom. Serão leis comerciais: *a*) as que venham substituir normas do Código Comercial, *b*) as que se qualificam como comerciais e as que *c*) regulam matérias análogas às disciplinadas no Código Comercial (Abreu, 2016: 80, ss.). Exemplo das primeiras são as disposições do Código das Sociedades Comerciais relativas ao contrato de sociedade que vieram substituir os arts. 104º e ss. do CCom., os negócios relativos às letras, livranças e cheques, regulados pela LULL e pela LUC, e anteriormente reguladas pelos arts. 278º e ss. do CCom. ou as disposições sobre operações de bolsa, outrora reguladas pelos arts. 351º do CCom. e atualmente contempladas no CVM.

Outras vezes, é a própria lei se qualifica como comercial. Veja-se, a título de exemplo, os decretos-leis que regulam certas modalidades de sociedades que são caraterizadas como sociedades comerciais (Abreu, 2016:83).

Mais controversa é a questão da qualificação dos atos de comércio *objetivos por analogia*. Recorde-se que o direito comercial é direito privado especial (não excecional). Ora esta caraterização do direito comercial como especial é relevante para o tema que nos ocupa. Na verdade, o art. 11º do CCiv. proíbe a aplicação analógica de normas excecionais (as que incorporam um regime oposto ao regime-regra), mas não impede a aplicação analógica de normas de direito especial.

Continua a ser controversa a qualificação por analogia de um ato como ato de comércio objetivo. No entanto, hoje, tendo em conta a desatualização do Código Comercial, parece prevalecer a orientação que admite a qualificação de ato de comércio por *analogia legis*. Alguns autores rejeitam a qualificação de um ato de comércio pelo recurso à *analogia iuris* (Xavier, 1977/78:58-59, Ascensão, 1998/1999:63). Outros admitem o recurso à analogia *iuris* para qualificar um determinado ato como comercial. É recorrendo à *analogia iuris* que Coutinho de Abreu qualifica como comerciais as empresas de prestação de serviços.

É controverso o sentido jurídico do art. 230º do CCom. Na vigência deste preceito, foram desenvolvidas várias interpretações: *a*) as empresas previstas no art. 230º do CCom. significam o mesmo que empresários ou comerciantes; *b*) as "empresas" aí contempladas não são mais do que séries ou complexos de atos comerciais (objetivos); *c*) o art. 230º do CCom. refere atividades comerciais.

CAPÍTULO II – ATOS DE COMÉRCIO

Como refere Lobo Xavier, 1977-78:43, 44, "a opção não terá aqui muito interesse. Com efeito, qualquer das três posições em presença vem, ao fim e ao cabo, a conduzir às mesmas soluções (...), não havendo discrepância substancial acerca do alcance prático do art. 230°, mas apenas divergência de ordem construtiva (...)". E acrescenta este autor "saber se o alcance imediato do art. 230° é a atribuição da qualidade de comerciante ao empresário ou de natureza comercial aos atos por este praticados na exploração da empresa é problema sem interesse prático" (Xavier, 1977-78:44).

Mais recentemente, Coutinho de Abreu pronuncia-se no sentido de que "as empresas do art. 230° como conjuntos ou série de atos (atividades) objetivamente comerciais enquadrados organizatoriamente (atos praticados no quadro de organizações de meios pessoais e/ou reais)", abrangendo *todos* "os atos de praticados na exploração dessas organizações empresariais" (Abreu, 2016:87).

Cassiano dos Santos (2007:82) sustenta que o "sentido imediato e primário" do art. 230° é o de considerar que são comerciais "todas as empresas análogas a essas aí explicitadas". De acordo com esta posição, "a empresa agrícola é empresa comercial, pelo art. 230° (...). Excluída fica apenas a agricutura tradicional e não empresarial".

Parece que este entendimento de que as empresas agrícolas são comerciais não está em conformidade com os dados positivos do direito comercial português. Considere-se, além do art. 230°, § 1 e § 2, o art. 464° do CCom.

O que acontece atualmente é que as explorações agrícolas (especialmente as de maior dimensão) são exploradas por sociedades. O que é absolutamente permitido através das chamadas sociedades civis sob a forma comercial (art. 1°, 4) e, desta forma, ficam sujeitas tais sociedades (embora não sejam sociedades comerciais) ao Código das Sociedades Comerciais. O que significa que a natureza não comercial da atividade da sociedade não implica uma diferenciação de regime jurídico-societário.

Nem todos os atos praticados pelos comerciantes são atos subjetivos de comércio (art. 2°, 2ª parte do CCom.). *Não são atos subjetivos de comércio* os que forem de "natureza exclusivamente civil", ou seja, aqueles que não são conexionáveis com o comércio vejam-se os exemplos do casamento, da perfilhação, da adoção, da filiação, da designação de tutor.

Já as doações e as liberalidades (não previstas no Código Comercial), usadas muito frequentemente pelos comerciantes com fins de publicidade não devem ser considerados atos exclusivamente civis (Abreu, 2016:103). Na verdade, constituem uma importante arma na estratégia de *marketing* das empresas,

DIREITO COMERCIAL E DAS SOCIEDADES. ENTRE AS EMPRESAS E O MERCADO

de promoção e de divulgação. Quando conexionadas com o comércio do comerciante, também podem ser consideradas atos subjetivos de comércio.

Também não devem ser considerados de natureza exclusivamente civil os factos jurídicos ilícitos geradores de responsabilidade civil extracontratual. Imagine-se que vários comerciantes combinam, entre si, preços pelos quais vendem as suas mercadorias, constituindo um cartel. Através desta prática restritiva da concorrência (ilícita, portanto), os referidos comerciantes causam danos aos consumidores que, através de uma ação popular, querem ser ressarcidos. A responsabilidade civil extracontratual que resulta desta prática restritiva da concorrência deve ser qualificada como ato subjetivo de comércio. O que permite a aplicação do art. 15º do CCom. e a afetação dos bens comuns do casal no pagamento da indemnização devida aos lesados.

O segundo requisito (objetivo) dos atos de *comércio subjetivos* está plasmado na fórmula: "se o contrário do próprio ato não resultar". A doutrina portuguesa tem entendido este requisito como "se do próprio ato não resultar a não ligação ou conexão com o comércio (do comerciante autor do ato ou (…) sujeito de certa obrigação")" (Abreu, 2016:104). Imagine-se que um comerciante compra um automóvel a um estudante de gestão. No ato da compra, o comerciante declara que precisa do automóvel para fazer a entrega de mercadorias por si vendidas ao domicílio dos clientes – o ato de compra de automóvel é um ato subjetivo de comércio, porquanto do próprio ato resulta a ligação ao comércio do comerciante. Considere-se a mesma compra do automóvel, mas agora, o comprador comerciante nada diz quanto à utilização que vai dar ao veículo adquirido. A compra é subjetivamente comercial. Por fim, considere-se o caso em que o referido comerciante, no momento da aquisição do automóvel, revela que este se destina a ser oferecido a um filho como presente de aniversário. Do ato resulta a *não conexão* com o comércio do comerciante. Acrescente-se, ainda, que as circunstâncias relevantes para a qualificação de um ato como subjetivamente comercial não são só as que resultam das declarações negociais, mas também outras circunstâncias que resultam do processo negocial.

1.2.2. Atos formalmente comerciais e atos substancialmente comerciais

A doutrina desenvolveu a distinção que traça a fronteira entre atos *formalmente comerciais* e atos *substancialmente* comerciais. Nesta distinção, os atos formalmente comerciais são "os esquemas negociais que, utilizáveis (por comerciantes e não comerciantes) quer para a realização de operações mercantis,

CAPÍTULO II – ATOS DE COMÉRCIO

quer para a realização de operações económicas que não são atos de comércio nem se inserem na atividade comercial, estão contudo especialmente regulados na lei mercantil, merecendo portanto a qualificação de atos de comércio" (Abreu, 2016:109). Exemplos de atos formalmente comerciais são os negócios cambiários (relativos à letra de câmbio).

Atos *substancialmente comerciais* são aqueles que são comerciais "pela sua natureza" (Xavier, 1977-78:50).

1.2.3. Atos bilateralmente comerciais e atos unilateralmente comerciais

Por fim, há que referir a distinção entre *atos bilateralmente* comerciais e *atos unilateralmente* comerciais. Dizem-se atos bilateralmente comerciais aqueles atos de comércio cuja comercialidade se verifica em relação a ambas as partes. São considerados *atos de comércio unilaterais* aqueles em que a comercialidade só se verifica em relação a uma das partes; em relação à outra(s), o ato não é comercial (é civil). Exemplo de ato bilateralmente comercial: um contrato de empréstimo celebrado entre um banco e um comerciante, destinado a financiar a compra de mercadorias para revenda (arts. 394°, 463, 3°, do CCom.). Exemplo de ato unilateralmente comercial: a venda a um consumidor de um bem que foi comprado para revender (art. 463°, 1°, do CCom.).

Parece claro que esta distinção, porque pressupõe dois ou mais declarações negociais, se aplica aos atos de comércio-contratos. E mostrar-se-á inaplicável aos atos de comércio-negócios jurídicos unilaterais e aos atos de comércio-factos ilícitos.

1.3. Consequências jurídicas das classificações

Conhecidas as principais classificações, é tempo de perguntar quais são, atualmente, as consequências práticas da qualificação de um ato como comercial, em vez de civil. Efetivamente, "o problema da qualificação dos "actos" como comerciais ou como civis perdeu boa parte do seu significado jurídico" (Xavier (1977-78:36).

Ainda assim, a doutrina identifica um "regime especial comum aos atos de comércio em geral" (Abreu, 2016:68) que compreende tão-só aspetos substantivos[2]. Para lá deste regime geral, há que considerar que *vários atos em especial* (mandato, empréstimo, compra e venda) são regulados de modo diverso consoante sejam qualificados como comerciais ou como civis.

---

[2] Em sentido diferente, v. Santos, 2007:135, ss.

DIREITO COMERCIAL E DAS SOCIEDADES. ENTRE AS EMPRESAS E O MERCADO

Em *primeiro lugar*, nas obrigações resultantes de atos comerciais, *os coobrigados são solidariamente responsáveis*, nos termos do art. 100º do CCom. Trata-se de um caso de solidariedade passiva, de fonte legal (art. 513º do CCiv.). O regime-regra jurídico-civil é o da conjunção ou parcialidade (cfr. o art. 513º do CCiv.), ou seja, cada devedor é tão-só responsável pela sua parte da dívida. A norma do art. 100º do CCom. assume *natureza supletiva*, podendo as partes estipular de modo diverso.

O art. 100º do CCom. não diz em que consiste a solidariedade passiva que ele (supletivamente) prevê. A solidariedade passiva diz respeito às obrigações em que *há vários sujeitos passivos* (ou seja, devedores). Nos termos do art. 518º do CCiv., a solidariedade passiva exclui o benefício da divisão; qualquer um dos codevedores responde perante o credor comum pela prestação integral, cujo cumprimento a todos libera. Constitui-se a seu favor o *direito de regresso* que lhe permite exigir de cada um dos codevedores a parte que lhe cabia na responsabilidade comum (art. 524º do CCiv.). A solidariedade passiva beneficia o credor porque alarga o património que responde pela obrigação solidária, mas também pode beneficiar o(s) devedor(es) porque pode facilitar a obtenção de crédito.

O § único do art. 100º do CCom. determina que "esta disposição não é extensiva aos não comerciantes quanto aos contratos que, em relação a estes, não constituírem atos comerciais".

Também de *solidariedade* se fala no art. 101º do CCom., dedicado à solidariedade do fiador. Determina este preceito que "todo o fiador de obrigação mercantil, ainda que não seja comerciante, será solidário com o respetivo afiançado". Discute a doutrina portuguesa o sentido jurídico da solidariedade prevista no art. 101º do CCom. Há quem sustente que o efeito deste preceito é o de afastar o regime jurídico-civil do benefício da excussão, previsto no art. 638º do CCiv., "não deixando o fiador de obrigação mercantil de beneficiar dos meios de defesa do devedor principal, bem como das demais características ligadas à acessoriedade da fiança" (Gomes, 2012:61). Neste entendimento, por força do art. 101º do CCom., o credor de obrigação comercial pode livremente escolher entre demandar, para o cumprimento da dívida, o devedor ou o fiador.

Em *segundo lugar*, o art. 15º do CCom. determina que as dívidas dos comerciantes casados derivadas de atos mercantis presumem-se contraídas no exercício dos respetivos comércios. Como veremos *infra*, esta presunção constante do art. 15º do CCom. facilita a posição do credor.

Em *terceiro lugar*, o art. 102º do CCom. estabelece algumas particularidades em matéria de regime de juros relacionados com atos comerciais (v. *infra*).

CAPÍTULO II – ATOS DE COMÉRCIO

Em *quarto lugar*, a qualificação de um ato como comercial possibilita qualificar outros atos como acessoriamente comerciais (v. por ex., o art. 394º do CCom.).

Em *quinto* e último lugar, o exercício profissional de atos de comércio objetivos, autónomos e substanciais conduz, em regra, à qualificação do sujeito como comerciante (art. 13º do CCom.).

Os atos de comércio não determinam a competência (em razão da matéria) dos juízos de comércio, prevista no art. 128º da LOSJ. Historicamente, a grande relevância da qualificação como comercial de determinado ato advinha da circunstância de os litígios deles emergentes estarem sujeitos a uma jurisdição própria (os tribunais de comércio) e a regras processuais específicas (as do Código de Processo Comercial). A jurisdição mercantil foi extinta pelo DL 21694, de 29 de setembro de 1932, e o Código de Processo foi revogado pelo DL 29673, de 28 de maio de 1939. Atualmente, a competência dos juízos de comércio não é delimitada pela categoria dos atos de comércio (art. 128º da LOSJ).

Que consequências práticas advêm da distinção entre atos formalmente comerciais e atos substancialmente comerciais? A doutrina tem sublinhado que a prática de atos de comércio formalmente substanciais (ainda que regularmente) não confere a qualidade de comerciante ao sujeito que os pratica (Abreu, 2016:118).

Por fim, considerem-se as consequências práticas ligadas à distinção entre atos bilateralmente comerciais e atos unilateralmente comerciais. Efetivamente, o art. 99º do CCom. regula os atos unilateralmente comerciais. Antes de mais, deve considerar-se revogada a parte final do art. 99º do CCom., em razão da extinção da jurisdição mercantil (tradicional). Dito isto, e de acordo com o art. 99º do CCom., os atos unilateralmente comerciais estão sujeitos à disciplina mercantil, excetuando-se, todavia, as disposições da lei comercial que "só forem aplicáveis àquele ou àqueles por cujo respeito o ato é mercantil (…)". O que tem em vista, atualmente, o art. 100º do CCom., § único, quando este determina que "Esta disposição não é extensiva aos não comerciantes quanto aos contratos que, em relação a estes, não constituirem atos comerciais". E, por conseguinte, a solidariedade só se aplica relativamente àqueles "por cujo respeito o ato é mercantil". Imagine-se que dois artesãos, num único contrato, compram barro a um comerciante que este comprou para revender. Em razão desta compra e venda, os artesãos são devedores de 1000 euros. Pois bem, este contrato de compra e venda de barro fica sujeito ao direito comercial, é um ato unilateralmente mercantil

– pois a compra não é comercial, porque não é para revenda (art. 463° do CCom.) e a venda é mercantil, porque efetuada para revenda (art. 463°, 1°, do CCom.). Em tais circunstâncias, não se aplica a solidariedade aos devedores porque, em relação a eles o ato *não é mercantil*.

2. Contratos comerciais

2.1. As cláusulas contratuais gerais e os contratos de adesão

Acabámos de ver que os atos de comércio são maioritariamente *contratos comerciais*. Os contratos são, ao lado da responsabilidade civil, uma das mais importantes fontes das obrigações.

Do ponto de vista económico, seja a atividade económica considerada comercial ou não, os contratos assumem, no contexto da economia de mercado, uma função relevantíssima. Na verdade, é através dos contratos que as empresas e os agentes económicos obtêm os recursos necessários, como sejam as matérias-primas, o trabalho ou o capital. Assim, por exemplo, as matérias-primas podem ser obtidas através de contratos de compra e venda, contratos de fornecimento, enquanto as prestações de trabalho podem ser obtidas através de contratos de trabalho, contratos de prestação de serviços ou, ainda, contratos celebrados com empresas de trabalho temporário. Por sua vez, o capital pode ser conseguido através de contratos bancários de empréstimo, através de contrato de sociedade com a inerente obrigação de entrada dos sócios para o capital da sociedade ou, por exemplo, através de doações conseguidas em campanhas de financiamento colaborativo (vulgarmente designado por *crowdfunding*).

Também é através dos contratos que os agentes económicos escoam os seus produtos ou os serviços. O que pode implicar, por exemplo, contratos de compra e venda de produtos que resultam da atividade da empresa, contratos de fornecimento, contratos de prestação de serviços, contratos de aluguer (considere-se, por exemplo, uma empresa de aluguer de automóveis sem condutor), contrato de transporte (de pessoas ou de mercadorias), contrato de mediação (pense-se, por exemplo, na mediação imobiliária), contratos de *franchising*, ou outros contratos de distribuição.

Importa salientar que as empresas e a contratação entre empresas, servindo-se da liberdade contratual (art. 405° do CCiv.), têm gizado novas figuras contratuais que, não raras vezes, adquirem tipicidade social. Considerem-se, a título de exemplo, o *franchising*, o *project finance* ou o *factoring*.

CAPÍTULO II – ATOS DE COMÉRCIO

Para além disso, atualmente não é possível "dissociar os contratos de consumo da empresa e do profissional; estamos, na maioria dos casos, formalmente, perante contratos unilateralmente comerciais, tendo as empresas de considerar a legislação de proteção dos consumidores, que se lhes impõe em termos imperativos" (Gomes, 2012:35). Pois bem, o regime dos atos de comércio e, em particular, dos atos unilateralmente comerciais não é capaz de explicar juridicamente os referidos direitos dos consumidores (Gomes, 2012: 35). A que poderíamos acrescentar as restrições impostas pelo direito da concorrência que, por exemplo, sob certas circunstâncias, proíbe acordos restritivos da concorrência, como é o caso dos acordos de fixação de preços.

Outro dos aspetos muito relevantes para se compreender a atual situação da contratação, em especial da contratação em massa, é constituído pelas cláusulas contratuais gerais. Segundo o art. 1º, 1, da LCCG, entende-se por cláusulas contratuais gerais as "elaboradas sem prévia negociação individual, que proponentes ou destinatários indeterminados se limitem, respetivamente, a subscrever ou aceitar (…)".

As cláusulas contratuais gerais são estipulações negociais, pré-elaboradas pela empresa que fornece o serviço ou o bem, que se destinam a integrar múltiplos contratos do mesmo tipo. Fala a doutrina das caraterísticas da "predisposição unilateral" e da "generalidade". Verifica-se, pois, a característica tendencial da *rigidez* das cláusulas contratuais gerais. Em regra, o consumidor não tem a possibilidade de alterar o conteúdo de tais cláusulas. Elas constituem uma *restrição prática* à liberdade de estipulação porque aos consumidores é vedada a possibilidade de alterarem essas estipulações pré-elaboradas. Ao consumidor assistem as alternativas de aceitar ou não a proposto. Daí que o contrato seja designado contrato de adesão (que, em regra, é constituído por cláusulas contratuais gerais).

As cláusulas contratuais gerais estão presentes nos contratos de seguro, de transporte aéreo, de operações bancárias como abertura de conta, de fornecimento de água, luz e eletricidade, *etc.*

Justamente para travar os possíveis abusos, o DL nº 446/85, de 25 de outubro, regula o regime das cláusulas contratuais gerais.

O regime das cláusulas contratuais gerais distingue entre, por um lado, as relações entre *empresários e entidades equipadas* (arts. 17º a 19º da LCCG) e, por outro, as relações com os consumidores finais (arts. 20º e ss. da LCCG). No tocante às relações entre empresários e entidades equiparadas, o art. 18º da LCCG discrimina as cláusulas consideradas *absolutamente proibidas* e o art. 19º da LCCG identifica as cláusulas relativamente proibidas. A LCCG não se refere a comerciantes, mas sim a empresários (podendo estes ser comerciantes ou não). No contexto das relações com consumidores finais, o art. 21º da LCCG prevê as cláusulas absolutamente proibidas e o art. 22º da LCCG carateriza as cláusulas relativamente proibidas.

Não devem ser confundidas as *cláusulas contratuais gerais* com os contratos de adesão. Cláusulas contratuais gerais podem ser caraterizadas como cláusulas elaboradas previamente destinadas a serem inseridas em múltiplos contratos futuros (Ramos, 2010:499). Já o *contrato de adesão* é aquele onde se encontram inseridas "cláusulas não negociadas individualmente" sejam elas cláusulas contratuais gerais ou cláusulas individualizadas, mas redigidas previamente e, consequentemente, o consumidor-aderente não pôde confirmar o seu conteúdo.

De forma a ser facilitado o conhecimento de concretas cláusulas gerais que tenham sido declaradas nulas por decisão judicial, por determinação do art 35º da LCCG, foi organizado o "Registo das cláusulas contratuais gerais abusivas julgadas pelos tribunais portugueses".[3]

2.2. Cláusulas típicas dos contratos internacionais

Olhemos, agora, cláusulas que são frequentes na contratação internacional, destacando as cláusulas de força maior *(force majeure)*, a cláusula de *hardship*, cláusula de *mitigation of losses* ou de redução de perdas e danos, cláusulas de revisão, cláusulas penais e bonificações e cláusulas compromissórias.

"Através da cláusula de *force majeure*, é facultada a uma das partes exonerar-se do cumprimento das suas obrigações quando a sua execução se torne impossível, definitiva ou temporariamente, devido a um determinado evento imprevisível, extraordinário e irresistível" (Gomes, 2012:52).

Podemos encontrar um exemplo de cláusula de *force majeure* no art. 7.1.7/1 dos Princípios Unidroit: "Não responde pelas consequências do seu incumprimento o devedor que prove que a falta de cumprimento é devida a um impedimento que escapa ao seu controlo e que não lhe podia ser razoavelmente exigido que o tivesse previsto no momento da conclusão do contrato, que o tivesse evitado ou superado ou que tivesse evitado ou superado as suas consequências".

O efeito associado à verificação da referida situação de força maior é a "exoneração do cumprimento" (Gomes, 2012:53), seja de forma temporária, seja de forma definitiva. No direito português, o art. 790º do CCiv., intitulado

---

[3] Cfr. http://www.dgpj.mj.pt/DGPJ/sections/sobre-dgpj/anexos/registo-das-clausulas/.

CAPÍTULO II – ATOS DE COMÉRCIO

"Impossibilidade objetiva", parece prescrever que a exoneração de cumprimento só se dá em caso de impossibilidade absoluta. A cláusula de força maior possibilita a exoneração de cumprimento nos casos em que a impossibilidade de cumprir é tão-só temporária.

Consideremos, agora, a cláusula de *hardship*, vocacionada para os contratos que se prolongam no tempo. Segundo o art. 6.2.2. dos Princípios Unidroit, *hardship* refere "acontecimentos que alteram fundamentalmente o equilíbrio das prestações quer por aumento do custo do cumprimento das obrigações quer por diminuição do valor da contraprestação". Em consequência da cláusula de *hardship*, constitui-se o *dever de renegociação do contrato*, tendo em conta que no decurso da execução do contrato ocorreu a modificação de circunstâncias que provocou a alteração no equilíbrio geral do contrato.

Atentemos na cláusula de mitigação da indemnização (*mitigation of damage*) ou de redução das perdas e danos (*mitigation of losses*). A regra surge, por exemplo, no art. 7.4.8. dos Princípios Unidroit: "1. O devedor não responde pelo prejuízo que poderia ter sido atenuado pelo credor tomando providências razoáveis. 2. O credor tem direito a ser reembolsado das despesas razoáveis em que incorra para atenuar o prejuízo". De acordo com esta cláusula, "a parte lesada no contrato, face ao incumprimento da outra parte, deve adotar a conduta razoável indicada para minimizar os prejuízos, quer a nível de danos emergentes quer de lucros cessantes" (Gomes, 2012:55).

Outra das cláusulas frequentes nos contratos internacionais é a chamada "cláusula de revisão". Divide-se esta em duas modalidades: as "cláusulas de revisão automática" e as "cláusulas de revisão concorrente". Tendo sido estipulada uma *cláusula de revisão automática*, as "partes preveem a revisão do conteúdo do contrato, *maxime* das prestações a cargo das partes ou de uma delas, de forma automática, ocorrendo uma modificação objetiva de referências externas ao contrato, como seja a inflação, em função da taxa apurada ou publicitada nos termos previstos no contrato" (Gomes, 2012:55). Um exemplo clássico de cláusula de revisão automática é o das cláusulas de indexação, por exemplo, à Euribor.

Por sua vez, nas cláusulas de revisão concorrente estipula-se a "revisão do contrato em vigor entre as partes quando uma delas tenha recebido de terceiro ou oferecido a terceiro uma proposta concorrente" Gomes, 2012:56).

Muito usada nos contratos, sejam eles nacionais ou internacionais, é a *cláusula penal*. Pinto Monteiro identificou três tipos ou modalidades de cláusulas penais:

DIREITO COMERCIAL E DAS SOCIEDADES. ENTRE AS EMPRESAS E O MERCADO

a) *cláusula de fixação antecipada do montante da indemnização.* Esclarece Pinto Monteiro que, nesta modalidade de cláusula penal, "a pena é estipulada como *substituto* da indemnização, pelo que o acordo *vincula ambas as partes* ao montante predeterminado, sendo este o único exigível a *título de indemnização*" (Monteiro, 1990:603);

b) *cláusula penal puramente compulsória* – Segundo Pinto Monteiro, "a especificidade desta cláusula traduz-se no facto de ela ser acordada como um *plus*, como algo que *acresce* à execução específica da prestação ou à indemnização pelo não cumprimento" (Monteiro, 1990:604, 605);

c) *Cláusula penal em sentido estrito* – Nesta modalidade de cláusula penal, a pena substitui a indemnização (Monteiro, 1990:609).

De sentido oposto ao da cláusula penal são as *cláusulas de bonificação.* Estas estipulações negociais visam premiar a eficiência ou a excelência da execução dos contratos.

2.3. Compra e venda comercial

Na impossibilidade de serem analisados os diversos contratos que constituem atos objetivos de comércio, selecionamos o *contrato de compra e venda* (contrato paradigmático dos contratos onerosos e da intermediação nas trocas), o *contrato de agência* (paradigma da distribuição comercial), o *contrato de seguro* (contrato que opera a transferência de risco em troca de pagamento de prémio) e os *contratos bancários* (mediante os quais os agentes económicos movimentam fundos e realizam pagamentos).

Não restam dúvidas de que a compra e venda é um contrato central na atividade económica. Ao nível internacional, salienta-se a Convenção de Viena de 11 de abril de 1980, relativa à compra e venda internacional de mercadorias. Portugal ainda não aderiu a esta Convenção.

No direito português, o contrato de compra e venda é, em geral, caraterizado no art. 874° do CCiv.: "Compra e venda é o contrato pelo qual se transmite a propriedade de uma coisa, ou outro direito, mediante um preço". Para que a compra e venda seja considerada um ato de comércio objetivo é necessário que cumpra os requisitos previstos no art. 463° do CCom. Aí se delimitam que compras e vendas são consideradas mercantis. Por sua vez, o art. 464° do CCom. delimita negativamente o contrato de compra e venda mercantil, identificando as compras e vendas não comerciais.

O Código Comercial pressupõe a definição oferecida pelo Código Civil e acrescenta as caraterísticas específicas necessárias a que a compra e venda seja considerada objetivamente comercial.

CAPÍTULO II – ATOS DE COMÉRCIO

Pode definir-se a compra e venda mercantil como "aquele contrato que, para além d[os][4] requisitos gerais, preenche ainda os *requisitos específicos de comercialidade previstos nos arts. 463º e 464º do CCom.*". (Antunes, 2009:346).

As modalidades da compra e venda mercantil são: *a)* para pessoa a nomear (art. 465º do CCom.); *b)* de bens futuros, alheios e incertos (art. 467º do CCom.), *c)* sobre amostra (art. 469º do CCom.), *d)* a contento (art. 470º do CCom.), *e)* por conta, peso ou medida (art. 472º do CCom.)

Na *compra e venda mercantil para pessoa a nomear*, uma das partes designa um terceiro para que este assuma a sua posição no contrato. A nomeação mercantil, nos termos do art. 69º, 2, *e)*, do CRCom., está sujeita a registo comercial.

Muito frequente na atividade comercial é a compra e *venda de coisas incertas e de coisas alheias* (art. 467º do CCom.). Pense-se, por exemplo, na compra e venda de bens ainda não fabricados, compra e venda de mercadorias que não pertencem ao vendedor, mas que este assegura a aquisição futura. Portanto, a compra e venda mercantil de bens alheios é válida, sendo que o vendedor fica obrigado a convalidar o negócio e a entregar a coisa ao comprador, sob pena de incorrer em responsabilidade contratual.

Considere-se, ainda, outro instrumento da atividade comercial vulgarmente usado que consiste na *compra e venda sobre amostra* (art. 469º do CCom.). Neste caso, no momento da celebração do contrato, o vendedor limita-se a identificar o produto através de uma amostra. Será o caso em que o vendedor, através de uma pequena porção do produto a vender, dá a conhecer ao comprador as qualidades do bem a transacionar. Imagine-se uma loja de artigos de decoração que apresenta aos clientes amostras dos tecidos destinados a forrar sofás ou a serem usados na confeção de cortinados.

Uma vez que nestes casos subsiste o risco de o produto entregue ao comprador não corresponder às qualidades e características presentes na amostra, o Código Comercial protege a posição do adquirente estabelecendo que tais vendas "consideram-se sempre como feitas debaixo da condição de a coisa ser conforme à amostra ou à qualidade convencionada" (art. 469º do CCom.). O que significa a previsão de uma *condição suspensiva* que protege o adquirente porque o negócio não se tornará perfeito se a mercadoria entregue não for conforme às características presentes na amostra. No entanto, a incerteza sobre a conformidade ou não das mercadorias entregues não pode eternizar-se. Por isso, o art. 471º do CCom. considera o contrato de compra

---

[4] A interpolação não consta do texto original citado.

e venda sobre amostra perfeito se o "comprador examinar as coisas compradas no ato de entrega e não reclamar contra a sua qualidade, ou, não as examinando, não reclamar dentro de oito dias". Este prazo começa a contar a partir da data em que "os defeitos da coisa vendida se tornaram conhecidos ou cognoscíveis do comprador de acordo com um padrão de diligência exigível no tráfico comercial" (Antunes, 2009:354).

A *compra e venda mercantil a contento* carateriza-se por ela ser celebrada sob a condição de o bem vendido agradar ao comprador. Esta modalidade de compra e venda mercantil *não se confunde* com a compra e venda mercantil sobre amostra. A distinção faz-se nos seguintes termos: "ao passo que na venda sobre amostra o negócio fica sujeito à condição suspensiva e objetiva de não reclamação de desconformidade do bem (art. 471º do CCom.), na venda a contento o negócio encontra-se subordinado à *condição resolutiva e discricionária* da aprovação do comprador" (Antunes, 2009:355).

Prevê, por fim, o art. 472º do CCom. a compra e venda de coisas sujeitas a contagem, pesagem ou medição. Uma das questões que esta modalidade de compra e venda mercantil suscita é a transferência do risco. Pois bem, o art. 472º do CCom. determina que o risco corre por conta do vendedor até ao momento das operações de pesagem, medição ou contagem, salvo em caso de culpa do comprador ou em caso de tradição do bem.

O Código Comercial, relativamente à compra e venda comercial, apresenta algumas especificidades de regime jurídico, quanto ao *preço, prazo de entrega* e *cumprimento*. Assim, na compra e venda comercial, a omissão de indicação do *preço* pode ser suprida por "arbítrio de terceiro". Se o terceiro não puder ou não quiser fixar o preço, o contrato fica sem efeito (art. 466º § único do CCom.). Nos termos do regime jurídico-civil, a falta de indicação do preço não põe em crise a validade do contrato, sendo que no limite o preço é fixado pelo tribunal (art. 883º do CCiv.).

Em matéria de prazo de entrega das coisas vendidas, dispõe, supletivamente, o art. 473º do CCom. que "deve o vendedor pô-las à disposição do comprador dentro das vinte e quatro horas seguintes ao contrato, se elas houverem sido compradas à vista". Sendo a venda feita a pronto em mercado ou feira, deve a entrega ser feita "no mesmo dia da sua celebração ou, o mais tarde, no dia seguinte" (art. 475º do CCom.).

O Código Comercial apresenta algumas particularidades de regime (por referência ao regime jurídico-civil) em matéria de *cumprimento*, especialmente em caso de insolvência e de falta de pagamento do preço por parte do comprador. No que tange a insolvência do comprador antes da entrega da coisa, determina o art. 468º do CCom. que o "vendedor que se

CAPÍTULO II – ATOS DE COMÉRCIO

obrigar a entregar a coisa vendida antes de lhe ser pago o preço considerar-se-á exonerado de tal obrigação, se o comprador falir antes da entrega, salvo prestando-se caução ao respetivo pagamento."[5] Como se sabe, foi eliminada a distinção (que foi juridicamente relevante durante muito tempo) entre falência e insolvência, sendo que à luz do CIRE comerciantes e não comerciantes estão sujeitos à insolvência (art. 2º do CIRE).

Por fim, o art. 474º do CCom. dispõe sobre os direitos do vendedor, em caso de incumprimento do credor. Na verdade, o Código Comercial confere ao vendedor o direito de colocar em depósito a coisa móvel vendida por conta do comprador ou, em alternativa, o direito de a revender nos termos previstos na lei, "ficando salvo ao vendedor o direito ao pagamento da diferença entre o preço obtido e o estipulado e às perdas e danos" (art. 474º, § 1º do CCom.).

Denotando a desatualização económica das disposições do Código Comercial, verifica-se que muitas modalidades de compra e venda são reguladas em legislação extravagante. Pense-se, por exemplo, nas vendas à distância, vendas ao domicílio, vendas com prejuízo, vendas em liquidações ou em saldos, vendas ligadas, vendas agressivas, *etc.*

O diploma relativo ao regime das práticas individuais restritivas do comércio, aprovado pelo DL nº 166/2013, de 27 de dezembro, proíbe as vendas com prejuízo (art. 5º) (sobre esta, v. Henriques et *al.* 2014: 127, ss.). Algumas formas de venda são proibidas pelo regime jurídico da concorrência, aprovado pelo art. 9º da L 19/2012, de 8 de maio.

Um dos problemas que a disciplina do Código Comercial sobre a compra e venda comercial (elaborada no séc. XIX) não trata é o da relação com os direitos do consumidor. Por definição, o consumidor é, nos termos do art. 2º da Lei de Defesa do Consumidor, "todo aquele a quem sejam fornecidos bens, prestados serviços ou transmitidos quaisquer direitos, destinados a uso não profissional, por pessoa que exerça com carácter profissional uma atividade económica que vise a obtenção de benefícios".

2.4. Contrato de agência

Aos agentes económicos não interessa só produzir; é crucial distribuir os bens ou serviços que produzem. O contrato de agência é uma das alternati-

---

[5] É controvertida na doutrina a questão de saber se este preceito foi ou não revogado (tacitamente) com a entrada em vigor do CIRE. São desencontradas as opiniões. No sentido da revogação, v. Fernandes/Labareda (2015): 471, Vasconcelos (2006), p. 534, ss. No sentido da não revogação, pronunciam-se Leitão (2012): 137, e Santos (2007): 379, ss.

vas para impulsionar e expandir a referida distribuição dos bens ou serviços produzidos. O contrato de agência celebra-se entre o *principal* (aquele que tem bens ou serviços para serem distribuídos e pretende incrementar as suas vendas e melhorar o circuito de distribuição dos produtos por si comercializados ou procura adquirir determinados bens ou serviços) e o *agente* (aquele que se dispõe, mediante remuneração, a angariar clientes para o principal).

De entre a lista dos vários contratos de distribuição, o regime legal do contrato de agência constitui o "paradigma" ou "matriz" da chamada distribuição comercial (que inclui a concessão comercial, a franquia, mediação e a distribuição seletiva, *etc.*). Por estas razões, a doutrina e a jurisprudência portuguesas vêm praticando a extensão analógica do seu regime a outras figuras contratuais legalmente atípicas (Monteiro, 2017:66, ss.)

O contrato de agência é um contrato nominado, típico tanto legal como socialmente. Encontra-se, atualmente, previsto e regulado pelo DL 178/86, de 3 de julho. Nos termos do art. 1º, nº 1, deste diploma, alterado pelo DL nº 118/93, de 13 de abril, "Agência é o contrato pelo qual uma das partes se obriga a promover por conta da outra a celebração de contratos, de modo autónomo e estável e mediante retribuição, podendo ser-lhe atribuída certa zona ou determinado círculo de clientes". Em razão do art. 1º do DL 178/86, o contrato de agência carateriza-se pelos seguintes elementos essenciais: promoção da celebração de contratos, atuação por conta do principal, autonomia, estabilidade e onerosidade.

Sobre o agente recai a obrigação de *promover* a celebração de contratos. Por conseguinte, os contratos não são celebrados pelos agentes com os clientes; aquele limita-se a promover e a preparar a sua celebração futura pelo principal. Mediante disposição contratual expressa, o agente pode ser autorizado a celebrar tais contratos na qualidade de representante do principal (art. 2º do DL 178/86) e a cobrar os créditos daqueles emergentes (art. 3º do DL 178/86).

O agente atua por conta do principal – o que significa que os efeitos jurídicos dos atos praticados pelo agente se produzem na esfera jurídica do principal. A menos que tenha sido convencionada uma cláusula de representação (em que o agente assume a qualidade de representante do principal), o agente não atua em nome do principal. O agente deve, em qualquer dos casos, atuar no interesse do principal (Monteiro, 2017:61). O que distingue o contrato de agência de outros contratos de distribuição em que o distribuidor atua em interesse próprio (Monteiro, 2017:61).

O agente exerce a agência de *modo autónomo*. O que significa que ao agente é reconhecida independência quanto à sua obrigação de promoção de contratos por conta (ou, sendo o caso, em representação) do principal.

CAPÍTULO II – ATOS DE COMÉRCIO

Por conseguinte, o agente, de acordo com a caraterização legal, não é um subordinado, não é um trabalhador assalariado e não deve ser confundido com o gerente de comércio previsto no art. 248° do CCom.

A relação estabelecida entre o agente e o principal é uma *relação estável* que tende a perdurar no tempo. Destina-se não a pontuais ou episódicas operações, mas sim a uma atividade que se prolonga no tempo. Esta caraterística da estabilidade não obsta a que seja fixado um prazo para esta relação. Na verdade, a relação de agência pode ter uma duração indeterminada ou uma duração determinada.[6]

O contrato de agência é um *contrato oneroso*, porquanto, em contrapartida da sua atividade o agente deve ser remunerado pelo principal. Tal remuneração consistirá, normalmente, numa comissão calculada em razão do volume de negócios agenciados (arts. 16° e ss. do DL 178/86).

Em matéria de direitos e obrigações dos contraentes, o art. 7° do DL 178/86 prevê outras obrigações do agente (além da sua obrigação principal que consiste na promoção de contratos por conta do principal). Em particular, o agente está obrigado a um *dever de segredo* que o impede de transmitir a terceiros informações que tenha obtido em razão da sua atividade de agente (art. 8° do DL 178/86). E, na verdade, esta atividade permite-lhe ter acesso a informações privilegiadas sobre o principal. Tais informações obtidas nestas circunstâncias não podem ser transmitidas a terceiros.

Por outro lado, o regime jurídico do contrato de agência permite acautelar que, cessada a relação de agência, os conhecimentos qualificados obtidos no contexto desta relação de agência sejam pelo agente usados para concorrer com o principal. Por isso, o art. 9° do DL 178/86 permite que, mediante convenção escrita, seja estipulada a obrigação de não concorrência do agente por um período máximo de dois anos. Tal convenção de não concorrência deve constar de documento escrito e "circunscreve-se à zona ou ao círculo de clientes confiado ao agente" (art. 9°, 2, do DL 178/86). Nos termos do art. 13°, *g*), do DL 178/86, o agente "tem direito a uma compensação, pela obrigação de não concorrência após a cessação do contrato".

O contrato de agência é considerado pela Comissão Europeia como um dos "acordos verticais geralmente não abrangidos pelo artigo 101°, n° 1, do TFUE", e, portanto, escapam à proibição constante desta disposição. Ainda assim, as restrições impostas pelo contrato de agência podem ser

---

[6] Para um exemplo de cláusulas de um contrato de agência, veja-se o Ac. do STJ de 19.02.2015, em que é relator o Juiz Conselheiro Tomé Gomes.

objeto de isenção quer pelo funcionamento da isenção por categoria[7] ou pela aplicação de isenção individual, "justificadas devido a ganhos de eficiência, ao abrigo do artigo 101º, nº 3" do TFUE (Comissão Europeia – Orientações relativas às restrições verticais. Texto relevante para efeitos do EEE) (2010/C 130/01), ponto 19).

Os factos que determinam a cessação do contrato de agência estão previstos no art. 24º. O art. 33º do DL 178/86 regula a questão da *indemnização de clientela* do agente. Pretende-se, através desta figura, compensar o agente, em caso de cessação do contrato de agência, pelos benefícios que a angariação de clientes continua a significar para o principal. No entanto, para que o agente possa beneficiar da indemnização de clientela é necessário que se verifiquem cumulativamente os requisitos previstos no art. 33º, 1, do DL 178/86.

2.5. Contrato de seguro

No âmbito do direito dos seguros é importante estabelecer a distinção entre o *direito institucional dos seguros* e o *direito material* dos seguros. O direito institucional dos seguros refere as normas relativas ao regime de acesso e de exercício da atividade seguradora e resseguradora, atualmente previstas na L 147/2015, de 9 de setembro. Este regime faz depender o acesso à atividade seguradora e resseguradora de autorização administrativa. Em Portugal, tal autorização é concedida pela Autoridade de Supervisão de Seguros e Fundos de Pensões.

Pertencem ao *direito contratual dos seguros* as normas relativas ao contrato de seguro que, entre nós, estão atualmente previstas no Regime Jurídico do Contrato de Seguro, aprovado pelo DL 72/2008, de 16 de abril.

O contrato de seguro é absolutamente crucial nas atuais economias de mercado. Efetivamente, o aproveitamento massivo da máquina, próprio da 1ª Revolução Industrial, desloca a fonte de perigos e danos para o interior da própria comunidade. O "dano tornou-se anónimo". Na estrutura organizacional (*maxime* na empresa) em que a máquina é incorporada e combinada com outros elementos, apaga-se ou, pelo menos, esfuma-se o rosto do causador do dano. Nestas circunstâncias, emerge, por um lado, a dificuldade ou impossibilidade de identificar os "culpados" (impossibilidade que, nos cânones tradicionais da responsabilidade civil, implicava a ausência de reparação)

---

[7] Cfr. o Regulamento (UE) nº 330/2010 da Comissão de 20 de abril de 2010 relativo à aplicação do artigo 101º, nº 3, do Tratado sobre o Funcionamento da União Europeia a determinadas categorias de acordos verticais e práticas concertadas.

CAPÍTULO II – ATOS DE COMÉRCIO

e, por outro, a regularidade, a inevitabilidade e a gravidade dos danos, a tornarem socialmente insustentável que os respetivos custos sejam absorvidos pelo património do lesado. No entanto, banir as fontes de perigos e de danos não constituía alternativa viável, já que a incorporação da máquina e do progresso técnico representam benefícios coletivos de valor inestimável (Ramos, 2010:19).

Outra distinção a considerar é a que separa *seguros obrigatórios* de *seguros voluntários*. No primeiro caso, a obrigação de o *tomador* contratar o seguro resulta da lei. A ordem jurídica portuguesa apresenta uma vasta lista de seguros obrigatórios que cobrem os seguintes ramos: acidentes de trabalho, acidentes em serviço, acidentes pessoais, assistência a pessoas, danos, doença, incêndio, responsabilidade civil, roubo, vida. Muitas das atividades económicas ou até das decisões quotidianas (por exemplo, caçar) estão dependentes da contratação de um seguro obrigatório[8].

Uma das vias da obtenção do seguro é através da celebração do *contrato de seguro*. Nos termos do art. 1º do RJCS, "por efeito do contrato de seguro, o segurador cobre um risco determinado do tomador do seguro ou de outrem, obrigando-se a realizar a prestação convencionada em caso de ocorrência do evento aleatório previsto no contrato, e o tomador do seguro obriga-se a pagar o prémio correspondente". O contrato de seguro é celebrado entre, por um lado, o *segurador* e, por outro, o *tomador do seguro*.

O *segurador* é aquela parte no contrato de seguro *que aceita cobrir um determinado risco*. Discute-se se a validade do contrato de seguro depende ou não de o segurador ser uma entidade autorizada para exercer a atividade seguradora. Para efeitos da L 147/2015, a "empresa de seguros" é "a empresa que tenha recebido uma autorização administrativa para o exercício da atividade seguradora". Sendo certo que o que é normal é que o segurador seja uma entidade autorizada a exercer a atividade seguradora em Portugal, há quem sustente que "os contratos de seguro celebrados por entidades não autorizadas, ainda que nulos, são contratos de seguro" (Rego, 2016:19).

O segurador *cobre um risco* e obriga-se a realizar a prestação convencionada em caso de verificação do sinistro. A *relação de cobertura* que se constitui no contrato de seguro é, para este efeito, entendida como "um estado de vinculação do segurador" (Rego, 2016:20). Ao tomador do seguro (que pode

---

[8] Para a lista dos seguros obrigatórios exigidos pela ordem jurídica portuguesa, v. o *site* da Autoridade de Supervisão de Seguros e Fundos de Pensões.

não ser o segurado) incumbe a obrigação de pagar o prémio. O contrato de seguro é um contrato oneroso.

Há ainda a considerar o *segurado*. Pode acontecer que o tomador do seguro seja simultaneamente o segurado. Justamente, o art. 47°, 2, do RJCS, determina que "se o contrário não resultar do contrato ou do conjunto de circunstâncias atendíveis, o seguro considera-se contratado por conta própria". Neste caso, coincidem na mesma pessoa a qualidade de tomador do seguro e de segurado. Frequentemente, todavia, há uma dissociação entre segurado e tomador do seguro. O tomador do seguro contrata com o segurador, *mas não é o segurado*.

Margarida Lima Rego caracteriza o *segurado* como aquele "sujeito por «conta de quem» o seguro é celebrado" (Rego, 2016ª:246).

O risco é essencial ao contrato de seguro. A verificação do risco é designada no art. 1° do RJCS como "evento aleatório", sendo que aleatório não deve ser identificado como fortuito. Embora a fortuitidade seja, por vezes, referida como uma das caraterísticas do risco, um olhar mais atento percebe, que o nem sempre o sinistro é fortuito. Aliás, a definição de sinistro contemplada no art. 99° do RJCS não inclui a natureza fortuita.

Para além do risco, *o interesse* é requisito de validade do contrato de seguro, no momento da sua celebração. Sendo *o interesse* um conceito usado em múltiplos contextos, no direito contratual dos seguros refere "a exigência de um interesse do segurado na cobertura" (Rego, 2016ª:249).

O contrato de seguro, além de outros elementos essenciais, deve indicar o evento que determinará o pagamento da prestação convencionada (sinistro).

Se bem repararmos, o art. 1° do RJCS não faz referência a indemnização a pagar pelo segurador. Preferiu o legislador usar uma fórmula neutra que seja compatível com seguros de vários ramos e, por isso, o preceito faz referência à "prestação convencionada". Mesmo no contexto dos seguros de danos, em rigor, convém recordar que a prestação do segurador é uma obrigação de prestar e não configura uma obrigação de indemnizar em sentido técnico.

O *contrato de seguro* não está sujeito a forma especial (art. 32°, 1, do RJCS); não está sujeito a forma escrita, vigorando, neste contexto, o princípio da liberdade de forma. A *apólice* de seguro designa o documento escrito que reúne todas as estipulações relativas ao seguro: as chamadas *condições gerais*, *especiais* e *particulares* (arts. 32°, 2, 37° do RJCS) assim como informações que a lei impõe que sejam integradas na apólice (v. art. 37° do RJCS).

As designadas "condições gerais" correspondem ao "conjunto de cláusulas assim designadas que o segurador elabora sem prévia negociação individual,

CAPÍTULO II – ATOS DE COMÉRCIO

e que se se destinam a integrar os diversos contratos de seguro de um determinado ramo ou modalidade que o segurador venha a celebrar" (Rego, 2016:27). Configuram verdadeiras cláusulas contratuais gerais, submetidas ao regime posto pela LCCG.

Por sua vez, as "condições especiais" devem a sua especialidade à "circunstância de, por uma razão ou outra, não virem necessariamente a integrar em bloco todos os contratos de uma determinada modalidade. Muitas vezes correspondem a extensões de coberturas que os tomadores poderão ou não optar por incluir no seguro, a troco de uma contrapartida acrescida, funcionando o documento em que se inserem como um catálogo e sendo necessário consultar o documento com as condições particulares para saber quais das condições especiais constantes do catálogo integram, efetivamente, cada contrato. Outras vezes, correspondem a condições aplicáveis a uma submodalidade de seguros, mais restrita do que a modalidade regulada pelas condições gerais" (Rego, 2016:28).

As condições particulares são "aquelas disposições contratuais que variam, efetivamente, de contrato para contrato" (Rego, 2016:28).

Nos termos do art. 11º do RJCS, "o contrato de seguro rege-se pelo princípio da liberdade contratual, tendo carácter supletivo as regras constantes do presente regime, com os limites indicados na presente secção e os decorrentes da lei geral". A lei distingue entre *imperatividade relativa* e *imperatividade absoluta* das normas do RJCS. As normas dotadas de *imperatividade absoluta* não admitem convenção em contrário; já as normas caraterizadas como relativamente imperativas admitem convenções em contrário, desde que mais favoráveis ao segurado ou ao tomador do seguro (arts. 12º e 13º do RJCS).

Outra distinção relevante para efeitos da amplitude da autonomia privada é a que separa *seguros de grandes riscos* de *seguros de massa*. A distinção faz-se pela identificação dos seguros classificados no art. 5º, 2, da L 147/2015, de 9 de setembro, como sendo de *grandes riscos*; todos os restantes são *seguros de massa* (art. 5º, 4, da L 147/2015). Esta distinção é relevante porque nos seguros de *grandes riscos* assume-se que tomador do seguro e segurador têm equivalente peso negocial e, por isso, o tomador do seguro não é considerado o contraente mais débil. Por esta razão, admite-se nos seguros de grandes riscos a expansão da autonomia privada, tendo em conta a desnecessidade de proteger a parte mais débil (v. arts. 12º, 2, 13º, 2, do RJCS). Já nos *seguros de massa*, o regime é motivado pela intenção de proteção do tomador do seguro, enquanto contraente mais débil e, daí, haver normas que só admitem convenções em contrário, se estas forem mais favoráveis ao tomador do seguro.

DIREITO COMERCIAL E DAS SOCIEDADES. ENTRE AS EMPRESAS E O MERCADO

2.6. Contratos bancários

Em razão do art. 362º do CCom, "são comerciais todas as operações de banco tendentes a realizar lucros sobre numerário, fundos públicos ou títulos negociáveis, e em especial as de câmbio, os arbítrios, empréstimos, descontos, cobranças, aberturas de créditos, emissão e circulação de notas ou títulos fiduciários pagáveis à vista e ao portador". Para lá desta norma, o CCom., reserva às operações de banco quatro outras disposições legais – arts. 363º, 364º, 365º, 407º do CCom.

O que é manifestamente insuficiente para a regulação das atuais e complexas operações bancárias. Acresce que os arts. 363º e 364º e 407º do CCom. são, essencialmente, normas de remissão. Resta o art. 365º do CCom. que contempla uma presunção de "quebra culposa" do banqueiro. Além do tom oitocentista da linguagem usada (a quebra equivale, atualmente, à insolvência), esta norma tem de ser relacionada com o disposto no CIRE sobre a insolvência culposa.

Em conclusão: são muito escassas as normas do CCom. sobre operações bancárias.

Tal como acontece em matéria de direito dos seguros, também o direito bancário conhece a divisão entre *direito bancário institucional* e *direito bancário material*: o primeiro diz respeito às regras de acesso e de exercício da atividade bancária, atualmente contido no Regime Geral das Instituições de Crédito e Sociedades Financeiras, aprovado pelo DL nº 298/92, de 31 de dezembro, várias vezes alterado.

O *direito bancário material* abrange a atividade das instituições de crédito e sociedades financeiras, mais especificamente as relações interbancárias e as relações com os particulares, o que configura essencialmente um direito contratual (como, aliás, já resulta do art. 363º do CCom.), constituído significativamente por cláusulas contratuais gerais. Vigora, neste aspeto, a *liberdade contratual* (art. 405º do CCiv.), mas temperada pelas necessidades de tutela do consumidor de serviços bancários e da proteção da concorrência.

Encontra-se enraizada na prática bancária a distinção entre *operações ativas* e *operações passivas*. Sob o prisma do crédito e do banco, a *operação ativa* é aquela em que o banco concede crédito, sendo *passiva* aquela em que o banco recebe crédito. No entanto, é possível convocar o critério da posição credora ou devedora do banco: *operações ativas* são aquelas em que o banco se apresenta como credor e *operações passivas* são aquelas em que o banco surge como devedor (em razão, por exemplo, de depósitos bancários efetuados por clientes). Designam-se *neutras* as restantes operações (por exemplo, a colocação de obrigações enquanto intermediário financeiro).

CAPÍTULO II – ATOS DE COMÉRCIO

De entre os contratos bancários elegeremos a abertura de conta, o contrato de depósito, transferência, cartão de débito, cartão de crédito.

2.6.1. Abertura de conta

O *contrato de abertura de conta* ou contrato de conta refere "contrato tipicamente bancário que regula a complexa relação entre o banco e o cliente, contrato esse que tem um *conteúdo necessário*, um *conteúdo natural* e um *conteúdo eventual*" (Gomes, 2012: 110).

Tipicamente, o contrato de abertura de conta implica os serviços associados à existência e gestão de uma conta à ordem. Quais sejam esses serviços, depende das concretas cláusulas contratuais gerais que regem cada um destes contratos de conta ou de abertura de conta. Sendo certo que atualmente a *praxis* bancária tende a alargar o leque dos serviços incluídos nos clausulados de abertura de conta.

O contrato de abertura de conta ou contrato de conta não se confunde juridicamente com o contrato de depósito bancário, sem prejuízo da conexão que naturalmente existe entre o primeiro e o segundo (muitas vezes, são contemporâneos).

O estorno consiste "numa inscrição na conta em sentido inverso a uma anterior inscrição, tida por irregular" (Gomes, 2012:117).

Quanto à titularidade da conta, a regra é que qualquer pessoa, singular ou coletiva, pode ser titular de conta bancária. No entanto, a conta poderá ser aberta por sujeito que abre a conta em nome de outrem, seja em representação legal, voluntária ou orgânica. Pense-se, por exemplo, o caso em que o administrador único da sociedade anónima abre, em representação da sociedade, uma conta. Neste caso, naturalmente, a titular da conta é a sociedade, mas quem a vai movimentar é o titular do órgão de administração com poderes para tais atos (para mais desenvolvimentos, v. Gomes, 2012:135).

Há que distinguir entre: *a)* titularidade da conta, *b)* propriedade jurídica do dinheiro depositado e *c)* propriedade económica do dinheiro. Titular da conta é "aquele em cujo nome a mesma está aberta, sujeito a quem pertence, em termos jurídico-bancários, o crédito sobre o banco que decorra de um saldo positivo" (Gomes, 2012:126). Feito o depósito bancário, o dinheiro passa a pertencer ao banco, sendo lançado um registo a débito do banco e a crédito do cliente. Já mais difícil de apurar é a questão da propriedade económica do dinheiro que foi depositado na conta do cliente, mas não lhe pertence. Trata-se de uma matéria de particular relevo nas chamas "contas coletivas".

49

Falemos, agora, da *movimentação do saldo bancário da conta*. Em princípio, é o titular da conta quem tem o poder de a movimentar, ainda que não seja o proprietário económico do dinheiro. Também pode haver movimentação por terceiro, seja através de representante voluntário, dotado de poderes de representação para o ato, seja através da chamada *autorização*. No primeiro caso, é, juridicamente, o titular quem movimenta a conta. Se um comerciante dá poderes de representação a um colaborador seu para que este movimente a conta ligada ao seu comércio, juridicamente é o comerciante quem movimenta a conta quando, por exemplo, um determinado fornecimento de bens é pago através da conta. No caso da *autorização*, é o titular da conta que permite que o autorizado a movimente, em nome próprio.

Consideremos, agora, algumas *modalidades de contas*. No contexto das chamadas *contas coletivas* são individualizáveis as *contas conjuntas* e as *contas solidárias*. As primeiras caraterizam-se por "ao conjunto dos titulares da conta corresponde[r], no que à respetiva movimentação respeita, uma posição plurisubjetiva incindível (…), de modo que aquela só pode ter lugar através da intervenção dos vários titulares" (Gomes, 2012:139). A conta solidária "é aquela em que cada titular pode, sozinho, proceder à movimentação da conta sem o concurso dos demais titulares, sem ter também que demonstrar perante o banco a autorização dos mesmos" (Gomes: 2012:140, 141).

Por fim, a ordem jurídica portuguesa apresenta legislação sobre contas com destinos específicos: contas-poupança, contas-poupança condomínio, contas-poupança emigrante.

Reconhecendo-se nas sociedades atuais o relevo do acesso a uma conta bancária e a outros serviços bancários, os *serviços mínimos bancários* devem ser prestados por todas as instituições de crédito autorizadas a receber depósitos do público (DL nº 27-C/2000, de 10 de março, alterado pela L nº 19/2011, de 20 de maio, pelo DL nº 225/2012, de 17 de outubro, e pela L nº 66/2015, de 6 de julho).

2.6.2. Depósito bancário (de dinheiro)

Através do depósito bancário de dinheiro, o depositante entrega dinheiro ao banco depositário para que este em momento ulterior o devolva. Inexiste, neste caso, o dever de guarda ou de custódia do dinheiro; o banco não mantém o dinheiro entregue numa caixa à espera que o depositante o reclame.

O art. 1º do DL 430/91, de 2 de novembro, apresenta a lista das várias modalidades de depósitos bancários, ordenando-os de acordo com o critério da disponibilidade do dinheiro.

CAPÍTULO II – ATOS DE COMÉRCIO

Segundo o art. 1º, 1, "Os depósitos de disponibilidades monetárias nas instituições de crédito revestirão uma das seguintes modalidades:

a) Depósitos à ordem;
b) Depósitos com pré-aviso;
c) Depósitos a prazo;
d) Depósitos a prazo não mobilizáveis antecipadamente;
e) Depósitos constituídos em regime especial.

Esclarece o nº 2 do art. 1º do DL 430/91, que "os depósitos à ordem são exigíveis a todo o tempo". Segundo o nº 3, "os depósitos com pré-aviso são apenas exigíveis depois de prevenido o depositário, por escrito, com a antecipação fixada na cláusula do pré-aviso, livremente acordada entre as partes". Precisa o nº 4 do DL 430/91 que "Os depósitos a prazo são exigíveis no fim do prazo por que foram constituídos, podendo, todavia, as instituições de crédito conceder aos seus depositantes, nas condições acordadas, a sua mobilização antecipada". Prevê o nº 5 do DL 430/91 que "Os depósitos a prazo não mobilizáveis antecipadamente são apenas exigíveis no fim do prazo por que foram constituídos, não podendo ser reembolsados antes do decurso desse mesmo prazo".

A crise bancária veio intensificar o interesse em torno das garantias de restituição de depósitos bancários. Sabe-se que nenhum banco tem disponibilidades financeiras para devolver todos os depósitos bancários em cenário de "corrida aos bancos". O Regime Geral das Instituições de Crédito e Sociedades Financeira institui o Fundo de Garantia de Depósitos que, nos termos do art. 155º, tem "por objeto garantir o reembolso de depósitos constituídos nas instituições de crédito que nele participem". Sendo que para este efeito, "entende-se por depósito os saldos credores que, nas condições legais e contratuais aplicáveis, devam ser restituídos pela instituição de crédito e consistam em disponibilidades monetárias existentes numa conta ou que resultem de situações transitórias decorrentes de operações bancárias normais" (art. 155º, 4, do RGIC).

2.6.3. Transferência bancária

É habitual que os salários dos trabalhadores sejam pagos através de *transferências bancárias* ou que as rendas devidas aos senhorios, no contexto de um contrato de arrendamento, sejam também pagas através de transferências bancárias. Servindo-nos da noção constante do art. 3º do DL 18/2007, de 22 de janeiro, transferência bancária é a "operação efetuada por iniciativa de um ordenante, operada através de uma instituição e destinada a colocar quantias em dinheiro à disposição de um beneficiário, podendo a mesma pessoa reunir as qualidades de ordenante e beneficiário".

Ainda de acordo com o art. 3° do DL 18/2007, as transferências podem ser divididas em "transferências intrabancárias" quando se realizam dentro da mesma instituição de crédito; "transferências interbancárias" quando envolvem duas instituições de crédito diferentes.

Atualmente, a transferência bancária está diluída na noção de "operação de pagamento" caraterizada como o ato, praticado pelo ordenante ou pelo beneficiário, de depositar, transferir ou levantar fundos, independentemente de quaisquer obrigações subjacentes entre o ordenante e o beneficiário (art. 2°, *g*), do DL 317/2009, de 30 de outubro, que aprova Regime Jurídico dos Serviços de Pagamento e da Moeda Eletrónica).

2.6.4. Cartões bancários

O cartão bancário supõe uma relação tripartida, que se concretiza da seguinte forma: *a*) relação entre o banco emitente e o cliente; *b*) relação entre o pagador, titular do cartão, e o sujeito que aceita o cartão (entre estes sujeitos estabeleceu-se um contrato de compra e venda ou de prestação de serviços que determinou que o titular do cartão seja devedor de determinada quantia ao sujeito que o aceita); *c*) por fim, a relação entre o sujeito que aceitou o cartão (um comerciante ou outra entidade) e o banco emissor, "ao abrigo da qual aquele irá receber deste as quantias correspondentes ao preço das vendas realizadas ou à contrapartida dos serviços prestados, deduzidas de uma comissão" (Gomes, 2012:213).

O *cartão de crédito* é definido pelo art. 1°, *a*), do Aviso do Banco de Portugal n° 11/2001, como "qualquer instrumento de pagamento, para uso eletrónico ou não, que seja emitido por uma instituição de crédito ou por uma sociedade financeira (adiante designadas por emitentes) que possibilite ao seu detentor (adiante designado por titular) a utilização de crédito outorgado pela emitente, em especial para a aquisição de bens ou de serviços;

Ao abrigo do art. 1°, *b*), do mesmo Aviso, *cartão de débito* é definido como "qualquer instrumento de pagamento, para uso eletrónico, que possibilite ao seu detentor (adiante designado por titular) a utilização do saldo de uma conta de depósito junto da instituição de crédito que emite o cartão (a seguir designada por emitente), nomeadamente para efeitos de levantamento de numerário, aquisição de bens ou serviços e pagamentos, quer através de máquinas automáticas quer em estabelecimentos comerciais".

A utilização do cartão de débito ou de crédito assenta em contrato de cartão de débito e em contrato de cartão de crédito, normalmente designado

CAPÍTULO II – ATOS DE COMÉRCIO

como contrato de emissão de cartão ou contrato de utilização de cartão. Depois da entrada em vigor do DL 317/2009, de 30 de outubro, há que considerar o "contrato-quadro" de prestação de serviços de pagamento, definido como um "contrato de prestação de serviços de pagamento que rege a execução futura de operações de pagamento individuais e sucessivas e que pode enunciar as obrigações e condições para a abertura de uma conta de pagamento" (art. 2º, *o*), do DL 317/2009, de 30 de outubro).

Continua a ter interesse o teor do Aviso do Banco de Portugal nº 11/2001, nomeadamente quanto ao conteúdo do contrato de cartão bancário (seja este de débito ou de crédito). Segundo este Aviso do Banco de Portugal, "as relações entre os emitentes e os titulares de cartões devem ser reguladas por contrato escrito" (nº 3 do Aviso 11/2001). Tal contrato "pode assumir a forma de contrato de adesão, podendo, neste caso, o contrato ser constituído pelas condições gerais de utilização com carácter mais estável e por um anexo donde constem as condições susceptíveis de mais frequente modificação" (nº 4 do Aviso 11/2001). De forma a facilitar o conhecimento do teor das cláusulas neles inseridas, determina-se que "os contratos devem ser redigidos em língua portuguesa e em linguagem clara, facilmente compreensível por um declaratário normal, e devem dispor de uma apresentação gráfica que permita a sua leitura fácil por um leitor de acuidade visual média".

O nº 6 prevê "direitos e obrigações das partes contratantes" de cartões de crédito e de débito. As concretas estipulações dos contratos de cartão de crédito ou de contratos de cartão de débito não podem ignorar os limites impostos quer pela LCCG quer pela LCCC.

3. Juros comerciais

O art. 102º do CCom. regula a *obrigação de juros*. Os juros são "frutos civis", nos termos do art. 212º, 2, do CCiv.. A palavra *juro* refere, normalmente, o *rendimento de um crédito pecuniário*. É possível distinguir entre a *obrigação de juros* e a *obrigação de capital*.

Quanto à sua fonte, a obrigação de juros pode resultar de *lei* ou de *negócio jurídico*. Designam-se *juros legais* os que resultam da lei e *juros convencionais ou voluntários* os que são estipulados por negócio jurídico. Em várias disposições legais se determina que certa obrigação vence juros (ex. o mútuo previsto no art. 1145º do CCiv. ou o empréstimo mercantil, previsto no art. 395º do CCom.).

Outra distinção doutrinal é a que a distingue juros *remuneratórios*, juros *moratórios* e juros *indemnizatórios*. Designam-se *juros remuneratórios* os que dizem respeito ao rendimento de um determinado capital. Já os juros *moratórios* visam reparar as consequências do atraso no cumprimento uma determinada obrigação pecuniária. Por fim, os *juros indemnizatórios* referem-se ao incumprimento definitivo de determinada obrigação.

Vejamos, então, o regime da obrigação de juros prevista no art. 102º do CCom. Determina este preceito que "Há lugar ao decurso e contagem de juros em todos os actos comerciais em que for de convenção ou direito vencerem-se e nos mais casos especiais fixados no presente Código". Estão aqui mencionados os *juros convencionais* que são fixados em negócios jurídicos ("em que for de convenção, nas palavras do proémio do art. 102º do CCom.) *e legais* (que resultam da lei), sejam *remuneratórios* ou *moratórios*.

No caso de ter sido fixada convencionalmente, "a taxa de juros comerciais", sejam estes remuneratórios ou moratórios, tal convenção tem necessariamente de *ser reduzida a escrito*, nos termos do § 1º do art. 102º do CCom. Parece que será nula, *por vício de forma*, a convenção sobre taxa de juros comerciais que não tenha sido reduzida a escrito (art. 220º do CCiv.).

Para além do requisito formal previsto no § 1º, determina o art. 102º, § 2º que "aplica-se aos juros comerciais o disposto nos artigos 559º-A e 1146º do Código Civil". Sendo assim, é proibido fixar a taxa de juros moratórios ou remuneratórios que ultrapasse em mais de 3% ou 5%, consoante exista ou não garantia real, a taxa legal supletiva. Por força da remissão para o art. 1146º, 2, CCiv., é proibida a estipulação de cláusula penal que fixe taxa de juros remuneratórios superior aos limites legais de 7% ou 9%, conforme exista ou não garantia real. Conforme determina o art. 1146º, 3, do CCiv., havendo violação destes limites, as taxas de juros estipuladas consideram-se reduzidas aos máximos previstos neste artigo.

O art. 560º do CCiv. impõe *restrições* à prática do *anatocismo*. Designa-se por *anatocismo* o fenómeno da capitalização de juros, os chamados juros de juros. No entanto, considerando as práticas comerciais, o nº 3 do art. 560º do CCiv. declara inaplicáveis aquelas restrições se "forem contrárias a regras ou usos particulares do comércio".

O art. 102º, § 3, do CCom., remete para Portaria conjunta dos Ministros das Finanças e da Justiça a tarefa de fixar a *taxa legal supletiva* de juros *moratórios* relativos a créditos de que sejam *"titulares empresas comerciais, singulares ou coletivas"*. Atualmente, esta matéria está regulada pela Portaria nº 277/2013, de 26 de agosto.

Determina esta Portaria que, no início de cada semestre seja publicado um aviso pela Direção-Geral do Tesouro e Finanças que indique expressamente qual a taxa de juros moratórios supletivos.

CAPÍTULO II – ATOS DE COMÉRCIO

Já o art. 102º, § 5, do CCom., tem como critério as "transações comerciais sujeitas ao DL nº 62/2013, de 10 de maio". Para este efeito, as "transações comerciais" devem ser entendidas de acordo com a definição que este diploma incorpora. Segundo o art. 3º do referido diploma, transação comercial é "uma transação entre empresas ou entre empresas e entidades públicas destinada ao fornecimento de bens ou à prestação de serviços contra remuneração". O que significa que, neste caso, tanto relevam os créditos de empresas mercantis ou civis e que é irrelevante se o ato donde emerge o crédito é ou não comercial. Por sua vez, o conceito de empresas relevante para este efeito é o que está consagrado no art. 3º, *d*), do DL 62/2013: "uma entidade que, não sendo uma entidade pública, desenvolva uma atividade económica ou profissional autónoma, incluindo pessoas singulares".

Tendo em conta o teor do art. 102º, § 5, do CCom. e a remissão para o DL 62/2013, apura-se que o âmbito de aplicação do Código Comercial, por um lado, alarga-se a atividades não incluídas no comércio em sentido jurídico (Afonso, 2007:196), mas por outro restringe-se porque estão excluídos do seu regime especial de juros de mora pelos atrasos nos pagamentos os contratos celebrados com os consumidores (ainda que seja comercial o ato em que se ancora a obrigação de juros).

Efetivamente, o conceito de "transação comercial" não abrange as operações com consumidores nem as restantes operações excluídas do âmbito de aplicação deste diploma (art. 2º do DL 62/2013). Mas se bem virmos, as operações com consumidores poderão ser abrangidos pelo § 3º do art. 102º se o titular do crédito for uma "empresa comercial" singular ou coletiva.

Embora o § 5º do art. 102º do CCom. não o diga expressamente, parece ser de defender que os juros abrangidos pelos §§ 3º e 5º do art. 102º do CCom. são só os *moratórios* – neste sentido aponta a letra do § 3º do art. 102º do CCom. e também a teleologia do DL 62/2013 (neste sentido, Abreu, 2016:73; Afonso, 2007:197, 198).

O art. 559º do CCiv. determina que "os juros legais e os estipulados sem determinação de taxa ou quantitativo são os fixados em portaria conjunta dos Ministros da Justiça e das Finanças e do Plano". Ao abrigo desta disposição, vigora a Portaria 291/2003, de 8 de abril. Segundo o art. 1º desta Portaria, "a taxa anual dos juros legais e dos estipulados sem determinação de taxa ou quantitativo é fixada em 4%.".

4. Títulos de crédito

4.1. Caraterização geral: incorporação, literalidade, autonomia, circulabilidade

Embora se mostrem especialmente relevantes na atividade económica, a verdade é que a lei não apresenta a noção *título de crédito*.

Não restam dúvidas que as letras, livranças, cheques, conhecimentos de carga e de depósito, guias de transporte, cautelas de penhor ou extratos de fatura são geralmente tidos como títulos de crédito. Já quanto a outros documentos, como os que titulam obrigações, ações, títulos de capital das cooperativas, ou bilhetes de espetáculos é controversa a sua qualificação como título de crédito (no sentido de que as ações e obrigações emitidas pela sociedade são títulos de crédito, v. Antunes, 2012:7).

Caberá, como geralmente acontece, à doutrina e à jurisprudência a tarefa de delimitar conceitualmente a noção de título de crédito. Tal tarefa não é fácil, tendo em conta a *variedade de documentos* aceites como títulos de crédito. Acresce que não existe na lei portuguesa um regime geral sobre os títulos de crédito. No entanto, as normas relativas à letra, livrança e cheque – respetivamente, consagradas na Lei Uniforme relativa às Letras e Livranças (LULL) e na Lei Uniforme relativa ao cheque (LUC) – têm servido como paradigma para a identificação/constituição de princípios gerais.

É tradicional (mas não consensual) a definição desenvolvida por Vivante – título de crédito é o "documento necessário para exercitar o direito literal e autónomo nele mencionado". Apesar das críticas de que é alvo, a definição de Vivante apresenta "méritos descritivos e um alto valor pedagógico, que permitem a sua utilização para clarificar o regime dos títulos de crédito" (Martins, 2008:12).

Tomando, portanto, esta definição como referência, o título de crédito é, desde logo, um *documento necessário ao exercício do direito nele mencionado*. Tradicionalmente, o documento é um documento em suporte físico ou de papel. Hoje, debate-se a questão de saber se os títulos de crédito poderão ser representados em documentos eletrónicos, tendo em conta o fenómeno da *desmaterialização*. Quer-se com esta expressão designar o movimento de substituição do suporte em papel por suportes informáticos ou digitais, passando os direitos e deveres a constar de um registo informático. O CVM, quanto à forma de representação, admite as ações escriturais (art. 46º do CVM) é muito discutido se são genericamente admissíveis títulos de crédito desmaterializados (sobre a questão, com posições distintas, v. Antunes, 2012:47, ss;

CAPÍTULO II – ATOS DE COMÉRCIO

Martins, 2008:29, ss.). Também se discute que efeitos terão as mudanças operadas pela desmaterialização no futuro dos títulos de crédito. Há quem vaticine que os títulos de crédito estão condenados a desaparecer nesta sociedade digital.

O título de crédito carateriza-se por uma especial relação entre o documento e o direito representado. É o que a doutrina, através de uma metáfora, designa por *incorporação* – "o direito encontra-se "incorporado", compenetrado ou fundido no próprio documento, de tal modo que é a posse do documento que decide da titularidade do próprio direito – falando-se por isso, também, a este propósito, de um "direito cartular" (de "cartula" ou documento)" (Antunes, 2012:17).

O documento desempenha, então, desde logo, uma *função de legitimação* – "a posse do documento, adquirida segundo a sua lei de circulação, habilita (legitima) o portador a exercer o direito" (Correia, 1975:6).

Por *literalidade*, enquanto característica dos títulos de crédito, quer-se referir que a "letra do título é decisiva para a determinação do conteúdo, limites e modalidades do direito" (Correia, 1975:10; Martins, 2008:14). Deste modo assegura-se que o terceiro possa depositar confiança no teor literal do título. Como veremos, mais adiante, em relação a cada título de crédito em especial, o legislador fixou um conjunto de menções formais que devem necessariamente constar do teor literal do documento, sob pena de ele não produzir completamente os seus efeitos.

Mas a literalidade também significa, em regra, a "*irrelevância dos elementos, exceções e convenções extracartulares*: uma vez emitidos regularmente, os títulos de crédito valem nos precisos termos deles constantes" (Antunes, 2012:21).

A intensidade e alcance da literalidade variam consoante os títulos de crédito, podendo ser admissíveis casos de literalidade meramente indirecta ou "implícita". Os títulos de crédito onde a literalidade regista o seu mais amplo alcance é nos casos das letras, livranças, cheques, extratos de fatura, mas em outros documentos ela surge com um alcance mais restrito. Para quem defenda que o título de ação é um título de crédito, em tal caso a literalidade que aqui se aplica será sempre uma literalidade indireta ou por referência – pois o título de ação não enumera exaustivamente todos os direitos e deveres cartulares do acionista; limita-se a enunciar uma remissão genérica e implícita para o contrato de sociedade (Martins, 2008:16).

Outra das caraterísticas comuns a vários títulos de crédito é a *autonomia do direito mencionado no documento*. Autonomia, segundo a caraterização já desenvolvida por Vivante, significa que o direito cartular como que surge de

DIREITO COMERCIAL E DAS SOCIEDADES. ENTRE AS EMPRESAS E O MERCADO

novo na esfera do possuidor de boa-fé do título de crédito. O direito cartular diz-se *autónomo*, na visão de Vivante, porque o possuidor de boa-fé exercita um direito próprio que não pode ser restringido ou destruído em virtude das relações existentes entre os anteriores possuidores e o devedor. Nas palavras de Ferrer Correia, o direito incorporado no título é autónomo porque é adquirido "de um modo originário, isto é, independentemente da titularidade do seu antecessor e dos possíveis vícios dessa titularidade" (Correia, 1975:10).

No entanto, há que distinguir entre as *relações imediatas* e as *relações mediatas*. As relações imediatas são aquelas em que "os sujeitos cambiários o são concomitantemente de convenções extra-cartulares" (Correia, 1975:71). Nestas "tudo se passa como se a obrigação cambiária deixasse de ser literal e abstrata. Fica sujeita às exceções que nessas relações pessoais se fundamentem" (Correia, 1975:71). O que aqui ressalta é a "não autonomia do direito cambiário" (Correia, 1975:69). Já o portador mediato tem um direito autónomo. Esta diversidade de regime, consoante a excepção seja invocada nas relações imediatas ou nas relações mediatas, resulta do art. 17º da LULL.

4.2. Funções dos títulos de crédito

Que funções exercem os títulos de crédito? A primeira função é a *transmissão do direito incorporado no título* – transmitido o título, transmite-se o direito nele incorporado. Carolina Cunha identifica um novo paradigma caracterizado pela ausência de circulação dos títulos, a frequência das subscrições em branco, o predomínio do aval em detrimento do endosso ou o protagonismo dos bancos. O credor recorre aos títulos cambiários sobretudo como meio de acesso direto à ação executiva e como via de obtenção de financiamento ou liquidez (Cunha, 2012:42, 43).

Há que assinalar a *função de legitimação*. Significa ela que "o portador do título que o tenha recebido de acordo com as regras de circulação do mesmo, pode exercer o direito mencionado no documento. A esta legitimação está subjacente a presunção de que o portador é o titular do documento" (Martins, 2008:19). Significa, também, que o sujeito obrigado a realizar a prestação cumpre corretamente se a realizar a favor do portador.

4.3. Classificações dos títulos de crédito

A doutrina, no seu esforço de sistematização dos dados do sistema jurídico, desenvolveu várias classificações dos títulos de crédito, mobilizando, para tanto, *vários critérios*: natureza do direito incorporado; modo normal de transmissão; consequências da emissão do título no direito incorporado; relevo da relação fundamental. São identificáveis:

CAPÍTULO II – ATOS DE COMÉRCIO

a) De acordo com a *natureza do direito incorporado* – (*i*) os títulos de crédito que conferem ao seu portador o *direito a uma prestação em dinheiro* (letras, livranças e cheques), (*ii*) os que conferem ao seu titular um *direito de natureza real sobre coisas* (guias de transporte, conhecimentos de carga ou de depósito e as cautelas de penhor), (*iii*) os que representam a *participação* numa determinada pessoa coletiva, em regra uma sociedade de determinado tipo.

b) De acordo com o *modo normal de transmissão* – (*i*) os *títulos ao portador* transmitem-se pela simples entrega do título; (*ii*) os *títulos à ordem* transmitem-se através do endosso, ficando assim documentado o ato de transmissão (as letras e as livranças são exemplos de títulos à ordem); (*iii*) os *títulos nominativos* exigem para a sua transmissão a intervenção do emitente, que pode consubstanciar-se, por exemplo, através do registo a favor do adquirente.

c) De acordo com o critério das consequências da emissão do *título no direito incorporado*: (*i*) os *títulos constitutivos* que são aqueles em que "o direito incorporado é distinto do direito resultante da relação jurídica subjacente" (Martins, 2008:24); (*ii*) os *títulos declarativos* que são aqueles que tão-só representam um direito pré-existente e em que o direito representado não é distinto do direito subjacente. O título de ação é um título declarativo.

d) Quanto ao relevo da relação fundamental: os (*i*) *títulos abstratos* são aqueles que são em maior ou menor medida independentes da causa; (*ii*) os títulos causais são aqueles que não se autonomizam da causa (admitindo-se que o título de ação é um título de crédito, será o caso do título de ação, pois "está ligado à causa da sua emissão no que diz respeito ao conteúdo da relação entre a sociedade o acionista" (Martins, 20108:28).

4.4. Títulos de crédito, títulos executivos e valores mobiliários

Do ponto de vista jurídico, o título de crédito não pode ser confundido com o *título executivo*, pois enquanto o primeiro é, na caraterização de Vivante, "o documento necessário para exercitar o direito literal e autónomo nele mencionado", o *título executivo* é "documento que faz prova documental simples de um acto ou de um negócio jurídico constitutivo ou certificativo de uma relação jurídica de natureza real ou obrigacional e que, só por si, permite que o credor desencadeie a actividade jurisdicional visando a realização coactiva da prestação que lhe é devida" (Ac. do STJ de 26.11.2016).

O art. 703º do CPC consagra as "espécies de títulos executivos". Ora, nos termos do art. 703º, *c*), do CPC, podem servir de base à execção "c) Os títulos de crédito, ainda que meros quirógrafos, desde que, neste caso, os factos constitutivos da relação subjacente constem do próprio documento ou sejam alegados no requerimento executivo"[9]. São meros quirógrafos documentos que ajudam a provar a existência da relação jurídica que justificou a respetiva emissão, que tem que ser alegada.

Os títulos de crédito não podem ser confundidos com os *valores mobiliários* que se encontram delimitados no art. 1º do CVM. Embora a lei não apresente uma noção de valor mobiliário, a doutrina, a partir dos elementos que este preceito identifica, procura caraterizar esta figura. Engrácia Antunes define *valores mobiliários* como "os instrumentos financeiros representados num título ou registo em conta, que consubstanciam posições jurídicas homogéneas e fungíveis e que são susceptíveis de negociação em mercado organizado" (Antunes, 2017:73).

4.5. Letra, livrança e cheque

A letra de câmbio é o "título de crédito pelo qual o emitente (sacador) dá uma ordem de pagamento a outrem (sacado) para pagar a um terceiro beneficiário (tomador), ou à ordem deste, uma determinada quantia em dinheiro" (Antunes, 2012:51). Ou, numa outra definição, letra de câmbio é um "documento em papel que contém uma ordem de pagamento de uma quantia determinada dada pelo sacador ao sacado é à ordem do tomador" (Martins, 2008:35).

A letra, em regra, implica três sujeitos: *a)* o *sacador* é o sujeito que emite a letra de câmbio; *b)* o *sacado* é o destinatário da ordem emitida pelo sacador; *c)* o tomador é o beneficiário da respetiva ordem de pagamento. No entanto, ninguém se torna obrigado por uma letra de câmbio só por ser destinatário de uma ordem emitida pelo sacador. Por isso, é o ato de *aceite* (tornando-se *aceitante*) que vincula o sacado-aceitante a pagar a letra.

A letra de câmbio distingue-se da *livrança* porque esta enuncia uma promessa direta de pagamento entre dois sujeitos (o emitente e o beneficiário). Por outro lado, a letra de câmbio distingue-se do *cheque* porque este contém uma ordem de pagamento necessariamente dirigida a um banco ou instituição de crédito onde o emitente possui uma provisão de fundos.

A disciplina jurídica da letra de câmbio encontra-se na Lei Uniforme em matéria de letras e livranças.

---

[9] Para o caso de um documento quirógrafo apresentado à execução, v. o Ac. do STJ de 20.10.2015, em que é relator o Juiz Conselheiro Salreta Pereira.

CAPÍTULO II – ATOS DE COMÉRCIO

A letra de câmbio é um título rigorosamente *formal*, devendo ser observados estritos requisitos formais para que a letra nasça e produza os efeitos a que tende (arts. 1º e 2º da LULL). A Portaria 28/2000, de 27 de janeiro, prevê um modelo normalizado de letra de câmbio. A existência deste modelo legal não obsta a que se constitua uma letra sem o usar, desde que o documento respeite as menções legais obrigatórias. Não sendo respeitadas as menções obrigatórias previstas no art. 1º da LULL, o documento "não produzirá efeito como letra" (art. 2º, I, da LULL).

Todavia, em casos excecionais, a falta de menções legais pode ser suprida (art. 2º, II e IV, da LULL), produzindo, ainda assim, o documento os efeitos *como letra*. Se a letra não contém a indicação da época de pagamento é considerada como *pagável à vista*, o que significa que é pagável à apresentação (art. 34, I, LULL). Se a letra não indica lugar de pagamento, vale como tal o lugar que tenha sido designado ao lado do nome do sacado (art. 2, III, LULL). Nada constando quanto ao lugar onde a mesma foi passada, ela considera-se passada no lugar designado ao lado do nome do sacador (art. 2º, IV, LULL).

O art. 10º da LULL admite a chamada *letra em branco* que pressupõe a existência de um *acordo de preenchimento*. Trata-se de uma convenção que não está sujeita a forma, em que as partes ajustam os termos em que deverá definir-se a obrigação cambiária, tais como a fixação do seu montante, as condições relativas ao seu conteúdo, o tempo do vencimento, a data do pagamento.

Determina o art. 10º da LULL que "se uma letra incompleta no momento de ser passada tiver sido completada contrariamente aos acordos realizados, não pode a inobservância desses acordos ser motivo de oposição ao portador, salvo se este tiver adquirido a letra de má-fé ou, adquirindo-a, tenha cometido uma falta grave". Subjaz a esta norma a distinção entre *letra incompleta* e *letra em branco* (Martins, 2008: 44). "Mesmo que exista acordo de preenchimento a letra em branco *não produzirá efeitos como letra enquanto for letra em branco* – isto é, *antes do preenchimento com os requisitos essenciais* em falta" (Martins, 2008: 46)[10].

Por consequência, o desrespeito do pacto de preenchimento não pode ser oposto ao *portador mediato* da letra, "salvo se este tiver adquirido a letra de má-fé ou, adquirindo-a, tenha cometido uma falta grave".

O *cheque* é um título de crédito através do qual o sacador ordena a um banco onde dispõe de fundos (provisão) o pagamento à vista de determinada

---

[10] O Ac. do STJ de 6.4.2000, em que é relator o Juiz-Conselheiro Dionísio Correia decidiu que "pode existir letra (ou livrança) em branco sem ter havido prévio contrato de preenchimento".

quantia pecuniária, a favor de si próprio ou de terceiro (tomador). O cheque incorpora um *direito a uma prestação pecuniária*. Apresenta algumas particularidades em relação à letra porquanto a ordem de pagamento nele incorporada é necessariamente dirigida a uma instituição bancária onde o sacador tem provisão e, além disso, pode circular *à ordem* (através de endosso) ou ao *portador*, podendo ser emitido sem identificação do seu titular e transmitido por mera tradição ou entrega real. O cheque é, essencialmente, um meio de pagamento, porque, do ponto de vista da sua função económica, ele constitui um meio de execução (art. 703º do CPC) e de extinção de dívidas pecuniárias. Além disso, o cheque é um *meio de levantamento de fundos* depositados na instituição bancária (função hoje esbatida, tendo em conta a prática generalizada de proceder aos levantamentos através do uso de cartões de débito) e de liquidação recíproca de cheques, através das chamadas câmaras de compensação ("clearing-houses").

A disciplina jurídica do cheque consta da Lei Uniforme relativa ao Cheque, do DL 454/91, de 28 de dezembro, relativo ao regime jurídico-penal do cheque e de diversas normas regulamentares do Banco de Portugal.

4.6. Os negócios cambiários

Saque é o negócio cambiário constituído por uma "declaração unilateral e abstrata, feita pelo emitente do título (sacador)" que tem por conteúdo expresso uma *ordem de pagamento* dirigida ao sacado para que este pague uma quantia pecuniária determinada ao tomador ou à ordem deste" (Antunes, 2012:70). Esta ordem de pagamento é tradicionalmente condensada na seguinte fórmula: "no seu vencimento, pagará V^a Exª por via única desta letra a F. ou à sua ordem".

O art. 3º da LULL prevê várias modalidades de *saque*.

O sacador garante a aceitação e o pagamento da letra (art. 9º, I, da LULL), sendo a sua responsabilidade solidária com a do aceitante, endossante ou avalista, nos termos do disposto no art. 47º da LULL. Nos termos do art. 9º, II, LULL, "o sacador pode exonerar-se da garantia da aceitação; toda e qualquer cláusula pela qual ele se exonere da garantia de pagamento considera-se como não escrita".

O *aceite* é o "negócio jurídico-cambiário, de natureza unilateral e abstrata, pelo qual o sacado *aceita* a ordem de pagamento que lhe foi dirigida pelo sacador e se *obriga* a pagar a letra no vencimento ao tomador ou à ordem deste" (Antunes, 2012:74).

A letra tem de ser apresentada ao aceite até à data do vencimento (art. 21º da LULL). Nos termos do art. 25º da LULL, o "aceite é escrito na própria

CAPÍTULO II – ATOS DE COMÉRCIO

letra. Exprime-se pela palavra «aceite» ou qualquer outra palavra equivalente; o aceite é assinado pelo sacado. Vale como aceite a simples assinatura do sacado aposta na parte anterior da letra".

Em consequência do aceite, o sacado torna-se *aceitante* e, por consequência, obrigado principal. Se o sacado não aceita, poderão ser acionados os obrigados de garantia – sacadores, endossantes, avalistas, através do "protesto por falta de aceite" (art. 44º da LULL).

A LULL regula, ainda, o chamado "aceite obrigatório" (art. 22º, I, V, da LULL) em que o portador deve apresentar a letra ao aceite, sendo que a falta ou intempestividade da apresentação ao aceite por parte do portador origina a perda de todos os direitos de ação contra os obrigados cambiários em via de regresso (art. 53º da LULL). No caso de "aceite proibido" (art. 22º, II, da LULL), o sacador proíbe na letra que esta seja apresentada ao aceite.

Falemos, agora, do *endosso,* regulado nos arts. 11º e ss. da LULL. Como sabemos, a letra é um título *à ordem* destinado a circular por *endosso.* Trata-se de uma "declaração jurídica, de caráter abstrato e unilateral, pela qual o tomador ou qualquer outro portador posterior (endossante) transmite a letra e todos os direitos dela emergentes a um terceiro (endossado ou endossatário)" (Antunes, 2012:79).

O endosso concretiza-se pela assinatura do endossante aposta no verso do título (endosso tem a sua raiz etimológica no francês: *en dos*). Esta declaração do endossante pode indicar o nome do beneficiário, mas não é forçoso que o faça. Não havendo indicação do nome do beneficiário, estar-se-á perante um "endosso em branco" (art. 13º, II, da LULL).

Nos termos do art. 14º da LULL, "o endosso transmite todos os direitos emergentes da letra". Para que se opere tal transmissão não é necessário que ela seja notificada ao aceitante. O que constitui uma decisiva diferença em relação ao regime geral de cessão de créditos.

Para além do efeito de transmissão, o endosso garante a aceitação e pagamento da letra (art. 15º da LULL) e legitima a posse do portador (art. 16º da LULL). Por consequência, o endossante é *garante* da aceitação da letra e do pagamento da mesma perante o endossado e os portadores subsequentes.

Tem sido aposta na letra a cláusula "sem garantia" ou "sem regresso", ela opera o efeito de exonerar o endossante da responsabilidade cambiária perante os endossados imediatos e mediatos (art. 15º, I, da LULL). Constando da letra a cláusula "não à ordem", ela produz o efeito de o endossante que introduziu tal cláusulas não ser garante do pagamento às pessoas a quem a letra for posteriormente endossada (art. 15º, II, da LULL). Por sua vez, a cláusula "sem protesto" ou "sem despesas" (art. 46° da LULL) dispensa o portador da letra de lavrar protesto por falta de aceitação ou pagamento para exercer os seus direitos de regresso.

Por último, há que considerar o *aval,* regulado nos arts. 30° e ss. da LULL. Trata-se do negócio jurídico cambiário através do qual uma pessoa (avalista) garante o pagamento da letra por parte de um dos seus subscritores (avalizado). A garantia do aval pode ser, nos termos do art. 30°, II, da LULL, "dada por um terceiro ou mesmo por um signatário da letra".

Nos termos do art. 31° da LULL, "o aval é escrito na própria letra ou numa folha anexa. Exprime-se pelas palavras «bom para aval» ou por qualquer fórmula equivalente; é assinado pelo dador do aval".

Pode ser avalizado qualquer um dos subscritores da letra (sacadores, aceitantes, endossantes ou outros avalistas).

A obrigação do avalista é *autónoma.* É o que resulta do art. 32°, II, da LULL, nos termos do qual, a obrigação do avalista "mantém-se, mesmo no caso de a obrigação que ele garantiu ser nula por qualquer razão que não seja um vício de forma". Por fim, a obrigação do avalista é solidária (art. 47°, I, da LULL), sendo que o avalista fica sub-rogado nos direitos emergentes da letra (art. 32°, III, da LULL).

5. Outros títulos de crédito

O *conhecimento de depósito* e a cautela de penhor (este último também designado por *warrant*) são títulos de crédito à ordem que representam direitos reais, de propriedade e garantia, sobre mercadorias depositadas. Encontram-se previstos e regulados nos arts. 408° a 424° do CCom., a propósito do depósito de géneros e mercadorias em armazéns gerais.

Mais especificamente, o *conhecimento de depósito* é o título de crédito que representa a propriedade de mercadorias depositadas e confere ao seu titular a faculdade de transmitir a propriedade sobre as mercadorias sem ter de as deslocar. Por sua vez, a *cautela de penhor* "é um título que, emitido em anexo ao conhecimento, mas sendo dele destacável, é representativo de um direito real de garantia (penhor) sobre as mercadorias depositadas: se o titular do conhecimento vier a contrair dívida garantida através de penhor sobre as mercadorias depositadas, o "warrant", uma vez destacado do conhecimento, titulará o direito do seu portador como credor pignoratício" (Antunes, 2012:137).

Discutido é se os títulos de ação e de obrigação são títulos de crédito. Eventualmente abrangidos em um conceito amplo e alargado de título de crédito, a verdade é que a evolução e sofisticação destes títulos os afastaram

CAPÍTULO II – ATOS DE COMÉRCIO

progressivamente das caraterísticas próprias dos títulos de crédito. Afirmam-se hoje como *valores mobiliários* (art. 1º do CVM) e é neste contexto que são regulados no CVM. Efetivamente, as ações e obrigações são emitidas massivamente para o público investidor em geral e têm sido progressivamente desmaterializadas. Elas conferem aos seus titulares direitos homogéneos e fungíveis e são negociáveis em mercados específicos, destinando-se, essencialmente, ao financiamento empresarial. Hoje, o lugar próprio de estudo é, sem dúvida, o direito das sociedades e, em particular, o direito dos *valores mobiliários* (v. Martins, 2017: *passim*).

Também se questiona se as *apólices de seguro* (já caraterizadas *supra*) são ou não títulos de crédito. Na sequência das alterações introduzidas pelo DL 147/2015, de 9 de setembro, foram eliminadas as apólices ao portador, prevendo o art. 38º da RJCS a admissibilidade de apólices *nominativas* e *à ordem*, sendo na falta de estipulação em contrário, *nominativas*. As apólices *nominativas* identificam o tomador do seguro como titular. Nos termos do art. 38º, 4, do RJCS, "apólice nominativa deve ser entregue pelo tomador do seguro a quem lhe suceda em caso de cessão da posição contratual, sendo que, em caso de cessão de crédito, o tomador do seguro deve entregar cópia da apólice". As *apólices à ordem* transmitem-se mediante *endosso*. As apólices à ordem (e, quando eram admitidas, as apólices ao portador) são frequentes nos seguros associados ao transporte marítimo ou terrestre ou ao armazenamento de mercadorias (Rego, 2016:35).

Em Portugal, as apólices à ordem *não constituem verdadeiros títulos de crédito* (Antunes, 2012:145; Rego, 2016:34). As apólices de seguro não são títulos abstratos. O que, para quem admite títulos de crédito causais, não constituiria em si mesmo impedimento a que as apólices de seguro fossem consideradas títulos de crédito. No caso das apólices, não há a incorporação do direito no título. A isso obsta, nas palavras de Margarida Lima Rego, "o princípio do indemnizatório nos seguros de danos", previsto no art. 128º do RJCS. Ou seja, o endosso da apólice não tem "qualquer efeito translativo do interesse seguro" (Rego, 2016:34).

O que acontece é que o documento da apólice destina-se, por um lado, a facilitar a cessão de créditos por parte do tomador do seguro ou do segurado, ou eventualmente do beneficiário (ou até a cessão da posição contratual de tomador), dispensando determinadas formalidades, bastando-se com o endosso (art. 38º, 2, do RJCS). Por outro lado, a apólice também facilita o cumprimento por parte do segurador.

DIREITO COMERCIAL E DAS SOCIEDADES. ENTRE AS EMPRESAS E O MERCADO

6. Atos não comerciais

Por fim, algumas notas sobre os atos (em regra, contratos) *não comerciais* ou também designados civis. Os atos não comerciais são delimitados de uma *forma negativa*. Serão considerados atos *não comerciais* aqueles que não são nem objetiva nem subjetivamente comerciais (art. 2º do CCom.).

Há atos e atividades que o Código Comercial (e, mais latamente, a lei comercial) *exclui expressamente* do rol dos atos/atividades comerciais. São os casos das atividades das *empresas civis ou não comerciais*, segundo o art. 230º, §§ 1º, 2º e 3º do CCom. (v. *infra*, capítulo III) e, ainda, o caso das *compras e vendas não comerciais* (art. 464º do CCom.).

Fora do Código Comercial considerem-se os serviços prestados por profissionais liberais – "pessoas singulares que exercem de modo habitual e autónomo atividades primordialmente intelectuais, suscetíveis de regulamentação e controlo próprios (a cargo, em grande medida, de associações públicas – "ordens", "câmaras")" (Abreu, 2016:129). Veja-se o disposto no art. 27º, 2, da L 2/2013, de 10 de janeiro, relativo às sociedades de profissionais cuja profissão é organizada em associação pública profissional. Nos termos do art. 4º, 1, 3, da L 53/2015, de 11 de junho, as sociedades de profissionais liberais são sociedades civis, embora podendo adotar um dos tipos comerciais. O que induz a ideia de que tais serviços são considerados como não comerciais.

Já sabemos que os atos unilateralmente comerciais ficam sujeitos ao regime do art. 99º do CCom.

CAPÍTULO II – ATOS DE COMÉRCIO

Bibliografia citada

Abreu, J. M. Coutinho (2016), *Curso de direito comercial*. Vol. I. *Introdução, atos de comércio, comerciantes, empresas, sinais distintivos*, 10ª ed., Coimbra: Almedina.

Afonso, Ana (2007), "A obrigação de juros comerciais depois das alterações introduzidas pelo DL 32/2003, de 17 de fevereiro", *Revista de Ciências Empresariais e Jurídicas*, 12.

Antunes, J. Engrácia (2009), *Direito dos contratos comerciais*, Coimbra: Almedina.

Antunes, J. Engrácia (2012), *Os títulos de crédito. Uma introdução*, 2ª ed., Coimbra: Almedina.

Antunes, J. Engrácia (2017), *Instrumentos financeiros*, 3ª ed., Coimbra: Almedina.

Ascensão, J. Oliveira (1998/1999), *Direito comercial, vol. I – Institutos gerais*, FDL, Lisboa.

Cordeiro, António Menezes (2012), *Manual de direito comercial*, I vol., 3ª ed., Coimbra: Almedina.

Correia, A. Ferrer (1975), *Lições de direito comercial*, vol. III. *Letra de câmbio* (com a colaboração dos licenciados Paulo M. Sendim, J. M. Sampaio Cabral, António A. Caeiro e M. Ângelo Coelho), Coimbra: Universidade de Coimbra.

Costa, Ricardo (2014), "O direito comercial português: direito misto, autónomo e basicamente empresarial", *Para Jorge Leite. Escritos jurídicos*, vol. II, Coimbra: Coimbra Editora.

Cunha, Carolina (2012), *Letras e livranças: paradigmas atuais e recompreensão de um regime*, Coimbra: Almedina.

Fernandes, L. Carvalho/Labareda, João (2015), *Código da Insolvência e da Recuperação de Empresas anotado*, 3ª ed., Lisboa: Quid Iuris.

Gomes, M. Januário da Costa (2012), *Contratos comerciais, I. Contratos comerciais em geral. II. Contratos bancários*, Coimbra: Almedina.

Henriques, Miguel Gorjão, com a colaboração de José Lobo Moutinho (2014), *Lei da Práticas restritivas do comércio: comentário*, Coimbra: Almedina.

Leitão, L. Menezes (2012), *Código da Insolvência e da Recuperação de Empresas anotado*, 2ª ed, Coimbra: Almedina.

Martins, Alexandre de Soveral (2017), "Transmissão de ações: entre o direito das sociedades e o direito do mercado de capitais", *Congresso Comemorativo dos 30 anos do Código das Sociedades Comerciais*, Coimbra: Almedina.

Martins, Alexandre de Soveral (2008), *Títulos de crédito e valores mobiliários*. Parte I – *Títulos de crédito*, volume I, I. *Dos títulos de crédito em geral. II. Da letra*, Coimbra: Almedina.

Monteiro, António Pinto (1990), *Cláusula penal e indemnização*, Coimbra: Almedina.

Monteiro, António Pinto (2017), *Contrato de agência*, 8ª ed., Coimbra: Almedina.

Olavo, Fernando (1970), *Direito comercial*, 2ª ed., Lisboa: Livraria Petrony.

Ramos, Maria Elisabete (2010), *O seguro de responsabilidade civil dos administradores – Entre a exposição ao risco e a delimitação da cobertura*, Coimbra: Almedina.

Rego, Margarida Lima (2016), "O contrato e a apólice de seguro", *Temas de direito dos seguros*, coord. de Margarida Lima Rego, 2ª ed., Coimbra: Almedina.

Rego, Margarida Lima (2016ª), "O seguro por conta de outrem", *Temas de direito dos seguros*, coord. de Margarida Lima Rego, 2ª ed., Coimbra: Almedina.

Santos, Filipe Cassiano dos (2007), *Direito comercial português.* Vol. I. *Dos actos de comércio às empresas, o regime dos contratos e mecanismos comerciais no Direito Português*, Coimbra: Coimbra Editora.

Vasconcelos, L. Pestana (2006), "O novo regime insolvencial da compra e venda", *Revista da Faculdade de Direito da Universidade de Lisboa*, III.

Xavier, Vasco Lobo (1977-1978), *Direito comercial*, Sumários das lições ao 3º ano jurídico, Coimbra

CAPÍTULO II – ATOS DE COMÉRCIO

Para saber mais

I – Leituras recomendadas

Antunes, José Engrácia (2009), "O regime jurídico dos actos de comércio", *Themis*, ano IX, 17.

Almeida, Carlos Ferreira (2017), *Contratos, I. Conceito, fontes, formação*, Coimbra: Almedina.

Antunes, J. Engrácia (2007), *Contratos internacionais – Noções fundamentais*, vol. Especial de Direito e Justiça.

Cunha, Carolina (2003), *A indemnização de clientela do agente comercial*, Coimbra: Coimbra Editora.

Cunha, Carolina (2004), "Vendas com prejuízo", *Estudos de Direito do Consumidor*, nº 5, Coimbra.

Cunha, Carolina (2010), "O contrato de fornecimento no sector da grande distribuição a retalho: perspectivas actuais", *Livro de Homenagem ao Senhor Professor Doutor Henrique Mesquita, Coimbra: Coimbra Editora*.

Cunha, Carolina (2015), *Manual de letras e livranças*, Coimbra: Almedina.

Cunha, Paulo Olavo (1987), "Venda de bens alheios", *Revista da Ordem dos Advogados*, 47.

Cunha, Paulo Olavo (2009), *Cheque e Convenção de Cheque*, Coimbra: Almedina.

Cunha, Paulo Olavo (2010), *Lições de direito comercial*, Coimbra: Almedina.

Cunha, Paulo Olavo (2016), *Direito empresarial para economistas e gestores*, 2ª ed., Coimbra: Almedina.

Cunha, Paulo Olavo (2016), *Direito das sociedades comerciais*, 6ª ed., Coimbra: Almedina.

Guimarães, Maria Raquel (2014), "Algumas notas preliminares sobre o Decreto-Lei nº 62/2013, de 10 de Maio, que estabelece medidas contra os atrasos de pagamento nas transacções comerciais", *Revista Eletrónica de Direito*, nº 2.

Monteiro, António Pinto (2009), *Contratos de distribuição comercial*, Coimbra: Almedina.

Monteiro, António Pinto (2016), "Revisitando a lei da agência 30 anos depois", *Revista de Legislação e de Jurisprudência*, 146º (novembro-dezembro).

DIREITO COMERCIAL E DAS SOCIEDADES. ENTRE AS EMPRESAS E O MERCADO

Morais, Fernando de Gravato (2011), "A solidariedade nas obrigações comerciais", *Estudos em Homenagem ao Professor Doutor Carlos Ferreira de Almeida*, II, Coimbra: Almedina.

Nunes, Fernando Conceição (2002), "Depósito e conta", em Estudos em Homenagem ao Professor Doutor Inocêncio Galvão Telles, II. Coimbra: Almedina.

Rego, Margarida Lima (2010), *Contrato de seguro e terceiros. Estudo de direito civil*, Coimbra: Coimbra Editora.

II – Sítios oficiais de conteúdo informativo relevante para compreender o que é o direito comercial

Convenção de Viena de 11 de abril de 1980: http://www.uncitral.org/uncitral/en/uncitral_texts/sale_goods/1980CISG.html

Convenção das Nações Unidas sobre o Transporte de Mercadorias por Mar, 1978, conhecida por "Regras de Hamburgo".

http://www.uncitral.org/uncitral/en/uncitral_texts/transport_goods/Hamburg_rules.html

Para a consulta dos avisos da Direção-Geral do Tesouro e Finanças, relativos à taxa legal supletiva de juros moratórios, conforme o art. 102º do CCom., ver o Diário da República, II Série,

https://dre.pt/home/-/dre/list/normal?serie=II

Para mais informações sobre taxas de juro (designadamente, de depósitos bancários), ver o *site* do Banco de Portugal

http://clientebancario.bportugal.pt/pt-PT/TaxasJuroCambio/TaxasdeJuro/Contasdeposito/Paginas/default.aspx

Para consultar o "Registo das cláusulas contratuais gerais abusivas julgadas pelos tribunais portugueses", aceder a

http://www.dgpj.mj.pt/DGPJ/sections/sobre-dgpj/anexos/registo-das-clausulas/

Para os avisos do Banco de Portugal sobre cheques, v.

http://clientebancario.bportugal.pt/pt-PT/Paginas/Legislacao.aspx?tema=Cheques.

Para estudar melhor

I. Distinga:

a) Atos formalmente comerciais *de* atos substancialmente comerciais;

b) Letra *de* livrança;

c) Abstração *de* literalidade;

d) Saque de letra de câmbio *de* endosso de letra de câmbio.

II. Comente a seguinte afirmação, à luz das normas jurídico-comerciais vigentes:

"O contrato de agência não é um contrato comercial porque não está regulado no Código Comercial".

III Considere os seguintes factos:

Em janeiro de 2017, cinco amigos, todos eles licenciados em Gestão de Empresas, constituíram regularmente entre si, uma sociedade anónima, destinada à organização de espetáculos públicos. O contrato de sociedade, além de outras menções, prevê que cada um dos sócios entra com 10 000 euros em dinheiro e a sociedade terá a sede em Coimbra. Um dos licenciados em Gestão pediu os 10 000 euros a seu primo, empresário agrícola de sucesso, sendo que este empréstimo foi garantido através de uma letra de câmbio sacada pelo primo e aceite pelo sacado.

Questões:

a) Identifique e caraterize os atos de comércio referidos no texto.

Capítulo III
OS COMERCIANTES

1. Quem é comerciante?

1.1. O (escasso relevo) do estatuto de comerciante

O art. 13º do CCom. determina que "são comerciantes: 1º as pessoas, que, tendo capacidade para praticar atos de comércio, fazem deste profissão; 2º as sociedades comerciais". O relevo da qualificação de um determinado sujeito como comerciante resulta do "estatuto próprio" (Abreu, 2016: 113) constituído por um conjunto de regras jurídicas que lhes são aplicáveis. Tal estatuto jurídico dos comerciantes traduz-se principalmente no seguinte: *a*) os atos dos comerciantes são considerados *subjetivamente comerciais*, nos termos do art. 2º, 2ª parte, do CCom.; *b*) as dívidas comerciais dos cônjuges comerciantes, nos termos do art. 15º do CCom., presumem-se contraídas no exercício do comércio – por consequência, com o auxílio do art. 1691º, 1, *d*), do CCiv., estas dívidas são, em princípio, da responsabilidade de ambos os cônjuges; *c*) o CCom. contempla certas regras que facilitam a prova de atos entre comerciantes (são os casos previstos, por exemplo, no art. 396º do CCom. e no art. 400º do CCom; *d*) é de dois anos o prazo de prescrição "de créditos dos comerciantes pelos objetos vendidos a quem não seja comerciante" (art. 317º, *b*), do CCiv.); *e*) o art. 18º do CCom. prevê as obrigações dos comerciantes: adotar uma firma, ter escrituração mercantil, fazer inscrever no registo comercial os atos a ele sujeitos e dar balanço e aprestar contas.

Outrora, a falência era um instituto quase privativo dos comerciantes. Atualmente, a insolvência aplica-se a comerciantes e não comerciantes (v. *infra*), sendo que a qualidade de comerciante não é, para este efeito, relevante.

DIREITO COMERCIAL E DAS SOCIEDADES. ENTRE AS EMPRESAS E O MERCADO

Por outro lado, e olhando para as obrigações dos comerciantes, verifica-se que sujeitos não comerciantes estão também obrigados a adotar denominações, a fazer inscrições no registo comercial, a prestar contas e a manter registos das suas operações. Por outro lado, sendo as sociedades comerciais os mais importantes comerciantes, é certo que a sua disciplina é, também, aplicável a não comerciantes (as sociedades civis sob a forma comercial, nos termos do art. 1º, 4[1]). Assiste-se, pois, atualmente a um *esbatimento* do relevo prático da qualificação de um sujeito como comerciante.

Não será, pois, de estranhar que alguns dos temas tratados neste capítulo sejam objeto de disciplina jurídica em que é irrelevante a qualidade de comerciante. Assim acontece com a importante matéria da resolução dos conflitos. É certo que houve um tempo em que os comerciantes tinham uma jurisdição própria, mas hoje já não é assim – o estatuto de comerciante é irrelevante para a determinação da competência dos juízos de comércio. Por outro lado, comerciantes e não comerciantes servem-se dos meios de resolução alternativa dos litígios ou, numa outra formulação, *meios extrajudiciais de resolução de litígios*. Por fim, as matérias da regulação económica (em particular, através da atuação dos reguladores económicos), dos instrumentos de auto-organização dos agentes económicos (como sejam as associações, federações ou confederações) são comuns aos mais variados agentes económicos.

Embora a organização do comércio, a regulação económica e a resolução dos litígios não sejam típicas matérias de direito comercial, parece importante que sejam abordadas neste contexto porque, por um lado, por contraste, tornam mais claro o real alcance do atual estatuto jurídico do comerciante e, por outro, propiciam uma melhor compreensão das condições em que é exercida a atividade económica.

1.2. Pessoas singulares comerciantes

Para que uma pessoa singular possa ser considerada comerciante é mister que reúna os requisitos previstos no art. 13º, 1º, do CCom. É certo que esta disposição não diz expressamente que se aplica às pessoas singulares, mas é, em primeira linha, o seu sentido jurídico.

As pessoas singulares hão de ter *capacidade para praticar atos de comércio*. Não explicita o art. 13º, 1º do CCom. qual a capacidade pressuposta neste preceito. Parece ser de entender, como tem entendido a doutrina tradicional,

---

[1] São do Código das Sociedades Comerciais as normas cuja fonte legislativa não é mencionada.

CAPÍTULO III – OS COMERCIANTES

que se trata da *capacidade de exercício*, permitindo que menores, interditos e inabilitados possam ser considerados comerciantes, desde que exerçam o comércio através de representantes legais devidamente autorizados pelo Ministério Público (v. arts. 1889º, 1, *c*), do CCiv., art. 2º, 1, *b*), do DL 272/2001, de 13 de outubro, 1938º, 1, *a*) e *f*), do CCiv. e art. 139º do CCiv.)

Não basta a prática episódica ou esporádica de atos de comércio objetivos para que se adquira a qualidade de comerciante. É necessário, nos termos do art. 13º, 1º, CCom., que o sujeito faça do comércio profissão. Já parece não ser de exigir, para efeitos do preenchimento do requisito da profissionalidade, que a atividade comercial tenha escopo lucrativo (em sentido diverso, Santos, 2007:112). Efetivamente, como teremos oportunidade de concluir mais tarde, há pessoas coletivas sem escopo lucrativo que, verificados determinados requisitos, são qualificáveis como comerciantes ao abrigo do art. 13º, 1º, do CCom.

O comércio referido neste preceito é o *comércio em sentido jurídico*. Embora na linguagem comum seja habitual identificar o comerciante com aquele que pratica profissionalmente o comércio em sentido económico, a verdade é que tal entendimento não se ajusta ao teor literal do art. 13º do CCom.. De acordo com os dados que deste se extraem, são comerciantes as pessoas singulares que não só praticam o comércio em sentido económico, mas também em sentido jurídico.

No entanto, há atos de comércio objetivos que, ainda que praticados com regularidade, não conferem a qualidade e comerciante – é o caso da prática regular e sistemática de atos formalmente comerciais por parte de pessoas singulares (v. *supra*). Diferente é a solução, se os mesmos atos formalmente comerciais forem praticados no âmbito da atividade bancária (art. 362º do CCom.). Neste caso, todavia, o sujeito que os pratica não é uma pessoa singular. Muitas vezes é uma sociedade (comercial) ou, então, uma cooperativa (como acontece com as caixas de crédito agrícola).V. *infra*.

É necessário que o comércio seja exercido em *nome próprio* (pessoalmente ou através de representantes). Assim, será comerciante o menor não emancipado em cujo nome é exercido o comércio, os empresários mercantis e não os seus representantes.

Poder-se-á questionar se em vez de comerciantes não se deveria falar de empresário mercantil. Não será mais correto dizer que, bem vistas as coisas, os comerciantes (pessoas singulares) são os sujeitos que exploram (enquanto proprietários, usufrutuários, locadores, *etc*) uma empresa mercantil? Tendencialmente os *comerciantes* (pessoas singulares) exploram *empresas comerciais*.

DIREITO COMERCIAL E DAS SOCIEDADES. ENTRE AS EMPRESAS E O MERCADO

No entanto, é possível ser comerciante sem ser explorador de empresa ou sem exercer o comércio através de empresa (sobre a noção de empresa em sentido objetivo, v. *infra*). Considere-se, a título de exemplo, o caso de pessoas que, através de computador, compram e vendem participações sociais. São comerciantes (arts. 13º, 1º, e 463º, 5º, CCom.), mas não devem ser considerados empresários.

O art. 13º, 1º, CCom. não esclarece a partir de que *momento* se inicia a qualidade de comerciante. Caberá à doutrina e à jurisprudência responder a esta questão. É certo que os arts. 2º *a*), 34º, 61º, do CRCom. determinam que o início da atividade do comerciante individual está sujeita a registo, sendo que o registo do início de atividade toma o nome de *matrícula* (art. 62º do CRCom). No entanto, é possível ser-se comerciantes sem ter sido feito o registo do início da atividade. Tal como já sustentou Correia, 1973:129, ss., deve entender-se que a matrícula não é condição necessária nem suficiente da aquisição da qualidade de comerciante, bastando que a pessoa singular cumpra os requisitos previstos no art. 13º, 1º do CCom.. A matrícula é uma mera presunção da qualidade de comerciante. De facto, os factos previstos no art. 2º, *a*), do CRCom. não integram a lista dos factos sujeitos a registo obrigatório, prevista no art. 15º do CRCom. Também a matrícula de determinada pessoa singular como comerciante individual não é suficiente nem decisiva da atribuição da qualidade de comerciante.

Coutinho de Abreu, 2016: 121, sustenta que determinada pessoa singular adquire a qualidade de comerciante quando é praticada uma série de atos concatenados com vista à organização e exploração de uma empresa.

1.3. Pessoas coletivas comerciantes

No elenco das pessoas coletivas qualificáveis como comerciantes contam-se, desde logo, as sociedades comerciais (v. arts. 13º, 2º, do CCom., 1º, 2, CSC, e *infra*). As sociedades comerciais *são comerciantes*, só pela circunstância de serem sociedades comerciais. O CCom. não exige qualquer outro requisito suplementar. *Não são comerciante*s as sociedades civis sob a forma comercial (art. 1º, 4, e art. 13º, 2º do CCom) nem as sociedades civis simples (art. 980º do CCiv.).

Outras pessoas coletivas (além das sociedades) podem ser qualificadas como comerciantes, ao abrigo do art. 13º, 1º do CCom. Na verdade, o art. 13º, 2º, do CCom. é explícito no sentido de se confinar ao universo das sociedades comerciais, não servindo para atribuir a qualidade de comerciante a outras pessoas coletivas.

CAPÍTULO III – OS COMERCIANTES

E, se bem virmos, o teor literal do art. 13º, 1º do CCom. não a reserva às pessoas singulares; refere, indistintamente, "pessoas". Várias normas mercantis usam a expressão "pessoa" de modo a abranger também pessoas coletivas (a título de exemplo, considerem-se os arts. 344º, 368º do CCom.). E também, o requisito da profissão, exigido pelo art. 13º, 1º do CCom., não deve ser considerado decisivo para obstar que pessoas coletivas sejam consideradas comerciantes (Abreu, 2016:124).

Assim, para os efeitos do *art. 13º, 1º do CCom.*, serão considerados comerciantes pessoas coletivas cujo objeto consista na prática de atos de comércio. Será o caso das Entidades Públicas Empresariais que, não sendo sociedades (para a distinção, v. *infra)*, não estão integradas no âmbito de aplicação do art. 13º, 2º do CCom., mas estão abrangidas pelo art. 13º, 1º, quando o seu objeto consiste em atividades comerciais. Será o caso, por exemplo, do Metropolitano de Lisboa, EPE, que se dedica a transportar pessoas por terra (v. art. 230º, 7º, do CCom., 366º do CCom.). Também os agrupamentos complementares de empresas e os agrupamentos europeus de interesse económico (v. L 4/73, Base II, 1, Regulamento (CEE) 2137/85, art. 3º, 1), por não terem escopo lucrativo, *não são considerados sociedades*. Adquirirão a qualidade de comerciantes, se tiverem como objeto a prática de atos objetivos de comércio.

As cooperativas, caraterizadas no art. 2º do CCoop., não têm escopo lucrativo e, por isso, não são consideradas sociedades. Poderão ser consideradas comerciantes se tiverem por objeto a prática de atos de comércio. Nem todas as cooperativas serão comerciantes. Não o serão, por exemplo, as cooperativas de solidariedade social (art. 4º, 1, *l*), do CCoop.).

As entidades públicas empresariais, os agrupamentos complementares de empresas, os agrupamentos europeus de interesse económico e as cooperativas adquirem a qualidade de comerciante, pelo menos "a partir do momento em que passam a gozar de personalidade jurídica (cfr. RSPE, art. 57º, 1; L 4/73, base IV; DL 148/90, art. 1º; CCoop., art. 16º)" (Abreu, 2016:127).

2. Os não comerciantes

Não são considerados comerciantes pessoas singulares ou coletivas que exercem atividades consideradas pela lei *como não mercantis*. Assim, não são comerciantes os que exercem a atividade agrícola, porque o CCom. exclui a agricultura e atividades acessórias do elenco das atividades mercantis. É o que resulta dos arts. 230º, §§ 1º (1ª parte), 2º, 464º, nᵒˢ 2 a 4, CCom. (neste sentido, Abreu, 2016:127). No entanto, alguma doutrina inconformada com a desatualização dos dados legislativos, procura encontrar alternativas para considerar a agricultura, ou, pelo menos, algumas das suas expressões, como atividade comercial. Assim, Almeida, 1976-1977:166, ss. defende que as empresas agrícolas ou algumas delas são comerciais, sendo comerciantes os respetivos sujeitos. Vasconcelos, 2011:92, ss., sustenta que a agricultura empresarializada e sem terra fica sujeita à lei mercantil. Estas propostas parecem não encontrar acolhimento na lei comercial em vigor.

Gonçalves, 1914:502, a propósito do requisito de acessoriedade previsto no art. 230, § 1º do CCom., considera que são comerciais as empresas que, embora sejam produtoras agrícolas e manufaturem exclusivamente os seus produtos, tal produção agrícola *é acessória* da sua atividade de transformação. Dá como exemplos, grandes empresas que têm ao seu lado uma vasta plantação de beterraba. Neste caso, o empresário é comerciante, por conjugação dos arts. 13º e 230º, 1º do CCom.

O CCom. exclui da qualidade de comerciante, por exercerem uma atividade não mercantil, os *artesãos* – "isto é, os produtores qualificados que, podendo embora servir-se de máquinas, utilizam predominantemente o seu trabalho manual e, como instrumentos, ferramentas" (Abreu, 2016:128). É o que resulta dos arts. 230º, § 1º (2ª parte), e 464º, nº 3, do CCom.

Também a atividade dos *profissionais liberais* ("pessoas singulares que exercem de modo habitual e autónomo atividades primordialmente intelectuais, suscetíveis de regulamentação e controlo próprios – a cargo, em grande medida, de associações públicas "ordens", "câmaras" (Abreu, 2016:129)) não é comercial. Por outro lado, a Lei das associações públicas profissionais (L 2/2013, de 10 de janeiro, art. 27º) e a Lei das sociedades profissionais (L 53/2015, de 11 de junho, art. 4º, 1) parecem confirmar que as *sociedades de profissionais liberais* também *não são comerciantes*, porquanto são sociedades civis podendo adotar um dos tipos societários previstos no CSC (adquirindo, neste caso, a natureza de sociedades civis em forma comercial, nos termos do art. 1º, 4).

3. Sujeitos a quem a lei impede a qualidade de comerciante

O art. 17º do CCom. deve ser objeto de uma leitura atualista que o ajuste à hodierna organização administrativa do Estado. "O "Estado" mencionado no art. 17º deve pois ser interpretado extensivamente, de maneira a abarcar (…) pessoas coletivas públicas que prosseguem uma administração estadual *indireta* ou uma administração *autónoma"* (Abreu, 2016:130). Assim, além do Estado, as autarquias, as regiões autónomas podem praticar atos de comércio, *mas não adquirem a qualidade de comerciante*. Se o Estado for acionista único de uma sociedade anónima que detém um banco ou de sociedade anónima que explora uma transportadora aérea, neste caso será comerciante a sociedade anónima (arts. 13º, 2º, CCom. 1º, 2, do CSC e 362º do CCom.).

Também não adquirem a qualidade de comerciantes as misericórdias, ainda que pratiquem regular e sistematicamente atos de comércio – por exemplo, uma misericórdia que explora um laboratório de análises clínicas.

Como se vê, o art. 17º do CCom. abrange, além de entidades públicas, entidades do setor cooperativo e social (misericórdias[2], associações e fundações de direito privado com fim desinteressado ou altruístico), contempladas no art. 82º, 4, *d*), da CRP e previstas no art. 4º da Lei de Bases da Economia Social como entidades da economia social.

Também o art. 14º do CCom. contempla entidades do setor cooperativo e social para lhes vedar a qualidade de comerciantes. Parecem estar abrangidas pelo art. 14º as *associações de fim desinteressado ou altruístico* – podem praticar atos de comércio, respeitados que se encontrem os limites da sua capacidade jurídica (art. 160º do CCiv.), mas não adquirem a qualidade de comerciante.

As *associações de fim interessado ou egoístico, mas ideal* (considere-se, a título de exemplo, uma associação destinada a promover o teatro entre os seus associados que, de forma complementar, explora um bar ou restaurante ou promove oficinas de teatro) também não são considerados comerciantes, tendo em conta que não prosseguem interesses materiais (art. 14º do CCom.).

Questiona-se se as *associações de fim interessado ou egoístico de cariz económico não lucrativo* (sindicatos, associações de empregadores, associações mutualistas) podem ser consideradas comerciantes, tendo em conta que prosseguem fins materiais. Abreu, 2016:132, responde que tais entidades não são comerciantes porque "as atividades comerciais por elas desenvolvidas são acessórias e/ou instrumentais das atividades e finalidades principais – de caráter não mercantil – por elas prosseguidas".

Nos termos do art. 14º, 2º, CCom., é proibida a profissão de comércio "aos que por lei ou disposições especiais não possam comerciar". Efetivamente, a lei prevê "incompatibilidades" – caraterizadas como "a impossibilidade legal do exercício de comércio por sujeito que desempenhe certas funções ou se encontre em determinada situação jurídica" (Abreu, 2016:133). É o caso dos gerentes de sociedades por quotas, ou dos sócios de sociedade

---

[2] As misericórdias são entidades da ordem canónica.

em nome coletivo, de administradores de sociedades anónimas. A lei admite que esta incompatibilidade seja removida através de autorização de certos sujeitos ou órgãos. São *proibições legais de concorrência*. Diferente desta situação é o caso em que é legalmente vedado o acesso de pessoas singulares a determinada atividade económica. É o caso, por exemplo, em que o art. 14º, 1, *b*), do RGIC veda o acesso de pessoas singulares à atividade bancária. Trata-se, neste caso e em casos semelhantes, de proibições gerais.

Por fim, há a considerar a situação do sujeito (pessoa singular) afetado pela declaração de insolvência culposa. Uma das consequências da qualificação da insolvência como culposa é a de o juiz dever "declarar essas pessoas inibidas para o exercício do comércio durante um período de 2 a 10 anos" (art. 189º, 2, *c*), do CIRE). Esta é uma incompatibilidade absoluta (Abreu, 2016:149).

4. As obrigações dos comerciantes

Determina o art. 18º do CCom. que os comerciantes são *especialmente* obrigados a: *a*) adotar uma firma, *b*) ter escrituração mercantil; *c*) fazer inscrever no registo comercial os atos a ele sujeitos; *d*) dar balanço, e a prestar contas. Embora o art. 18º do CCom. possa induzir a ideia de que estas obrigações são especiais dos comerciantes, assim não é. Outros agentes económicos que não são comerciantes também estão sujeitos a obrigações mencionadas no art. 18º do CCom. Pense-se, a título de exemplo, nas sociedades civis em forma comercial que, não sendo comerciantes, estão vinculadas às obrigações contempladas no art. 18º do CCom.

4.1. Adoção de firma

O art. 18º do CCom. limita-se a estabelecer a *obrigatoriedade de adoção da firma*. Nada diz sobre a composição da firma de comerciantes pessoas singulares ou da firma de comerciantes pessoas coletivas. O diploma fundamental nesta matéria é o Regime do Registo Nacional de Pessoas Coletivas, aprovado pelo DL 129/98, de 13 de maio.

O Registo Nacional de Pessoas Coletivas tem por função organizar e gerir o ficheiro central de pessoas coletivas, bem como apreciar a admissibilidade de firmas e denominações (art. 1º do RRNPC).

Também não diz o CCom. o que entende por firma. Embora tradicionalmente se tenha dito que a firma é o nome comercial dos comerciantes, a verdade é que atualmente os dados legislativos mostram que a firma não é privativa dos comerciantes. Outros sujeitos que não são comerciantes tam-

CAPÍTULO III – OS COMERCIANTES

bém estão obrigados a adotar firma: sociedades civis em forma comercial (art. 37º do RRNPC), empresários não comerciantes (art. 39º do RRNPC), ACE com objeto civil (L 4/73, de 4 de junho; art. 3º do DL 430/73, de 25 de agosto). Por outro lado, alguns comerciantes são identificados através de *denominações*. Tradicionalmente, as "denominações" designam os não comerciantes. Hoje, esta distinção não pode ser afirmada de modo definitivo. Na verdade, há comerciantes que adotam denominações e há diplomas que usam a expressão "denominação" para distinguir entidades coletivas que podem ser comerciantes (é o que acontece no art. 57º, 2, do RSPE ou no CCoop., arts. 13º, 1, *c*), 15º).

Consideremos a composição da firma de *comerciante pessoa singular*. Determina imperativamente o art. 38º do RRNPC que o comerciante individual deve *adotar uma só firma*, ainda que seja titular/explorador de vários estabelecimentos ou empresas. A exceção a esta norma (unidade de firma de comerciante individual) é constituída pelo caso de o comerciante individual ser titular de um estabelecimento individual de responsabilidade limitada (eirl), pois, neste caso, o eirl tem uma firma própria, constituída nos termos do art. 40º do RRNPC. Sabendo que o eirl é um *património autónomo* que não tem personalidade jurídica, então o seu titular disporá na sua esfera jurídica de duas firmas (a sua enquanto comerciante individual e a do eirl enquanto património autónomo não personalizado).

A lei é restritiva quanto à composição da firma do comerciante individual. Determina o art. 38º, 1, do RRNPC que ela deverá "ser composta pelo seu nome, completo ou abreviado, conforme seja necessário para identificação da pessoa, podendo aditar-lhe alcunha ou expressão alusiva à atividade exercida"[3]. Sendo o nome civil o núcleo essencial da firma do comerciante individual, permite o art. 38º, 2, do RRNPC que seja aditada à sua firma a indicação "Sucessor" ou "Herdeiro" e a firma que tenha adquirido. Também admite que o nome seja antecedido de títulos académicos (Licenciado, Doutor, Mestre), profissionais (por exemplo, Professor) ou nobiliárquicos (barão, visconde, conde, marquês e duque). Em qualquer dos casos, devem ser títulos

---

[3] O Instituto dos Registos e do Notariado, IP, publicita a seguinte informação: "Não há lugar à emissão de certificado de admissibilidade da firma "João Maria da Fonseca", mas já haverá lugar à referida emissão caso a firma seja "João Maria da Fonseca – Construção Civil". Também não há lugar à emissão de certificado de admissibilidade se a atividade que se pretende exercer constar da Tabela de atividades anexa ao artº 151º do Código do IRS" (cfr. http://www.irn.mj.pt/IRN/sections/irn/a_registral/rnpc/docs_rnpc/1faqs/27/ (acesso em 6. 4.2017).

legítimos, sendo que a legitimidade deve ser provada pelos requerentes (art. 49º, 1, RRNPC.

O direito à *exclusividade da firma* de comerciante individual é garantido no "âmbito do concelho onde se encontra o estabelecimento principal" (38º, 4, do RRNPC). Tal garantia de uso exclusivo só existe, se: *a*) houver registo definitivo; *b*) se o comerciante individual não usar apenas como firma o seu nome completo ou abreviado. O que significa que um comerciante que use exclusivamente o seu nome (completo ou abreviado) *não tem direito à exclusividade*, embora possa beneficiar da tutela ao nome (art. 70º do CCiv.) e da proteção conferida pelas normas que proíbem práticas de concorrência desleal (art. 317º do CPI).

O atual regime da firma dos comerciantes individuais tem sido criticado pela doutrina por: *a*) não garantir a exclusividade-novidade a comerciantes que optem por firma composta exclusivamente pelo nome civil; *b*) porque não admite firmas de fantasia aos comerciantes individuais (v. Abreu, 2016:172; Cordeiro, 2016:388).

Quanto às firmas das sociedades, v. *infra*.

A composição das firmas dos agrupamentos complementares de empresas está regulada no art. 3º, 1, do DL 430/73, podendo ser composta por denominação particular ou ser formada pelos nomes completos ou abreviados ou firmas de todos os seus membros ou de, pelo menos, um deles; em qualquer dos casos a firma deve conter o aditamento "Agrupamento Complementar de Empresas" ou as iniciais "A.C.E." (base III, 2, da L 4/73).

Quanto às denominações de outras entidades coletivas, a denominação das entidades públicas empresariais deve integrar a expressão "entidade pública empresarial" ou as iniciais "E.P.E" (art. 57º, 1, do RSPE).

A denominação da cooperativa deve ser sempre seguida das expressões "cooperativa", "união de cooperativas", "federação de cooperativas", "confederação de cooperativas" e ainda de "responsabilidade limitada" ou "responsabilidade ilimitada", ou das respetivas abreviaturas (art. 15º, 1, do CCoop.).

Quanto aos agrupamentos europeus de interesse económico, a sua denominação deve incluir como aditamento "agrupamento europeu de interesse económico" ou a abreviatura "AEIE" (art. 5º, *a*), do Regulamento (CEE) 2137/85, e art. 4º do DL 148/90).

O RRNPC, além de regular a composição da firma e denominações de sujeitos comerciantes (e de sujeitos não comerciantes, como os empresários não comerciantes, art. 39º do RRNPC), também consagra os *princípios informadores* de firmas e denominações.

CAPÍTULO III – OS COMERCIANTES

O art. 32º do RRNPC regula o *princípio da verdade*: "os elementos componentes das firmas e denominações devem ser verdadeiros e não induzir em erro sobre a identificação, natureza ou atividade do seu titular" (art. 32º, 1, do RRNPC). Por consequência, a firma de comerciante individual não pode incluir um nome civil que não seja o seu; não pode incluir menção a objeto que não seja o que ele está a explorar; não pode apresentar um título académico que não corresponde aos graus efetivamente obtidos, *etc.*

O art. 32º, 5, do RRNPC, impõe que "quando, por qualquer causa, deixe de ser associado ou sócio pessoa singular cujo nome figure na firma ou denominação de pessoa coletiva, deve tal firma ou denominação ser alterada no prazo de um ano, a não ser que o associado ou o sócio que se retire ou os herdeiros do que falecer consintam por escrito na continuação da mesma firma ou denominação". Por conseguinte, mediante *consentimento* permite-se que seja mantido na firma nome de ex-associado ou de ex-sócio e, por consequência, a firma se mantenha inalterada. Trata-se de uma restrição ao princípio da verdade.

O princípio da verdade, consagrado no art. 32º do RRNPC, não obsta a que seja incluído ou mantido na firma de sociedade em nome coletivo nome de pessoa que não é sócia – v. art. 177º, 1, 2.

O *princípio da novidade* surge consagrado no art. 33º, 1, do RRNPC: "as firmas e denominações devem ser distintas e não suscetíveis de confusão ou erro com as registadas ou licenciadas no mesmo âmbito de exclusividade, mesmo quando a lei permita a inclusão de elementos utilizados por outras já registadas, ou com designações de instituições notoriamente conhecidas".

Determina o art. 33º, 2, do RRNPC que os "juízos sobre a distinção e a não suscetibilidade de confusão ou erro devem ter em conta o tipo de pessoa, o seu domicílio ou sede, a afinidade ou proximidade das suas atividades e o âmbito territorial destas". Além disso, são consideradas também, para este juízo de novidade e não confundibilidade, a "existência de marcas e logótipos já concedidos que sejam de tal forma semelhantes que possam induzir em erro sobre a titularidade desses sinais distintivos" (art. 33º, 5, do RRNPC)[4]. O que esta norma parece querer impedir é que, a similitude da firma (que se está a analisar) com tais sinais (já registados), seja suscetível de, induzindo em erro, relacionar a titularidade de tais sinais com o sujeito da nova firma (a nova firma que está a ser analisada, se for admitida, pode erroneamente, induzir em erro o público em geral sobre a titularidade de logó-

---

[4] V. também o art. 4º, 4, do CPI.

tipos e marcas já aprovados) (v. Santos, 2007:196). Daí que o art. 33°, 5, seja fundamento de não aprovação da firma por parte do Registo Nacional de Pessoas Coletivas por não observância do princípio da novidade.

As garantias da novidade da firma devem valer para comerciantes não concorrentes (Abreu, 2016:175).

As firmas e denominações dos comerciantes devem ter *capacidade distintiva* – o que significa que hão de ser compostas de modo a serem diferenciáveis das já existentes. O problema não se põe quanto aos comerciantes individuais nem quanto às firmas-nome ou firmas mistas de sociedades comerciais e de ACE. Tais sinais, compostos por nomes de pessoas ou por nomes de pessoas e menções ao objeto têm capacidade distintiva.

A questão põe-se, essencialmente, quanto às firmas-denominação (sociedades por quotas, sociedades anónimas, EPE), porquanto as firmas denominações não podem ser constituídas exclusivamente por menções genéricas. A esta composição obsta o art. 33°, 3° do RRNPC (e o art. 10°, 4, do CSC): "não são admitidas denominações constituídas exclusivamente por vocábulos de uso corrente que permitam identificar ou se relacionem com atividade, técnica ou produto, bem como topónimos e qualquer indicação de proveniência geográfica".

4.2. Escrituração mercantil

Prescreve o art. 18°, 2°, CCom. que o comerciante está especialmente obrigado a "ter escrituração mercantil". A escrituração mercantil ou comercial consiste no *"registo ordenado e sistemático em livros e documentos de factos (normalmente mas não necessariamente jurídicos) relativos à atividade mercantil dos comerciantes, tendo em vista a informação deles e de outros sujeitos"* (Abreu, 2016:187). Estes registos não se esgotam nos registos contabilísticos, abrangendo outros documentos como correspondência, atas de reuniões de órgãos (plurais, em regra) de sociedades e de outras pessoas coletivas.

Atualmente, e depois da reforma introduzida pelo DL 76-A/2016, o art. 30° do CCom. determina que "o comerciante pode escolher o modo de organização da escrituração mercantil, bem como o seu suporte físico", sem prejuízo da obrigatoriedade de as sociedades comerciais possuírem livros de atas (art. 31° do CCom.).

Atualmente, o comerciante (e não só o comerciante individual) tem liberdade de escolher o modo de organizar a escrituração mercantil – o que significa que pode determinar o número e a sistematização dos livros e documentos, bem como a forma e metodologia de realizar os registos. De

CAPÍTULO III – OS COMERCIANTES

modo a ser respeitada a liberdade de organização conferida ao comerciante, determina o art. 41º do CCom. que "as autoridades administrativas ou judiciárias, ao analisarem se o comerciante organiza ou não devidamente a sua escrituração mercantil, devem respeitar as suas opções, realizadas nos termos do artigo 30º'".

Ainda assim, todo o comerciante é obrigado a "ter escrituração mercantil efetuada de acordo com a lei", como determina o art. 29º do CCom. E, para este efeito, as leis serão, essencialmente, as leis fiscais e de natureza contabilística, não leis mercantis. Várias normas fiscais impõem a elaboração de contabilidade organizada, de acordo com a normalização contabilística (art. 123º do CIRC). De significativo relevo é o atual Sistema de Normalização Contabilística, aprovado pelo DL 158/2009, de 13 de julho, alterado e republicado pelo DL 98/2015, de 2 de junho.

O art. 40º do CCom. prescreve a obrigação de o comerciante arquivar a correspondência emitida e recebida, a sua escrituração mercantil e os documentos a ela relativos, devendo conservar tudo pelo período de 10 anos.

Também é regulada a questão da exibição da escrituração mercantil. Determina o art. 42º do CCom. os termos da exibição judicial da escrituração mercantil: só pode ser ordenada a favor dos interessados, em questões de sucessão universal, comunhão ou sociedade e no caso de insolvência.

Por força do art. 43º, 1, do CCom., é permitido o exame da escrituração e dos documentos dos comerciantes, a instâncias da parte ou oficiosamente, quando a pessoa a quem pertençam tenha interesse ou responsabilidade na questão em que tal apresentação seja exigida. Fora do CCom., muitas outras disposições preveem a possibilidade de a escrita mercantil ser objeto de inspeção ou análise. É o que acontece no domínio da concorrência (direito da União Europeia e direito nacional), nos termos do Regulamento 1/2003, de 16 de dezembro de 2002, arts. 20º-22º e L 19/2012, de 8 de maio, arts. 18º, ss., 43º e 64º.

O art. 44º do CCom. trata a força probatória da escrituração mercantil. Assim, os livros de escrituração comercial podem ser admitidos em juízo a fazer prova entre comerciantes, em factos do seu comércio, sendo que os registos regularmente arrumados, fazem prova em favor dos respetivos proprietários, a menos que o outro litigante apresente assentos opostos em livros igualmente arrumados. Sendo apresentados livros igualmente arrumados e deste facto resultar prova contrária, o tribunal decidirá a questão pelo merecimento de quaisquer provas do processo.

4.3. Registo comercial

Determina o art. 18°, 3°, do CCom. que os comerciantes estão especialmente obrigados a fazer inscrever no registo comercial os atos a ele sujeitos. Lendo-se esta norma poder-se-ia ser induzido a pensar que se trata de uma obrigação privativa de comerciantes. Assim não é. Esta matéria da inscrição no registo comercial está regulada no Código do Registo Comercial que, além de factos relativos a comerciantes, abrange a inscrição de factos relativos a sujeitos não comerciantes (empresas públicas, cooperativas, agrupamentos complementares, agrupamentos europeus de interesse económico sejam ou não comerciantes – arts 5°, 6°, 7° do CRCom.).

São fins do registo os de dar publicidade à situação jurídica dos comerciantes individuais, das sociedades comerciais, das sociedades civis sob a forma comercial e dos estabelecimentos individuais de responsabilidade limitada, tendo em vista a segurança do comércio jurídico (art. 1°, 1, do CRCom.).

Por outro lado, há factos que, embora previstos nas normas do Código do Registo Comercial, não estão sujeitos ao registo obrigatório, previsto no art. 15° do CRCom.. Assim, os factos relativos aos comerciantes individuais (art. 2° do CRCom.) estão sujeitos a *registo facultativo* (Abreu, 2016:197). No entanto, certos factos relativos à insolvência de comerciantes individuais (e outros sujeitos) estão sujeitos a registo obrigatório, tal como resulta dos arts. 9°, *i*), ss. do CRCom e do art. 38°, 2, *b*), do CIRE.

Devem ser distinguidos o *registo por transcrição* (há quem prefira a qualificação de registo por "extratação", porque o registo é realizado por extracto) e o *registo por depósito*. O primeiro está caraterizado no art. 53°-A, 2, do CRCom. e consiste na "extractação dos elementos que definem a situação jurídica das entidades sujeitas a registo constantes dos documentos apresentados". Já o segundo "consiste no mero arquivamento dos documentos que titulam factos sujeitos a registo" (art. 53°-A, 3, do CRCom.).

O registo comercial *é público*. O que significa que qualquer pessoa pode pedir certidões relativas aos factos inscritos no registo e dos documentos arquivados e, além disso, qualquer pessoa pode pedir informações verbais ou escritas sobre o conteúdo de uns e de outros, tal como resulta do art. 73°, 1, CRCom.. Acresce, ainda, que alguns factos estão sujeitos a *publicação obrigatória*, nos termos do art. 70° do CRCom. Publicação hoje feita em sítio da Internet de acesso público – www.mj.gov.publicacoes.pt (v. *infra* e art. 1°, 1, da Portaria 590-A/2005, de 14 de julho).

O registo comercial rege-se pelo *princípio da legalidade*, nos termos do art. 47° do CRCom.

CAPÍTULO III – OS COMERCIANTES

Em regra, os factos sujeitos a registo, mas não registados, são eficazes entre as partes ou seus herdeiros, mas não o são relativamente a terceiros. Assim, os factos sujeitos a registo, mas não registados e os factos sujeitos a registo registados e não publicados *são inoponíveis* a terceiros. Imagine-se que determinado gerente renunciou à gerência, mas tal facto não foi registado como deveria ser nem foi publicado (arts. 3º, *m*), 15º, 1, 70º, 1, *a*), do CRCom.), esta renúncia não é oponível a terceiros e, por consequência, não é oponível a cessação do mandato de gerente.

Em alguns casos, o registo comercial tem *efeito constitutivo* (e não meramente declarativo), não produzindo o facto não registado efeitos nem quanto às partes nem quanto a terceiros (v. o art. 13º, 2, do CRCom., os arts. 5º, 112º, 120º, 160º, todos do CSC).

O registo comercial pode ser promovido através de meios eletrónicos (Portaria nº 1416-A/2006, de 19 de dezembro). Também a certificação de atos registados no registo comercial pode ser obtida *online*, através da chamada "certidão permanente". Trata-se, nos termos do art. 14º da Portaria nº 1416-A/2006, de 19 de dezembro, de "disponibilização, em suporte electrónico e permanentemente actualizad[o], da reprodução dos registos em vigor respeitantes a entidade sediada em conservatória informatizada". Assim, sempre que alguém precisar de apresentar uma certidão de registo comercial, basta-lhe entregar o código de acesso a quem lhe exigir a certidão e, deste modo, franqueia o acesso aos documentos eletrónicos associados à pasta eletrónica da entidade a quem os factos registados dizem respeito.

4.4. Dever de prestar contas

Por fim, o art. 18º, 4º do CRCom. determina que os comerciantes estão especialmente obrigados a "dar balanço, e a prestar contas". A leitura desta disposição induz a ideia de que qualquer comerciante está especialmente obrigado a dar balanço e a prestar contas. Ora, não é assim. É certo que o art. 62º do CCom., depois da reforma operada pelo DL 76-A/2006, de 29 de março, determina que "todo o comerciante é obrigado a dar balanço anual ao seu ativo e passivo nos três primeiros meses do ano imediato". E mais não diz.

A matéria da prestação de contas (de comerciantes ou de não comerciantes) está essencialmente regulada fora do CCom., através do Sistema de Normalização Contabilística e releva, em particular, no universo das sociedades comerciais e civis em forma comercial – arts. 65º e ss. do CSC (Rodrigues/ /Dias, 2017:809, ss.).

Nem todos os comerciantes estão obrigados a prestar contas. Alguns pequenos comerciantes individuais não têm de cumprir o SNC e, portanto, não estão obrigados a dar balanço e a prestar contas.

Na sequência do DL 8/2007, de 17 de janeiro, foi instituída a *Informação empresarial simplificada* (IES) que agrega "numa declaração única transmitida por via eletrónica" o cumprimento de várias obrigações legais distintas a que estão sujeitas as empresas (art. 2º do DL 8/2007, de 17 de janeiro).

4.5. O dever de se apresentar à insolvência (remissão)

O dever de se apresentar à insolvência não é uma obrigação exclusiva de comerciantes. Abrange comerciantes e não comerciantes. Este tema será tratado no capítulo IV.

5. Responsabilidade por dívidas comerciais contraídas por cônjuge comerciante

O art. 15º do CCom. determina que "as dívidas comerciais do cônjuge comerciante presumem-se contraídas no exercício do seu comércio". Consagra esta norma uma *presunção legal relativa*. As presunções são ilações que (no caso) a lei tira de um facto conhecido (a existência de uma dívida comercial do cônjuge comerciante) para firmar um facto desconhecido (neste caso, através da presunção, chega-se à conclusão, sem necessidade de outra prova, que tal dívida foi contraída no exercício do seu comércio). Nos termos do art. 350º, 1, do CCiv., "quem tem a seu favor a presunção legal escusa de provar o facto a que ela conduz".

A presunção do art. 15º do CCom. corresponde às regras da experiência – dizem estas que, por regra, as dívidas comerciais do cônjuge comerciante são contraídas no exercício do seu comércio. No entanto, pode assim não ser. Pode acontecer que uma dívida comercial do cônjuge comerciante seja estranha ao exercício do comércio. O art. 15º do CCom. não impede a prova que contrarie o que resulta da presunção nele inscrita. Justamente, a presunção constante do art. 15º do CCom. diz-se *relativa* porque admite prova em contrário (art. 350º, 2, do CCiv.).

Esta norma do art. 15º do CCom. tem um significativo alcance prático quando o comerciante está casado e exerce o comércio. O objetivo desta norma é o de tutelar os credores do cônjuge comerciante, fazendo com que pelas dívidas comerciais do cônjuge comerciante respondam os bens comuns do casal e, na falta ou insuficiência deles, solidariamente, os bens próprios de qualquer dos cônjuges (art. 1695º, 1, do CCiv.). Como se alcança este resultado?

CAPÍTULO III – OS COMERCIANTES

Para se perceber o alcance do art. 15° do CCom., há que o articular com o art. 1691°, 1, *d*), do CCiv.. Segundo este preceito, são da responsabilidade de *ambos os cônjuges* (se casados em regime de comunhão de adquiridos ou de comunhão geral de bens) as dívidas contraídas por qualquer um deles no exercício do comércio, salvo se se provar que não foram contraídas em proveito comum do casal. Nos termos desta norma jurídico-civil e do art. 342° do CCiv., o credor que, valendo-se deste regime, queira responsabilizar os bens comuns do casal e, na falta ou insuficiência destes, solidariamente os bens próprios de qualquer um dos cônjuges, *terá de provar*, entre outros factos, que a referida dívida foi "contraída no exercício do comércio".

Ora, o relevo do art. 15° do CCom. e da presunção legal nele inscrita, é, justamente, o de dispensar ao credor esta prova (a prova de que a dívida que é reclamada foi contraída "no exercício do comércio") quando o seu devedor é comerciante. Ao credor do cônjuge comerciante é exigido que prove que o devedor é casado em regime de comunhão (o que se prova mediante uma certidão do registo civil), é comerciante e que a dívida que reclama é comercial. Uma dívida diz-se *comercial*, se resulta de atos de comércio, objetivos ou subjetivos, mas sempre "atos cuja comercialidade se verifique, ao menos, em relação ao comerciante devedor; só as dívidas comerciais em relação a ele se podem presumir contraídas no exercício do *seu* comércio" (Abreu, 2016:202). Também se dirá *comercial* a dívida que resulta de "obrigações comerciais não derivadas de atos mercantis" (Abreu, 2016:202).

Discute-se na jurisprudência e na doutrina se o art. 15° do CCom. é aplicável às dívidas cambiárias. Admitamos que um comerciante subscreve enquanto sacado-aceitante uma letra de câmbio (sendo que o faz para garantir o empréstimo bancário declaradamente destinado a pagar as propinas universitárias dos seus filhos). Ora, o aceite da letra é um ato formalmente comercial, mas o empréstimo não é mercantil pelo lado do mutuário. Valerá neste caso a presunção do art. 15° do CCom. (e, por conseguinte, o banco beneficia da presunção que aí se consagra) ou, pelo contrário, o banco não beneficia da presunção (de que a dívida comercial contraída pelo cônjuge comerciante foi contraída no exercício do comércio)? A doutrina e a jurisprudência dividem-se na solução a esta questão (no sentido de não é necessário provar a comercialidade substancial do ato, v. Xavier, 1975:100-101; Abreu, 2016:202. Em sentido contrário, Furtado, 1984:80, ss.).

Feita a prova destes factos, o credor do cônjuge comerciante beneficia da presunção do art. 15° do CCom. E, por consequência, pode executar os bens comuns do casal, ainda que a dívida tinha sido contraída unicamente pelo cônjuge comerciante.

DIREITO COMERCIAL E DAS SOCIEDADES. ENTRE AS EMPRESAS E O MERCADO

Trata-se de um regime que beneficia os credores dos comerciantes, tutela os interesses do comércio e, também, os interesses dos comerciantes que necessitam de crédito. Na verdade, a circunstância de o credor poder responsabilizar os bens comuns do casal alarga o património que responde pela dívida comercial contraída pelo cônjuge comerciante e, desta forma, facilita a concessão de crédito.

Os interesses do património familiar também foram acautelados, porquanto é admitida prova em contrário que ilide a presunção que resulta do art. 15° do CCom. "Compete ao cônjuge do comerciante, a este ou a ambos ilidir (ou tentar ilidir) a presunção do art. 15° (provando que a dívida, apesar de comercial, não foi contraída o exercício do comércio do comerciante devedor); afastada ela, afastada ficará a aplicação do art. 1691°, 1, *d*), do CCiv.." (Abreu, 2016:203).

6. A organização administrativa e profissional do comércio

6.1. Os objetivos da política comercial

O comércio, seja ele entendido em sentido económico ou em sentido jurídico, é uma atividade de significativo relevo económico, com importantes impactos sociais.

Revelador da importância da política comercial no contexto da organização económica é a circunstância de a CRP dedicar uma norma aos objetivos da política comercial. Assim, nos termos do art. 99° da CRP, "são objetivos da política comercial: *a*) a concorrência salutar dos agentes mercantis; *b*) a racionalização dos circuitos de distribuição; *c*) o combate às atividades especulativas e às práticas comerciais restritivas; *d*) o desenvolvimento e a diversificação das relações económicas externas; *e*) a proteção dos consumidores". Surpreende-se, aqui, o modelo de "economia de mercado regulada" (Canotilho/Moreira, 2007:1071).

Esta norma do art. 99° da CRP, em caso de inércia legislativa, pode fundamentar ações de *inconstitucionalidade por omissão* (Canotilho/Moreira, 2007: 1071), como constitui fundamento constitucional para a intervenção estadual na economia, restringido a liberdade de iniciativa económica, permitindo medidas como o estabelecimento de horários de funcionamento de estabelecimentos.

6.2. O Governo

Daí que não se estranhe que os objetivos da política comercial seja uma das tarefas do Governo, enquanto "órgão de condução da política geral do país" (art. 182º da CRP). É da competência exclusiva do Governo determinar a sua organização (art. 198º, 2, da CRP). E, por conseguinte, em cada Governo, a responsabilidade pela política comercial dependerá da respetiva lei orgânica.

6.3. O Conselho Económico e Social

Enquanto "órgão constitucional auxiliar do poder político" (Canotilho/ /Moreira, 2007: 1041), o Conselho Económico e Social constitui-se como o "órgão de consulta e concertação no domínio das políticas económica e social, participa na elaboração das propostas das grandes opções e dos planos de desenvolvimento económico e social e exerce as demais funções que lhe sejam atribuídas por lei" (art. 92º, 1, da CRP).

O Conselho Económico e Social visa, essencialmente, desenvolver a concertação social que compreende a negociação entre os diversos parceiros sociais e o Governo. Ocupa-se de questões de natureza económica e social como sejam a política de rendimentos, contratação coletiva, impostos, segurança social.

Embora os acordos obtidos no contexto da concertação social não sejam vinculativos para o poder legislativo, a verdade é que lhes é reconhecido um relevo político significativo que determina que a Assembleia da República tenda a legislar no sentido do acordo obtido no Conselho Económico e Social.

6.4. Os reguladores económicos

Neste modelo de "economia de mercado regulada" é relevante, para além das políticas públicas em matéria de comércio, a regulação pública efetivada pelo Estado ou por reguladores económicos independentes.

Integradas na Administração Pública, o art. 267º, 3, da CRP determina que a "lei pode criar entidades administrativas independentes", resolvendo--se, assim, dúvidas quanto à legitimidade constitucional de tais organizações. Tais autoridades têm, é clara a CRP, natureza administrativa e não natureza judicial ou quase jurisdicional e beneficiam de *independência*. Tal independência, sob o ponto de vista orgânico, avalia-se pela composição, modo de designação dos titulares dos seus órgãos, regras relativas ao mandato e regime incompatibilidades (os seus titulares não podem ser destituídos pelo Governo antes de terminarem o mandato) (Canotilho/Moreira, 2010:810).

DIREITO COMERCIAL E DAS SOCIEDADES. ENTRE AS EMPRESAS E O MERCADO

6.4.1. Autoridade da Concorrência e reguladores setoriais

A *Autoridade da Concorrência* é um regulador económico transversal a toda a economia. Aliás, o art. 2º do Regime Jurídico da Concorrência é claro em afirmar que este diploma é "aplicável a todas as atividades económicas exercidas, com caráter permanente ou ocasional, nos setores privado, público e cooperativo". Nos termos do art. 1º, 3, dos Estatutos (aprovados pelo DL nº 125/2014, de 18 de agosto), a Autoridade da Concorrência "tem por missão assegurar a aplicação das regras de promoção e defesa da concorrência nos setores privado, público, cooperativo e social, no respeito pelo princípio da economia de mercado e de livre concorrência, tendo em vista o funcionamento eficiente dos mercados, a afetação ótima dos recursos e os interesses dos consumidores".

Para lá desta entidade administrativa independente, a ordem jurídica portuguesa contempla reguladores económicos setoriais. Sirvamo-nos da lista apresentada pelo art. 35º, 2, dos Estatutos da Autoridade da Concorrência: *a*) a Autoridade de Supervisão de Seguros e Fundos de Pensões (ASF); *b*) a Comissão do Mercado de Valores Mobiliários (CMVM); *c*) a Autoridade Nacional de Comunicações (ANACOM); *d*) a Autoridade da Mobilidade e Transportes (AMT); *e*) a Autoridade Nacional da Aviação Civil (ANAC); *f*) o Instituto dos Mercados Públicos, do Imobiliário e da Construção, I. P. (IMPIC); *g*) a Entidade Reguladora dos Serviços de Águas e dos Resíduos (ERSAR); *h*) a Entidade Reguladora dos Serviços Energéticos (ERSE); *i*) a Entidade Reguladora da Saúde (ERS).

6.4.2. Reguladores do setor financeiro

De especial relevo é a regulação do sistema financeiro que, na ordem jurídica portuguesa, está entregue ao *Banco de Portugal*, à *Comissão do Mercado de Valores Mobiliários* e à *Autoridade de Supervisão de Seguros e Fundos de Pensões*.

O *Banco de Portugal* beneficia de previsão constitucional que lhe confere o estatuto de "banco central nacional e exerce as suas funções nos termos da lei e das normas internacionais a que o Estado Português se vincule" (art. 102º da CRP). Nos termos do art. 1º da Lei Orgânica do Banco de Portugal, este é uma pessoa coletiva de direito público dotada de autonomia administrativa e financeira e de património próprio. O Banco de Portugal integra o Sistema Europeu de Bancos Centrais, prossegue os objetivos e participa no desempenho das atribuições cometidas a este sistema.

O Banco de Portugal beneficia de independência face ao Governo e às entidades privadas, independência que apresenta várias manifestações (jurí-

CAPÍTULO III – OS COMERCIANTES

dica, administrativa, financeira, patrimonial e funcional). Apesar do nome que ostenta, o Banco de Portugal não é uma instituição de crédito, *não é um banco*, mas sim uma entidade administrativa independente que não está sujeita à tutela do Governo ou dos seus membros.

São órgãos do Banco de Portugal o Governador, o Conselho de Administração, o Conselho de Auditoria e o Conselho Consultivo.

No que tange o mercado de valores mobiliários, o regulador económico é a *Comissão do Mercado de Valores Mobiliários*. Nos termos do art. 1º dos seus Estatutos (aprovados pelo DL nº 5/2015, de 8 de janeiro), a CMVM "é uma pessoa coletiva de direito público, com a natureza de entidade administrativa independente, dotada de autonomia administrativa e financeira e de património próprio". A CMVM tem por missão "a regulação e supervisão dos mercados de instrumentos financeiros, bem como das entidades que neles atuam, nos termos previstos no Código dos Valores Mobiliários e na respetiva legislação complementar" (art. 4º, 1, dos Estatutos da CMVM).

As atribuições da CMVM estão elencadas no art. 4º, 2, dos seus Estatutos. São órgãos da CMVM: *a)* o Conselho de Administração; *b)* a Comissão de Fiscalização; *c)* o Conselho Consultivo; *d)* a Comissão de Deontologia; *e)* o Conselho Geral de Supervisão de Auditoria.

Ainda no setor financeiro, pontua a *Autoridade de Supervisão de Seguros e Fundos de Pensões* que, nos termos dos seus Estatutos (aprovados pelo DL nº 1/2015, de 6 de janeiro), "é uma pessoa coletiva de direito público, com natureza de entidade administrativa independente, dotada de autonomia administrativa, financeira e de gestão e de património próprio".

Quanto à missão, o art. 6º dos Estatutos da Autoridade de Supervisão de Seguros e Fundos de Pensões, esclarece que este regulador "tem por missão assegurar o regular funcionamento do mercado segurador e dos fundos de pensões, através da promoção da estabilidade e solidez financeira das entidades sob a sua supervisão, bem como da garantia da manutenção de elevados padrões de conduta por parte das mesmas, com vista ao objetivo principal de proteção dos tomadores de seguros, segurados, subscritores, participantes, beneficiários e lesados". As atribuições da Autoridade de Supervisão de Seguros e Fundos de Pensões estão elencadas no art. 7º dos Estatutos.

6.5. O regime de acesso ao comércio

O art. 61º, 1, da CRP garante a liberdade de iniciativa privada, enquanto *direito económico*. E, por consequência, a regra é a da liberdade de acesso a qualquer atividade económica. Neste quadro, a necessidade de licenciamento de empresas comerciais constitui *uma restrição à iniciativa privada*. Os regimes de licenciamento são "regimes que regulam a obtenção de uma *permissão administrativa* para instalar e explorar uma dada atividade económica, seja qual for o tipo de permissão, mais ou menos exigente: uma licença, uma autorização, uma comunicação prévia com prazo ou um registo" (Santos, Gonçalves, Marques, 2014:255).

De modo a eliminar entraves ao exercício de certas atividades económicas, foi criado o "licenciamento zero", atualmente constante do DL 10/2015 de 16 de janeiro. Em regra, para o exercício das atividades por ele abrangidas não é necessário obter uma permissão administrativa, bastando uma *comunicação prévia* para que os estabelecimentos possam iniciar de imediato a sua atividade (Santos, Gonçalves, Marques, 2014:260). Está previsto que os vários procedimentos possam ser cumpridos através de um balcão único eletrónico – o designado "Balcão do Empreendedor".

6.6. Estruturas associativas representativas do comércio

Beneficiando da liberdade de associação reconhecida constitucionalmente, os comerciantes tendem a organizar-se em diversas estruturas, de modo a melhor defenderem os seus interesses. Estamos, agora, a falar, não de estruturas da Administração Pública, mas sim de estruturas que têm a sua génese na iniciativa dos agentes económicos. Consideremos, a título de exemplo, a Câmara de Comércio e de Indústria Portuguesa. Nos termos dos seus estatutos, esta associação empresarial tem por objetivo a defesa e a promoção das atividades económicas portuguesas, em particular dos seus associados, a nível nacional e internacional. Entre as diversas atividades da CCI destacam-se as iniciativas de promoção da internacionalização das empresas associadas, ações de formação e o centro de arbitragem (v. *infra*). Outras organizações podem, neste contexto, ser mencionadas: Associação Industrial Portuguesa, Associação Empresarial de Portugal, Associação Comercial de Lisboa, Associação Comercial do Porto.

Devem ser referidas, também, outras estruturas de nível superior como sejam as federações e as confederações. Como exemplos de confederações considere-se a confederação do CCP – Confederação do Comércio e Serviços de Portugal, a CIP – Confederação Empresarial de Portugal, CTP – Confederação do Turismo Português. Recorde-se que, nos termos constitucionais e legais, os representantes de organizações empresariais integram o Conselho Económico e Social.

CAPÍTULO III – OS COMERCIANTES

7. Resolução de litígios comerciais

7.1. A competência dos tribunais de comércio

O exercício da atividade económica e, em particular, o exercício do comércio pode dar origem a litígios. Na verdade, o exercício da atividade económica visa colocar no mercado bens e serviços destinados a serem adquiridos por uma mole de sujeitos (podem ser consumidores ou podem ser empresas). E, assim, são pensáveis conflitos entre empresa e consumidores, entre a empresa e fornecedores, entre a empresa e Administração Pública, entre a empresa e reguladores económicos ou entre a empresa e trabalhadores, entre a empresa e a Administração Fiscal, etc.

Em regra, a ordem jurídica portuguesa *proíbe a autodefesa*, quando determina que "a ninguém é lícito o recurso à força com o fim de realizar ou assegurar o próprio direito" (art. 1º do CPC). Determina o art. 202º, 1, da CRP que "os tribunais são os órgãos de soberania com competência para administrar a justiça em nome do povo". "Os tribunais judiciais são os tribunais comuns em matéria cível e criminal e exercem jurisdição em todas as áreas não atribuídas a outras ordens judiciais" (art. 211º, 1, da CRP). A CRP prevê, ainda, o Supremo Tribunal de Justiça e os tribunais judiciais de primeira e segunda instância, o Supremo Tribunal Administrativo e os demais tribunais administrativos e fiscais, o Tribunal de Contas e o Tribunal Constitucional (art. 209º da CRP).

Não há em Portugal um tribunal que concentre a competência para dirimir todos os conflitos surgidos no contexto da empresa. Na verdade, a competência para dirimir os conflitos elencados acima está repartida por diferentes tribunais. Por exemplo, é da competência do tribunal da concorrência, regulação e supervisão decidir sobre a impugnação de decisões da Autoridade da Concorrência ou do Banco de Portugal, aos tribunais de trabalho compete dirimir conflitos que emirjam do contrato de trabalho; aos tribunais tributários compete dirimir conflitos entre o sujeito passivo contribuinte e a Administração fiscal; aos tribunais cíveis compete julgar a legalidade das cláusulas contratuais gerais inseridas em contratos de adesão; ao tribunal da propriedade industrial compete dirimir conflitos entre empresas em matéria de marcas ou patentes.

Assim, quem quer recorrer aos tribunais para fazer valer os seus direitos terá de determinar qual é o tribunal *internacionalmente competente* e, em matéria de competência interna dos tribunais, terá de apurar qual é o tribunal competente em razão da matéria, do valor, do território e da hierarquia (arts. 40º, 41º, 42º, 43º da LOSJ).

No elenco dos tribunais judiciais de *primeira instância* com competência especializada (art. 81°, 1, da LOSJ) estão, entre outros, os "juízos de comércio". Nos termos do art. 128°, 1, da LOSJ, os juízos de comércio têm competência para preparar e julgar: *a*) os processos de insolvência e os processos especiais de revitalização; *b*) as ações de declaração de inexistência, nulidade e anulação do contrato de sociedade; *c*) as ações relativas ao exercício de direitos sociais; *d*) as ações de suspensão e de anulação de deliberações sociais; *e*) As ações de liquidação judicial de sociedades; *f*) as ações de dissolução de sociedade anónima europeia; *g*) as ações de dissolução de sociedades gestoras de participações sociais; *h*) as ações a que se refere o Código do Registo Comercial; *i*) as ações de liquidação de instituição de crédito e sociedades financeiras. Como vê, a competência em razão de matéria dos juízos de comércio não é delimitada nem em função dos atos de comercio nem dos comerciantes.

Das decisões proferidas pelos juízos de comércio cabe recurso para o tribunal de Relação competente, desde que o valor da ação exceda em 1 cêntimo a alçada dos tribunais de primeira instância (art. 42°, 2, 2ª parte, da LOSJ), isto é quando a ação tenha um valor superior a 5000 euros (art. 44°, 1, 2ª parte, da LOSJ). A expressão *alçada,* para este efeito, corresponde *ao valor até ao qual um tribunal decide sem que seja admissível recurso ordinário.*

Em matéria cível, tendo a ação valor superior a 30 000 euros, da decisão proferida pelo Tribunal da Relação poderá ser interposto recurso para o Supremo Tribunal de Justiça (arts. 42°, 2, 44°, 1, da LOSJ).

7.2. Julgados de paz

O art. 209°, 2, da CRP admite a criação de *julgados de paz* que "são uma categoria de tribunais estaduais diferente da dos tribunais judiciais" (Cura, 2014: 268). Assim, nos termos do art. 1° da L 78/2001, de 13 de julho, a "atuação dos julgados de paz é vocacionada para permitir a participação cívica dos interessados e para estimular a justa composição dos litígios por acordo das partes".

De modo a sublinhar a ideia de *proximidade ao cidadão* que procura a justiça de paz, os procedimentos junto dos julgados de paz são informados pelos princípios orientadores da *simplicidade, adequação, informalidade, oralidade e economia processual* (art. 2°, 2, da L78/2001).

Em ordem a concretizar estes objetivos de proximidade da justiça ao cidadão, o diploma regulador dos julgados de paz determina que, por um lado, as partes tenham de comparecer pessoalmente nos julgados de paz (embora

CAPÍTULO III – OS COMERCIANTES

se possam acompanhar por advogado, advogado estagiário ou solicitador) (art. 38°, 1, da L 78/2001) e, por outro, seja criado um serviço de mediação de conflitos que, nos termos do art. 16°, 2, da L 78/2001, "tem como objetivo estimular a resolução, com caráter preliminar, de litígios por acordo das partes".

Admitindo que o litigio não é resolvido pela intervenção do mediador, ou que também fracassou a tentativa de conciliação por parte do juiz de paz, então o caso será decidido por sentença proferida por juiz de paz, a qual goza da mesma força jurídica de uma proferida pelo tribunal judicial de primeira instância (arts. 57°, 1, 60°, 1, 61° da L 78/2001).

No contexto dos julgados de paz estão disponíveis dois instrumentos de resolução alternativa de litígios: a *mediação* a realizar por mediadores independentes (arts. 30° e ss. da L 78/2001) e a *conciliação* que é tarefa do juiz de paz (art. 26°, 1, da L 78/2001). A *mediação* é definida, nos termos da L 29/2013, de 19 de abril, como "a forma de resolução alternativa de litígios, realizada por entidades públicas ou privadas, através do qual duas ou mais partes em litígio procuram voluntariamente alcançar um acordo com assistência de um mediador de conflitos". O mediador procura facilitar o diálogo entre as partes; não é ele que constrói a decisão. A decisão cabe às partes. Ao *conciliador* é reconhecido um papel mais ativo, porquanto, sendo um terceiro imparcial face à relação entre as partes em litígio, ele conduz a negociação e propõe soluções e formas de entendimento comum, que potenciem um acordo entre as partes, numa base amigável.

A lei não diz expressamente qual é a alçada dos julgados de paz. Pode identificar-se este valor, de uma forma indireta, através do art. 62°, 1, da L 78/2001. Sabendo que a alçada corresponde ao valor até ao qual o tribunal decide sem que, em regra, seja admissível recurso ordinário, apura-se que a alçada dos julgados de paz corresponde a metade da dos tribunais de primeira instância, ou seja 2500 euros. Os juízes de paz podem decidir segundo a equidade se a ação não exceder 1250 euros.

A lei exige que o juiz explique às partes a diferenças entre julgar de acordo com a legalidade e segundo a equidade. Na verdade, a equidade, prevista no art. 4° do CCiv., constitui um critério de decisão (não uma fonte de direito, apesar do que sugere o art. 4° do CCiv.) no que, recuando à etimologia grega, significa a *justiça no caso concreto*. Enquanto, por regra, a Lei é *geral e abstrata*, portanto concebida sem atender às particularidades e individualidade de determinado caso concreto (sendo, por conseguinte, uma garantia de objetividade, igualdade e impessoalidade), decidindo o juiz de paz segundo

DIREITO COMERCIAL E DAS SOCIEDADES. ENTRE AS EMPRESAS E O MERCADO

a equidade procurará encontrar a solução justa, tendo em conta as especificidades do caso concreto (Ramos, 2017:41).

Por conseguinte, decidindo o juiz de paz segundo a equidade, irá mobilizar um "critério não normativo" (Sousa, 2012: 414) e, por consequência, a decisão não poderá ser escrutinada à luz da estrita *legalidade* (se foi ou não respeitada a lei em vigor).

Os julgados de paz só têm competência para ações declarativas, sendo que a execução das suas decisões é regulada pelo Código de Processo Civil e pela legislação conexa. A competência em razão da matéria está prevista no art. 9º da L 78/2001.

7.3. Arbitragem

7.3.1. Caraterização geral

O art. 209º, 2, da CRP permite que sejam criados tribunais arbitrais que constituem uma das formas de resolução alternativa de litígios (ou, em outra formulação, resolução extrajudicial de litígios), ao lado das já referidas *mediação* e *conciliação*. A *arbitragem* é constituída pela atividade decisória dos tribunais arbitrais.

A *mediação* distingue-se da arbitragem por o mediador não ter poderes formais de decisão do litígio – o mediador tem um papel ativo na resolução do litígio (mas não tem poderes de imposição às partes), designadamente apresentando propostas às partes. Como veremos, a arbitragem implica que o litígio seja resolvido por um *terceiro* (árbitro ou árbitros que compõe(m) o tribunal arbitral).

A arbitragem também se distingue da *conciliação*. O conciliador, enquanto terceiro independente, facilita o diálogo entre as partes, com vista a ser conseguida uma solução que seja aceite pelas duas. Nem sempre a conciliação é distinguida da mediação. O conciliador não tem poderes de imposição de solução para o litígio (Cordeiro, 2015: 16).

Alguns regulamentos de arbitragem e convenções de arbitragem (sobre estes, v. *infra*) contemplam a chamada "conciliação arbitral" que é "exercida pelo tribunal arbitral, tendo em vista uma composição livre do litígio, na base do equilíbrio dos interesses em presença; o conciliador tem poderes finais de decisão" (Cordeiro, 2015: 17).

Os tribunais arbitrais *são tribunais não estaduais*; são formas de justiça privada. Quando as partes decidem submeter determinado litígio a um tribunal arbitral, estão a subtrair tal litígio dos tribunais estaduais. A *convenção de arbitragem* tem por, um lado, o efeito de atribuir a competência ao tribunal arbitral e, por outro lado, tem também o efeito de retirar a competência aos tribunais estaduais que, inexistindo a convenção de arbitragem, seriam competentes. A este último efeito dá-se o nome de "efeito negativo da convenção de arbitragem" e está regulado no art. 5° da LAV. Em particular, determina o art. 5°, 1, da LAV que o "tribunal estadual no qual seja proposta ação relativa a uma questão abrangida por uma convenção de arbitragem deve, a requerimento do réu deduzido até ao momento em que este apresentar o seu primeiro articulado sobre o fundo da causa, absolvê-lo da instância, a menos que verifique que, manifestamente, a convenção de arbitragem é nula, é ou se tornou ineficaz ou é inexequível".

Sendo que, nos termos do art. 19° da LAV, "nas matérias reguladas pela presente lei, os tribunais estaduais só podem intervir nos casos em que esta o prevê".

7.3.2. Modalidades de arbitragem

Há várias modalidades de arbitragem. É tradicional a distinção entre *arbitragem necessária* e *arbitragem voluntária* e, por outro lado, entre *arbitragem institucionalizada* e *arbitragem não institucionalizada* e *arbitragem nacional* e *arbitragem internacional.*

A *arbitragem voluntária* é o resultado da vontade das partes que, mediante um acordo designado convenção *de arbitragem*, submetem determinado litígio a um tribunal arbitral. A arbitragem *necessária* carateriza-se por a decisão de determinado litígio ser submetido a arbitragem não depender de acordo das partes, mas da lei. O que é comum é que a arbitragem resulte de um acordo mantido entre as partes.

No entanto, a lei prevê vários casos em que fixa os requisitos da *arbitragem necessária.* Considere-se, a título de exemplo, o caso em que a arbitragem tem lugar na expropriação litigiosa por utilidade pública para fixação do valor da indemnização quando não tenha havido acordo entre a entidade com poderes de expropriação e o expropriado (art. 38°, 1, do Código das Expropriações).

Na ordem jurídica portuguesa a arbitragem voluntária está atualmente regulada na L 63/2011, de 14 de dezembro.

Classificando a arbitragem segundo o âmbito, ela poderá ser *nacional* (ou também designada "doméstica") ou *internacional.* A primeira carateriza-se por decorrer "segundo as leis de arbitragem, de processo e de fundo próprias do Estado em que tenham a sua sede" (Cordeiro, 2015: 20). A *arbitragem internacional*, em regra, envolve partes de diferentes países, sendo necessário determinar qual a lei aplicável e reguladora da arbitragem (Cordeiro, 2015:20).

DIREITO COMERCIAL E DAS SOCIEDADES. ENTRE AS EMPRESAS E O MERCADO

Embora seja controversa a definição/caraterização da arbitragem internacional, o art. 49°, 1, da LAV define arbitragem internacional como "a que põe em jogo interesses do comércio internacional".

A generalidade dos contratos internacionais vem provido de cláusulas de arbitragem, submetendo os potenciais litígios deles emergentes a arbitragem.

Tendo em conta o relevo económico da arbitragem internacional, várias organizações procuram delinear regras uniformes reguladoras da arbitragem internacional. Considere-se, a título de exemplo, a Lei Modelo da UNCI-TRAl (*United Nations Commission on International Trade Law*). Por outro lado, razões práticas levaram ao surgimento de instrumentos internacionais relativos ao reconhecimento e execução de sentenças arbitrais estrangeiras: a Convenção de Nova Iorque de 1958 sobre o reconhecimento e a execução de sentenças arbitrais estrangeiras; a Convenção Europeia sobre Arbitragem Comercial Internacional de Genebra de 1961; a Convenção de Washington de 1965, para a resolução de diferendos relativos a investimentos entre Estados e nacionais de outros Estados e a Lei Modelo UNCITRAL sobre arbitragem comercial internacional (UNCITRAL *Model Law on International Commercial Arbitration* (1985), with amendments as adopted in 2006[5]).

Os tribunais arbitrais podem ser *institucionalizados* ou *não institucionalizados*. Esta distinção assenta o *caráter permanente* ou *não* do tribunal arbitral. Assim, os primeiros encontram-se constituídos e a funcionar quando as partes ou a lei submetem à sua decisão determinados casos; os segundos são criados *ad hoc* para resolverem um determinado litígio (Cura, 2014:293). As arbitragens institucionalizadas decorrem juntos de *centros de arbitragem* que podem ser definidos como uma "organização permanente de meios humanos e materiais e de ciência de arbitragem, que visa montar – ou ajudar a montar – tribunais arbitrais, disciplinando o seu funcionamento e visando a melhoria das decisões e do seu reconhecimento" (Cordeiro, 2015:485). Os centros de arbitragem disponibilizam o chamado "regulamento de arbitragem" – documento de onde constam uma proposta de convenção de arbitragem, um esquema para a escolha de árbitros, regras processuais relativas à tramitação da arbitragem, normas sobre a decisão final e tabelas de honorários. Normalmente, os centros de arbitragem institucionalizados são promovidos por associações comerciais ou industriais. Em Portugal, refira--se, a título de exemplo, o Centro de Arbitragem da Câmara de Comércio e Indústria Portuguesa; no plano internacional, o tribunal arbitral da Câmara

---

[5] V. http://www.uncitral.org/uncitral/en/uncitral_texts/arbitration/1985Model_arbitration.html.

de Comércio Internacional ou, na sua designação inglesa ICC – *International Chamber of Commerce*.

Os tribunais arbitrais institucionalizados podem ser criados por lei ou de acordo com os requisitos previstos no art. 62º da LAV. Determina o art. 62º, 1, da LAV que "A criação em Portugal de centros de arbitragem institucionalizada está sujeita a autorização do Ministro da Justiça, nos termos do disposto em legislação especial". A legislação especial a que esta norma alude é o DL 425/86, de 27 de dezembro, como resulta expressamente do art. 62º, 2, da LAV. Também deve ser considerado o art. 187º, 1, *c*), *d*) e *e*) do CPTA.

Menezes Cordeiro, 2015: 484, calcula que, nas arbitragens nacionais, 4/5 sejam arbitragens *ad hoc*, enquanto na arbitragem internacional seja 1/2.

7.3.3. Convenção de arbitragem e tribunal arbitral

Efetivamente, os agentes económicos optam frequentemente por submeter potenciais litígios a tribunais arbitrais. As vantagens da arbitragem (por referência à justiça realizada por tribunais estaduais) são conhecidas: celeridade[6], confidencialidade, especialização dos árbitros, flexibilidade. As partes podem escolher o "seu" árbitro, podem determinar as regras do processo, a língua e a sede do tribunal. O reverso destas vantagens são os custos da arbitragem que normalmente são mais elevados do que os dos tribunais estaduais.

A convenção de arbitragem "é um negócio jurídico pelo qual as partes estabelecem o recurso a árbitros, para compor um litígio, potencial ou atual, entre eles" (Cordeiro, 2015:86). Nos termos do art. 1º, 3, da LAV, a "convenção de arbitragem pode ter por objecto um litígio actual, ainda que afecto a um tribunal do Estado (compromisso arbitral), ou litígios eventuais emergentes de determinada relação jurídica contratual ou extracontratual (cláusula compromissória)".

Considere-se o seguinte exemplo de convenção de arbitragem:

"1. Todos os litígios emergentes deste contrato ou com ele relacionados serão definitivamente resolvidos por arbitragem de acordo com o Regulamento de Arbitragem do Centro de Arbitragem da Câmara de Comércio e Indústria Portuguesa (Centro de Arbitragem Comercial), por um ou mais árbitro(s) nomeado(s) nos termos do Regulamento.

---

[6] Para se perceber o relevo da celeridade, considerem-se os dados sobre a justiça portuguesa, colhidos pelo Painel de Avaliação da Justiça na UE (2017), publicado em abril de 2017. Segundo este documento, a Justiça portuguesa demora, em média, 710 dias para resolver processos cíveis, comerciais e administrativos nos tribunais de primeira instância. Para um estudo sobre a produtividade dos tribunais cíveis em Portugal, v. Pereira/ Wemans, 2017.

2. A arbitragem terá lugar em [cidade e/ou país].

3. A língua da arbitragem será [...]."

Fonte: Câmara de Comércio e Indústria Portuguesa.

Tendo em conta o teor do art. 1º, 1, LAV, que considera arbitrável "qualquer litígio respeitante a interesses de natureza patrimonial", é muito vasto o leque de questões que podem ser objeto de decisão por tribunal arbitral. A doutrina considera que a arbitragem é fundamental nos contratos, em especial, os de longa duração, e nas situações jurídicas internacionais (Cordeiro, 2015:89).

A convenção de arbitragem pode apresentar-se como um negócio jurídico autónomo ou como uma cláusula inserida em determinado contrato. Algumas convenções de arbitragem são muito simples; outras foram objeto de complexas negociações e regulam de forma pormenorizada a composição do tribunal e as regras a seguir.

Devemos distinguir entre *convenção de arbitragem* e *regulamento de arbitragem*. Na verdade, a *convenção de arbitragem* é o negócio pelo qual as partes decidem submeter um determinado litígio a tribunais arbitrais; já o regulamento de arbitragem é o conjunto de regras que regem determinada arbitragem. Os regulamentos de arbitragem designam-se institucionais quando são elaborados no contexto de tribunais arbitrais institucionalizados; designam-se *ad hoc* quando a arbitragem não é referida a nenhum centro de arbitragem institucionalizado e as partes juntamente com os árbitros elaboram o regulamento de arbitragem.

O tribunal arbitral é constituído por *árbitro(s)*. O art. 8º da LAV determina que "o tribunal arbitral pode ser constituído por um único árbitro ou por vários, em número ímpar". Se as partes não tiverem acordado no número de membros do tribunal arbitral, o tribunal é composto por três árbitros (art. 8º, 2, LAV).

"O processo arbitral termina quando for proferida a sentença final ou quando for ordenado o encerramento do processo pelo tribunal arbitral" – art. 44º, 1, da LAV. Além da prolação da sentença, outros factos determinam o encerramento do processo arbitral: *a)* o demandante desista do seu pedido (exceto se o demandado se opuser ao encerramento do processo arbitral e o tribunal arbitral reconhecer que o demandado tem um interesse legítimo em que o processo arbitral não seja encerrado); *b)* as partes concordam em encerrar o processo; *c)* o tribunal arbitral verifique que a prossecução do processo se tornou, por qualquer outra razão, inútil ou impossível (art. 44º, 2, da LAV). Em regra, as funções do tribunal arbitral cessam com o encerramento do processo (art. 44º, 3, da LAV).

CAPÍTULO III – OS COMERCIANTES

Bibliografia citada

Abreu, J. M. Coutinho (2016), *Curso de direito comercial*. Vol. I. *Introdução, atos de comércio, comerciantes, empresas, sinais distintivos*, 10ª ed., Coimbra: Almedina.

Almeida, A. Pereira de (1976-1977), *Direito comercial*, Lisboa: AAFDL.

Canotilho, José Joaquim Gomes/ Moreira, Vital (2007), *Constituição da República Portuguesa anotada,* vol. I, 4ª ed., Coimbra: Coimbra Editora.

Canotilho, José Joaquim Gomes/ Moreira (2010), Vital, *Constituição da República Portuguesa anotada,* vol. II, 4ª ed., Coimbra: Coimbra Editora.

Cordeiro, António Menezes (2016), *Direito comercial*, 4ª ed., com a colaboração de A. Barreto Menezes Cordeiro, Coimbra: Almedina.

Cordeiro, António Menezes (2015), *Tratado da arbitragem. Comentário à L63/2011, de 14 de dezembro*, Coimbra: Almedina.

Correia, A. Ferrer (1973), *Lições de direito comercial*, de harmonia com as prelações feitas ao 4° ano jurídico de 1972-73, com a colaboração de Manuel Henrique Mesquita e António A. Caeiro, Coimbra.

Cura, António Alberto Vieira (2014), *Curso de organização judiciária*, 2ª ed., Coimbra: Coimbra Editora.

Furtado, J. Pinto (1984), *Disposições gerais do Código Comercial*, Coimbra: Almedina.

Gonçalves, Cunha (1914), *Comentário ao Código Comercial português*, vol. I, Lisboa: Empresa Editora J. B.

Ramos, Maria Elisabete (2017), "O direito e a vida social – a ordem jurídica", Maria Manuel Leitão Marques, Maria Elisabete Ramos, Catarina Frade, João Pedroso, *Manual de introdução do direito – saber direito para entender o mercado*, 2ª ed., Coimbra: Almedina.

Rodrigues, Ana Maria /Dias, Rui Pereira (2017), "Capítulo VI. Apreciação anual da situação da sociedade", *Código das Sociedades Comerciais em comentário*, vol. I, 2ª ed., Coimbra: Almedina.

Santos, António Carlos/Gonçalves, Maria Eduarda/ Marques, Maria Manuel Leitão (2014), *Direito económico*, 7ª ed., Coimbra: Almedina.

Santos, Filipe Cassiano (2007), *Direito comercial português*, vol. I. *Dos actos de comércio às empresas. O regime dos contratos e mecanismos comerciais no Direito Português*, Coimbra: Coimbra Editora.

Sousa, Miguel Teixeira (2012), *Introdução ao direito*, Coimbra: Almedina.

Vasconcelos, Pedro Pais de (2011), *Direito comercial*, vol. I, Coimbra: Almedina.

Xavier, Vasco Lobo, *Direito comercial*, Sumários das lições ao 3° ano jurídico, Coimbra, 1977-1978.

Outras fontes:

Pereira, Manuel Coutinho / Wemans, Lara (2017), "Produtividade na justiça cível em Portugal: Uma questão incontornável num sistema congestionado", Banco de Portugal, disponível em https://www.bportugal.pt/papers/all/all/50 (acesso em 17.4.2017).

DIREITO COMERCIAL E DAS SOCIEDADES. ENTRE AS EMPRESAS E O MERCADO

Para saber mais

I – Bibliografia recomendada

Antunes, José Engrácia (2015), "O estatuto jurídico do comerciante. Alguns problemas de qualificação", *Estudos comemorativos dos 20 anos da Abreu Advogados*, Coimbra: Almedina.

Cunha, Paulo Olavo (2010), *Lições de direito comercial*, Coimbra: Almedina.

Ferreira, J. O. Cardona (2009), "O direito fundamental à justiça. Um novo paradigma de justiça", *Julgar*, nº 7, Janeiro-Abril.

Ferro, Miguel Sousa (2014), *O novo regime das práticas restritivas do comércio: o DL 166/2013*, Lisboa: AAFDL.

Freitas, José Lebre de (2002), "A recriação dos julgados de paz", *Estudos sobre direito civil e processo civil*, Coimbra: Coimbra Editora.

Lopes, Dulce; Patrão, Afonso (2014), *Lei da mediação comentada*, Coimbra: Almedina.

Xavier, Vasco Lobo, "Comerciante", Enciclopédia Pólis, vol. I., Lisboa: Edições Verbo: 1975

II – Sítios oficiais de conteúdo informativo relevante para o atual significado estatuto dos comerciantes e temas conexos

Informação empresarial simplificada: http://www.ies.gov.pt/ onde pode perceber melhor em que consiste este meio de cumprimento de várias obrigações legais de uma vez, de forma eletrónica e totalmente desmaterializada.

Registo Nacional de Pessoas Coletivas: http://www.irn.mj.pt/sections/irn/a_registral/rnpc onde pode encontrar uma lista de "perguntas mais frequentes", falar com o RNPC e testar confundibilidade de determinada proposta de firma/denominação.

Comissão do Mercado de Valores Mobiliários: http://www.cmvm.pt/pt/Pages/home.aspx onde pode encontrar informação sobre a missão e atividades deste regulador económico dos mercados de valores mobiliários.

Balcão do Empreendedor: https://bde.portaldocidadao.pt/EVO/RJACSR.aspx onde pode encontrar informação pormenorizada sobre os requisitos de acesso à ativi-

CAPÍTULO III – OS COMERCIANTES

dade comercial e industrial, em particular o chamado Regime Jurídico das Atividades de Comércio, Serviços e Restauração, conhecido por "licenciamento zero".

Banco de Portugal: www.bdp.pt onde pode encontrar informação sobre a missão e funções do Banco de Portugal, publicações e estudos, estatísticas, a supervisão e sistemas de pagamentos

Autoridade de Supervisão dos Seguros e Fundos de Pensões: http://www.asf.com.pt onde pode obter informações sobre a missão e atividades deste regulador financeiro para os seguros, resseguros e fundos de pensões e, em particular, sobre os requisitos de que depende o acesso a tais atividades financeiras.

Câmara de Comércio e Indústria Portuguesa: http://www.ccip.pt/pt/ onde pode conhecer melhor uma das estruturas associativas de organização do comércio em Portugal, as suas atividades, a lista dos membros e os serviços que presta. Em particular, é de salientar a informação sobre o Centro de Arbitragem. Nesta página pode ter acesso a "cláusulas recomendadas" pela Câmara de Comércio e Indústria Portuguesa, à lista de árbitros, aos regulamentos de arbitragem e à jurisprudência de tribunal arbitral.

Conselho dos Julgados de Paz: http://www.conselhodosjulgadosdepaz.mj.pt/index.asp onde poderá encontrar a lista dos julgados de paz instalados, os respetivos contactos, jurisprudência e outras informações sobre este órgão.

DIREITO COMERCIAL E DAS SOCIEDADES. ENTRE AS EMPRESAS E O MERCADO

Para estudar melhor

I. Distinga:

a) Registo por depósito *de* registo por transcrição;

b) Firma de comerciante individual *de* firma de sociedade comercial, *quanto ao âmbito de exclusividade*;

c) Comerciante *de* empresário;

d) Julgados de paz *de* tribunais arbitrais.

II. Comente a seguinte decisão do Supremo Tribunal de Justiça:

"O Ac. do STJ de 26/9/1995, BMJ 449 (1995), p. 299, ss., decidiu no sentido de que as cooperativas são comerciantes, mas recusou tal qualificação a uma cooperativa de construção e habitação que tem por "objeto principal a construção ou a sua promoção e a aquisição de fogos para habitação dos seus membros, bem como a sua reparação ou remodelação". Considerou o Supremo Tribunal de Justiça que, no caso, o custo das habitações transacionadas pela cooperativa é determinado por lei e "não existe qualquer índice de obtenção de lucro, mas sim efetivos custos de construção e das demais taxas e encargos administrativos e financeiros".

III. Considere os seguintes factos:

António José Frade é, desde 2000, dono e explorador do restaurante "O abrigo do Frade", situado em Braga e especializado em cozinha tradicional minhota. Em janeiro de 2016, António José Frade comprou um automóvel a Manuel José Brasão, artesão. Nos termos do contrato de compra e venda, António José Frade paga metade do preço em janeiro de 2016 e a outra metade em dezembro de 2016.

António José Frade é casado em regime de comunhão de adquiridos desde janeiro de 2009 com Amélia Maria Vasconcelos que é enfermeira num hospital EPE. Até à presente data, António José Frade ainda não pagou a parte do preço em dívida.

Questões:

1. Identifique quem é/são o/s sujeito/s comerciante/s referido/s no texto. Justifique a sua resposta.

CAPÍTULO III – OS COMERCIANTES

2. Poderia António adotar como firma "O abrigo do Frade"? Justifique a sua resposta?

3. Amélia opõe-se a que os bens comuns do casal respondam pela dívida resultante da compra do carro, porque "não concordou com aquele negócio". Aprecie esta argumentação de Amélia.

Capítulo IV
EMPRESAS E EMPRESÁRIOS

1. A empresa na lei, na doutrina e na jurisprudência

1.1. Pluralidade de definições de empresa

Na linguagem comum e na linguagem usada pelos jornais económicos, a expressão empresa é usada profusamente: "A empresa X foi vendida"; "Y criou uma empresa", "A empresa Z despediu 200 trabalhadores".

Do ponto de vista jurídico, estas afirmações usam o signo "empresa" em vários sentidos (v. *infra*).

Ainda na linguagem comum ou em reportagens jornalísticas são usados outros signos: "a minha firma tem um ginásio". Ou, então, "a companhia consolidou a sua posição no mercado da energia elétrica". "O estabelecimento está encerrado para férias. Volte sempre!". "A e B abriram um novo espaço no Bairro Alto, dedicado à degustação de vinhos portugueses".

No primeiro exemplo, a expressão "firma" é usada para referir, não o nome comercial do comerciante (v. *supra*), mas sim uma organização de fatores produtivos que integra um ginásio. Aproxima-se do sentido de empresa em sentido objetivo (v. *infra*). Por sua vez, a expressão "companhia" usada no contexto do segundo exemplo, quer referir, normalmente, uma sociedade anónima cotada. Neste sentido, esta expressão identifica um sujeito de direito – *a sociedade anónima*. No último exemplo, quer-se significar que os sujeitos aí referidos criaram uma organização de fatores produtivos e, eventualmente, outros bens como logótipos, marcas, *etc.*, vocacionada para prestar serviços de degustação de vinhos portugueses.

DIREITO COMERCIAL E DAS SOCIEDADES. ENTRE AS EMPRESAS E O MERCADO

Embora a definição de empresa seja relevante em diversos domínios (económico, sociológico, da gestão, *etc.*), a verdade é que ela não se deixa aprisionar numa noção ou definição que seja consensualmente aceite.

Ainda que nos cinjamos ao universo jurídico, também aí não se alcança consenso sobre o sentido de empresa.

Sendo a noção/caraterização de empresa usada em vários preceitos do TFUE, é certo que este não a define (define *sociedade* no art. 54°, mas não define empresa). A empresa é relevante para efeitos do direito de estabelecimento que compreende a "gestão de empresas" (art. 49° do TFUE) e, especialmente, para efeitos das regras de concorrência aplicáveis às empresas (arts. 101° a 106° do TFUE).

Na ausência de definição constante do TFUE, coube ao (agora designado) Tribunal de Justiça da União Europeia, na sua tarefa jurisdicional, densificar a noção de empresa. Vários acórdãos do TJUE pronunciaram-se no sentido de que empresa é "qualquer entidade que, independentemente da sua forma jurídica, exerça uma atividade económica", independentemente do estatuto jurídico[1] (sobre este *conceito comunitário* de empresa, v. Abreu, 1995: 9, ss.).

Esta definição de origem jurisprudencial foi recolhida na Recomendação da Comissão de 6 de maio de 2003 relativa à definição de micro, pequenas e médias empresas (v. considerando (3)). Para os efeitos desta Recomendação, o art. 1° define empresa como "qualquer entidade que, independentemente da sua forma jurídica, exerce uma atividade económica. São, nomeadamente, consideradas como tal as entidades que exercem uma atividade artesanal ou outras atividades a título individual ou familiar, as sociedades de pessoas ou as associações que exercem regularmente uma atividade económica".

Nem a definição jurisprudencial de empresa densificada pelo Tribunal de Justiça da União Europeia em vários acórdãos nem a definição constante da Recomendação da Comissão de 6 de maio de 2003 são vinculativas para o legislador português.

Ainda assim, esta noção "comunitária" de empresa influenciou normas legais portuguesas. Tal influência comunitária é patente no art. 3° da Lei da Concorrência[2] ou até na definição de empresa pública (v. *infra*). Precisamente, nos termos do art. 3°, 1, da Lei da Concorrência, "considera-se empresa, para efeitos da presente lei, qualquer entidade que exerça uma atividade

---

[1] O primeiro a adotar este entendimento foi o acórdão de 23.4.1991 – Höfner e Elser, proc. C – 41/90.

[2] L 19/2012, de 8 de maio.

CAPÍTULO IV – EMPRESAS E EMPRESÁRIOS

económica que consista na oferta de bens ou serviços num determinado mercado, independentemente do seu estatuto jurídico e do seu modo de financiamento" (para a apreciação crítica desta noção legal de empresa, v. Abreu, 2016:223, ss.; 2016[a]:119, ss.).

Na ordem jurídica portuguesa, outras definições legais apresentam a noção de empresa. Para efeitos do CIRE, o art. 5° deste Código determina que "considera-se empresa toda a organização de capital e de trabalho destinada ao exercício de qualquer atividade económica".

Não só o direito comercial regula a empresa. A empresa é objeto de normas jurídicas oriundas de vários ramos de direito: direito constitucional, direito administrativo, direito fiscal, direito económico, direito do trabalho, direito dos valores mobiliários, direito dos seguros (as empresas de seguros e de resseguros), *etc.*

Ainda que, para efeitos circunscritos, a lei tenha optado por definir a empresa, a verdade é que a existência de definições legais, de âmbito setorial, não resolve completamente a questão.

Também a doutrina portuguesa tem feito um esforço no sentido de captar o sentido jurídico de "empresa" e de o condensar em definições. Tais definições propostas pela doutrina têm o valor jurídico que a própria doutrina tem. Não podendo reclamar o estatuto de uma definição legal, a definição doutrinal valerá e impor-se-á pelo seu mérito intrínseco e pelo valor que lhe é reconhecido, em particular pelos tribunais que dela se podem apropriar na decisão de casos concretos.

Na doutrina portuguesa, Orlando de Carvalho, 1977:196, nt. 2, carateriza o estabelecimento mercantil como "uma organização concreta de factores produtivos como valor de posição no mercado". Coutinho de Abreu, 2016:295, define *empresa em sentido objetivo* como "a unidade jurídica fundada em organização de meios que constitui um instrumento de exercício relativamente estável e autónomo de uma atividade de produção para a troca". Na opinião do mesmo autor, empresa mercantil (*em sentido objetivo*) é "uma unidade jurídica fundada em organização de meios que constitui um instrumento de exercício relativamente estável e autónomo de uma atividade comercial" (Abreu, 2016:254).

Menezes Cordeiro, 2016:327, carateriza a empresa como um "conceito--quadro". Este Autor entende a empresa como um "conjunto concatenado de meios materiais e humanos, dotados de uma especial organização e de uma direção, de modo a desenvolver uma atividade segundo regras de racionalidade económica" (*ob. cit.*: 324).

DIREITO COMERCIAL E DAS SOCIEDADES. ENTRE AS EMPRESAS E O MERCADO

Pereira de Almeida, 2013: 29, propõe a seguinte caraterização – "empresas como uma organização de pessoas e bens que tem por objecto o exercício de uma actividade económica em economia de mercado".

Também não existe consenso na doutrina portuguesa sobre a sinonímia ou não dos signos "estabelecimento" e "empresa". Coutinho de Abreu, 2016: 235 pronuncia-se no sentido da sinonímia. Outros autores consideram haver razões para marcar a distinção entre empresa e estabelecimento (Almeida: 1976/1977:116; Ascensão, 1987:13; Cunha, 2016:135; Cordeiro, 2016:331, ss.).

Os dados legais que convocam os signos "empresa" e "estabelecimento" parecem não obstar que estas duas expressões sejam usadas sinonimamente. Convenhamos que esta questão linguística não é, seguramente, a que mais releva em matéria de empresa.

1.2. Empresa em sentido subjetivo e empresa em sentido objetivo

É possível identificar na ordem jurídica portuguesa (nomeadamente, nas normas legais) a distinção entre "empresa em sentido subjetivo" e "empresa em sentido objetivo" (Abreu, 2016:220)[3].

Na primeira aceção, a empresa é vista como um *sujeito* que exerce uma atividade económica (Abreu, 2016:220). Este sentido é relevante para efeitos do *direito da concorrência*, seja o direito da União Europeia (*maxime,* os arts. 101º e 102º do TFUE), seja o direito português da concorrência (L 19/2012, de 8 maio).

Neste sentido subjetivo, *são empresas*; sociedades, associações, fundações, agrupamentos complementares de empresas, agrupamentos europeus de interesse económico e pessoas singulares, empresas públicas estaduais, regionais e locais (v. *infra*) e, ainda, cooperativas.

Também as pessoas singulares, para este efeito, podem ser consideradas empresas, incluindo-se aqui comerciantes, agricultores, artesãos, cientistas, músicos.

Essencial é que exerçam uma atividade económica que envolve a troca de bens e de serviços. Mas o exercício de tal atividade económica não tem de ser suportado por uma organização de trabalho dependente e/ou de outros fatores produtivos. No sentido subjetivo, a atividade económica que é exercida no mercado pode estar *completa e integralmente dependente do sujeito.*

---

[3] Cunha, 2016:139, s., identifica uma conceção subjetiva em que a empresa se confunde com o empresário e um sentido objetivo "em que a empresa se reporta à atividade económica exercida pelo empresário".

CAPÍTULO IV – EMPRESAS E EMPRESÁRIOS

E, por consequência, podem, no sentido subjetivo ser consideradas empresas as atividades económicas exercidas por inventores que comercializam as respetivas invenções, artistas que exploram comercialmente as suas prestações artísticas ou até profissionais liberais[4]. Ou seja, no *sentido subjetivo de empresa* podem ser incluídos sujeitos desprovidos de *empresa em sentido objetivo* (como é o caso, em regra, dos profissionais liberais independentes não assalariados) e casos em que a empresa-sujeito implica a empresa-objeto (uma sociedade comercial que é titular de uma empresa moageira).

Embora muito relevante (designadamente, para efeitos de aplicação do direito da concorrência), não é este o sentido que mais importa para o direito comercial. Neste contexto, releva a empresa *em sentido objetivo* – a empresa enquanto instrumento que pode ser objeto de negócios e que, por ser assim, é autonomizável do sujeito titular.

Na caraterização de Coutinho de Abreu, 2016:295, empresa em *sentido objetivo* é "a unidade jurídica fundada em organização de meios que constitui um instrumento de exercício relativamente estável e autónomo de uma atividade de produção para a troca".

1.3. Empresas comerciais e empresas não comerciais

As empresas em *sentido objetivo* podem ser, atendendo à atividade económica exercida, *comerciais* ou *não comerciais*. *Empresas comerciais* são aqueles através das quais são exercidas atividades económicas que são consideradas juridicamente como atos ou atividades objetivamente comerciais – ex.: compra de coisas para revenda e venda de coisas adquiridas para revender (art. 463º do CCom.), indústria transformadora (por exemplo uma fábrica que produz sabonetes), agenciamento de negócios, exploração de espetáculos públicos (as designadas empresas produtoras de espetáculos), operações de banco (arts. 362º, ss. CCom.), *etc*. Em regra, o empresário comercial adquire a qualidade de comerciante (art. 13º do CCom.), mas pode não ser assim (v. *supra*).

Empresas não comerciais serão aquelas cujos atos/atividades não são considerados objetivamente comerciais (empresas agrícolas, empresas artesanais, *etc*. Em sentido diferente, sustentando a identidade entre empresa e empresa comercial, v. Santos, 2007:284).

---

[4] Sobre os diversos entendimentos de empresa, para efeitos de concorrência, plasmados na jurisprudência portuguesa, v. Ferro, 2016:72, ss.

1.4. O debate em torno dos elementos da empresa

A empresa (em sentido objetivo) é um *bem* que integra o *património* do empresário (v. *infra*). Que elementos integram esse bem? Esta pergunta não encontra resposta na lei, nem é suscetível de merecer uma resposta universal que sirva a toda e qualquer empresa. O que resulta da realidade empresarial é a *variedade*. Variedade imposta pela pressão concorrencial e pela necessidade de diferenciar, inovar, surpreender os clientes com propostas arrojadas ou simplesmente inesperadas (uma loja de venda de vestuário que tem um piano de cauda onde são executadas peças musicais; um restaurante que tem uma oliveira no seu interior; um restaurante que serve chocolates misturados com seixos da praia, um restaurante em que a cozinha é maior do que a sala de refeições, ou ainda, um restaurante em que o *carasau* (um pão laminado crocante, típico da Sardenha) aparece suspenso sobre a mesa, preso por fios).

Ainda assim, a questão dos elementos que integram a empresa tem preocupado a doutrina que sobre ela se tem debruçado. Embora haja consenso sobre a dificuldade ou até a impossibilidade de determinar os exatos e concretos elementos que compõem a empresa, já não existe consenso sobre quais sejam, ainda que a determinação seja feita em termos gerais.

Há vários autores que consideram que são elementos do estabelecimento, as relações de facto com valor económico, coisas (corpóreas e incorpóreas), direitos e obrigações (Correia, 1989:21, ss.; Carvalho, 1967:700; 1977:196; 1982/1983:167; Santos, 2007:288).

Coutinho de Abreu defende que os elementos da empresa: *a)* são coisas corpóreas, *b)* coisas incorpóreas (invenções patenteadas, modelos de utilidade, desenhos ou modelos, marcas, logótipos), *c)* bens não coisificáveis como as prestações de trabalho e de serviços e certas situações de facto com valor económico – o *saber-fazer* (Abreu, 2016:231).

Também esta é uma questão que não se encontra resolvida na lei – quais são os elementos que em geral constituem uma empresa. Mas a resposta a esta questão (saber se a generalidade dos débitos e dos créditos e *todas* as relações de facto são ou não elementos da empresa) é relevante em matéria de negociação do estabelecimento. Para que se considere que a empresa foi transmitida é necessário que tenha existido a transferência dos elementos suficientes para sensibilizar tal transmissão (v. *infra*).

Também é muito discutida (não só entre nós) a questão de saber se a clientela da empresa – "o círculo ou quota de pessoas (consumidores, em sentido amplo) que com essa empresa contactam" (Abreu, 1999: 50, 51, Cunha: 2003:53, ss.) – é ou não elemento da empresa. A clientela não é

CAPÍTULO IV – EMPRESAS E EMPRESÁRIOS

uma coisa, sobre ela não incidem direitos nem ela beneficia de uma tutela autónoma (Ramos, 1998:349). Reconhecendo-se esta especificidade da clientela, há quem considere que a clientela é um elemento do estabelecimento (Correia, 1989:22) e quem defenda que se trata de uma qualidade.

Ainda que se sustente que a clientela não é elemento da empresa, não pode ser ignorada a importância desta para o êxito ou inêxito da empresa. E veremos mais tarde que a chamada obrigação de não concorrência tem por propósito garantir a entrega do estabelecimento ao adquirente. Para que se concretize a referida entrega é exigido um tempo de abstenção (não concorrência) ao alienante, de modo a que o adquirente da empresa possa ter condições para consolidar a empresa na sua esfera jurídica (v. *infra*).

Por fim, também é discutido na doutrina se o *dinheiro* é ou não elemento do estabelecimento. No sentido de que, à exceção das empresas bancárias e de seguros, o dinheiro não é, em regra, elemento da empresa (Abreu, 2016:236. Em sentido contrário, Santos, 2007:289).

Como é frequentemente salientado, a *empresa é uma organização*. Os vários e concretos elementos estão ordenados ao serviço de uma *eficiente* e *racional* consecução do fim produtivo da empresa, tendo em conta as estratégicas missão e visão da empresa. (Carvalho, 1977:196, nt. 2).

Naturalmente, a forma como são escolhidos os concretos elementos, como é planeada a composição, a sua disposição, resulta, em primeira linha, de uma decisão do empresário. E uma decisão importante, tendo em conta que a empresa se vai tornar distinguível no giro comercial, na concorrência, não tanto por cada um dos elementos, mas sim pela forma como eles estão organizados, como se relacionam e pela sua aptidão, enquanto organização, para cumprir a identificada missão da empresa.

Na verdade, a liberdade de organização é uma das manifestações da liberdade de iniciativa privada (art. 61º, 1, CRP). O que significa que, em regra, cabe ao empresário decidir sobre quais os elementos que integram a empresa, qual a sua composição, como estão dispostos, como estão relacionados. No entanto, a liberdade de organização não é irrestrita. Outros valores, também constitucionalmente consagrados, como a segurança e higiene no trabalho, os direitos dos consumidores, os direitos do Estado enquanto credor de impostos, o ordenamento do território, a saúde pública, a segurança alimentar, determinam que várias normas jurídicas imponham regras muito rigorosas na organização de empresas (*v.g.* a distinção entre "copa suja" e "copa limpa" nos restaurantes, as regras de segurança nos espaços de diversão, as normas reguladoras da localização de grandes superfícies, os preceitos relativos à informação ao consumidor a ser disponibilizada nos produtos fornecidos no mercado, sobre os horários de trabalho, *etc*). A observância de muitas destas regras que, constituindo restrições à liberdade de organização, visam a tutela do interesse público, é garantida através do *licenciamento*.

A empresa existe para se posicionar no mercado, para aí lutar pela clientela, para conseguir colocar os seus produtos ou serviços. A este propósito a Orlando de Carvalho fala de os "valores de exploração". V. tb. Santos, 2007: 291). São eles a clientela, o crédito, o bom-nome, a imagem ou a memória públicas do estabelecimento (Santos, 2007: 291).

O estabelecimento é uma *coisa* (art. 202º, 1, do CCiv.) *móvel* (art. 205º do CCiv.), ainda que, no caso concreto, seja composto por bens imóveis. Além disso, estabelecimento é uma coisa incorpórea complexa (Abreu, 2016: 253), ainda que, como é comum acontecer, integre coisas corpóreas. Várias normas do sistema jurídico português autorizam que se diga que o estabelecimento é objeto de direito de propriedade – a título de exemplo, considerem-se os arts. 152º, 2, *d*), 246º, 2, *c*)[5] do CSC e o art. 44º do RRNPC.

2. Pequenas e médias empresas

2.1. A discriminação positiva das PME

O art. 86º, 1, da CRP determina que "o Estado incentiva a atividade empresarial, em particular das pequenas e médias empresas". Resulta deste preceito uma obrigação constitucional de proteger as pequenas e médias empresas. O que certamente há de exigir tratamento diferenciado em relação às grandes empresas e a "discriminação positiva" (Canotilho/Moreira, 2007:1014) das pequenas e médias empresas. A CRP deixa à lei ordinária a densificação ou densificações do que deva ser entendido por pequena e média empresa, em particular a definição dos critérios quantitativos, e quais devem ser os instrumentos legais em que se concretiza o comando constitucional de proteção de PME.

Este é um tema de significativa importância económica, tendo em conta que, segundo os dados da Pordata, em 2015 no total de empresas existentes em Portugal, 99,9% são PME.

Para percebermos o quadro legal que, em Portugal, regula as PME devemos atender, por um lado, ao Direito da União Europeia, em particular, à

---

[5] São do Código das Sociedades Comerciais as normas cuja fonte legislativa não é mencionada.

CAPÍTULO IV – EMPRESAS E EMPRESÁRIOS

Recomendação da Comissão de 6 de maio de 2003 relativa à definição de micro, pequenas e médias empresas, e, por outro, ao direito português.

2.2. Recomendação da Comissão de 6 de maio de 2003 relativa à definição de micro, pequenas e médias empresas

No contexto da União Europeia, a Recomendação da Comissão de 6 de maio de 2003, relativa à definição de micro, pequenas e médias empresas oferece a definição destas entidades. A recomendação é um instrumento de *soft law*, não é obrigatória para os Estados-Membros. Portanto, em rigor, os Estados-Membros mantêm a liberdade para adotarem diferentes critérios de definição de PME.

De acordo com o Considerando (1) da Recomendação, o mercado interno aconselha que haja uma definição de empresas.

Em concordância com este propósito, nos termos do art. 1º, 2, "Recomenda-se aos Estados-Membros, assim como ao Banco Europeu de Investimento, (BEI) e ao Fundo Europeu de Investimento (FEI), que (…) [s]e conformem com o disposto no título I do anexo, no que se refere ao conjunto dos seus programas destinados a empresas médias, pequenas empresas ou microempresas (…)".

Esta Recomendação elege como critério principal o do *número de trabalhadores*.

O critério do número de trabalhadores é complementado por um *critério financeiro* (Considerando 15 da Recomendação). No que toca ao critério financeiro, foram adotados, em alternativa, o do *volume de negócios* ou o do *balanço total*.

Em ordem a serem corretamente identificadas as PME, a Recomendação preocupa-se em caracterizar "empresa autónoma", "empresa parceira" e "empresa associada".

PME – Recomendação da Comissão de 6 de maio de 2003

Categoria	Número de trabalhadores	Volume de negócios anual	Balanço total anual
Média empresa	< 250	≤ 50 milhões de euros	≤43 milhões de euros
Pequena empresa	< 50	≤ 10 milhões de euros	≤10 milhões de euros
Microempresa	< 10	≤ 2 milhões de euros	≤2 milhões de euros

Nos termos do art. 2º da Recomendação, os Estados "podem (...) aplicar apenas o critério dos efectivos para a concretização de algumas das respectivas políticas, excepto nos domínios abrangidos pelas diversas regras em matéria de auxílios estatais". Ora, o art. 100° do CT, dedicado aos "tipos de empresas", faz uma categorização assente exclusivamente no número de trabalhadores (sobre esta categorização, Amado, 2007:399, ss.).

2.3. Medidas de promoção das PME e normas sobre auxílios públicos

A definição de PME adotada pela Recomendação da Comissão Europeia tem por propósito estabelecer um quadro que favoreça a coerência entre as políticas desenvolvidas pelos Estados-Membros e os programas da Comissão Europeia, Banco Europeu de Investimento e Fundo Europeu de Investimento. Não será, pois, de estranhar que os domínios de eleição de aplicação da recomendação sejam os programas nacionais e da União Europeia de apoio às PME. Insere-se, neste contexto, o chamado "Horizonte 2020"[6] que, entre outros, integra o programa Compete 2020 – Programa Operacional Competitividade e Internacionalização que, entre outros objetivos, visa o reforço da competitividade das PME.

Muitas das medidas de incentivo público às PME configuram juridicamente *auxílios públicos* (que, nos termos do art. 107°, 1, do TFUE são, em geral, considerados incompatíveis com o mercado interno). De modo a afastar a proibição geral de prestação de auxílios de Estado às empresas (prevista no art. 107°, 1, do TFUE), várias normas de direito da concorrência declaram certos auxílios às PME compatíveis com o mercado interno e, por isso, lícitos. É o caso do Regulamento (UE) n° 651/2014 da Comissão, de 16 de junho de 2014, que declara certas categorias de auxílios às PME compatíveis com o mercado interno, em aplicação dos artigos 107° e 108° do Tratado. E, assim, se consegue que as normas da concorrência, em particular, as relativas aos auxílios de Estado, não inviabilizem a promoção e o apoio às PME.

2.4. Certificação PME

Como se comprova que determinada empresa é, efetivamente uma pequena, uma média ou uma microempresa, à luz dos critérios da Recomendação da Comissão?

---

[6] Trata-se de um acordo de parceria celebrado entre Portugal e a Comissão Europeia que congrega a participação dos 5 Fundos Europeus Estruturais e de Investimento: Fundo Europeu de Desenvolvimento Regional (FEDER), Fundo de Coesão, Fundo Social Europeu (FSE), Fundo Europeu Agrícola de Desenvolvimento Rural (FEADER) e Fundo Europeu dos Assuntos Marítimos e das Pescas (FEAMP). Este acordo de parceria define os princípios de programação que consagram a política de desenvolvimento económico, social e territorial para promover, em Portugal, entre 2014 e 2020. V. www.portugal2020.pt/.

CAPÍTULO IV – EMPRESAS E EMPRESÁRIOS

O DL n° 372/2007, de 6 de novembro, alterado pelo DL 143/2009, de 16 de junho, criou a chamada "certificação PME", da competência do IAPMEI, IP. Trata-se de um serviço, exclusivamente *online*, que atesta o estatuto de PME de determinada empresa. De modo a obterem o certificado PME, as empresas devem preencher *online* o formulário disponibilizado pelo IAPMEI. Tal formulário é submetido *online*, juntamente com uma declaração de responsabilidade da veracidade das informações prestadas. Em resultado da submissão do formulário, é emitido o estatuto de micro, pequena ou média empresa. Este estatuto é visível *online* por parte da empresa que se certifica e também por parte das entidades que são obrigadas a exigir a comprovação do estatuto.

3. Os sujeitos titulares de empresas

3.1. Empresas do setor público

O art. 80°, *b*), da CRP determina que um dos princípios fundamentais da organização económica em Portugal é o da "coexistência do setor público, do setor privado e do setor cooperativo e social de propriedade dos meios de produção". Por sua vez, o art. 82°, 1, da CRP garante a coexistência de três setores de propriedade dos meios de produção.

As *empresas do setor público* de propriedade dos meios de produção são aquelas "cuja propriedade e gestão pertencem ao Estado ou a outras entidades públicas" (art 82°, 2, CRP).

No caso das chamadas empresas ou sociedades de economia mista – em que há participação privada e pública, quer na titularidade do capital social quer na respetiva gestão – elas integrarão o setor público "apenas quando este detiver a *maioria na propriedade e na gestão*" (Canotilho/Moreira, 2007: 978).

Integram o *setor público de propriedade dos meios de produção* as empresas públicas estaduais, as empresas locais e as empresas das regiões autónomas.

Atualmente, o "setor público empresarial" está regulado pelo DL 133/2013, de 3 de outubro. O setor público empresarial abrange o setor empresarial do Estado e o setor empresarial local.

Nos termos do art. 2°, 2, do DL 133/2013, de 3 de outubro, o setor empresarial do Estado abrange as *empresas públicas* e as *empresas participadas*. Apesar do teor desta norma, são as participações sociais detidas pelo Estado ou por outras entidades públicas em empresas que integram o setor empresarial do Estado (Abreu, 2016:266).

O art. 5º do DL 133/2013 apresenta duas vias de caraterização de *empresas públicas*: *empresas públicas societárias* e *entidades públicas empresariais* (estas últimas não são sociedades). "São empresas públicas as organizações empresariais constituídas sob a forma de sociedade de responsabilidade limitada nos termos da lei comercial, nas quais o Estado ou outras entidades públicas possam exercer, isolada ou conjuntamente, de forma direta ou indireta, influência dominante, nos termos do presente decreto-lei." (art. 5º, 1, do DL 133/2013). Também são empresas públicas, agora nos termos do art. 5º, 2, do DL 133/2013, "as entidades com natureza empresarial reguladas no capítulo IV".

O art. 9º do DL 133/2013 carateriza a "influência dominante" relevante para caraterizar uma determinada *sociedade* como empresa pública estadual.

As *empresas públicas societárias* são, necessariamente, nos termos do art. 5º, 1, do DL 133/2013, sociedades de "responsabilidade limitada". A esta expressão (que, a benefício de ulterior explicação, não é completamente correta do ponto de vista jurídico-societário) correspondem os tipos societários *sociedade por quotas* (art. 197º) e sociedade anónima (art. 271º). (v. *infra*).

São *empresas públicas* as entidades públicas empresariais, caraterizadas no art. 56º do RSPE como "pessoas coletivas de direito público, com natureza empresarial, criadas pelo Estado para prossecução dos seus fins". São criadas por decreto-lei (art. 57º, 1, do DL 133/2013) e são dotadas de "capital estatutário" que é atribuído pelo Estado para responder às necessidades permanentes da empresa (art. 59º, do DL 133/2013).

A firma das empresas públicas societárias (estaduais) deve necessariamente terminar com o aditivo específico que corresponde ao *tipo societário sociedade por quotas* ou *sociedade anónima* (arts. 200º, 277º). A firma da *entidade pública empresarial* deve necessariamente ser concluída pela expressão "entidade pública empresarial" ou "EPE" (art. 57º, 2, do DL 133/2013). O que significa que, pela denominação de uma EPE, percebe-se imediatamente que se trata de uma empresa pública (todas as *EP são empresas públicas*). A composição da denominação de empresas públicas societárias (estaduais) não apresenta especificidades relativamente às sociedades por quotas e anónimas que não são empresas públicas. Saber se determinada sociedade é empresa pública ou não (arts. 5º, 1, 9º do DL 133/2013) pode não ser percetível a partir do teor da denominação, dependendo de outras informações, desde logo colhidas nos estatutos.

"A atividade empresarial local é desenvolvida pelos municípios, pelas associações de municípios, independentemente da respetiva tipologia, e pelas áreas metropolitanas, através dos serviços municipalizados ou intermunicipalizados e das empresas locais" – art. 2º da L 50/2012, de 31 de agosto.

CAPÍTULO IV – EMPRESAS E EMPRESÁRIOS

São também *empresas públicas* (mas não são estaduais) as *empresas locais*. Reguladas pelo DL 133/2013 e pela L 50/2012, de 31 de agosto, são empresas locais, nos termos do art. 19º, 1, deste último diploma, "as sociedades constituídas ou participadas nos termos da lei comercial, nas quais as entidades públicas participantes possam exercer, de forma direta ou indireta, uma influência dominante em razão da verificação de um dos seguintes requisitos: *a*) detenção da maioria do capital ou dos direitos de voto; *b*) direito de designar ou destituir a maioria dos membros do órgão de gestão, de administração ou de fiscalização; *c*) qualquer outra forma de controlo de gestão".

Ao contrário do que acontece com as empresas públicas estaduais, as empresas locais são, necessariamente, sociedades de "responsabilidade limitada" (art. 19º, 6, da L 50/2012, de 31 de agosto). As sociedades por quotas ou anónimas que sejam empresas locais podem ser *unipessoais* (art. 19º, 2, da L 50/2012, de 31 de agosto) ou pluripessoais (v. *infra* sobre as sociedades unipessoais).

Nos termos do art. 19º, 4, da L 50/2012, de 31 de agosto, as empresas locais têm a "natureza municipal, intermunicipal ou metropolitana, consoante a influência dominante (…) seja exercida, respetivamente, por um município, dois ou mais municípios ou uma associação de municípios, independentemente da respetiva tipologia, ou uma área metropolitana".

Ao contrário do que acontece nas empresas públicas estaduais (societárias), o regime jurídico da atividade empresarial local apresenta regras específicas quanto à composição da firma das sociedades-empresas locais. Nos termos do art. 19º, 5, da L 50/2012, a "denominação das empresas locais é acompanhada da indicação da sua natureza municipal, intermunicipal ou metropolitana, respetivamente E. M., E. I. M. ou E. M. T.". Por conseguinte, através da composição da firma, é possível identificar a natureza de empresa local e, além disso, a sua natureza municipal, intermunicipal ou metropolitana.

As regiões autónomas dos Açores e da Madeira adotaram, cada uma delas, um regime próprio para os respetivos setores empresariais. Vejam-se, o DLR 7/2008/A de 24 de março e DLR 13/2010/M, de 5 de agosto, respetivamente.

3.2. Empresas do setor privado

Nos termos do art. 82º, 3, da CRP, "o setor privado é constituído pelos meios de produção cuja propriedade ou gestão pertence a pessoas singulares ou coletivas privadas (...)". Por conseguinte, serão consideradas empresas do setor privado aquelas cuja propriedade *ou* gestão seja *privada*.

No elenco dos sujeitos titulares de empresas do setor privado estão, desde logo, as *pessoas singulares que são proprietárias ou exploradoras* de uma empresa; as sociedades (sobre estas, v. *infra*). Além delas, outros sujeitos há a considerar: os *agrupamentos complementares de empresas* (v. *infra*), *associações* (neste caso, em regra, o exercício da empresa será um instrumento acessório de financiamento da atividade da associação − é o caso do bar explorado por uma associação patronal).

Para que uma determinada sociedade integre o setor privado dos meios de produção é necessário que *ou* a propriedade *ou* a gestão seja privada.

3.3. Empresas do setor cooperativo e social

O setor cooperativo e social está delimitado no art. 82°, 4, da CRP. Integram este setor as empresas cooperativas, as empresas em autogestão, empresas comunitárias (os casos dos baldios-empresas. Nos termos do art. 2°, *a*), da Lei dos Baldios, aprovada pela L 75/2017, de 17 de agosto, os baldios são "os terrenos (...) possuídos e geridos por comunidades locais"); as empresas de entidades coletivas sem fim lucrativo e com fins de solidariedade social (em especial, as empresas de associações mutualistas) (Abreu, 2016:290).

4. As (controversas) empresas sociais

4.1. Panorama europeu

A Comissão Europeia[7] carateriza a "empresa social" como aquela: *a*) "cujo objectivo social ou de sociedade, de interesse comum, justifica a ação comercial, que se traduz, frequentemente, num alto nível de inovação social"; *b*) "cujos lucros são reinvestidos principalmente na realização desse objecto social"; *c*) "cujo modo de organização ou sistema de propriedade reflecte a sua missão, baseando-se em princípios democráticos ou participativos ou visando a justiça social" (COM(2011) 682:2).

O interesse em torno das empresas sociais não é só académico ou conceitual. Na verdade, a Comissão Europeia considera que as empresas sociais necessitam de ser apoiadas (talvez porque o Estado vai recuando no cumprimento de missão social). Para tanto, elege o acesso ao financiamento

---

[7] Comunicação da Comissão ao Parlamento Europeu, ao Conselho, ao Comité Económico e Social Europeu e ao Comité das Regiões − Iniciativa de Empreendedorismo Social Construir um ecossistema para promover as empresas sociais no centro da economia e da inovação sociais, Bruxelas, 25.10.2011 COM(2011) 682 final.

CAPÍTULO IV – EMPRESAS E EMPRESÁRIOS

por parte das empresas sociais como um dos fatores estratégicos para o seu desenvolvimento. Neste contexto, pontua não só o acesso a financiamento privado, mas especialmente o acesso a *auxílios públicos* providenciados pelos Estados-Membros e pelas regiões, no "Horizonte 2014-2020" (v. o ponto 3.1.2. da Comunicação COM (2011) 682).

Do vasto debate em torno das empresas sociais, há dois problemas jurídicos que se salientam: *a*) a forma jurídica; *b*) o escopo lucrativo ou não das empresas sociais.

Sublinha a Comissão Europeia que *não há uma única forma jurídica para as empresas sociais.* Teoricamente falando (e sem considerar nenhuma ordem jurídica em particular), é possível identificar: *a*) empresas com fins lucrativos que incorporam na sua organização uma vertente de missão social, em particular, através das políticas de *responsabilidade social* (por exemplo, uma *sociedade* de distribuição que mantém um programa de bolsas de estudo para os seus trabalhadores); *b*) organizações sem fins lucrativos que exploram empresas (*cooperativas, mutualidades, fundações* que são titulares de empresas), e *c*) *figuras legais híbridas.*

Neste último caso, o que acontece é que são criados *novos regimes jurídicos* dotados de particularidades destinadas a acomodar necessidades e interesses específicos das empresas sociais. Dizem-se *híbridas* porque reúnem caraterísticas das organizações não lucrativas (missão social) e notas das sociedades (afetação do lucro). Nos Estados Unidos pontuam a L3C "Low-profit Limited Liability Company", a "Benefit Corporation", e a "Purpose Corporation". No Reino Unido, a "Community Interest Company" (CIC), prevê benefícios fiscais para as empresas híbridas que concordem em limitar as suas distribuições aos investidores.

Na verdade, o que carateriza as organizações não lucrativas não é a circunstância de as suas atividades económicas não poderem gerar lucros ou excedentes. O que as carateriza é que tais excedentes ou lucros não se destinam a ser distribuídos pelos membros (quando existem. As fundações não têm associados). Já as sociedades são organizações lucrativas – sendo gerados lucros, eles destinam-se a ser distribuídos pelos sócios. Pode acontecer que durante a vida da sociedade não sejam distribuídos lucros (por exemplo, eles existem, mas os sócios deliberam reinvesti-los na atividade de sociedade, adotando, desta forma, políticas de autofinanciamento).

A circunstância de uma determinada sociedade adotar políticas de autofinanciamento e não distribuir os lucros *não a torna uma organização não lucrativa.* O que acontece é que, no momento da dissolução e liquidação da

DIREITO COMERCIAL E DAS SOCIEDADES. ENTRE AS EMPRESAS E O MERCADO

sociedade, *os lucros finais são necessariamente distribuídos pelos sócios* (v. *infra*). Nas *organizações não lucrativas* (associações, cooperativas) os lucros ou excedentes existentes após a liquidação não são distribuídos pelos associados ou cooperadores (v. *infra*).

4.2. O quadro legal português

A Lei de Bases da Economia Social, aprovada pela L nº 30/2013, de 8 de maio, não contempla as empresas sociais. O art. 4º desta lei apresenta o elenco das "entidades da economia social". A ordem jurídica portuguesa não tem um regime legal específico dedicado às empresas sociais. O que não significa que elas sejam ignoradas em Portugal. Também entre nós se discute os contornos deste conceito e procura-se, na ausência de lei que as caraterize, identificar que organizações podem ser consideradas empresas sociais.

Coutinho de Abreu ensaia a seguinte definição de empresa social: "é empresa social a entidade sem fins lucrativos que desenvolve de modo autónomo (sem dependência em relação a entidades privadas ou públicas) uma atividade assente normalmente em organização de meios com identidade própria (cindível da entidade)" (Abreu, 2014/2015:372). Nesta definição de empresas sociais entram as empresas do setor cooperativo e social (art. 82º, 4, da CPR) e as entidades da economia social elencadas no art. 4º da Lei de Bases da Economia Social.

Acrescenta Coutinho de Abreu que "empresa" o é, em primeira linha, em *sentido subjetivo* (Abreu, 2014/2015: 372). No entanto, "a empresa-entidade utilizará, em regra, como instrumento uma empresa em sentido objetivo, exercerá atividade suportada em "organização de meios" ou estrutura produtivo-económica objeto de direitos e de relações jurídicas" (Abreu, 2014/2015:372, 373). "Não parece merecer a qualificação de "empresa" (ainda que "social"), por exemplo, uma associação de apoio a doentes hospitalizados que exerce a sua atividade (puramente altruística ou de solidariedade social) utilizando tão só os serviços gratuitos (o "dom") dos associados" (Abreu, 2014/2015:373).

À luz da ordem jurídica portuguesa, as empresas sociais podem ser cooperativas, associações, associações mutualistas, fundações. E discute-se se também podem ser sociedades comerciais (sobre este conceito, v. *infra*). A Comissão Europeia admite que as empresas sociais possam ser sociedades. Mas esta tomada de posição não dispensa que a questão seja vista à luz das leis nacionais.

CAPÍTULO IV – EMPRESAS E EMPRESÁRIOS

Em Portugal, a questão suscita-se porque, de acordo com a definição genericamente aceite de sociedade, esta visa a obtenção de lucros destinados a serem distribuídos pelos sócios (art. 980º do CCiv.). Acresce que as sociedades não respeitam necessariamente a organização democrática (v. art. 5º, *c*), da Lei de Bases da Economia Social), nem vigora, em regra, o princípio da porta aberta. Por outro lado, os lucros obtidos destinam-se a ser apropriados pelos sócios (seja na forma de lucros periódicos, seja enquanto lucros finais). Não parece, pois que, no atual quadro legislativo português, as sociedades possam ser consideradas empresas sociais (Abreu, 2014/2015:375-376).

É diferente a opinião de Farinho, 2015: 256, que considera que a Lei de Bases da Economia Social não exclui as sociedades da economia social e que o art. 4º, *h*), desta lei abre caminho a que as empresas sociais possam, em Portugal, assumir forma societária (Farinho, 2015:261).

5. Os empresários

Estamos em condições de perceber quem são os empresários, à luz do direito português. Serão, certamente, os *sujeitos titulares da propriedade de empresas* e também os sujeitos que, não sendo proprietários, são titulares de direitos que lhes permitem explorar empresas alheias e apropriar-se dos réditos de tal exploração.

Concretizando, são empresários as *pessoas singulares* titulares de empresa(s) ou exploradores de empresas alheias – os *locatários, usufrutuários* de estabelecimento. Já os administradores de sociedades (aqui entendidos em sentido amplo), embora tomem decisões sobre empresas alheias, não devem, enquanto tal, ser considerados empresários. *Empresária* é (eventualmente) a sociedade por eles gerida; os administradores são membros do órgão de administração e de representação da sociedade (v. *infra*). Do ponto de vista jurídico, é a sociedade que, através dos seus órgãos, gere a empresa societária.

Também pessoas *coletivas de direito público* podem ser consideradas empresários: Estado, regiões autónomas, municípios. No entanto, atualmente, em regra, estas entidades públicas são titulares de participações sociais em sociedades. Enquanto acionista ou, mais genericamente, sócio de sociedades empresas-públicas ou de sociedades participadas, o Estado não deve ser considerado empresário. É certo que o Estado, através das empresas públicas por si controladas, exerce indiretamente atividade empresarial (por exemplo, atividade bancária). No entanto, do ponto de vista jurídico, é a sociedade bancária que diretamente é empresária; o Estado é acionista.

As entidades públicas empresariais merecem também a qualificação de empresários.

No elenco dos empresários-pessoas coletivas do setor privado, pontuam as sociedades e, em especial, as sociedades comerciais e sociedades civis em forma comercial, os agrupamentos complementares de empresas.

No setor cooperativo social, podem ser empresários as associações, as fundações, as cooperativas.

Embora se possa dizer que há uma significativa zona de sobreposição em que convergem as qualidades *de empresário* e de *comerciante*, tal sobreposição não é total. Há comerciantes que não são empresários e há empresários que não são comerciantes (por exemplo, o agricultor, podendo ser empresário, não será qualificado como comerciante – arts. 13°, 1, 2, 230°, § 1°, 464° do CCom.).

6. Trespasse e locação de empresa

6.1. Trespasse

Já vimos atrás que a empresa é um *bem negociável*. As leis regulam negócios jurídicos de transmissão do estabelecimento e na vida económica são comuns tais negócios.

Mas também já vimos que o estabelecimento ou a empresa é um "bem complexo", uma unidade jurídica composta por vários elementos, sendo que a sua concreta composição varia de estabelecimento para estabelecimento.

Não menos importante para a negociação do estabelecimento é a circunstância de este ser uma *coisa incorpórea*, ainda que sensibilizada em bens corpóreos.

O estabelecimento é suscetível de ser objeto de vários negócios jurídicos. Serão considerados aqui, pela sua frequência e relevo jurídico, o *trespasse* e a locação.

Seguindo uma tradição antiga no direito português (sobre esta, v. Carvalho, 1967:590, ss.), várias normas da legislação em vigor usam a expressão *trespasse* de estabelecimento – veja-se, a título de exemplo, o art. 152°, 2, *d*).

O trespasse *não é definido na lei*. O que significa que caberá à doutrina e à jurisprudência a tarefa de densificar/concretizar o sentido jurídico com que esta expressão deve valer.

Considerando os vários preceitos que convocam o signo trespasse é possível identificar as seguintes notas jurídicas caraterísticas (Abreu, 2016:297):

   a) o trespasse tem por *objeto o estabelecimento* e não concretos elementos que integram o estabelecimento. Para os efeitos de determinadas nor-

CAPÍTULO IV – EMPRESAS E EMPRESÁRIOS

mas jurídicas o estabelecimento tem de ser mercantil (por exemplo, para os efeitos dos arts. 100º e 145º do CDA); outras normas não exigem que o estabelecimento seja mercantil (por exemplo, o art. 152º, 2, *d*));

b) a transmissão do estabelecimento pode ser feita através de variados negócios como a *compra e venda* (seja ela acordada entre as partes, realizada no contexto de processo de execução ou até em processo de insolvência), *troca, dação em cumprimento* e *realização de entrada social;*

c) em alguns casos, o trespasse traduz-se em negócios necessariamente *onerosos* (por exemplo, para os efeitos do art. 152º, 2, *d*)). Noutros casos, o negócio de transmissão do estabelecimento pode ser oneroso ou gratuito – também as doações podem configurar, em determinadas situações, um trespasse;

d) O trespasse referencia *negócios entre vivos* (por oposição aos negócios *mortis causa* em que os efeitos jurídicos são desencadeados com a morte de declarante/s). Assim, não configura trespasse a disposição testamentária em que o testador declara que, após a sua morte, o seu estabelecimento passará a pertencer ao seu sobrinho mais velho.

A doutrina portuguesa tem, em vários momentos, salientado que o trespasse não corresponde a um único negócio – mas corresponde a vários negócios jurídicos (v. Carvalho, 1967:602-603; Correia, 1989:31-32; Abreu, 2016:299; Cunha, 2016:149).

Abreu, 2016: 298, define trespasse como "transmissão da propriedade de um estabelecimento por negócio entre vivos". O que permite conceber o trespasse, não como um único e singular negócio, mas sim como um conjunto de vários negócios *inter vivos*. Será por referência à teleologia de *cada norma jurídica* que usa o signo "trespasse" que deverá ser apurado qual ou quais o(s) negócio(s) que, para os efeitos de tal norma, é/são abrangido(s).

Em regra, o trespasse conclui-se pelo *acordo entre o trespassante* (o sujeito que transmite o estabelecimento) e o *trespassário* (o sujeito que adquire o estabelecimento).

Quanto à forma, o negócio de trespasse deve revestir *forma escrita* – embora o art. 1112º, 3, do CCiv. imponha a forma escrita para a transmissão da posição de arrendatário (e não refira o trespasse de estabelecimento), a interpretação extensiva deste preceito permite concluir que o trespasse está sujeito a forma escrita (neste sentido, Abreu, 2016:300; Cunha/Costa, 2006:31. Contra, Santos, 2007:319, ss.).

Casos há, no entanto, em que para que o trespasse se concretize é necessária uma *decisão de não oposição* da Autoridade da Concorrência ou, em

DIREITO COMERCIAL E DAS SOCIEDADES. ENTRE AS EMPRESAS E O MERCADO

certas situações, da Comissão Europeia. Trata-se dos casos em que o trespasse configura, à luz do direito da concorrência, uma *concentração de empresas sujeita a notificação prévia* (arts. 36º, 37º, 50º, 53º da L 19/2012, de 8 de maio, arts. 3º, 4º, 8º do Regulamento (CE) nº 139/2004 do Conselho de 20 de janeiro de 2004 relativo ao controlo das concentrações de empresas).

Outros dos domínios onde o trespasse reveste uma significativa importância prática é no caso em que o estabelecimento que se transmite definitivamente *está instalado em prédio arrendado*. Neste caso, o estabelecimento pertence ao trespassante que o tem instalado em *prédio alheio*, podendo beneficiar do gozo deste prédio através de contrato de arrendamento. O trespassante não precisa da autorização do senhorio para transmitir o estabelecimento de que é proprietário. E pode acontecer que o trespassário do estabelecimento (portanto, o adquirente) o instale em prédio seu ou em prédio que, para o efeito, arrendou (mudando, portanto, a localização estabelecimento trespassado).

No entanto, pode acontecer que o trespassário queira manter o estabelecimento no prédio arrendado. Neste caso, convém notar que o trespasse do estabelecimento (e, por consequência, a mudança de titular ou de dono do estabelecimento) implicará que o prédio onde está instalado o estabelecimento deixe de ser usado pelo trespassante (anterior inquilino do prédio) e passe a ser usado pelo novo dono do estabelecimento – o trespassário.

Em síntese: o trespasse do estabelecimento que se mantém instalado em prédio arrendado opera uma mudança de dono do estabelecimento e a *mudança na posição de arrendatário* – o trespassário (adquirente do estabelecimento) passa a ser o arrendatário.

Acontece que, em regra, a *eficaz* mudança da posição de arrendatário está sujeita a autorização do senhorio, conforme resulta dos art. 1059º, 2, do CCiv., 1038º, *f*), do CCiv..

O art. 1059º, 2, do CCiv. ressalva as "disposições especiais". Uma das referidas "disposições especiais" é a do art. 1112º, 1, *a*), do CCiv. que determina que em caso de trespasse de estabelecimento comercial ou industrial instalado em prédio arrendado, o trespassante-arrendatário pode ceder a sua posição de arrendatário ao trespassário sem necessidade de autorização do senhorio. Se a regra geral exige a autorização do senhorio para que se opere uma eficaz cessão da posição contratual de arrendatário, no caso de trespasse de estabelecimento comercial ou industrial instalado em prédio arrendado é dispensada tal autorização do senhorio. O que significa que o senhorio, neste caso, será confrontado com um *novo inquilino* (o trespassário) que não escolheu.

CAPÍTULO IV – EMPRESAS E EMPRESÁRIOS

O nº 3 do art. 1112º do CCiv. determina que a transmissão da posição de arrendatário, sem dependência de autorização do senhorio, deve ser comunicada a este. Esta comunicação deve ser feita no *prazo de quinze dias* (art. 1038º, *g*), do CCiv.), a contar do dia seguinte ao do escrito do trespasse que inclui a transmissão da posição de arrendatário (arts. 296º e 279º, *b*) e *e*), do CCiv.).

O art. 1112º, 4, do CCiv. determina que "o senhorio tem direito de preferência no trespasse por venda ou dação em cumprimento, salvo convenção em contrário". Exercendo o direito legal de preferência, o senhorio adquire o estabelecimento e por consequência torna-se dono do estabelecimento que está instalado em prédio seu. Em virtude do exercício deste direito legal de preferência, a mesma pessoa é, simultaneamente, dono do estabelecimento e do imóvel.

6.2. Locação de estabelecimento comercial

Pode acontecer que o titular do estabelecimento não o queira transmitir definitivamente. Há casos em que é do seu interesse convencionar com outra pessoa que esta, por um determinado período de tempo, explora o estabelecimento, mediante o pagamento de uma remuneração. No fim do prazo convencionado, a exploração do estabelecimento regressa à esfera do seu titular.

Este negócio é reconhecido na prática empresarial como *cessão de exploração* ou *concessão de exploração*. Na verdade, do que se trata é de *locação de estabelecimento* que pode ser definida como "o contrato pelo qual uma das partes se obriga a proporcionar à outra o gozo temporário de um estabelecimento, mediante retribuição" (Abreu, 2016:325)[8]. Noção que está em consonância com a tipificação legal de locação de coisa prevista no art. 1022º do CCiv.

Os sujeitos intervenientes no contrato de locação de estabelecimento designam-se, respetivamente, *locador* (o sujeito que proporciona o gozo temporário do estabelecimento a outrem) e *locatário* (o sujeito que beneficia do gozo temporário do estabelecimento pertencente ao locador). Não são, pois, senhorio e arrendatário. A locação de estabelecimento não é um arrendamento de prédio e, por conseguinte, as partes de um contrato de locação de estabelecimento não são, enquanto tais, senhorio e arrendatário[9].

---

[8] Santos, 2007: 351, considera a expressão "locação de estabelecimento" inexata, sendo mais adequada "cessão de exploração".

[9] Sobre as questões suscitadas pela locação de estabelecimento instalado em prédio arrendado, v. *infra*.

DIREITO COMERCIAL E DAS SOCIEDADES. ENTRE AS EMPRESAS E O MERCADO

O contrato de locação de estabelecimento é um negócio jurídico que, tendo o estabelecimento por objeto, tem natureza *temporária*. Este negócio *não opera* a transmissão da propriedade do estabelecimento – a propriedade continua a pertencer ao locador (proprietário). O efeito deste negócio jurídico é o de proporcionar o gozo do estabelecimento (a exploração ou, se se quiser, a gestão) ao locatário por um período de tempo. Em virtude deste negócio jurídico de locação de estabelecimento, o locador fica privado da gestão do estabelecimento de que é proprietário; o locatário assume o *poder--dever* de explorar o estabelecimento e, simultaneamente, é titular do direito de se apropriar dos réditos dessa exploração e devedor das obrigações que tal exploração constitua.

A locação de estabelecimento é um *negócio jurídico oneroso*. O locatário é devedor da *remuneração* convencionada no contrato de locação de estabelecimento. O locador do estabelecimento está privado da exploração do estabelecimento (e dos réditos que ele gera), mas em compensação é credor da remuneração convencionada no contrato de locação de estabelecimento.

Nos termos do art. 1109º, 1, do CCiv., a locação de estabelecimento rege--se pelas disposições especiais do arrendamento para fins não habitacionais, mas com as necessárias adaptações. Uma das particularidades deste contrato de locação de estabelecimento é que as partes fixam livremente a duração do contrato. Não havendo estipulação de prazo, o contrato de locação de estabelecimento considera-se, nos termos do art. 1110º, 2, do CCiv., celebrado com prazo certo, pelo período de cinco anos.

Sob pena de nulidade, o contrato de locação de estabelecimento deve ser celebrado por escrito.

6.3. Âmbitos de entrega

Como já vimos atrás, o estabelecimento é uma "organização de meios" (Abreu, 2016: 295). A questão que se põe é a de saber se, em concreto negócio de transmissão do estabelecimento, todos e cada um dos elementos que o integram têm de ser transmitidos para o transmissário ou se as partes beneficiam da liberdade de exclusão. Por exemplo, em concreto negócio de transmissão de um restaurante, pode ser convencionado que as obras de arte que decoram o restaurante e o piano de cauda são excluídos da negociação do estabelecimento?

Os problemas que esta questão suscita são tratados no contexto dos chamados *âmbitos de entrega*. Carvalho, 1967, 476, ss. identificou os âmbitos de entrega *mínimo*, *natural* e *máximo* (v. tb. Santos, 2007:306). Coutinho de

CAPÍTULO IV – EMPRESAS E EMPRESÁRIOS

Abreu refere os âmbitos *mínimo, natural e convencional*. Em rigor, trata-se de determinar os elementos do estabelecimento abrangidos pela negociação do estabelecimento.

Esta questão não está resolvida na lei portuguesa, apesar do que parece sugerir o teor literal do art. 1112º, nº 2, *a*), do CCiv. Determina este preceito que "não há trespasse: *a*) quando a transmissão da [posição de arrendatário] não seja acompanhada de transferência, em conjunto, das instalações, utensílios, mercadorias ou outros elementos que integram o estabelecimento". Esta norma, se lida literalmente, induz (erradamente) o resultado interpretativo de que só existe trespasse se todos e cada um dos elementos do estabelecimento forem abrangidos na transmissão do estabelecimento. Consequentemente, tal interpretação literal significaria que, faltando algum dos elementos do estabelecimento, inexistiria trespasse e, por conseguinte, seria necessária a autorização do senhorio para a transmissão da posição de arrendatário.

A doutrina tem sublinhado que à transmissão do estabelecimento basta que sejam transmitidos os elementos que integram o *âmbito mínimo de entrega* (Carvalho, 1967:476, ss.; Abreu, 2016:301; Santos, 2007:306). É de afirmar a liberdade de as partes excluírem da negociação do estabelecimento vários dos seus elementos. O que é decisivo é que seja respeitado o âmbito *mínimo* de entrega composto pelos "elementos necessários e suficientes para a transmissão de um concreto estabelecimento" (Abreu, 2016:301).

É impossível identificar de uma forma genérica que elementos integram o *âmbito mínimo*. Em algumas situações poder-se-á dizer que a *marca*, uma *determinada patente* ou ainda um determinado *segredo de fabrico* tem de ser transmitido, sob pena de não ser transmitido o estabelecimento. E, por ser assim, ao contrário do que parece ser induzido pelo teor literal do art. 1112º, 2, *a*), do CCiv., basta que em concreto negócio de transmissão do estabelecimento tenha sido respeitado o âmbito mínimo de entrega; não sendo necessário que sejam transmitidos todos os concretos elementos que integram o estabelecimento.

Desrespeitado o âmbito mínimo, o negócio não teve por objeto o estabelecimento[10]. Não existindo trespasse, não se constitui a *obrigação de não concorrência* a cargo do trespassante nem é dispensada a autorização do senhorio para a transmissão da posição de arrendatário.

---

[10] Veja-se o Ac. do STJ de 14. 02. 2001, relatado pelo Juiz Conselheiro José Mesquita, que decidiu que não configura um trespasse de estabelecimento a transmissão, em hasta pública de apenas dois balcões e o direito ao trespasse e ao arrendamento. O STJ decidiu que, neste caso, não foi respeitado o âmbito mínimo de entrega.

Do *âmbito natural de entrega* fazem parte "os elementos que se transmitem naturalmente com o estabelecimento trespassado, isto é, os *meios transmitidos* ex silentio, *independentemente de estipulação* ad hoc; tais bens, não havendo cláusulas a excluí-los, entram na esfera jurídica do trespassário" (Abreu, 2016:301). É o caso da marca ou do logótipo (não constando deles nome individual), conforme resulta do art. 31º, 5, do CPI.

Quanto aos restantes elementos, não há lei que regule os respetivos âmbitos de entrega. Na ausência de lei, a doutrina e a jurisprudência portuguesas têm dedicado especial atenção à questão de saber se o prédio integra ou não o âmbito natural de entrega. A resposta a esta questão divide a doutrina.

Carvalho (1982-1983):168-170 considera que o prédio não integra o âmbito natural de entrega. Abreu, 2016:303 defende que não há razões para o tratamento diferenciado do prédio relativamente aos restantes elementos do estabelecimento. A questão traduzir-se-á num problema de interpretação do negócio jurídico de transmissão do estabelecimento que atenderá às declarações das partes, ao preço, *etc.*

Do "âmbito convencional" de entrega (Abreu, 2016:308) fazem parte os "*elementos empresariais que apenas se transmitem por mor de estipulação ou convenção* (expressa ou tácita) entre trespassante e trespassário" (Abreu, 2016:308). Integram o âmbito convencional ou, numa outra formulação, o âmbito máximo (Carvalho, 1982-1983, 168-170; Santos, 2007:306) a firma (art. 44º, 1, do RRNPC) e as marcas e logotipos quando integrem nome individual, firma ou denominação do titular do estabelecimento (art. 31º, 5, do CPI).

A questão dos âmbitos de entrega também se suscita em sede de locação de estabelecimento. A particularidade desta situação é que tipicamente a locação é um *negócio jurídico temporário* – não opera a transmissão da propriedade do estabelecimento. Também aqui terá de ser respeitado o âmbito mínimo de entrega. Também, para os efeitos da locação do estabelecimento, subsiste o âmbito natural de entrega. Tendo em conta o teor dos arts. 31º, 5, e 304º-P, 3, do CPI, há razões para considerar que a marca e o logótipo integram o âmbito natural de entrega.

Por força do art. 44º, 1, do RRNPC, a firma faz parte do âmbito convencional de entrega.

Pergunta-se *a que título* o locatário (que não é proprietário do estabelecimento) dispõe dos elementos que o integram. O locatário, em virtude do contrato de locação do estabelecimento, é titular do poder-dever de explorar o estabelecimento. Repare-se que o locatário tem o dever de explorar o estabelecimento; pois se arbitrariamente o encerrar ou o deixar de explorar,

CAPÍTULO IV – EMPRESAS E EMPRESÁRIOS

o estabelecimento sofre uma depreciação de valor. É ao abrigo deste poder-dever de explorar o estabelecimento que o locatário dispõe dos elementos que o integram.

7. Obrigação de não concorrência

7.1. Caraterização geral – os sentidos jurídicos de concorrência

Em regra, o trespassante é detentor de conhecimento qualificado (até de informação privilegiada) sobre o estabelecimento que transmite ao trespassário. Ele conhece a lista dos clientes, os métodos de fabrico, a estratégia comercial, as políticas de incentivos destinadas aos funcionários, *etc.*

A questão que se põe é a de saber se, transmitido o estabelecimento, o trespassante poderá concorrer com o trespassário (o novo titular do estabelecimento).

Embora não esteja prevista na lei portuguesa, há muito que a jurisprudência e a doutrina portuguesas reconhecem que, em caso de trespasse do estabelecimento, se constitui na esfera jurídica do trespassante a *obrigação implícita de concorrência*[11]. Diz-se *implícita* porque esta obrigação constitui-se sem necessidade de estipulação negocial específica que a preveja. E diz-se de *não concorrência* porque o trespassante deve *abster-se de concorrer* com o trespassário.

"O trespassante de estabelecimento (e, eventualmente, uma outra pessoa mais) fica em princípio obrigado a, num certo espaço e durante certo tempo, não concorrer com o trespassário (e sucessivos adquirentes) – nomeadamente, fica vinculado a não iniciar atividade similar à exercida através do estabelecimento trespassado" (Abreu, 2016:314).

7.2. Fundamento jurídico da obrigação de não concorrência

Discute-se qual o fundamento jurídico desta obrigação implícita de não concorrência (Ramos, 1998:344, ss.). Na doutrina portuguesa, com alguma tradição, tem-se defendido que o alienante do estabelecimento está obrigado a não concorrer com o trespassário porque ao primeiro incumbe o dever de entregar a coisa alienada (o estabelecimento objeto do contrato de trespasse) e de assegurar o gozo pacífico dela (Ramos, 1998:347).

A circunstância de o art. 61º, 1, da CRP garantir a liberdade de iniciativa privada (e, por conseguinte, a livre criação de empresas) não obsta a que seja

---

[11] Mas não consensualmente. Negando a obrigação implícita de não concorrência, na jurisprudência v. o Ac. do Tribunal da Relação do Porto de 14 de março de 1996.

DIREITO COMERCIAL E DAS SOCIEDADES. ENTRE AS EMPRESAS E O MERCADO

afirmada a obrigação implícita de não concorrência, porque aquela liberdade constitucional *não é ilimitada nem irrestrita*. O trespassário tem o direito de fruir pacificamente o bem que adquiriu – ora, a liberdade de fruição é uma das expressões da liberdade de iniciativa privada garantida no art. 61°, 1, da CRP.

Acresce que a própria obrigação de não concorrência a cargo do alienante/trespassante não é ilimitada.

A obrigação de não concorrência e o inerente dever de abstenção que ela impõe ao alienante justificam-se na medida em que garantam a entrega do estabelecimento ao adquirente. E, por isso, a obrigação implícita de não concorrência tem limites *objetivos*, *espaciais* e *temporais* (Abreu, 2016:318.V. tb. Carvalho, 1967:488, ss.).

Ao serem fixados *limites objetivos* à obrigação de não concorrência quer-se significar que o alienante (devedor desta obrigação) está impedido de exercer de modo sistemático e profissional uma atividade concorrente com a exercida por intermédio da empresa trespassada. Não está, pois, impedido de exercer outras atividades económicas (Ramos, 1998:353, s.).

A doutrina individualiza *outros comportamentos* (além da criação/exploração de estabelecimento concorrente) que estão vedados ao trespassante, como sejam o de desempenhar funções de direção/administração em empresa alheia concorrente com a trespassada; entrar em sociedade que exerce atividade económica idêntica à trespassada nela assumindo funções de administração ou ficando a deter a posição de sócio controlador (Carvalho, 1967:499, ss.; Abreu, 2016:318; Ramos, 1998: 355).

Quanto *tempo* deve durar a obrigação implícita de não concorrência? A lei portuguesa não fixa expressamente o *limite temporal* da obrigação de não concorrência. No entanto, a doutrina tem individualizado um critério que se mostra suficientemente flexível para se ajustar à diversidade das situações que envolvem a transmissão definitiva do estabelecimento. Será o tempo suficiente a que o estabelecimento se consolide nas mãos do trespassário (v. Carvalho, 1967:449, ss.; Abreu, 2016:329, Ramos, 1998:353, 354).

Qual o *território* em que o trespassante está impedido de se restabelecer em atividade económica concorrente com a do estabelecimento alienado? Mais uma vez, debalde se procurará resposta a esta pergunta na lei portuguesa. A doutrina delimita o *âmbito territorial* servindo-se do critério do *raio de ação do estabelecimento* trespassado (pode este ter uma irradiação local, como acontece com uma pequena mercearia de aldeia, uma irradiação regional ou nacional, com por exemplo, uma empresa de transporte de mercadorias que opera em todo o país).

CAPÍTULO IV – EMPRESAS E EMPRESÁRIOS

7.3. Locação de estabelecimento e obrigação (expressa) de não concorrência

O regime jurídico que regula o contrato de locação de estabelecimento determina que enquanto a locação durar, o locador está vinculado a não concorrer num determinado espaço e um determinado tempo como o locatário. Especialmente, o locador está obrigado a não iniciar atividade concorrente com a exercida pelo locatário, através da exploração do estabelecimento. Esta obrigação de não concorrência que vincula o locador tem assento legal nos arts. 1031°, *b*), e 1037°, 1, do CCiv.

Celebrado o contrato de locação de estabelecimento, pode o locatário iniciar a exploração de atividade concorrente com a exercida por intermédio da empresa locada, no mesmo raio de ação do estabelecimento? Poderá, se obtiver consentimento do locador de estabelecimento. Não tendo obtido este consentimento, a exploração de atividade concorrente por parte do locatário de estabelecimento pode provocar a depreciação da empresa locada. Por esta razão, Abreu, 2016:333, considera que o respeito pelo "dever de manutenção e restituição da coisa" determina que locatário esteja legalmente impedido de iniciar uma atividade concorrente, enquanto durar a locação e no espaço de irradiação do estabelecimento.

E terminado o contrato de locação de estabelecimento, o ex-locatário continua vinculado a não concorrer com o estabelecimento entretanto restituído? A questão suscita-se porque o ex-locatário fica na posse de conhecimentos que lhe permitem desencadear uma concorrência diferenciada. Acresce que se a locação se prolongar no tempo, estabelece-se uma relação de proximidade entre o locatário, os financiadores, os fornecedores e os clientes. Pergunta-se, pois, se a obrigação de restituir o estabelecimento não exigirá, em alguns casos, uma abstenção por parte do ex-locatário. Abreu, 2016:333, entende que, finda a locação, o ex-locatário é livre de concorrer com o ex-locador.

Tendo em conta as dúvidas que esta questão pode suscitar, melhor será que o contrato de locação de estabelecimento regule esta matéria, impondo, por exemplo, períodos de abstenção ao ex-locatário ou prevendo cláusulas de confidencialidade.

7.4. Sanções para a violação da obrigação de não concorrência

Quais as consequências da violação da obrigação implícita de não concorrência? Neste caso, o trespassário (adquirente do estabelecimento) poderá valer-se das normas que reagem ao incumprimento de obrigações, em particular, a responsabilidade civil pela violação do contrato (art. 798° do CCiv.),

DIREITO COMERCIAL E DAS SOCIEDADES. ENTRE AS EMPRESAS E O MERCADO

resolução do contrato (art. 801° do CCiv), ação de cumprimento (Abreu, 2016:319, Ramos, 1998:356).

Muito discutido é se o lesado pela violação da obrigação de não concorrência pode exigir o encerramento do novo estabelecimento (art. 829° do CCiv.). No sentido da aplicação da sanção do encerramento do estabelecimento, Carvalho, 1967: nota 231; Correia, 1989:37, 38; Abreu, 2016:319; Ramos, 1998:357). Em sentido contrário, Lima/Varela, 1986:103.

8. A empresa em crise e a insolvência

8.1. Insolvência, recuperação de empresa, liquidação da empresa

Segundo o art. 1°, 1, do CIRE, "o processo de insolvência é um processo de execução universal que tem como finalidade a satisfação dos credores pela forma prevista num plano de insolvência, baseado, nomeadamente, na recuperação da empresa compreendida na massa insolvente, ou, quando tal não se afigure possível, na liquidação do património do devedor insolvente e a repartição do produto obtido pelos credores".

Uma das finalidades do processo de insolvência é a *recuperação da empresa* "pela forma prevista num plano de insolvência". A definição legal de empresa, para efeitos do CIRE, consta do art. 5° do CIRE.

Em geral, "é considerado em situação de insolvência o devedor que se encontre impossibilitado de cumprir as suas obrigações vencidas" (art. 3°, 1, do CIRE). Pode acontecer que um devedor tenha um ativo superior ao passivo e, ainda assim, se encontre impossibilitado de cumprir as suas obrigações, se não tiver meios de pagamento ou meios de liquidez (dinheiro em caixa, depósitos bancários ou créditos bancários vencidos, *etc.*). Encontra-se, pois, em *situação de insolvência*.

Também é possível que um determinado devedor tenha um passivo superior ao ativo e não se encontre em situação de insolvência porque, apesar dessa situação, tem acesso a meios de liquidez que lhe permitem cumprir as suas obrigações vencidas.

O critério previsto no art. 3°, 2, do CIRE assenta na *manifesta superioridade do passivo em relação ao ativo* (Martins, 2016: 50, ss.). Aplica-se este critério a "pessoas coletivas e [a]os patrimónios autónomos por cujas dívidas nenhuma pessoa singular responda pessoal e ilimitadamente, por forma direta ou indireta". Quanto a estas pessoas e patrimónios autónomos, a lei considera que eles também são considerados insolventes quando "o seu passivo

CAPÍTULO IV – EMPRESAS E EMPRESÁRIOS

seja manifestamente superior ao ativo, avaliados segundo as normas contabilísticas aplicáveis" (art. 3º, 2, do CIRE).

Equiparada à situação de insolvência é a situação de *insolvência iminente* (art. 3º, 4, do CIRE). Encontrando-se na situação descrita no art. 3º, 4, do CIRE, o devedor *pode* requerer a insolvência, mas ao contrário do devedor em situação de insolvência, não tem o dever de se apresentar à insolvência (Martins, 2016:58). A lei não define *situação de insolvência iminente*. Uma das propostas doutrinais densifica o conceito de insolvência iminente como aquela em que a "insolvência é mais provável do que a hipótese de a evitar" (Martins, 2016:56).

Tempos houve em que a falência era um instituto (tendencialmente) privativo dos comerciantes e a insolvência aplicava-se aos não comerciantes. Desde o (já revogado) Código dos Processos Especiais de Recuperação de Empresa e Falência que a lei deixou de consagrar esta distinção. O art. 2º do CIRE submete à insolvência: *a)* "quaisquer pessoas singulares ou coletivas"; *b) sujeitos de natureza coletiva não personalizados* (por exemplo, sociedades comerciais e civis em forma comercial antes do registo definitivo do ato constituinte e, por isso, desprovidas de personalidade jurídica, nos termos do art. 5º do CSC); e *c)* patrimónios autónomos (como, por exemplo, o estabelecimento individual de responsabilidade limitada. Sobre este, v. *infra*).

Estes sujeitos não têm de ser comerciantes nem têm de ser empresários. Não empresários e não comerciantes estão sujeitos à insolvência. No entanto, para alguns efeitos, releva a *empresa*. Assim, pessoas singulares que não sejam titulares de empresas não são obrigadas a apresentar-se à insolvência (art. 18º, 2, do CIRE); nos termos do art. 171º do CIRE, pode ser dispensada a liquidação da massa insolvente quando ela não compreenda empresa e o insolvente seja pessoa singular; a administração da massa insolvente pelo devedor só é possível quando nela esteja compreendida empresa (arts. 223º, ss. do CIRE); titulares de pequenas empresas ou pessoas singulares não empresários podem beneficiar do plano de pagamentos aos credores (arts. 249º, 251º do CIRE).

Diferente da situação de insolvência iminente é a "situação económica difícil", relevante para efeitos de *processo especial de revitalização*. É definida como aquela em que a empresa enfrenta "dificuldade séria para cumprir pontualmente as suas obrigações, designadamente por ter falta de liquidez ou por não conseguir obter crédito" (art. 17º-B do CIRE).

A crise de empresa pode não determinar a sua extinção e liquidação. Na verdade, várias medidas legislativas estão preordenadas à *recuperação da empresa*. Para tanto, a ordem jurídica portuguesa prevê dois *processos judiciais*: o *processo de insolvência* no âmbito do qual é apresentado um plano de insolvência e o

DIREITO COMERCIAL E DAS SOCIEDADES. ENTRE AS EMPRESAS E O MERCADO

processo especial de recuperação de empresas, ambos previstos no CIRE. E, além destes, um *procedimento extrajudicial* – o SIREVE (sistema de recuperação de empresas por via extrajudicial).

Entre as medidas de recuperação, nos termos do art. 196°, 1, do CIRE contam-se: *a)* o perdão ou redução do valor dos créditos sobre a insolvência, quer quanto ao capital, quer quanto aos juros, com ou sem cláusula 'salvo regresso de melhor fortuna'; *b)* o condicionamento do reembolso de todos os créditos ou de parte deles às disponibilidades do devedor; *c)* a modificação dos prazos de vencimento ou das taxas de juro dos créditos; *d)* A constituição de garantias; *e)* A cessão de bens aos credores.

O art. 198° do CIRE contempla as providências específicas de recuperação de sociedades comerciais.

Em determinadas circunstâncias, a crise da empresa pode ser gerida através do *processo especial de revitalização.* É o que determina o art. 1°, 2, do CIRE, quando prescreve que "estando em situação económica difícil, ou em situação de insolvência meramente iminente, a empresa pode requerer ao tribunal a instauração de processo especial de revitalização, de acordo com o previsto nos artigos 17°-A a 17°-J".

A finalidade do PER está identificada no art. 17°-A, 1, do CIRE. Determina este preceito que "o processo especial de revitalização destina-se a permitir à empresa que, comprovadamente, se encontre em situação económica difícil ou em situação de insolvência meramente iminente, mas que ainda seja suscetível de recuperação, estabelecer negociações com os respetivos credores de modo a concluir com estes acordo conducente à sua revitalização".

Há ainda a considerar o SIREVE – Sistema de recuperação de empresas por via extrajudicial, regulado pelo DL 178/2012, de 3 de agosto. Nos termos do art. 1° deste diploma, o SIREVE "constitui um procedimento que visa promover a recuperação extrajudicial de empresas, através da celebração de um acordo entre a empresa e todos ou alguns dos seus credores, que viabilize a sua recuperação e assegure a sua sustentabilidade".

O interesse dos credores pode ser satisfeito através da "liquidação do património do devedor insolvente e a repartição do produto obtido pelos credores" (art. 1°, 1, do CIRE). Esta liquidação envolverá a alienação de bens integrantes da massa insolvente e, além disso, a cobrança de créditos sobre terceiros. A liquidação compete ao administrador da insolvência.

Nos termos do art. 161°, 3, *a)*, do CIRE, a "venda da empresa [ou] de estabelecimentos" constitui *um ato de especial relevo*, a necessitar que o administrador da insolvência obtenha consentimento da "comissão de credores, ou, se esta não existir, da assembleia de credores" (art. 161°, 1, CIRE).

CAPÍTULO IV – EMPRESAS E EMPRESÁRIOS

8.2. Insolvência culposa e insolvência fortuita

A insolvência pode ser *culposa* ou *fortuita* (art. 185º do CIRE).

"A insolvência é culposa quando a situação tiver sido criada ou agravada em consequência da actuação, dolosa ou com culpa grave, do devedor, ou dos seus administradores, de direito ou de facto, nos três anos anteriores ao início do processo de insolvência" (art. 186º, 1, do CIRE).

Por sua vez, o art. 186º, 2, do CIRE apresenta *presunções de culpa* que não admitem prova em contrário. Por fim, o art. 186º, 3, do CIRE contempla *presunções legais de culpa grave* que, contudo, admitem prova em contrário (Martins, 2016:405).

Na ausência de definição legal de insolvência fortuita, será aquela que não é culposa.

A qualificação de uma insolvência como culposa depende de abertura do chamado *incidente de qualificação da insolvência* (arts. 185º, ss. do CIRE). Destina-se este incidente a apurar se a insolvência é culposa ou fortuita. O incidente de qualificação de insolvência apenas será aberto na sentença de declaração de insolvência, caso o juiz "disponha de elementos que justifiquem a abertura do incidente de qualificação da insolvência" (art. 36º, 1, *i*), do CIRE).

Na sentença que qualifique a insolvência como culposa, o juiz, além de identificar as pessoas afetadas, deve: *a*) "decretar a inibição das pessoas afetadas para administrarem patrimónios de terceiros, por um período de 2 a 10 anos"; *b*) "declarar essas pessoas inibidas para o exercício do comércio durante um período de 2 a 10 anos, bem como para a ocupação de qualquer cargo de titular de órgão de sociedade comercial ou civil, associação ou fundação privada de atividade económica, empresa pública ou cooperativa"; *c*) "determinar a perda de quaisquer créditos sobre a insolvência ou sobre a massa insolvente detidos pelas pessoas afetadas pela qualificação e a sua condenação na restituição dos bens ou direitos já recebidos em pagamento desses créditos", e *e*) "condenar as pessoas afetadas a indemnizarem os credores do devedor declarado insolvente no montante dos créditos não satisfeitos, até às forças dos respetivos patrimónios, sendo solidária tal responsabilidade entre todos os afetados" (art. 189º, 2, do CIRE).

Nos termos do art. 189º, 3, do CIRE, a "inibição para o exercício do comércio tal como a inibição para a administração de patrimónios alheios são oficiosamente registadas na conservatória do registo civil, e bem assim, quando a pessoa afetada for comerciante em nome individual, na conservatória do registo comercial, com base em comunicação eletrónica ou telemática da secretaria, acompanhada de extrato da sentença".

Os processos de insolvência e os processos especiais de revitalização são da competência dos juízos de comércio (art. 128º, 1, *a*), da LOSJ).

DIREITO COMERCIAL E DAS SOCIEDADES. ENTRE AS EMPRESAS E O MERCADO

Bibliografia citada

Abreu, J. M. Coutinho de (1995), "L'européanisation du concept d'entreprise", *Revue Internationale de Droit Économique.*

Abreu, J. M. Coutinho de (1999), *Da empresarialidade. As empresas no direito,* reimp. Coimbra: Almedina.

Abreu, J. M. Coutinho de (2014/2015), "Empresas sociais (nótulas de identificação)", *Revista Cooperativismo e Economía Social,* 37.

Abreu, J. M. Coutinho de (2016), *Curso de direito comercial,* vol. I. *Introdução, atos de comércio, comerciantes, empresas, sinais distintivos,* 10ª ed., Coimbra: Almedina.

Abreu, J. M. Coutinho de (2016ª), "Artigo 3º", Miguel Gorjão-Henriques, dir., *Lei da concorrência. Comentário conimbricense,* 2ª ed., Coimbra: Almedina.

Almeida, António Pereira de (1976/1977), *Direito comercial,* I, AAFDL.

Almeida, António Pereira de (2013), *Sociedades comerciais, valores mobiliários, instrumentos financeiros e mercados,* vol. 1, 7ª ed., Coimbra: Coimbra Editora.

Amado, João Leal (2007), "Microempresa e Direito do Trabalho: o dilema dimensional", *Nos 20 Anos do Código das Sociedades Comerciais, Homenagem aos Profs. Doutores A. Ferrer Correia, Orlando de Carvalho e Vasco Lobo Xavier,* Coimbra: Coimbra Editora.

Ascensão, J. Oliveira (1987), "Estabelecimento comercial e estabelecimento individual de responsabilidade limitada", *Revista da Ordem dos Advogados.*

Canotilho, J. J. Gomes/Moreira, Vital (2007), *Constituição da República Portuguesa anotada* (artigos 1º a 107º), 4ª ed., Coimbra: Coimbra Editora.

Carvalho, Orlando de (1967), *Critério e estrutura do estabelecimento comercial.* I – *O problema da empresa como objeto de negócios,* Coimbra.

Carvalho, Orlando de (1977), *Direito das coisas (do direito das coisas em geral),* Coimbra: Centelha.

Carvalho, Orlando de (1982/1983), "Alguns aspetos da negociação do estabelecimento", *Revista de Legislação e de Jurisprudência,* 115 [tb. Publicado em Orlando de Carvalho, *Direito das empresas,* coord. de Francisco Liberal Fernandes, Maria Raquel Guimarães, Maria Regina Redinha, Coimbra: Coimbra Editora, 2012].

Cordeiro, António Menezes (2016), *Direito comercial,* 4ª ed., com a colaboração de A. Barreto Menezes Cordeiro, Coimbra: Almedina.

Correia, A. Ferrer (1989), "Sobre a projetada reforma da legislação comercial portuguesa", *Temas de direito comercial e de direito internacional privado,* Coimbra.

Cunha, Carolina (2003), *A indemnização de clientela do agente comercial,* Coimbra: Coimbra Editora.

Cunha, Carolina/Costa, Ricardo (2006), *A simplificação formal do trespasse de estabelecimento comercial o novo regime do arrendamento urbano,* Coimbra: Almedina.

Cunha, Paulo Olavo (2016), *Direito empresarial para economistas e gestores,* Coimbra: Almedina.

Farinho, Domingos (2015), "A sociedade comercial como empresa social – breve ensaio prospetivo a partir do direito positivo português", *Revista de Direito das Sociedades,* Ano VII, nº 2.

CAPÍTULO IV – EMPRESAS E EMPRESÁRIOS

Ferro, Miguel Sousa (2016), *Jurisprudência de* private enforcement, *Working Paper do CIDEFF*.

Lima, Pires de/Varela, Antunes de (1986), *Código Civil anotado*, vol. III, 3ª ed., Coimbra: Coimbra Editora.

Martins, Alexandre de Soveral (2016), *Um curso de direito da insolvência*, 2ª ed., Coimbra: Almedina.

Ramos, Maria Elisabete (1998), "Trespasse de estabelecimento comercial – obrigação de não concorrência", *Revista da Universidade Moderna*, ano 1, nº 1.

Santos, Filipe Cassiano dos (2007), *Direito comercial português*, vol. I. *Dos atos de comércio às empresas. O regime dos contratos e mecanismos no Direito Português*, Coimbra: Coimbra Editora.

DIREITO COMERCIAL E DAS SOCIEDADES. ENTRE AS EMPRESAS E O MERCADO

Para saber mais

I – Leituras recomendadas

Abreu, J. M. Coutinho de (1998), "Elementos ou meios empresariais", *Revista da Universidade Moderna*, ano 1, n° 1.

Alarcão, Rui (1971), "Sobre a transferência da posição do arrendatário no caso de trespasse", *Boletim da Faculdade de Direito*.

Alfonso Sánchez, Rosalía (2016), "La economía social desde la tipologia societaria", *Revista de Derecho de Sociedades,* 47.

Aureliano, Nuno (2003), "Obrigação de não concorrência do trespassante de estabelecimento comercial no direito português", *Estudos em Homenagem ao Professor Doutor Inocêncio Galvão Telles*, vol. IV. *Novos estudos de direito privado*, Coimbra: Almedina.

Carvalho, Orlando (1977), *Empresa e lógica empresarial*, Coimbra. [tb. Publicado em Orlando de Carvalho, *Direito das empresas*, coord. de Francisco Liberal Fernandes, Maria Raquel Guimarães, Maria Regina Redinha, Coimbra: Coimbra Editora, 2012].

Carvalho, Orlando (1977), *Estabelecimento, trespasse e mudança de destino, Revista de Legislação e de Jurisprudência*.

Carvalho, Orlando (1993), *Direito comercial*, Coimbra. [tb. Publicado em Orlando de Carvalho, Direito das empresas, coord. de Francisco Liberal Fernandes, Maria Raquel Guimarães, Maria Regina Redinha, Coimbra: Coimbra Editora, 2012].

Costa, Ricardo (2007), "O novo regime do arrendamento urbano e os negócios sobre a empresa", *Nos 20 anos do Código das Sociedades Comerciais*, vol. I, Coimbra: Coimbra Editora.

Cunha, Carolina (2005), *Controlo das concentrações de empresas*, Coimbra: Almedina/ /IDET.

Garrett, João António Bahia de Almeida (2013), "A empresa individual no direito comercial da lusofonia", *Revista Eletrónica de Direito*, n° 2.

Gorjão-Henriques, Miguel (2011), "A aquisição de empresas no direito da concorrência", in Paulo Câmara (coord.), *Aquisição de empresas*, Coimbra: Coimbra Editora.

CAPÍTULO IV – EMPRESAS E EMPRESÁRIOS

Meira, Deolinda Aparício (2013), "A lei de bases da economia social portuguesa: do projeto ao texto final", *Revista CIRIEC*.

Ramos, Maria Elisabete (2007), "Insolvência da sociedade e efectivação da responsabilidade civil dos administradores", *Boletim da Faculdade de Direito*, 83.

Ramos, Maria Elisabete (2008), "Código de la Insolvencia portugués y responsabilidad civil de los administradores", *Revista de Derecho de Sociedades*, 30 (1).

Serens, M. Nogueira (2001), "Trespasse de estabelecimento comercial – dever de não concorrência pelo trespassante", *Colectânea de Jurisprudência. Acórdãos do Supremo Tribunal de Justiça*, tomo II.

Vasconcelos, Pedro Pais de (2011), *Direito comercial*, Coimbra: Almedina.

II – Sítios oficiais de conteúdo informativo relevante para a compreensão das empresas e dos empresários

No sítio oficial da Autoridade da Concorrência podem ser encontradas decisões deste regulador de jurisprudência que convocam a noção empresa: http://www.concorrencia.pt/.

O IAPMEI, Agência para a Competitividade e Inovação, I.P., abreviadamente designado IAPMEI, I.P., disponibiliza através do seu sítio oficial informação relevante sobre sistemas de incentivos às PME e sobre os serviços que presta *online*, em particular a cerificação PME. Consultar https://www.iapmei.pt/

No sítio da Direção-Geral do Tesouro e Finanças podem ser encontradas informações relevantes sobre a carteira de participações detidas diretamente pelo Estado Português, por intermédio da Direção-Geral do Tesouro e Finanças (por referência a 31.12.2016), seja a "carteira principal" seja a "carteira acessória". Este sítio também disponibiliza informação relevante sobre cada uma das empresas em que o Estado, através da Direção-Geral do Tesouro participa. Consulte http://www.dgtf.pt/sector-empresarial-do-estado-see/carteira-de-participacoes-do-estado.

A Parpublica, Participações públicas, SGPS, SA., é uma sociedade gestora de participações sociais de capitais exclusivamente públicos (o Estado português detém 100% das participações sociais). Para mais informações, em particular sobre a carteira de participações sociais geridas pela Parpublica, consultar: http://www.parpublica.pt.

DIREITO COMERCIAL E DAS SOCIEDADES. ENTRE AS EMPRESAS E O MERCADO

Para estudar melhor

I. Distinga:

a) Empresa em sentido objetivo *de* empresa em sentido subjetivo;

b) Empresas do setor cooperativo e social *de* empresas do setor privado;

c) Empresas públicas estaduais societárias *de* entidades públicas empresariais, *quanto à constituição*;

d) Trespasse de estabelecimento *de* locação de estabelecimento;

e) Obrigação de não concorrência *de* concorrência desleal;

f) Insolvência fortuita *de* insolvência culposa;

g) Situação de insolvência *de* situação económica difícil.

II.

No processo nº 96B453, o Ac. do Supremo Tribunal de Justiça de 21 de novembro de 1996, relatado pelo Juiz Conselheiro Mário Cancela, pronunciou-se no sentido de que "o trespasse não impede, sem mais, que o trespassante abra outro estabelecimento onde comercialize produtos idênticos àqueles que comercializava no estabelecimento trespassado. Não poderá é abrir outro estabelecimento se a tal se tiver obrigado no contrato ou, estando, usando meios desonestos e incorrectos. A lei portuguesa não impõe ao trespassante como obrigação principal ou mesmo acessória a obrigação de não concorrência. Esta não faz parte do trespasse".

Analise criticamente a orientação jurisprudencial seguida pelo Ac. do STJ de 21.11.1996.

III.

Considere a seguinte informação prestada pela Sonae, SGPS, S.A. à Comissão do Mercado de Valores Mobiliários, no dia 26 de abril de 2017:

"A Sonae – SGPS, SA (Sonae) vem pelo presente informar que, através de uma sua participada, concluiu um acordo com os acionistas da BRIO – Produtos de Agricultura Biológica, S.A. (BRIO) para a aquisição de 100% do capital social da BRIO."

Questão:

Este negócio configura um trespasse de estabelecimento? Justifique a sua resposta.

Capítulo V
IDENTIDADE DA SOCIEDADE COMERCIAL

1. Noção de sociedade e de sociedade comercial

1.1. Noção geral de sociedade

Segundo o art. 980º do CCiv., "contrato de sociedade é aquele em que duas ou mais pessoas se obrigam a contribuir com bens ou serviços para o exercício em comum de certa atividade económica, que não seja de mera fruição, a fim de repartirem os lucros resultantes dessa atividade". O que o CCiv. nos oferece é a "noção" de *contrato de sociedade* e não a noção de sociedade.

Juridicamente a "sociedade" é entendida como "ato" (Abreu, 2015:20) e como "entidade" (Xavier, 1987:7). A norma do art. 980º do CCiv. toma a palavra como "contrato"; em regra, o CSC refere-se à sociedade como *entidade*.

O CSC não define nem caracteriza sociedade. O Cap. III do CSC intitula-se "contrato de sociedade", mas não oferece em momento algum a sua caracterização. Perante este silêncio, um dos caminhos que tem sido trilhado pela doutrina é o de convocar o art. 980º do CCiv. Desta norma podem ser retirados os seguintes elementos caracterizadores do *contrato de sociedade*: *a*) intervenção de duas ou mais pessoas como partes do negócio; *b*) que se obrigam a contribuir com bens ou serviços; *c*) com o propósito de exercerem em conjunto uma certa atividade económica que não seja de mera fruição; *d*) e de obterem lucro destinado a ser distribuído pelos sócios; *e*) estando sujeitas a perdas (Ramos, 2017:141).

Mas há quem recuse completamente o préstimo do art. 980° do CCiv. para a definição das sociedades reguladas pelo CSC (Vasconcelos, 2006:15; Duarte, 2008: 26, ss.). Em abono desta orientação, diz-se: *a)* são de variada natureza (negocial e não negocial) os atos constituintes de sociedades comerciais; *b)* a lei admite a constituição de sociedades por negócio jurídico unilateral; *c)* em várias sociedades surge esbatido ou é mesmo "inexistente" (Vasconcelos, 2006:29) o exercício em comum da atividade da sociedade; *d)* certas sociedades assumem um escopo não lucrativo ("sociedades instrumentais" ou "veículos especiais") (Vasconcelos, 2006:27, s.).

Parece não haver dúvidas de que as sociedades reguladas pelo CSC e fora dele não se acomodam completamente na noção do art. 980° do CCiv. E não se acomodam porque: *a)* o CSC admite, em várias circunstâncias, a unipessoalidade originária (afastando-se da matriz contratual própria do art. 980° do CCiv.); *b)* sendo a sociedade unipessoal, falha o "exercício em comum" previsto no art. 980° do CCiv.; *c)* a lei admite sociedades que têm como objeto a mera fruição de bens (art. 6°, 4, do CIRC); *d)* o Estado pode criar sociedades através de ato legislativo (expressão da iniciativa pública e não da iniciativa privada de que a sociedade do art. 980° CCiv. é um instrumento); *e)* em determinados nichos, poderão ser criadas, por lei ou decreto-lei, sociedades sem escopo lucrativo (Ramos, 2017:141. V. tb. Antunes, 2016:61, ss.).

É possível identificar a *noção genérica* de sociedade (diz-se genérica porque vale para os diversos tipos societários) que, não ignorando o contributo do art. 980° do CCiv., pondere outros dados do sistema jurídico (Ramos, 2017:141). A sociedade como *ato jurídico* apresenta as seguintes notas características: uma ou várias pessoas que se obriga(m) a contribuir com bens ou serviços para o exercício de uma determinada atividade económica, com vista, em regra, à obtenção de lucros, e sujeitando-se às perdas (Abreu, 2015:19, s.; Ramos, 2017:141). Esta noção é relevante para efeitos de ato constituinte da sociedade, como veremos *infra*.

À luz da ordem jurídica portuguesa é possível identificar a noção genérica de *sociedade-entidade*.

"Sociedade é a entidade que, composta por um ou mais sujeitos (sócio(s)), tem um património autónomo para o exercício de atividade económica, a fim de (em regra) obter lucros e atribuí-los ao(s) sócio(s) – ficando este(s), todavia, sujeito(s) a perdas" (Abreu, 2017:44. V. tb. Xavier, 1987:7).

A sociedade tem sempre um *substrato pessoal*; em determinadas situações previstas na lei são admitidas sociedades constituídas por um único sócio – as

CAPÍTULO V – IDENTIDADE DA SOCIEDADE COMERCIAL

designadas *sociedades unipessoais*. O sócio(m) pode(m), em regra, ser pessoas singulares ou pessoas coletivas (v. Abreu, 2015:95, ss.; Ramos, 2017:144, s.). Casos há em que o *sócio único* tem de ser uma sociedade por quotas, anónima ou em comandita por ações (arts. 481°, 488°[1]). Nas sociedades por quotas unipessoais, o sócio único não pode ser outra sociedade por quotas unipessoal (art. 270°-C, 2).

A sociedade tem um *património autónomo* que está destinado ao exercício da atividade económica. Efetivamente, a sociedade dispõe de um fundo patrimonial destinado a ser afetado ao exercício da atividade económica. No início da sociedade, tal fundo é constituído pelos direitos correspondentes à obrigação de cada um dos sócios contribuir com bens ou serviços para a sociedade (art. 20°, *a*)). Trata-se da *obrigação de entrada*.

Diz-se que esse é um *património autónomo*. É preciso explicar o que significa, neste contexto, "património autónomo da sociedade". Quer-se significar que o património da sociedade não pode ser agredido pelos credores particulares do sócio (art. 999° do CCiv.). Dito de um outro modo: o património da sociedade não responde pelas dívidas dos sócios. No entanto, não é completa a autonomia patrimonial da sociedade, pois os sócios das sociedades em nome coletivo e os sócios comanditados respondem subsidiariamente em relação à sociedade e solidariamente entre si pelo cumprimento das dívidas sociais (v. *infra*).

O *objeto da sociedade* designa a atividade económica que o(s) sócio(s) decidem que a sociedade exerça.

A sociedade destina-se a exercer "atividade económica". Por conseguinte, as sociedades não estão vocacionadas para a prática de um *negócio jurídico episódico ou singular*. A atividade supõe sucessão na prática de atos, reiteração[2].

Por outro lado, a atividade económica exercida em comum não pode ser de "mera fruição". Quer-se com este requisito significar que a atividade económica eleita como *objeto de sociedade* não pode consistir na mera perceção dos frutos, sejam eles frutos civis ou frutos naturais (Xavier, 1987:15). Imagine-se que A e B reúnem o dinheiro suficiente para celebrarem o contrato

---

[1] São do Código das Sociedades Comerciais as normas legais cuja fonte legislativa não é mencionada.

[2] O Ac. do Tribunal da Relação de Lisboa de 18.5.2000, relativo ao Recurso n° 7133/99, decidiu que se trata de um "contrato de associação atípico" o "acordo celebrado entre as partes com o fim de jogar semanalmente no Totoloto, com números e regras pré-fixadas e com o objetivo de dividirem entre todos, equitativamente, os prémios que fossem obtendo". A este contrato de associação atípico aplicam-se, subsidiariamente, as regras do contrato de sociedade.

de mútuo com C, convencionando-se que os juros obtidos (frutos civis) são repartidos de acordo com a contribuição de cada um. Neste caso, *não há sociedade*.

Fora do CSC, há sociedades de direito especial que se destinam a atividades de mera fruição – considerem-se as sociedades de simples administração de bens, previstas no art. 6º, 4, *b*), do CIRC.

Resulta do art. 980º do CCiv. que a atividade económica será exercida "em comum". Este requisito deve ser entendido habilmente. Na verdade, *não há exercício em comum* nas sociedades unipessoais. Acresce que nas sociedades dotadas de personalidade jurídica, em rigor, a atividade é exercida *pela sociedade* e não pelos sócios. Como teremos oportunidade de estudar mais tarde, o "exercício em comum" cumpre-se quando os sócios podem participar direta ou indiretamente (nomeadamente através da designação de titulares de órgãos sociais) na condução dos destinos da sociedade (Xavier, 1987: 13).

Por fim, a sociedade tem *fim lucrativo*. Há que distinguir, a este propósito o *lucro subjetivo do lucro objetivo*.

O lucro é "um ganho traduzível num incremento do património da sociedade" (Abreu, 2015: 29). A sociedade destina-se a conseguir este incremento no seu património (lucro objetivo), mas não se basta com este resultado. É necessário que tal incremento se destine a ser repartido entre os sócios (o *lucro subjetivo*). Pode acontecer que os lucros sejam distribuídos durante a vida da sociedade (*lucros periódicos*) ou no momento da liquidação desta (*lucros finais*). Sobre os diversos sentidos jurídicos do signo lucro, v. *infra*.

Este fim lucrativo também vale para a sociedades comerciais. Veja-se, por exemplo, o art. 6º, 1, quando determina que a capacidade jurídica da sociedade é delimitada pelo fim lucrativo.

Os sócios estão sujeitos a *perdas*. O que significa que os sócios podem não recuperar o que investiram a título de entrada para a sociedade e outras prestações com que tenham contribuído para a sociedade. Embora a sujeição a perdas não conste do art. 980º do CCiv., ela resulta quer do art. 994º do CCiv. quer do art. 22º, 3.

1.2. Motivos para a constituição de uma sociedade

As sociedades são, sem margem para dúvidas, o mais relevante agente económico nas economias de mercado. Os dados estatísticos mais recentes relativos à economia portuguesa mostram isso mesmo[3].

---

[3] Cfr. Instituto Nacional de Estatística, Empresas em Portugal 2015, Lisboa, 2017.

CAPÍTULO V – IDENTIDADE DA SOCIEDADE COMERCIAL

Perguntar-se-á, então, que razões determinam a constituição de uma sociedade?

Em primeiro lugar, a sociedade pluripessoal (vale por dizer constituída por vários sócios) permite a *reunião de recursos* e, por esta via, são obtidos os meios, designadamente financeiros, que garantem a reprodução do processo produtivo e a expansão da empresa. Como veremos com mais pormenor, cada sócio é obrigado a contribuir com bens ou serviços para fundo patrimonial comum (art. 20, *a*)). As sociedades são um instrumento de captação do aforro – não só as sociedades cotadas. O aforrador, em vez de aplicar o seu aforro em produtos bancários, pode decidir entrar para uma sociedade e investe as suas poupanças nessa sociedade, esperando que, através dos dividendos, participe nos benefícios gerados pela sociedade.

Há também *razões organizativas* que impulsionam a constituição da sociedade. A sociedade permite a reunião de competências muito diversas (competências de gestão, de direito, de engenharia, aeronáutica, *etc.*) e organiza, estrutura tais competências (órgãos societários, diretores gerais, departamentos, unidades, comissões, administração e representação da sociedade *versus* fiscalização da sociedade, *etc.*). Esta pluridisciplinaridade das competências é especialmente importante num ambiente económico de especialização, inovação, concorrência e diferenciação. Acresce que a sociedade é dotada de uma estrutura de governo complexa. Assim se diferenciam, no contexto da sociedade, as diversas funções que se projetam, por exemplo, no modelo de governo da sociedade.

As designadas "sociedades de responsabilidade limitada" (*v. infra*) constituem um *instrumento de limitação do risco empresarial*. O risco empresarial do empresário individual grava todo o seu património (e eventualmente o da sua família) pois, pelas obrigações da empresa individual responde todo o seu património. Sendo constituída uma sociedade de responsabilidade limitada, o sócio responde tão-só pela sua obrigação de entrada perante a sociedade, mas não responde perante os credores sociais pelas dívidas da sociedade. Neste caso, o risco empresarial continua a existir, mas é transferido para os credores sociais. E, por conseguinte, opera-se a separação entre o património investido na sociedade (que, havendo perdas, pode não ser recuperado) e o restante património do sócio.

Explorar uma empresa através de uma sociedade pode propiciar as condições para uma maior *estabilidade empresarial* pois os destinos da empresa ficam ligados aos destinos da sociedade e, esta, tendencialmente, tem uma duração ilimitada (art. 15°).

Por fim, mas não menos importante, é de salientar as vantagens em matéria de transmissão da empresa, quando esta é detida por uma sociedade. A mudança de controlo da empresa societária faz-se pela transmissão das participações sociais de controlo. O que comporta outra vantagem, pois o controlo da empresa societária não exige a aquisição 100% das participações sociais; basta que seja adquirida a participação de controlo.

2. Algumas distinções relevantes

2.1. Sociedades abertas e sociedades fechadas

"Sociedade aberta" é a designação abreviada de "sociedade com capital aberto ao investimento público" (art. 13º, 1, do CVM). As sociedades abertas são sociedades anónimas ou sociedades em comandita por ações cujo capital social se encontra disperso pelo público. O art. 13º do CVM apresenta os critérios de que depende a qualidade de sociedade aberta.

A sociedade aberta *não é um novo tipo societário* (v. *infra*), mas é uma categoria de sociedades que suscitam problemas específicos. Por um lado, mercê da dispersão das ações pelo público, existe a possibilidade de uma minoria de sócios conseguir o controlo da sociedade (Câmara, 2016:537). Nestas sociedades está intensificada a *separação entre a propriedade e a gestão*, há um maior risco de problemas de agência[4] e subsiste a necessidade de evitar a atuação em situação de conflito de interesses. Sendo as sociedades abertas sociedades com o capital disperso por um público investidor, é de esperar que a regulação atenda aos interesses dos investidores (atuais e potenciais).

As sociedades abertas sofrem uma maior pressão no que diz respeito ao desempenho dos gestores. Piores resultados dos que os esperados pelos investidores determinam que os acionistas alienem as suas ações (a chamada *Wall Street rule*), ocorre uma diminuição na procura de tais títulos e o valor das ações é depreciado. O que pode levar ao surgimento de ofertas públicas de aquisição hostis. Por isso se diz que uma das caraterísticas das sociedades abertas é que se movimentam num mercado de controlo acionista. García de Enterria refere que o controlo societário – como elemento que acarreta a faculdade de administrar a empresa e, com isso, a possibilidade de rentabilizar

---

[4] Com esta expressão, que corresponde à tradução de "agency problems", quer-se designar o desvio entre o fim da sociedade e a atuação dos seus representantes, em particular os titulares do órgão de administração e de representação.

CAPÍTULO V – IDENTIDADE DA SOCIEDADE COMERCIAL

o próprio investimento – converte-se num bem suscetível de ser adquirido e transmitido, em virtude fundamentalmente do princípio de livre transmissão das ações (García de Enterria, 1995:25).

A qualidade de sociedade aberta é adquirida *automaticamente,* não sendo necessária declaração administrativa ou judicial, bastando que se verifique uma das situações previstas no art. 13º do CVM. Conclui-se, pela leitura deste preceito, que *não há identidade* entre sociedade aberta e *sociedade cotada.* As sociedades cotadas – ou seja as sociedades cujas ações se encontram admitidas à negociação "em mercado regulamentado" – são sociedades abertas (art. 13º, *c*), do CVM). No entanto, nem todas as sociedades abertas são sociedades cotadas.

De modo a permitir o conhecimento geral da qualidade de sociedade aberta, o art. 14º do CVM determina que "a qualidade de sociedade aberta deve ser mencionada nos actos qualificados como externos pelo artigo 171º do Código das Sociedades Comerciais".

São vários os efeitos que decorrem da qualificação de uma sociedade anónima como sociedade aberta: exigências informativas reforçadas (por referência às sociedades anónimas que não são sociedades abertas); regime específico das "participações qualificadas" e "imputações de direito de voto"; regulação da CMVM; eventuais obrigações de lançamento de oferta pública; regras específicas em matéria de deliberações dos sócios (sobre estes efeitos, Dias, 2012:120).

Todas as sociedades cotadas são sociedades abertas; mas nem todas as sociedades abertas são sociedades emitentes de ações admitidas à negociação em mercado regulamentado. Assim, as sociedades constituídas como apelo a subscrição pública que não solicitem a admissão à negociação em mercado regulamentado, são sociedades *abertas* (art. 13º, 1, *a*), do CVM), mas não são qualificáveis como sociedades emitentes de ações admitidas à negociação em mercado regulamentado.

"Sociedade aberta" também pode designar uma *classificação doutrinal* (os "tipos doutrinais societários") que opõe as *sociedades abertas* às *sociedades fechadas.* Neste sentido, as sociedades abertas correspondem às *sociedades anónimas* e *sociedades em comandita por ações* que *tipicamente* estão vocacionadas para dispersarem as suas ações em mercados bolsistas, dotadas de um muito alargado substrato pessoal e causadoras da distinção entre acionistas/empresários e acionistas/aforradores. Os primeiros participam na condução dos destinos da sociedade; os segundos entendem a subscrição/aquisição de ações como uma das formas alternativas de aplicação de aforro (não se interessam pelos destinos da sociedade), esperando lucrar com as diferenças do preço de compra e de venda das suas ações.

As *sociedades fechadas*, pelo seu lado, caraterizam-se por "serem detidas e exploradas por um pequeno número de sócios, que também se ocupam ou controlam diretamente a gestão social" (Antunes, 2016:152). As participações sociais não são negociáveis em mercados públicos; frequentemente a transmissão de participações sociais está sujeita a restrições (*v.g.* consentimento da sociedade, consentimento dos sócios). Tipicamente, as sociedades em nome coletivo, as sociedades por quotas e as sociedades em comandita simples são sociedades fechadas. Concretas sociedades anónimas e sociedades em comandita por ações podem ser consideradas sociedades fechadas (pense-se, por exemplo, numa sociedade anónima constituída por cinco sócios em que os estatutos estipulam que a transmissão de ações está dependente de consentimento da sociedade (art. 328º, 2, *a*)).

2.2. Sociedades de capital fixo e sociedades de capital variável (organismos de investimento coletivo sob forma societária)

Em regra, as sociedades comerciais e civis em forma comercial são sociedades de *capital social fixo*. A benefício de ulterior explicação mais pormenorizada, antecipa-se que o capital social é a "cifra representativa da soma dos valores nominais das participações sociais fundadas em dinheiro e/ou espécie" (Abreu, 2015:404). De momento, não cuidamos da noção de capital social nas sociedades com ações sem valor nominal.

Dizer-se que o capital social é *fixo* quer significar que a entrada ou a saída de sócios não altera, por si, a cifra do capital social. O capital social é fixado no momento de constituição da sociedade, consta do ato constituinte (art. 9º, 1, *f*)). As alterações da cifra do capital social fazem-se através de alteração estatutária, mediante o *aumento* ou a *redução* de capital.

Por outro lado, o caráter fixo do capital social também significa que o montante não varia em razão do número de sócios. É assim nas sociedades anónimas, nas sociedades em comandita por ações cujo regime prevê o capital social legal mínimo fixo.

Diferente é o caso das *sociedades por quotas* em que o capital social mínimo é calculado multiplicando *um euro por cada sócio*. Por esta razão, porque o montante mínimo do capital social legal (e só este), varia em razão do número de sócios, a doutrina qualifica este capital como *variável* (Abreu, 2015:70; Domingues, 2016:204).

Consideremos, agora, os organismos de investimento sob a forma societária. Nos termos do art. 5º da L nº 16/2015, de 24 de fevereiro, os organismos

CAPÍTULO V – IDENTIDADE DA SOCIEDADE COMERCIAL

de investimento coletivo sob forma societária compreendem as sociedades de investimento mobiliário e as sociedades de investimento imobiliário. Estas sociedades são sociedades anónimas de *capital fixo* ou *variável*.

De modo a permitir o conhecimento pelo público em geral destas sociedades, determina o art. 6°, 3 da L n° 16/2015, de 24 de fevereiro, que aos "organismos de investimento coletivo sob forma societária fica reservada a designação «SICAF» ou «SICAV» ou, no caso dos organismos de investimento imobiliário, «SICAFI» ou «SICAVI», consoante se constituam, respetivamente, com capital fixo ou variável, devendo a mesma integrar a sua denominação".

Nos termos do art. 50°, 3, da L n° 16/2015, de 24 de fevereiro, "o capital dos organismos de investimento coletivo sob forma societária de capital variável varia em função das subscrições e dos resgates". Justamente, o que é caraterístico das sociedades de capital variável é a circunstância de o montante do capital ser alterado em razão quer das subscrições (aumenta o capital) quer das operações de resgate (diminui o capital). Como teremos oportunidade de analisar mais tarde, este regime das sociedades de capital variável distancia-se, em aspetos muito importantes, do regime geral do CSC.

Pelo seu lado, nos termos do art. 50°, 4, da L n° 16/2015, de 24 de fevereiro, "o capital dos organismos de investimento coletivo sob forma societária de capital fixo é definido no momento da sua constituição, nos termos do Código das Sociedades Comerciais, com as eventuais alterações decorrentes de aumento e de redução do capital".

2.3. Sociedades cotadas e sociedades não cotadas

Para se perceber o sentido de "sociedades cotadas" é necessário situá-las no mercado de valores mobiliários onde são *emitentes*. "Os emitentes são os produtores dos valores mobiliários: é-lhes imputável a declaração de vontade que serve de decisivo impulso ao processo genético subjacente aos valores mobiliários – a emissão" (Câmara, 2016:235). Na lista dos emitentes, pontuam, pela sua importância, as sociedades anónimas que, nos termos legais, têm capacidade para emitir valores mobiliários.

As sociedades cotadas são um *subgrupo* das sociedades abertas (sobre este conceito, v. *supra*). As sociedades cotadas são aquelas cujas ações se encontram admitidas à negociação em mercado regulamentado[5]. Nem todas as socie-

---

[5] A lista de mercados regulamentados consta da Portaria n° 556/2005, de 27 de junho, para os efeitos previstos na Diretiva n° 93/22/CE.

DIREITO COMERCIAL E DAS SOCIEDADES. ENTRE AS EMPRESAS E O MERCADO

dades abertas são sociedades cotadas, mas todas as sociedades cotadas são sociedades abertas.

A admissão das ações à negociação em mercado regulamentado tem vantagens e desvantagens (v. Oliveira, 2015:91). Entre as vantagens contam-se a captação de capitais próprios e consequente financiamento da sociedade; permite a saída de um acionista de controlo; confere mais visibilidade à sociedade e pode suscitar uma operação de tomada de controlo. Entre as desvantagens podem ser sublinhados a complexidade e os custos do processo.

As sociedades cotadas suscitam questões específicas, designadamente que se prendem com a tutela do público que nelas decide investir ou desinvestir. A sua regulação encontra-se fundamentalmente no Código dos Valores Mobiliários (por exemplo, admissão à negociação) e no CSC que, por exemplo, reserva regras mais exigentes para a gestão e fiscalização de sociedades cotadas (v. *infra*).

Sociedades não cotadas são aquelas cujas ações não se encontram admitidas à negociação em mercado regulamentado.

2.4. Sociedade e empresa

É manifesto que existe uma estreita e íntima relação entre sociedade e empresa. Muito frequentemente, a sociedade é titular de uma empresa (em sentido objetivo); quem controla a sociedade, controla a empresa; as vicissitudes de uma são as vicissitudes da outra. Ainda assim, *não há identidade entre sociedade e empresa*. Há sociedades que não correspondem a empresas em sentido objetivo: considerem-se os casos das sociedades cujo único objeto é a gestão de participações sociais (*v.g.* as designadas sociedades gestoras de participações sociais – *SGPS*). A empresa *em sentido objetivo* é um bem patrimonial suscetível de negociação; as sociedades comerciais e civis em forma comercial são *pessoas coletivas* e, por isso, sujeitos de direitos e obrigações (art. 5º). A sociedade tem necessariamente um substrato pessoal (sócio(s)) que organiza através da identificação dos direitos e deveres e da estrutura organizatória. Certamente que a sociedade organiza a empresa (se esta existir), mas não se esgotam aqui as suas funções organizatórias. Pelo seu lado, a empresa (que também é organização) normalmente não é composta ou integrada por sujeito(s) sócio(s) (Abreu, 2015:38).

A sociedade pode fazer negócios que tenham por objeto a empresa. A sociedade pode sobreviver à empresa. É o que acontece quando a empresa se extingue antes do fim da liquidação da sociedade. Mas também pode acontecer que a empresa sobreviva à extinção da sociedade, como acontece

CAPÍTULO V – IDENTIDADE DA SOCIEDADE COMERCIAL

no caso em que no processo de liquidação da sociedade a empresa societária é alienada e continua a ser explorada pelo adquirente (art. 152°, 1, *d*)).

2.5. Sociedades familiares e pequenas e médias empresas

Já vimos atrás a noção de pequenas e médias empresas (v. *supra*). Tendencialmente, muitas das sociedades familiares exploram pequenas e médias empresas. No entanto, tal coincidência é tão-só tendencial. Conceitualmente distinguem-se as pequenas e médias das empresas das sociedades familiares. Este último é um conceito tratado na literatura económica e na doutrina jurídica (Martins, 2013:40) mas não tem expressão no CSC nem é objeto de definição legal na ordem jurídica portuguesa.

No entanto, as sociedades familiares são uma realidade com significativa expressão económica, como mostra o *Final report of the expert group overview of family–business–relevant issues: research, networks, policy measures and existing studies* que avalia que "family businesses make up more than 60% of all European Companies".

De acordo com aquele estudo, "*A firm, of any size, is a family business, if: (1) The majority of decision-making rights is in the possession of the natural person(s) who established the firm, or in the possession of the natural person(s) who has/have acquired the share capital of the firm, or in the possession of their spouses, parents, child or children's direct heirs. (2) The majority of decision-making rights are indirect or direct. (3) At least one representative of the family or kin is formally involved in the governance of the firm. (4) Listed companies meet the definition of family enterprise if the person who established or acquired the firm (share capital) or their families or descendants possess 25 per cent of the decision-making rights mandated by their share capital.*"

De acordo com esta caraterização, uma sociedade anónima cotada pode, em concreto, configurar uma sociedade familiar. Em Portugal, todavia, o tipo societário comummente adotado pelas sociedades familiares é o das sociedades por quotas.

Efetivamente, as sociedades familiares suscitam problemas específicos que resultam de nelas confluírem os interesses da família, da propriedade (das participações sociais, no caso das sociedades por quotas) e da empresa (societária) (Martins, 2013:41). Se na família devem prevalecer os laços afetivos, a entreajuda, a solidariedade, a empresa societária deve ser gerida tendo em conta o interesse social. Os gestores devem atuar com profissionalismo e empregar a diligência de um "gestor criterioso e ordenado" (art. 64°, 1, *a*)).

Esta articulação entre os interesses da família e os da empresa societária pode suscitar muitos problemas específicos (sobre estes, Martins, 2013:42, ss.).

DIREITO COMERCIAL E DAS SOCIEDADES. ENTRE AS EMPRESAS E O MERCADO

2.6. Sociedades e *startup*

A expressão "startup" ou empresa "startup" é estranha ao direito das sociedades, mas é de uso muito frequente no contexto do empreendedorismo.
Certamente que a tradução literal deste anglicismo nos diz que uma *startup*
designa um negócio novo em fase de arranque. Acontece, porém, que não é
qualquer empresa que esteja a iniciar-se no mercado que merece a qualificação de *startup*. Na verdade, as *startups* estão ligadas a empresas inovadoras
com significativo potencial de crescimento e, por isso, muitas estão ligadas
às tecnologias de informação. Mas este é um conceito flutuante. Na verdade,
também há quem defina as *startups* como as empresas com menos de um ano
de atividade, seja qual for a atividade por elas exercida.

O fomento do empreendedorismo e das *startups* têm constituído um dos
desígnios dos programas político-legislativos os últimos anos. É facilmente
observável uma tendência internacional no sentido da simplificação dos requisitos legais necessários à constituição de sociedades, em particular das que
estão vocacionadas para explorar PME.

Regressemos à distinção entre sociedade e *startup*. Já vimos que este
anglicismo não designa qualquer forma jurídica; refere uma empresa, tendencialmente inovadora, na sua fase inicial. Pois bem, do ponto de vista jurídico, a *startup* não tem de ser necessariamente uma sociedade. Pode ser uma
"empresa virtual" (sobre este conceito, Abreu, 2003:602) detida por uma
pessoa individual (o empreendedor), pode ser uma sociedade por quotas
unipessoal ou pode ser uma sociedade de outro tipo. As estatísticas mostram,
contudo, que as *startups* adotam prevalecentemente o tipo de sociedade por
quotas, em especial sociedades por quotas unipessoais[6].

2.7. Sociedades e entidades públicas empresariais

As entidades públicas empresariais são uma das variantes das empresas públicas estaduais. As entidades públicas empresariais são empresas públicas de
natureza não societária – não são sociedades.

As entidades públicas empresariais têm uma base institucional; não têm
sócios; não têm participações sociais; não têm assembleia geral e não têm
capital social. As entidades públicas empresariais "são criadas por decreto-lei,
o qual aprova também os respetivos estatutos" (art. 57º do DL nº 133/2013,
de 3 de outubro), têm personalidade e capacidade jurídica, têm "capital

---

[6] O empreendedorismo em Portugal (2007-2015), 2ª ed., Julho 2016 – Informa DB (Consultar em http://biblioteca.informadb.pt/. Acesso em 2.5.2017).

CAPÍTULO V – IDENTIDADE DA SOCIEDADE COMERCIAL

estatutário" (art. 59º do DL 133/2013, de 3 de outubro) e a sua administração e fiscalização é estruturada "segundo as modalidades e com as designações previstas para as sociedades anónimas" (art. 60º, 1, do DL 133/2013, de 3 de outubro).

As sociedades têm, sempre, base pessoal (ainda que, por vezes, seja reduzida a um único sócio), têm participações sociais (sobre este conceito jurídico, v. *infra*); têm personalidade e capacidade jurídica; capital social e nas sociedades pluripessoais os sócios, em regra, deliberam em assembleia geral.

Considerem-se os seguintes exemplos: Metro do Porto, S.A. e Metropolitano de Lisboa, EPE. Ambas prestam serviços de transporte terrestre, por intermédio de metropolitano. No entanto, a primeira é uma sociedade anónima (como resulta inequivocamente da sua denominação) e a segunda é uma entidade pública empresarial (como também resulta da sua denominação).

Esta distinção tem relevo porque: *a*) as EPE integram o setor público de propriedade dos meios de produção; as sociedades de capitais maioritariamente privados integram o setor privado dos meios de produção; *b*) EPE são regidas pelo regime do setor empresarial do Estado; as sociedades (que não sejam empresas públicas) são regidas pelo Código das Sociedades Comerciais; *c*) as ações de sociedades anónimas que sejam empresas públicas societárias podem, em regra, ser privatizadas; uma EPE não pode ser diretamente privatizada – é necessário previamente transformá-la em sociedade anónima (art. 4º da Lei-quadro das privatizações).

2.8. Sociedade e cooperativa

Continua a ser controverso se as sociedades se distinguem das cooperativas. Vejamos um pouco mais de perto.

O CCoop. de 1980, aprovado pelo DL nº 454/80, de 9 de outubro, trouxe um novo enquadramento jurídico às cooperativas. O art. 2º do CCoop. de 1980 definia as cooperativas como "pessoas colectivas, de livre constituição, de capital e composição variáveis, que visam através da cooperação e entreajuda dos seus membros e na observância dos princípios cooperativos, a satisfação, sem fins lucrativos, das necessidades económicas, sociais e culturais destes, podendo ainda, a título complementar, realizar operações com terceiros". Esta definição foi retomada pelo CCoop. de 1996 e pelo vigente Código Cooperativo, aprovado pela L nº 119/2015, de 31 de agosto.

No entanto, mantém-se o debate em torno da natureza jurídica das cooperativas. A jurisprudência portuguesa tem decidido reiteradamente que as cooperativas, pela ausência do escopo lucrativo, *não são sociedades*.

DIREITO COMERCIAL E DAS SOCIEDADES. ENTRE AS EMPRESAS E O MERCADO

Na doutrina, o debate continua em aberto (no sentido de que as cooperativas são sociedades, v. Cordeiro 2011: 414, s.; Correia, 2016:140, 141; Meira: 2006:148, ss.), mas a doutrina maioritária parece pronunciar-se no sentido de que as *cooperativas não são sociedades* (v. Xavier, 1987:24, 25; 38-40, Namorado, 2000:241, ss.; Fernandes, 2007:478, ss.; Abreu, 1999: 170, ss; 2015:41, ss., 2017:48, ss.; Almeida, 2012:97, ss.).

É certo que o atual Código Cooperativo não diz expressamente que as cooperativas *não são sociedades*. No entanto, podem ser convocados vários argumentos no sentido de que as cooperativas *não são sociedades*: *a)* as cooperativas são "pessoas coletivas autónomas" (art. 2° do CCoop.); *b)* dispõem de "capital e composição variáveis" (art. 2° do CCoop.). Estas caraterísticas das cooperativas afastam-nas marcadamente da regulação societária relativa quer à entrada e saída de sócios quer às alterações do capital social; *c)* o fim das cooperativas tanto pode ser a satisfação de necessidades económicas como de necessidades sociais ou culturais (art. 2° do CCoop.) – o objeto da sociedade cinge-se a atividades económicas que não sejam de mera fruição; *d)* determina o art. 2° do CCoop. que as cooperativas não têm fim lucrativo – de acordo com o art. 980° do CCiv. as sociedades têm escopo lucrativo; *e)* a organização e funcionamento são enquadradas pelos princípios cooperativos (art. 2° do CCoop.) que se apartam, de modo substancial, das regras reguladoras das sociedades; *f)* por fim, o art. 111° do CCoop. determina a nulidade de transformação de cooperativas em sociedades.

O Código Cooperativo não exclui que as operações da cooperativa com terceiros gerem *lucros* no património da cooperativa. Ainda que esse incremento patrimonial exista, *ele é insuscetível de ser repartido pelos cooperadores e membros investidores*. É o que determina o art. 99° do CCoop. Ou seja, há lucro objetivo, mas não existe lucro subjetivo (Meira, 2012:355, ss.).

2.9. Sociedade e consórcio

O consórcio é definido pelos arts. 1° e 2° do DL 231/81, de 28 de julho, como "o contrato pelo qual duas ou mais pessoas, singulares ou coletivas, que exercem uma actividade económica se obrigam entre si a, de forma concertada, realizar certa actividade ou efectuar certa contribuição com o fim de prosseguir qualquer dos objectos referidos" no artigo 2°.

Distingue a lei entre a modalidade de *consórcio interno* e a de *consórcio externo*, conforme o que resulta do art. 5° do DL 231/81, de 28 de julho.

O regime do consórcio proíbe, em qualquer uma das modalidades, que sejam constituídos fundos comuns (art. 20° do DL 231/81, de 28 de julho).

CAPÍTULO V – IDENTIDADE DA SOCIEDADE COMERCIAL

O contrato de consórcio não deve ser confundido com o contrato de sociedade (sobre este v. *supra*). Na verdade, o contrato de consórcio não faz nascer qualquer entidade jurídica; o consórcio não determina a constituição de qualquer fundo comum; não há atividade exercida em comum; também não há a obtenção em comum de lucro (Abreu, 2015: 7, s., 2017:57).

2.10. Sociedades, agrupamentos complementares de empresas e agrupamentos europeus de interesse económico

Os agrupamentos complementares de empresas estão regulados pela L 4/73, de 4 de junho, e pelo DL 430/73, de 25 de agosto.

A base I da Lei 4/73 determina que 1. "as pessoas singulares ou coletivas e as sociedades podem agrupar-se, sem prejuízo da sua personalidade jurídica, a fim de melhorar as condições de exercício ou de resultado das suas atividades económicas. 2. As entidades assim constituídas são designadas por «agrupamentos complementares de empresas»".

Trata-se de um instrumento que visa potenciar as relações de cooperação entre empresas – considere-se, por exemplo, que várias lavandarias de uma região criam, através de um agrupamento complementar de empresas, uma frota comum, que realizará a recolha da roupa suja junto dos vários clientes e a entrega ao domicílio da roupa lavada.

Os participantes no agrupamento complementar de empresas são *empresas* – ou seja, sujeitos que explorem uma empresa em sentido objetivo. Abreu, 2015:44 propõe uma interpretação extensiva do signo "empresa" de modo a abranger "sujeitos empresários e não empresários".

Nos termos da base IV da Lei 4/73, os agrupamentos complementares de empresas adquirem personalidade jurídica com a inscrição do contrato de constituição no registo comercial.

Em matéria de organização do agrupamento complementar de empresas, este é dotado de um órgão deliberativo-interno onde cada participante, em regra, detém voto, conforme o art. 7º do DL 430/73.

Quanto à responsabilidade pelas dívidas do ACE, os participantes respondem subsidiária e solidariamente pelas dívidas daquele, em conformidade com a base II, 2 e 3, da L 4/73.

O direito das sociedades em nome coletivo é o direito subsidiariamente aplicável aos agrupamentos complementares de empresas (art. 20º do DL 430/73).

Não é consensual a qualificação dos agrupamentos complementares de empresas como não sociedades. Algumas posições na doutrina portuguesa qualificam o agrupamento complementar de empresas como sociedades (neste sentido, v. Furtado, 2004:163, ss.; Correia, 2016:144; Cordeiro, 2011:408. No sentido de que os agrupamentos complementares de empresas não são sociedades, v. Xavier, 1978:24, s.; Abreu, 2015:45; Antunes, 2016:105, ss.). O regime jurídico dos agrupamentos complementares de empresas apresenta argumentos no sentido de que estes não são sociedades. É certo que o agrupamento complementar de empresas tem uma base pessoal como as sociedades e tal como estas pode gerar lucros. No entanto, extrai-se do respetivo regime jurídico que o agrupamento complementar de empresas não pode ter por fim principal a realização e partilha de lucros (arts. 15°, 16°, *b*), do DL 430/73 e bases I e II da L 4/73).

Na verdade, o agrupamento complementar de empresas é um instrumento de cooperação entre empresas agrupadas que, sendo acessório ou complementar da atividade económica destas, visa obter poupanças resultantes de economias de escala. E essas poupanças (vale por dizer, vantagens patrimoniais) vão ser registadas no património de cada uma das empresas agrupadas. Por outro lado, o art. 4° do DL 430/73 também parece suportar a *natureza não societária* do agrupamento complementar de empresas quando determina que "para fins de registo, o agrupamento é equiparado às sociedades comerciais".

O *agrupamento europeu de interesse económico* (AEIE) apresenta notas caraterísticas semelhantes às do agrupamento complementar de empresas. O Regulamento (CEE) 2137/85 do Conselho, de 25 de julho de 1985, institui o AEIE e proclama que esta figura jurídica destina-se a conseguir que "pessoas singulares, sociedades e outras entidades jurídicas possam efectivamente cooperar sem fronteiras" (considerando 1). O 3°, 1, do Regulamento é claro ao afirmar que o "objectivo do agrupamento é facilitar ou desenvolver a actividade económica dos seus membros, melhorar ou aumentar os resultados desta atividade; não é seu objectivo realizar lucros para si próprio. A sua actividade deve estar ligada à actividade económica dos seus membros e apenas pode constituir um complemento a esta última".

De modo a garantir que o agrupamento europeu de interesse económico se mantém fiel à sua natureza complementar ou acessória, o art. 3°, 2, do Regulamento identifica atividades/comportamentos vedados ao AEIE, porque suscetíveis de desvirtuar a natureza desta figura jurídica.

Por outro lado, o Regulamento é claro em afastar o intuito lucrativo dos AEIE. É o que resulta do art. 3°, 1, quando determina que "não é seu objectivo realizar lucros para si próprio".

O caráter *europeu* deste agrupamento de interesse económico manifesta-se na sua composição que, nos termos do art. 4°, 2, integra sujeitos com

CAPÍTULO V – IDENTIDADE DA SOCIEDADE COMERCIAL

administração central em Estados-membros diferentes ou exerçam atividade em Estados-membros diferentes. A sede do AEIE localiza-se na Comunidade (hoje, União Europeia) (arts. 12º e 13º do Regulamento).

Tendo o AEIE sede em Portugal, ele adquire personalidade jurídica com o registo do contrato constitutivo, nos termos do DL 148/90, de 9 de maio.

Os AEIE *não são sociedades*: a) não têm fim lucrativo; b) podem ser constituídos com ou sem capital; c) não é obrigatória a existência de um património inicial.

2.11. Sociedades e grupos de sociedades

Embora não se possa ignorar o relevo das sociedades como agentes económicos, o certo é que atualmente, nas economias de mercado, a atividade económica é exercida através de "grupos económicos" ou "grupos empresariais". Neste contexto, interessa distinguir entre *sociedade* e *grupos de sociedades*, atendendo, essencialmente, ao regime jurídico-societário de grupos previsto nos arts. 488º e seguintes do CSC.

Na doutrina, Antunes, 2002:52, carateriza os grupos de sociedades como "todo o conjunto mais ou menos vasto de sociedades comerciais que, conservando embora as respectivas personalidades jurídicas próprias e distintas, se encontram subordinadas a uma direção económica unitária e comum".

Do ponto de vista legal, as *sociedades em relação de grupo* são uma das modalidades que as sociedades coligadas podem assumir (art. 482º, d)).

Uma sociedade que não esteja em relação de grupo é *autónoma* na tomada das suas decisões, designadamente decisões empresariais. Já não é assim no caso das sociedades dominadas ou subordinadas em razão das relações de grupo em que se encontram. Estas encontram-se sujeitas a *instruções vinculantes (lícitas)* emitidas pelo órgão de administração da sociedade dominante/diretora (art. 503º, 1), designadamente instruções desvantajosas para a sociedade dominada/subordinada (art. 503º, 2).

Porque estas instruções podem afetar, de modo relevante, os interesses da sociedade dominada/subordinada, dos seus sócios e dos credores, o art. 501º impõe a responsabilidade da sociedade diretora/dominada (art. 491º) "pelas obrigações da sociedade subordinada, constituídas antes ou depois da celebração do contrato de subordinação, até ao termo deste".

Há, ainda, a considerar que a sociedade dominante/diretora responde para com a dominada pelas perdas desta, por força do art. 502º e que os administradores da sociedade dominante têm deveres e responsabilidades perante a sociedade dominada, nos termos do art. 504º.

3. Sociedades comerciais

3.1. Caraterização geral

Nos termos do art. 1º, 2, "são sociedades comerciais aquelas que tenham por objeto a prática de actos de comércio e adoptem o tipo de sociedade em nome colectivo, de sociedade por quotas, de sociedade anónima, de sociedade em comandita simples ou de sociedade em comandita por acções".

Esta disposição identifica as notas qualificadoras de uma determinada sociedade como *sociedade comercial*, a que se aplicará o Código das Sociedades Comerciais (art. 1º, 1). Para que uma sociedade assuma a qualidade de comercial, é necessário que, cumulativamente, tenha *objeto comercial* e adote *um* dos *tipos societários* previstos no art. 1º, 2.

O *objeto comercial* (art. 1º, 2) traduz-se na exigência legal de que a atividade económica exercida pela sociedade consista na "prática de atos de comércio" (art. 1º, 2) que serão atos ou atividades *objetivamente comerciais* (arts. 2º, 1ª parte, 230º, nºs 1 a 7, do CCom.). Sabendo que, em regra, os sócios podem escolher a(s) atividade(s) económica(s) que a sociedade irá desenvolver, tal decisão tem de ficar plasmada no ato constituinte da sociedade – art. 9º, 1, *d*), (sobre este v. Ramos, 2017ª:183).

Em regra, uma sociedade pode escolher exercer várias atividades económicas. Designadamente pode desenvolver atividades económicas que são consideradas atividades comerciais e outras não mercantis. Neste caso, ou seja, em caso de atividades mistas, desde que uma delas seja atividade comercial, cumpre-se a exigência prevista no art. 1º, 2 – "prática de atos de comércio".

A outra exigência legal para que uma sociedade se diga comercial é que, de entre os tipos societários previstos no art. 1º, 2, escolha *um* deles. Em regra, aos sócios é admitida a escolha entre qualquer um deles. No entanto, há atividades que a lei exige que sejam exercidas por sociedade de determinado(s) tipo(s). Considere-se, a título de exemplo, as instituições de crédito com sede em Portugal que, nos termos do art. 14º, 1, *b*), do RGIC, têm de adotar o tipo sociedade anónima.

A decisão sobre o tipo societário a adotar tem implicações em múltiplos aspetos, como a firma, o capital social, o número mínimo de sócios, as entradas admitidas e proibidas, o regime das participações sociais, a dispersão de capital social, a estrutura organizatória, a emissão de obrigações.

São os sócios que decidem que tipo societário vai adotar a sociedade. Porque esta deve ser uma *decisão informada*, é importante saber o que é o tipo societário e as caraterísticas jurídicas que contradistinguem cada um deles.

CAPÍTULO V – IDENTIDADE DA SOCIEDADE COMERCIAL

3.2. Princípio da taxatividade dos tipos societários

Vigora, em matéria societária, o *princípio da taxatividade* ou *numerus clausus* dos tipos legais de sociedades comerciais. As sociedades que tenham por *objeto a prática de atos de comércio devem* adotar um dos tipos previstos no art. 1º, 2. É o que determina o art. 1º, 3. O que significa, por um lado, que à luz da lei portuguesa estão proibidas as sociedades atípicas – sociedades sem qualquer tipo legal ou que adotem uma disciplina estatutária incompatível com um dos tipos legais previstos na lei ou cuja disciplina seja incompatível como tipo legal indicado nos estatutos.

Por outro lado, retira-se do art. 1º, 4, que as sociedades cujo objeto não consista na prática de atos de comércio *não estão obrigadas* a adotar um dos tipos societários previstos no art. 1º, 2.

Os tipos societários são "modelos diferenciados de regulação de relações (entre sócios, entre sócio(s) e sociedade, entre uns e outra com terceiros) não determinados conceitual-abstratamente, mas antes por conjuntos abertos de notas características (imprescindíveis umas, outras não)" (Abreu, 2017:44).

Apesar da limitação da liberdade contratual que a taxatividade dos tipos societários significa (traduzida essa limitação, por exemplo, na proibição de sociedades atípicas), o regime legal ainda permite uma significativa liberdade de conformação estatutária. Por exemplo, na sociedade por quotas é permitida uma cláusula estatutária mediante a qual o sócio responde, perante os credores sociais, até determinado montante; essa responsabilidade tanto pode ser solidária com a da sociedade, como subsidiária em relação a esta e a efetivar apenas na fase de liquidação (art. 198º, 1).

Que razões justificam a limitação da liberdade contratual imposta pela taxatividade dos tipos societários? São razões de *segurança jurídica*, enquanto certeza jurídica, que justificam os tipos societários. Credores sociais, sócios e público em geral podem confiar que determinado tipo societário deve respeitar determinadas normas legais imperativas que, por definição, não podem ser afastadas por cláusula estatutária.

Discute-se se a sociedade unipessoal por quotas e a sociedade anónima europeia são novos tipos societários. No sentido de que a sociedade unipessoal por quotas é um subtipo, Costa, 2002:46; Serra, 2009:37. No sentido de que se trata de um novo tipo societário, Ascensão, 2000:136. No caso da sociedade anónima europeia, Soares, 2007:707, s., defende que se trata de um novo tipo societário, de raiz europeia, distinto dos tipos societários comuns previstos nas ordens jurídicas nacionais.

DIREITO COMERCIAL E DAS SOCIEDADES. ENTRE AS EMPRESAS E O MERCADO

3.3. Principais notas dos tipos legais societários

As principais notas legais caraterizadoras de cada um dos tipos societários estão dispersas pelo CSC. É certo que os arts. 175º, 197º, 271º têm na sua epígrafe "características". No entanto, é muito mais rico o rol das notas caraterísticas do que as previstas em cada uma destas disposições.

Os tipos legais societários distinguem-se, essencialmente, a partir das seguintes caraterísticas: *a*) responsabilidade dos sócios perante a sociedade e perante os credores sociais; *b*) transmissão das participações sociais; *c*) estrutura organizatória; *d*) capital social; *e*) número mínimo de sócios.

Algumas destas questões serão retomadas em capítulos seguintes. Aqui dar-se-á, pois, notícia sumária (para mais desenvolvimentos, v. Abreu, 2015:57; Maia, 2015:13, ss.).

3.3.1. Responsabilidade dos sócios perante a sociedade e perante os credores da sociedade

Nas sociedades em nome coletivo, nos termos do art. 175º, 1 o sócio, além de responder individualmente pela sua entrada, responde pelas obrigações sociais subsidiariamente em relação à sociedade e solidariamente com os outros sócios (Ramos, 2016:16, ss.).

A primeira parte do preceito diz respeito à *responsabilidade dos sócios perante a sociedade* – perante esta o sócio responde *individualmente*, com todo o seu património, pela obrigação de entrada. Neste caso, a responsabilidade do sócio perante a sociedade é *individual*, não é solidária.

Os sócios das *sociedades em nome coletivo* respondem perante os credores sociais pelas obrigações sociais. A responsabilidade por estas dívidas é *subsidiária* (em relação à sociedade) – quer significar que os credores da sociedade só podem exigir o cumprimento aos sócios, depois de esgotado o património da sociedade (Ramos, 2016: 17, s.). Além disso, a responsabilidade dos sócios pelas dívidas sociais é *solidária* – quer significar que os credores podem exigir a qualquer um dos sócios a totalidade da dívida sem que ao sócio demandado seja "lícito opor o benefício da divisão" (art. 518º do CCiv.) e a prestação realizada por um dos sócios ao credor social libera todos os restantes sócios (art. 512º do CCiv.). Acresce que a esta responsabilidade perante os credores sociais fica sujeito também o *não sócio* que "incluir o seu nome ou firma na firma social" (art. 177º, 2).

Nas sociedades por quotas, segundo o art. 197º, 1, "o capital está dividido em quotas e os sócios são solidariamente responsáveis por todas as entradas convencionadas no contrato social". Característico das sociedades por quotas

CAPÍTULO V – IDENTIDADE DA SOCIEDADE COMERCIAL

(pluripessoais) é o facto de os sócios responderem não só pela sua entrada, mas também *solidariamente* "por todas as entradas convencionadas no contrato social" (art. 197º, 1). Por força do art. 197º, 1, subsiste o risco de o sócio que já cumpriu integralmente a sua entrada ser chamado pela sociedade a pagar dívida(s) de entrada(s) alheia(s) (Ramos, 2016ª:169, ss.). Nas relações internas cada sócio responde proporcionalmente à sua quota.

Perante os *credores sociais*, os quotistas *não respondem* pelas obrigações sociais (art. 197º, 3). Neste sentido, é ajustado afirmar a *irresponsabilidade* dos quotistas pelas dívidas da sociedade. O que significa que recairá sobre os credores sociais parte do risco empresarial.

Certamente que já não poderá ser afirmada tal irresponsabilidade nos casos em que os estatutos estipulam a responsabilidade direta dos sócios para com os credores sociais (art. 198º). No entanto, esta específica responsabilidade pelas dívidas sociais não compromete a responsabilidade limitada dos quotistas abrangidos. E isto porque, nos termos do art. 198º, 1, os estatutos devem necessariamente fixar o *montante até ao qual o(s) sócio(s) responde(m) perante credores sociais.*

O exato alcance da responsabilidade limitada não pode ser desligado da prática empresarial portuguesa. Observa-se que as necessidades de financiamento de pequenas e médias empresas detidas pelas sociedades por quotas são satisfeitas junto dos bancos. Estes fazem depender a concessão de crédito à sociedade da prestação de *garantias pessoais* (aval, fiança) por parte dos sócios ou, pelo menos, dos sócios gerentes. Aparentemente, o mecanismo previsto no art. 198º não tem merecido a adesão da *praxis* empresarial.

Para as sociedades anónimas, determina o art. 271º que "o capital é dividido em ações e cada sócio limita a sua responsabilidade ao valor das ações que subscreveu". Retira-se deste preceito que os sócios respondem *individualmente* (e, por conseguinte, este regime é diverso do estabelecido no art. 197º para as sociedades por quotas) perante a sociedade pelo cumprimento da sua obrigação de entrada. Os sócios não respondem perante os credores sociais pelas obrigações sociais.

As sociedades em comandita (sejam simples ou em comandita por ações) caracterizam-se por congregar *sócios comanditados* e *sócios comanditários.* Os primeiros respondem pelas dívidas da sociedade (ou seja, perante os credores sociais) subsidiariamente em relação à sociedade e solidariamente entre si (arts. 465º, 175º). Os sócios comanditários *não respondem pelas dívidas sociais* (art. 465º) (Ramos, 2013:1039, ss.).

Este quadro legal relativo à responsabilidade dos sócios perante a sociedade e perante os credores sociais altera-se em diversas situações. Uma delas é no contexto das *relações de grupo* pois a sociedade-sócia totalmente dominante ou diretora não beneficia da limitação da responsabilidade perante os credores sociais (v. *infra*). Outra das situações a considerar é a prevista no art. 84º, 1.

3.3.2. Transmissão das participações sociais

Participação social é "o conjunto unitário de direitos e obrigações actuais e potenciais do sócio" (Abreu, 2015:65).

O nome da participação social muda consoante o tipo societário em causa. Nas sociedades em nome coletivo recebe o nome de "parte social", nas sociedades por quotas o de "quota", nas sociedades anónimas o de "ação" e nas sociedades em comandita o de "parte social", sendo que os sócios comanditários de sociedades em comandita por ações são titulares de ações.

Efetivamente, o regime jurídico da transmissão de participações sociais entre vivos varia em razão do tipo societário em causa. A ideia geral que se pode retirar do regime é que nas sociedades em que é relevante a personalidade do sócio é menos fácil a transmissão de participações sociais entre vivos. Os tipos societários em que é valorizada, essencialmente, a contribuição patrimonial dos sócios tendem a permitir a livre transmissão das participações sociais.

Nas *sociedades em nome coletivo*, "a parte de um sócio só pode ser transmitida, por acto entre vivos, com o expresso consentimento dos restantes sócios" (art. 182º, 1). Serve esta solução para garantir que não entram na sociedade (onde todos os sócios são ilimitadamente responsáveis pelas dívidas da sociedade) estranhos que não sejam aprovados pelos restantes consócios.

Nas *sociedades por quotas*, a transmissão entre vivos e voluntária (a "cessão") é, em regra, *livre* (ou não dependente de consentimento da sociedade) quando realizada entre cônjuges, entre ascendentes e descendente ou entre sócios (art. 228º, 2, 2ª parte). Para a transmissão operada em outras situações, em regra, é necessário o *consentimento da sociedade*. O consentimento é dado por deliberação dos sócios que, em regra, basta-se com a maioria dos votos emitidos (v. arts. 230º, 2, 5, 6, 250º, 3).

Nas sociedades anónimas, em regra, as ações são livremente transmissíveis (art. 328º). A lei admite, contudo, *cláusulas estatutárias* que submetam a transmissão de ações a consentimento (art. 328º, 2, *a*)).

Nas *sociedades em comandita*, há que distinguir. A transmissão das *partes sociais* de sócios *comanditados* (de sociedades em comandita simples ou em

CAPÍTULO V – IDENTIDADE DA SOCIEDADE COMERCIAL

comandita por ações) está dependente de autorização deliberada pelos sócios (art. 469°, 1). A transmissão de *partes sociais* de *sócios comanditários* (de sociedades em comandita simples) segue o regime da transmissão de quotas das sociedades por quotas (art. 475°).

A transmissão de ações dos sócios comanditários segue a disciplina prevista para a transmissão de ações nas sociedades anónimas (art. 478°).

3.3.3. Estrutura organizatória

Uma das notas que individualiza/contradistingue cada um dos tipos societários é a estrutura organizatória adotada. Os órgãos são "centros institucionalizados de poderes funcionais a exercer por pessoa ou pessoas com o objetivo de formar e/ou exprimir vontade juridicamente imputável às sociedades" (Abreu, 2015:62).

Seja qual for o tipo societário adotado, a sociedade terá a assembleia geral. Coutinho de Abreu considera juridicamente mais correto falar de "sócio(s) ou de órgão deliberativo-interno (ou de formação de vontade)" (Abreu, 2015:63).

Seja qual for o tipo societário, impõe a lei que a sociedade seja provida de órgão que legalmente se encarregue da *gestão e da representação*.

Nas *sociedades em nome coletivo*, nas sociedades por quotas e nas sociedades em comandita, este órgão designa-se *gerência* (art. 191°, 1, 252°, 1, 470°, 1). Apesar da identidade do nome, cada um destes tipos societários dispõe de regras próprias sobre este órgão.

Nas *sociedades anónimas*, em matéria de administração, o art. 278° permite (mas também impõe) a opção por um dos modelos aí previstos. Em alguns casos, admite-se que a sociedade seja gerida por um administrador único (v. arts. 278°, 2, 390°, 2, 424°, 2).

Outra das vertentes da estrutura organizatória é a *fiscalização* da sociedade.

O órgão de fiscalização não é obrigatório nem nas sociedades em nome coletivo nem nas sociedades em comandita simples. Na verdade, nestes tipos societários os sócios beneficiam de extensivos direitos de informação ou, então, enquanto gerentes fiscalizam a atuação da gerência. As sociedades por quotas podem prever estatutariamente a existência de conselho fiscal ou de fiscal único (v. arts. 262°, 1, 413°). Enquanto não se verificarem as situações previstas no art. 262°, 2, não é obrigatória a existência de conselho fiscal ou de fiscal único. Atingidos os índices quantitativos previstos no art. 262°, 2, do CSC, *deve* a sociedade por quotas ter conselho fiscal/fiscal único ou, então, designar revisor oficial de contas para proceder à revisão legal de contas (art. 262°, 2, 3).

As sociedades anónimas devem ter órgão de fiscalização, seja qual for a sua dimensão. Que será: *a)* fiscal único/conselho fiscal, nas sociedades que adotem o modelo previsto no art. 278º, 1, *a)*; *b)* comissão de auditoria e ROC, no caso das sociedades que adotem o modelo previsto no art. 278º, 1, *b)*; c) conselho geral de supervisão e ROC, no caso das sociedades que sigam o modelo organizatório tipificado no art. 278º, 1, *c)*.

Por fim, as sociedades em comandita por ações terão, em regra, conselho fiscal ou fiscal único, sendo-lhes aplicáveis as normas relativas às sociedades anónimas (arts. 478º, 413º, ss.).

3.3.4. Capital social

O capital social é a "cifra representativa da soma dos valores nominais das participações sociais fundadas em entradas em dinheiro e/ou em espécie" (Abreu, 2015:69).

O regime jurídico das sociedades em nome coletivo não exige capital social mínimo. Admite, aliás, que estas sociedades sejam constituídas sem capital social (arts. 9º, 1, *f)*, 178º, 1) quando todos os sócios entram apenas com indústria.

Todas as restantes sociedades (incluídas as sociedades em comandita simples) têm capital social nominal. No caso das sociedades por quotas, a reforma operada pelo DL 33/2011 tornou o "capital social livre" (art. 201º), mas *não eliminou o capital social.* Para estas sociedades, o montante do *capital social mínimo* é de um euro por quota (art. 219º). E, por conseguinte, o regime jurídico das sociedades por quotas deixou de prescrever um capital social mínimo fixo (antes da reforma de 2011 o capital social mínimo das sociedades por quotas era de 5000 euros).

As sociedades anónimas têm um capital social mínimo de 50 000 euros que também será o capital social mínimo das sociedades em comandita por ações (arts. 276º, 5 e 478º). Ainda que a sociedade opte por ações sem valor nominal, terá sempre capital social nominal.

As sociedades em comandita simples não têm capital social mínimo.

3.3.5. Número de sócios

O art. 7º, 2 estatui que o número mínimo de partes no contrato de sociedade é de *dois.*

O número mínimo de partes do ato constituinte de sociedade está intimamente conexionado com a caracterização dos diversos tipos societários admitidos na lei. A regra do art. 7º, 2, aplica-se às sociedades em nome cole-

CAPÍTULO V – IDENTIDADE DA SOCIEDADE COMERCIAL

tivo e às sociedades em comandita simples (neste caso, conforme o art. 465º, uma das partes deve assumir a qualidade de sócio comanditado e a outra a de sócio comanditário).

Em todos os outros tipos societários, vigoram normas que afastam a regra do art. 7º, 2. A sociedade por quotas pode ser constituída por um sujeito apenas (será, neste caso, uma sociedade por quotas unipessoal, conforme o art. 270º-A, 1). A regra quanto à sociedade anónima é a de que o número mínimo de sócios é de cinco (art. 273º, 1). A sociedade anónima pode, no caso previsto no art. 488º, 1, ser constituída por um único sócio (que será uma sociedade por quotas, anónima e em comandita por ações). A sociedade anónima pode ser constituída por dois sócios – neste caso, um dos sócios há de ser o Estado, empresa pública ou outra entidade a ele equiparada para o efeito, que ficará a deter a maioria das ações. Já a sociedade em comandita por ações é constituída por seis sócios – pelo menos, cinco sócios comanditários (479º) e um comanditado (art. 465º, 1). Derrogando o CSC, o Estado, através de lei ou de decreto-lei, pode constituir uma sociedade anónima unipessoal. (Ramos, 2017: 146, s.).

O CSC não prevê número máximo de sócios para qualquer tipo societário.

4. Sociedade civil em forma comercial

Do ponto de vista conceitual, distingue-se a sociedade comercial (art. 1º, 2) da sociedade civil sob a forma comercial (art. 1º, 4). Esta última carateriza-se por ser sociedade que tem "exclusivamente por objeto a prática de atos não comerciais" e adota um dos tipos societários previstos no art. 1º, 2. Ao contrário do que acontece nas sociedades que têm por objeto a prática de atos de comércio que *devem* adotar um dos tipos societários, as sociedades que "tenham exclusivamente por objeto a prática de atos não comerciais" *podem* escolher adotar um dos tipos societários, mas não estão legalmente obrigadas. Assim, uma sociedade dedicada à exploração agrícola pode escolher adotar um dos tipos societários previstos na lei.

Às sociedades civis em forma comercial aplica-se, tal como às sociedades comerciais, o *CSC* (art. 1º, 4).

As sociedades civis em forma comercial *não são comerciantes* (art. 13º, 2, do CCom.). No entanto, por força das normas constantes no CSC e do CRCom., estão obrigadas a adotar firma, a ter escrituração mercantil, a fazer inscrever no registo comercial os atos a ele sujeitos; a dar balanço e a prestar contas.

5. Sociedade civil simples

As sociedades civis simples são sociedades cujo objeto consiste exclusivamente na prática de atos não comerciais e que não adotam qualquer tipo societário.

Efetivamente, não é juridicamente irrelevante se a sociedade é uma sociedade civil simples ou se é uma sociedade civil sob a forma comercial. A cada uma delas aplicam-se regimes jurídicos distintos: a primeira é regida, fundamentalmente, pelos arts. 980º e seguintes do Código Civil e a segunda é regida pelo Código das Sociedades Comerciais (art. 1º, 4). Por outro lado, enquanto as sociedades civis sob a forma comercial têm personalidade jurídica desde o momento do registo definitivo do contrato de sociedade (art. 5º), divide-se a doutrina quanto à questão de saber se a sociedade civil simples tem ou não personalidade jurídica. O Código Civil não é expresso na atribuição de personalidade jurídica à sociedade civil simples.

CAPÍTULO V – IDENTIDADE DA SOCIEDADE COMERCIAL

Bibliografia citada

Abreu, J. M. Coutinho (1999), *Da empresarialidade – as empresas no direito*, Coimbra: Almedina.

Abreu, J. M. Coutinho de (2003), "Empresas virtuais (Esboços)", em *Estudos em Homenagem ao Professor Doutor Inocêncio Galvão Telles,* vol. IV, Almedina, Coimbra.

Abreu, J. M. Coutinho de (2015), *Curso de direito comercial*, vol. II. Das sociedades, 5ª ed., Almedina, Coimbra.

Abreu, J. M. Coutinho de (2017), "Artigo 1°", em *Código das Sociedades Comerciais em comentário*, coord. de Coutinho de Abreu, vol. I, 2ª ed., Almedina, Coimbra.

Almeida, Carlos Ferreira de (2012), Contratos III – *Contratos de liberalidade, de cooperação e de risco*, Coimbra: Almedina.

Antunes, José Engrácia (2002), *Os grupos de sociedades. Estrutura e organização jurídica da empresa plurissocietária*, 2ª ed., Coimbra: Almedina.

Antunes, José Engrácia (2016), *Direito das sociedades*, 6ª ed., ed. do Autor.

Ascensão, J. Oliveira (2000), *Direito comercial,* vol. IV, Lisboa.

Câmara, Paulo (2016), *Manual de direito dos valores mobiliários*, 3ª ed., Coimbra: Almedina.

Cordeiro, António Menezes (2011), *Direito das sociedades*, I. *Parte Geral*, 3ª ed., Coimbra: Almedina.

Correia, Miguel Pupo (2016), *Direito comercial – Direito da empresa*, 13ª ed. (c/colaboração de A. J. Tomás e O. C. Paulo), Lisboa: Ediforum.

Costa, Ricardo (2002), *A sociedade por quotas unipessoal no direito português*, Coimbra: Coimbra Editora.

Dias, Gabriela Figueiredo (2012), "Artigo 279°", *Código das Sociedades Comerciais em comentário*, coord. de J.M. Coutinho de Abreu, vol. V, Coimbra: Almedina.

Domingues, Paulo de Tarso (2016), "Artigo 201°", *Código das Sociedades Comerciais em comentário*, coord. de J. M. Coutinho de Abreu, vol. III, 2ª ed., Coimbra: Almedina.

Duarte, Rui Pinto (2008), *Escritos sobre direito das sociedades*, Coimbra: Coimbra Editora.

Fernandes, L. Carvalho (2007), *Teoria geral do direito civil*, I, 4ª ed., Lisboa: UCP.

Furtado, J. Pinto (2004), *Curso de direito das sociedades*, 5ª ed., Coimbra: Almedina.

García de Enterria, Javier (1999), *Mercado de control, medidas defensivas y ofertas competidoras. Estudios sobre opas*, Madrid.

Maia, Pedro (2015), "Tipos de sociedades comerciais", *Estudos de direito das sociedades*, coord. de J. M. Coutinho de Abreu, 12ª ed., Coimbra: Almedina.

Martins, Alexandre de Soveral (2013), "Pais, filhos, primos e etc, Lda", *Direito das Sociedades em Revista*, 10, outubro.

Meira, Deolinda Aparício (2006), "A natureza jurídica da cooperativa. Comentário ao Acórdão do Supremo Tribunal de Justiça de 5 de fevereiro de 2002 (Garcia Marques)", *Revista de Ciências Empresariais e Jurídicas*.

Meira, Deolinda Aparício (2012), "Revisitando o problema da distinção entre excedente cooperativo e lucro societário", in: *II Congresso Direito das Sociedades em Revista*, Almedina, Coimbra.

Namorado, Rui (2000), *Introdução ao direito cooperativo*, Almedina, Coimbra.

Oliveira, Ana Perestrelo de (2015), *Manual de corporate finance*, Coimbra: Almedina.

Ramos, Maria Elisabete (2013), "Artigo 465°", *Código das Sociedades Comerciais em comentário*, coord. de J. M. Coutinho de Abreu, vol. VI, Coimbra: Almedina.

Ramos, Maria Elisabete (2016), "Artigo 175°", *Código das Sociedades Comerciais em comentário*, coord. de J. M. Coutinho de Abreu, vol. III, 2ª ed., Coimbra: Almedina.

Ramos, Maria Elisabete (2016ª), "Artigo 197°", *Código das Sociedades Comerciais em comentário*, coord. de J. M. Coutinho de Abreu, vol. III, 2ª ed., Coimbra: Almedina.

Ramos, Maria Elisabete (2017), "Artigo 7°", *Código das Sociedades Comerciais em comentário*, vol. I, 2ª ed., coord. de J. M. Coutinho de Abreu, Coimbra: Almedina.

Ramos, Maria Elisabete (2017ª), "Artigo 9°", *Código das Sociedades Comerciais em comentário*, vol. I, 2ª ed., coord. de J. M. Coutinho de Abreu, Coimbra: Almedina.

Serra, Catarina (2009), *Direito comercial*, Coimbra: Coimbra Editora.

Soares, Maria Ângela Bento (2007), "A sociedade anónima europeia: sociedade de direito comunitário?", *Nos 20 anos do Código das Sociedades Comerciais*, Coimbra: Coimbra Editora.

Vasconcelos, Pedro Pais de (2006), *A participação social nas sociedades comerciais*, 2ª ed., Almedina, Coimbra.

Xavier, Vasco Lobo (1987), *Sociedades comerciais* (Lições aos alunos de Direito comercial do 4° ano jurídico), Coimbra.

CAPÍTULO V – IDENTIDADE DA SOCIEDADE COMERCIAL

Para saber mais

I – Leituras recomendadas

Barreiros, Filipe / Pinto, José Costa (2013), "As empresas familiares. Perspetivas da sua evolução de 2013 a 2023", *A emergência e o futuro do corporate governance em Portugal, volume comemorativo do X Aniversário do Instituto Português de Corporate Governance*, Coimbra: Almedina.

Duarte, Rui Pinto (1980), *Dos agrupamentos complementares de empresas*, Centro de Estudos Fiscais, Lisboa.

Meira, Deolinda Aparício (2009), *O regime económico das cooperativas no Direito Português: o capital social*, Porto: Editora Vida Económica.

Namorado, Rui (2001), *Horizonte Cooperativo. Política e Projecto*, Almedina, Coimbra.

Namorado, Rui (2005), *Cooperatividade e direito cooperativo – Estudos e pareceres*, Almedina, Coimbra.

Namorado, Rui (2013), "Portugal", *International Handbook of Cooperative Law*, Dante Cragogna / Antonio Fici / Hagen Henrÿ (editors), Springer, Heidelberg / New York / Dordrecht / London.

Ramos, Maria Elisabete (2015), "Constituição de sociedades", em *Estudos de direito das sociedades*, coord. de Coutinho de Abreu, 12ª ed., Almedina, Coimbra.

Soares, Maria Ângela (1984/1985), "Algumas notas sobre o agrupamento europeu de interesse económico (AEIE)", *Revista de Direito e Economia*, X.

Vasconcelos, P. A. Sousa (1999), *O contrato de consórcio no âmbito dos contratos de cooperação entre empresas*, Coimbra: Coimbra Editora.

Ventura, Raúl (1981), "Primeiras notas sobre o contrato de consórcio", *Revista da Ordem dos Advogados*.

Vieira, Ana Isabel (2016), "Organismos de investimento colectivo sob forma societária – um novo tipo societário", *Revista de Direito das Sociedades*, 2.

II – Sítios oficiais de conteúdo informativo relevante para a compreensão da identidade das sociedades

Em https://www.bolsadelisboa.com.pt/cotacoes/accoes-lisboa pode encontrar informação sobre as sociedades cujas ações estão cotadas no Mercado de cotações oficiais, gerido pela Euronext Lisbon – Sociedade Gestora de Mercados Regulamentados, S. A.

Em https://www.euronext.com/pt-pt/cotacaos/financiamento-atraves-de-capitais-proprios/os-nossos-mercados pode encontrar informação relevante sobre os diversos mercados (além do mercado regulamentado) operados pela Euronext Lisbon.

Em http://web3.cmvm.pt/sdi/emitentes/cons_ent_soc_ab.cfm pode encontrar a lista completa das entidades emitentes/sociedades abertas.

Em http://www.tapportugal.com/Info/pt/sobre-tap/grupo-tap/estrutura-acionista pode ser consultado o diagrama representativo do grupo de empresas TAP.

O site oficial da Cooperativa António Sérgio para a Economia Social – http://www.cases.pt/ – providencia informação relevante sobre as organizações da economia social, em particular as cooperativas.

CAPÍTULO V – IDENTIDADE DA SOCIEDADE COMERCIAL

Para estudar melhor

I. Distinga:

a) Sociedade *de* compropriedade;

b) Responsabilidade subsidiária dos sócios de sociedade em nome coletivo *de* responsabilidade solidária dos sócios de sociedade em nome coletivo;

c) Parte social *de* quota, *quanto ao regime de transmissão entre vivos*;

d) Sociedades civis simples *de* sociedades civis em forma comercial.

II. Analise criticamente a seguinte afirmação:

"Todas as sociedades anónimas são sociedades abertas".

III. Considere a seguinte factualidade:

Dez amigos decidiram que se vão dedicar à exploração da vinha e produção de vinho de elevada qualidade, destinado, essencialmente, a mercados de exportação. Paralelamente, será desenvolvido um projeto de enoturismo. Na primeira reunião, concordaram que entre si será constituída uma sociedade que, além de explorar a vinha plantada na "Quinta do Cerco", dedicar-se-á ao enoturismo. A denominação a adotar será "Quinta do Cerco, produção de vinhos e enoturismo, S.A".

Questões:

1. Do projeto de contrato de sociedade "Quinta do Cerco, produção de vinhos e enoturismo, S.A " que está a ser negociado entre os vários investidores constam, entre outras, as seguintes cláusulas:
   a) "A sociedade é gerida e representada por um conselho de administração, composto por dois membros".

   b) "O sócio Z é responsável perante os credores sociais até ao valor do capital social, sendo esta responsabilidade solidária com a sociedade e a efetivar no momento da liquidação da sociedade"

   Analise a legalidade destas cláusulas.

Capítulo VI
CONSTITUIÇÃO DE SOCIEDADE COMERCIAL

1. Empreendedorismo e constituição de sociedades

A Comissão Europeia define *empreendedorismo* como a capacidade de um individuo de concretizar ideias. Este processo requer inovação, assunção de risco, capacidade de planear e de gerir projetos, com o propósito de alcançar os objetivos traçados[1].

Na Comunicação intitulada "Plano de ação «empreendedorismo 2020». Relançar o espírito empresarial na Europa"[2], a Comissão Europeia identifica a promoção do empreendedorismo como um dos motores do crescimento económico e da criação de emprego. Para concretizar este objetivo, a Comissão Europeia considera decisivo, entre outras ações, que seja garantido "um contexto empresarial propício". O que significa que devem ser removidos obstáculos administrativos e burocráticos à criação de empresas e, em especial, à constituição de sociedades.

A Comissão Europeia mantém a simplificação dos processos administrativos de criação de empresas como um dos tópicos centrais das agendas políticas da União Europeia, de modo a serem *reduzidos os custos* e o *tempo* necessários à criação de empresas. Em 2016, o tempo médio de criação de uma "private limited company" (semelhante à portuguesa sociedade por quotas)

---

[1] Cfr. https://ec.europa.eu/growth/smes/promoting-entrepreneurship_pt (acesso em 8.5.2017).
[2] Bruxelas, 9.1.2013 COM(2012) 795 final.

era de 3.3. dias e o custo médio era de €320[3]. Veremos que em Portugal é possível constituir uma sociedade em menos de uma hora e que há uma alternativa que custa menos de 320 euros.

A promoção do empreendedorismo não se basta com a redução da carga burocrática necessária à constituição de sociedades. A Comissão Europeia acredita que é necessária (e fundamental) uma "profunda mudança cultural"[4]. Ainda assim, percebe-se que a melhoria do ambiente legal de criação de empresas e, em particular, de constituição de sociedades é um dos tópicos centrais da promoção do empreendedorismo na Europa (para mais desenvolvimentos, Ramos, 2017[d]:194, ss.).

É neste contexto que o tema dos requisitos legais necessários à constituição de sociedades é visto, do ponto de vista político-legislativo.

No entanto, nem tudo pode ser sacrificado no altar da simplificação administrativa e burocrática. A constituição de sociedades por investidores privados (ou, numa outra formulação, a "criação de empresas") é uma das manifestações do *direito de iniciativa privada*. A regra constitucional é a da liberdade de iniciativa privada (art. 61°, 1, da CRP). A regulação legal dos processos de constituição de sociedades através de normas imperativas constitui intromissão do Estado na iniciativa privada. Que se justifica, em razão da necessidade de tutelar outros interesses relevantes. Efetivamente, a vertigem da simplificação e da redução dos custos de contexto não deve ignorar os interesses da *tutela dos credores sociais* (a cadeia de crédito é decisiva para o desenvolvimento da atividade empresarial), da *certeza jurídica* (o planeamento estratégico das empresas é fator crítico de êxito ou de fracasso) e do *rastreamento de capitais* (a transparência é um valor das sociedades democráticas) (Ramos, 2017[d]:200).

Do ponto de vista jurídico-societário, a decisão de constituir uma sociedade comercial ou civil em forma comercial pode ser concretizada em atos constituintes de diferente natureza. É o que vamos estudar em seguida.

---

[3] Cfr. Progress of EU countries: simplifying start-up procedures in 2016, disponível em http:// ec.europa.eu/growth/tools-databases/newsroom/cf/itemdetail.cfm?item_id=9112&lang=e
[4] Comunicação "Plano de ação «empreendedorismo 2020». Relançar o espírito empresarial na Europa", 2013, p. 5.

CAPÍTULO VI – CONSTITUIÇÃO DE SOCIEDADE COMERCIAL

2. Os diversos atos constituintes de sociedades comerciais e civis em forma comercial

2.1. Contrato de sociedade

Além de tradicional, o *contrato de sociedade* (sobre o contrato de sociedade, v. *supra*) é, ainda, o "acto-regra" (Abreu, 2015:20) de constituição das sociedades comerciais e civis em forma comercial. Especialmente para as iniciativas empresariais de maior dimensão, o contrato de sociedade apresenta a vantagem de permitir que um agrupamento de pessoas, integrando várias contribuições, *crie uma nova entidade* que vai desenvolver a atividade económica escolhida pelos sócios (Ramos, 2017:142 s.).

Atualmente regista-se um certo consenso no sentido de que o contrato de sociedade é um *contrato de fim comum* e de *organização* (Abreu, 2015:94; Ramos, 2017: 142). De *fim comum* porque visa a obtenção de lucros distribuíveis pelos sócios; de *organização* porque o contrato de sociedade faz nascer uma entidade estruturada orgânico-funcionalmente (Abreu, 2015:94).

A distinção entre *ato constitutivo* e *estatutos* não tem qualquer relevância jurídica (v. Ramos, 2017: 142). Com as alterações introduzidas pelo DL 76-A/ /2006, o CSC passou a utilizar sinonimamente aqueles vocábulos - v., por exemplo, arts. 288°, 4, 289°, 4[5].

A organização e funcionamento internos da sociedade são em larga medida independentes do ato de constituição porque são regidos diretamente pela legislação societária. Verifica-se, pois, um certo "desprendimento" (Abreu, 2015: 20) da sociedade relativamente ao ato que lhe deu vida.

2.2. Negócio jurídico unilateral

O contrato *não é o único negócio jurídico constituinte* de sociedades comerciais e civis em forma comercial (Ramos, 2017: 142). Para confirmar esta não exclusividade, consideremos os casos em que o CSC admite que uma sociedade possa ser constituída por *negócio jurídico unilateral*. Os negócios jurídicos unilaterais caraterizam-se por haver só uma declaração de vontade; se houver várias declarações, todas elas têm o mesmo conteúdo (Sobre este conceito, v. Ramos, 2017[c]: 131, ss.).

Constituir uma sociedade através de um negócio jurídico unilateral significa constituir uma sociedade com um *único sócio* – a chamada *unipessoalidade originária*. Em regra, sociedades comerciais e civis em forma comercial que

---

[5] São do CSC as normas cuja fonte legislativa não é mencionada.

DIREITO COMERCIAL E DAS SOCIEDADES. ENTRE AS EMPRESAS E O MERCADO

adotem qualquer um dos tipos societários podem ser constituídas através de contrato de sociedade; só nos *casos admitidos na lei* é permitida a constituição de sociedades unipessoais. É o *principio da tipicidade* dos negócios jurídicos unilaterais previsto no art. 457º do CCiv.

O art. 270º-A regula a constituição de *sociedades unipessoais por quotas*, determinando que "a sociedade unipessoal por quotas é constituída por um sócio único, pessoa singular ou colectiva, que é o titular da totalidade do capital social" (sobre esta disposição, v. Ramos, 2012:364, ss.).

A sociedade por quotas unipessoal é tipicamente constituída por um *sócio único* que é o *titular da totalidade do capital social*. Há vários *caminhos* para conseguir este resultado. O art. 270º-A apresenta três vias: *a)* constituição originária; *b)* concentração das quotas de uma sociedade (anteriormente pluripessoal) em um único sócio; *c)* "transformação" de e.i.r.l. em sociedade por quotas unipessoal.

O art. 270º-A, 3, 4, fala em "transformação". Rigorosamente, a transformação pressupõe que "a sociedade muda a sua forma de organização jurídica, subsistindo incólume, com os mesmos sócios e com o mesmo património" (Marques, 2015[d]: 547). A questão está em saber se a sociedade unipessoal por quotas é um novo tipo societário ou tão-só um subtipo do tipo sociedades por quotas (sobre esta questão, v. Ramos, 2012:370, s.). Os Autores que defendem que a sociedade unipessoal por quotas *não é um novo tipo societário* sublinham que não configura uma transformação a alteração estatutária pela qual uma sociedade por quotas pluripessoal, em razão da concentração das quotas, assume a natureza de sociedade unipessoal. Por isso, há quem, a este propósito, perfira falar em *conversão (*Costa, 2003: 98; Santos, 2009:68, s.)·

Apesar do teor literal da norma do art. 270º-A, 5 (que também fala em "transformação" do e.i.r.l. em sociedade unipessoal por quotas), esta hipótese parece não configurar uma transformação, mas sim a constituição (originária) de uma sociedade unipessoal por quotas com entrada em espécie constituída por este "estabelecimento comercial especial" (Abreu, 2016:255). O e.i.r.l. é um património autónomo, *não é uma sociedade* nem possui personalidade jurídica. Por conseguinte, a iniciativa da "transformação" não é encabeçada pelo e.i.r.l.; quem assume tal iniciativa é o seu titular (Ramos, 2012:370, s.).

Qualquer pessoa singular ou coletiva pode constituir uma sociedade unipessoal por quotas. No entanto, nos termos do art. 270º-C, 1, "uma pessoa singular só pode ser sócia de uma única sociedade unipessoal por quotas". Por sua vez, o art. 270º-C, 2, prescreve que "uma sociedade por quotas não

CAPÍTULO VI – CONSTITUIÇÃO DE SOCIEDADE COMERCIAL

pode ter como sócio único uma sociedade unipessoal por quotas". Estas proibições não existem para as sociedades por quotas pluripessoais. Uma pessoa singular e uma sociedade por quotas (pluripessoal) podem ser sócias de sociedades por quotas pluripessoais; uma pessoa singular pode ter participação social em várias sociedades por quotas pluripessoais. Também nada impede que uma sociedade por quotas pluripessoal (ou uma anónima) constitua uma ou mais sociedades unipessoais por quotas (Ramos, 2012:365, s.).

A outra situação em que o CSC admite a constituição originária de uma sociedade unipessoal é o caso em que uma sociedade por quotas, anónima e em comandita por ações (art. 481º) constitui "uma sociedade anónima de cujas ações ela seja inicialmente a única titular" (art. 488º, 1) . Também neste caso o ato constituinte é uma declaração unilateral da sociedade constituinte – um negócio jurídico unilateral.

Fora do CSC, há, ainda, previsões legais que admitem a constituição de sociedades unipessoais.

2.3. Sentença homologatória de plano de insolvência

No contexto do processo de insolvência, uma das medidas que podem ser integradas no plano de insolvência (sobre este, v. o art. 192º do CIRE) é o chamado "saneamento por transmissão". Trata-se, na verdade, de constituir uma ou mais sociedades (sociedades novas) que são destinadas à exploração de estabelecimentos adquiridos à massa insolvente (para mais desenvolvimentos, Martins, 2016: 474, ss.). Nos termos do art. 199º do CIRE, o "plano de insolvência que preveja a constituição de uma ou mais sociedades, neste Código designadas por nova sociedade ou sociedades, destinadas à exploração de um ou mais estabelecimentos adquiridos à massa insolvente mediante contrapartida adequada contém, em anexo, os estatutos da nova ou novas sociedades e provê quanto ao preenchimento dos órgãos sociais".

Neste caso, o ato constituinte da (s) nova(s) sociedade(s) é a *decisão judicial de homologação do plano de insolvência* (arts. 199º e 217º, 3, *a*), do CIRE).

2.4. Constituição de sociedades com apelo a subscrição pública

Adquire a qualidade de *sociedade aberta* a "que se tenha constituído através de oferta pública de subscrição dirigida especificamente a pessoas com residência ou estabelecimento em Portugal" (art. 13º, 1, *a*), do CVM).

Como já vimos, em regra, as sociedades anónimas constituem-se através da chamada "subscrição particular". Neste modelo de formação de sociedades anónimas: *a*) todos os sócios fundadores participam no ato de constituição da sociedade (v. art. 9º, 1, *a*)), *b*) todos têm a possibilidade de participar, dentro dos limites impostos pela lei, na elaboração dos estatutos da sociedade, *c*) o ato de constituição da sociedade é *único* – em regra, contrato de sociedade reduzido a escrito, com as assinaturas de todos os subscritores reconhecidas presencialmente (art. 7º, 2), *d*) o contrato de sociedade reúne as declarações negociais dos subscritores. Acresce que, neste caso, os sócios fundadores estão em condições de *subscrever integralmente* o capital social da sociedade anónima.

O regime de subscrição particular "constitui efetivamente o regime regra de constituição de sociedades" (Dias, 2012:115). É o regime que se encontra previsto, para todos os tipos societários, nos arts. 7º e ss. do CSC (sobre este v. *infra*). Por conseguinte, é preciso deixar claro que as sociedades anónimas são passíveis de serem constituídas através do processo de subscrição particular. E esta é, seguramente, a opção prevalecente por parte dos investidores que querem constituir uma sociedade anónima.

O que acontece é que os arts. 279º e ss. preveem especificamente para as sociedades anónimas a possibilidade (não a imposição) de elas serem constituídas por apelo a subscrição pública; processo esse também designado por "subscrição sucessiva". No entanto, como diz Dias, 2012:116, é "inexpressivo" o número de sociedades anónimas constituídas com apelo a subscrição pública.

As vantagens económicas da constituição com apelo a subscrição pública são: *a*) a dispersão do risco do investimento inicial por um público investidor, concretizada através de uma oferta pública de subscrição; *b*) potenciar a reunião de quantias avultadas de capital, sendo que os promotores (enquanto sócios empresários) mantêm a possibilidade de serem eles a influenciar as políticas da sociedade, em particular, em matéria de gestão; *c*) é aos promotores que compete estruturar o projeto de contrato de sociedade e, por esta via, definem o objeto societário, a estrutura organizatória e, se quisermos falar em termos de estratégia, a missão e visão da sociedade; *d*) o público investidor não conforma o projeto delineado pelos promotores, limita-se a aderir através da subscrição e realização das entradas e, desta forma, é completado o valor correspondente ao valor de emissão (sobre este, v. *infra*) das ações subscritas (v. Dias, 2012:116, s.).

É discutida a natureza do(s) ato(s) constituinte(s) da sociedade anónima com apelo a subscrição pública (arts. 279º, s.). Menezes Cordeiro defende que "não há, propriamente, um contrato", mas sim negócio unilateral, "ainda que de estrutura deliberativa" (Cordeiro, 2011:489, 490). Coutinho de Abreu considera que há dois atos constituintes interdependentes: o contrato de

CAPÍTULO VI – CONSTITUIÇÃO DE SOCIEDADE COMERCIAL

sociedade formado progressivamente pelas declarações do(s) promotor(es)-
-subscritor(es) e dos subscritores, e a deliberação da assembleia constitutiva
(Abreu, 2015:95).

2.5. Criação de sociedade através de ato legislativo
De índole *não negocial* é a constituição de sociedade por ato legislativo (v. g.
decreto-lei constituinte de sociedade anónima de capitais públicos). Trata-se
de uma manifestação do poder legislativo e não da iniciativa privada.

3. Confronto entre contrato de sociedade e acordo parassocial
O acordo parassocial pode ser celebrado entre *sócios*, mas também entre estes
(todos ou alguns) e *terceiros* e a própria *sociedade*.

São muito variadas as cláusulas suscetíveis de integrar o acordo parassocial[6]. Pense-se, por exemplo, em cláusulas que estipulam que os sócios, no
momento da deliberação de eleição dos órgãos sociais, votarão em determinadas pessoas para membros do órgão de administração e de representação
da sociedade; cláusulas que obrigam os sócios a não vender as ações a terceiros durante um certo período de tempo; cláusulas que atribuem direito
de preferência; acordos sobre o exercício de direito de voto – os designados
"sindicatos de voto" que hoje são expressamente permitidos pelo art. 17º,
mas com os limites previstos no nº 3 do art. 17º.

Como seria de esperar nem todas as cláusulas são admitidas nos acordos
parassociais. Para além dos limites dos arts. 280º e 294º do CCiv. que, em geral, devem ser respeitados pelos negócios jurídicos, o art. 17º, 1, e 2, 3, apresentam limites legais à liberdade de estipulação dos acordos parassociais.

Embora o art. 17º esteja inserido sistematicamente no Capítulo III, dedicado ao "contrato de sociedade" (o que, numa leitura precipitada, poderia
induzir, erradamente, o entendimento que o acordo parassocial é uma modalidade de contrato de sociedade), é preciso sublinhar que os acordos sociais
distinguem-se do contrato de sociedade porque:
  a) cada um deles é regulado por *disposições legais próprias*. O contrato de
     sociedade é regulado no art. 980º do CCiv. e, no caso das sociedades
     comerciais e civis em forma comercial, é enquadrado por disposições

---

[6] Veja-se o Ac. do Supremo Tribunal de Justiça, Proc.427/13.8TVLSB.L1.S1, relatado pelo
Juiz Conselheiro Fonseca Ramos, proferido em 21.3.2017 (disponível em www.dgsi.pt), que
reproduz extensivamente partes do acordo parassocial (e suas alterações) celebrado entre a sociedade gestora de fundo de capital de risco e sociedade investida. Neste acordo parassocial é
tratado, essencialmente, o desinvestimento do fundo de capital de risco.

legais inscritas quer na Parte Geral do CSC (arts. 7º e ss.) quer nas regulações específicas de cada um dos tipos societários (v. *infra*, sobre o processo de constituição de sociedades). Os regimes especiais de constituição de sociedades por quotas e anónimas também apresentam normas específicas sobre o contrato de sociedade (designadamente, criando modelos pré-aprovados de pactos sociais). Os acordos parassociais são escassamente regulados no CSC (art. 17º), deixando-se para a autonomia privada e, em particular, à liberdade de estipulação as escolhas quanto ao conteúdo do acordo parassocial. Enquanto o art. 9º prevê os elementos mínimos de qualquer contrato de sociedade, o CSC não dispõe de norma semelhante para os acordos parassociais.

b) O contrato de sociedade é um dos atos constituintes da sociedade-entidade. Os acordos parassociais não constituem sociedades.

c) A base pessoal do contrato de sociedade é constituída por sócios. Os acordos parassociais podem ter como sujeitos sócio(s), terceiros e sociedade.

d) O contrato de sociedade comercial e civil em forma comercial *não é confidencial*, pois está sujeito a registo público e, no caso das sociedades por quotas, anónimas e em comandita por ações está, ainda, sujeito a publicação. Em regra, os acordos parassociais são confidenciais. Esta confidencialidade não resulta da lei, mas é, sem margem para dúvidas, uma das suas marcas socialmente típicas (Cunha, 2017:310). Nas sociedades abertas (art. 13º do CVM), a regra é a da *não confidencialidade* (art. 19º CVM).

e) Contrato de sociedade e acordo parassocial podem não coincidir quanto ao momento de celebração e duração. O acordo parassocial pode ser prévio à constituição da sociedade (por exemplo, é contemporâneo de um contrato-promessa de contrato de sociedade), pode ser contemporâneo da criação da sociedade ou ser posterior a esta. A duração do acordo parassocial não tem de coincidir com a do contrato de sociedade. Enquanto, o art. 15º prevê, supletivamente, a duração por tempo indeterminado da sociedade, não existe disposição legal semelhante relativa à duração de acordos parassociais. Ao abrigo da autonomia privada podem ser celebrados acordos parassociais de natureza temporária ou até ocasional (acordo parassocial para uma determinada deliberação).

f) São diferentes as exigências de forma. Os acordos parassociais não estão sujeitos a qualquer exigência legal de forma (vale, neste caso, a

CAPÍTULO VI – CONSTITUIÇÃO DE SOCIEDADE COMERCIAL

consensualidade prevista no art. 219° do CCiv.). Eventualmente, determinadas convenções estão sujeitas a forma escrita, como é o caso da convenção de arbitragem (art. 2°, 1, da LAV). O contrato de sociedade comercial e civil em forma comercial deve cumprir as exigências de forma previstas no art. 7° (sobre estas, v. *infra*).

g) Contrato de sociedade e acordo parassocial também se distinguem em razão da *eficácia* de cada um deles. O contrato de sociedade vincula a sociedade e os respetivos órgãos. O contrato de sociedade, uma vez cumpridas as exigências de registo comercial e de publicação (art. 14° do CRCom.), produz efeitos em relação a terceiros. O acordo parassocial tem uma *eficácia relativa* às partes (art. 17°, 1), ou seja, *apenas vincula quem os celebra*. Este efeito relativo está consignado no art. 17°, 1 quando este determina que "com base neles [os acordos parassociais][7] não podem ser impugnados actos da sociedade ou dos sócios para com a sociedade". Por conseguinte, o acordo parassocial não produz efeitos em relação a sujeitos que não sejam parte nele. Assim, se determinado sócio se encontra vinculado, por força do acordo parassocial, a votar em determinada deliberação no sentido x e, no momento da votação, vota em sentido y, este incumprimento do acordo parassocial é irrelevante para a sociedade e para a deliberação[8]. E, já agora, anote-se que os acordos parassociais *não estão sujeitos a registo comercial*.

Chegados aqui, tudo parece apontar no sentido de que são bem marcadas e nítidas as diferenças que distinguem contrato de sociedade/acordo parassocial. No entanto, a prática empresarial é especialmente complexa e, em alguns casos, os traços da distinção podem ficar menos nítidos. No caso dos chamados *acordos parassociais omnilaterais* (os que têm por sujeitos todos os sócios da sociedade), pode questionar-se qual a via para regular determinadas matérias: contrato de sociedade ou acordo parassocial. Há matérias que, por força da lei, devem necessariamente constar dos estatutos. São os casos das menções obrigatórias gerais e específicas de cada um dos tipos societários (sobre estas v. *infra*). Por outro lado, também por força da lei, determinadas matérias não podem ser abrangidas pelo acordo parassocial, como é o caso da atuação dos membros do órgão de administração e representação da

---

[7] Esta interpolação não consta do texto legal.

[8] Para as sociedades abertas, o art. 19°, 2, do CVM prescreve que "são anuláveis as deliberações sociais tomadas com base em votos expressos em execução dos acordos não comunicados ou não publicados nos termos dos números anteriores, salvo se se provar que a deliberação teria sido adoptada sem aqueles votos".

DIREITO COMERCIAL E DAS SOCIEDADES. ENTRE AS EMPRESAS E O MERCADO

sociedade e dos membros do órgão de fiscalização (art. 17°, 2) (Abreu, 2015:148, 149).

Não é juridicamente irrelevante optar entre regular determinada matéria no contrato de sociedade ou no acordo parassocial. Nos casos em que lícita a escolha, a opção pelo acordo parassocial pode ser justificada pela confidencialidade, facilidade de modificação das estipulações[9] ou o propósito de cingir a regulação de certa(s) matéria(s) a determinado(s) sócio(s).

4. Processos de constituição de sociedades

4.1. Variedade de processos de constituição de sociedades

O CSC apresenta diversas alternativas de constituição de sociedades. São elas: *a)* processo normal ou tradicional; *b)* processo de constituição de sociedade com registo prévio do contrato de sociedade (art. 18°, 1 a 4); *c)* constituição de sociedade unipessoal; *d)* constituição de sociedade anónima com apelo a subscrição pública; *e)* constituição de sociedade no contexto de processos de fusão, cisão e transformação de sociedade (art. 7°, 4) (Sobre estes processos Abreu, 2015:87, s.; Ramos, 2015:41, s., 2017:137, ss.; 2017ª:177).

Fora do CSC, são regulados: *a)* os processos especiais de constituição de sociedades por quotas e anónimas (as chamadas "empresa na hora" e "empresa *online*"); *b)* a constituição de sociedade anónima europeia; *c)* a constituição de novas sociedades no quadro de um plano de insolvência, concretizando o saneamento por transmissão (arts. 199°, 217°, 3, *a)*, do CIRE); *d)* constituição de sociedade por lei (Sobre estes processos Abreu, 2015:87, s.; Ramos, 2015:41, s., 2017:137, ss.; 2017ª:177).

Destacar-se-ão, pela sua frequência e relevância económica no tecido empresarial português, o processo tradicional/normal de constituição de sociedades, os processos especiais de constituição de sociedades por quotas e anónimas e, de modo breve, a constituição de sociedades no contexto de processos de fusão, cisão e transformação.

---

[9] Tratando-se de um acordo omnilateral que congrega todos os sócios de uma sociedade anónima, a alteração do acordo parassocial só pode ser feita por unanimidade (art. 406° do CCiv.), enquanto a alteração dos estatutos não requer tal unanimidade (arts. 383°, 2, 386°, 3).

CAPÍTULO VI – CONSTITUIÇÃO DE SOCIEDADE COMERCIAL

4.2. Processo tradicional

O CSC estrutura o processo tradicional de constituição das sociedades em três momentos nucleares: *a)* ato constitutivo inicial reduzido a escrito (as assinaturas dos subscritores devem ser reconhecidas presencialmente), *b)* registo definitivo, e *c)* publicação do ato constituinte (exigida no caso de sociedades por quotas, anónimas e em comandita por ações).

4.2.1. Conteúdo do ato constituinte inicial

O art. 9°, 1, refere os elementos gerais ou as "menções obrigatórias gerais" que devem constar do ato constituinte de qualquer tipo societário (Ramos, 2017ª:177, ss.)[10]. Apesar do teor literal do art. 9° que, repetidamente, invoca o "contrato de sociedade", deve entender-se que este preceito vale, no essencial, para os restantes atos constituintes de sociedades (Abreu, 2015:103; Ramos, 2017ª:181).

4.2.1.1. Identidade dos sócios

Do contrato de qualquer tipo de sociedade devem constar os nomes ou firmas de todos os sócios fundadores e os outros dados de identificação destes (art. 9°, 1, *a)*). Nos termos do art. 46°, 1, *c)*, do CNot., as pessoas singulares são identificadas pela indicação do nome completo, estado (sendo a pessoa casada deve ser indicado o nome completo do cônjuge, bem como o regime matrimonial de bens, nos termos do art. 47°, 1, *a)*, do CNot.), naturalidade e residência habitual. Sendo sócias as sociedades comerciais (e civis sob a forma comercial), a identificação faz-se nos "termos da lei comercial" (art. 46°, 1, *c)*, do CNot.) ou seja, deve respeitar o disposto no art. 171°, 1, 2. Outras pessoas coletivas sócias são identificadas pelas respetivas denominações, sedes e números de identificação de pessoa coletiva, conforme resulta do art. 46°, 1, *c)*, do CNot.).

Nos termos do art. 3° da L 89/2017, de 21 de agosto, os documentos de constituição de sociedade devem identificar o beneficiário efetivo das participações sociais.

4.2.1.2. Tipo de sociedade

Nos termos do art. 9°, 1, *b)*, o tipo societário deve constar do ato constituinte da sociedade. Efetivamente, as sociedades que tenham por objeto a prática de atos de comércio devem adotar um dos tipos previstos na lei (art.

---

[10] Sigo de perto o que escrevi em Ramos, 2015: 41, s. 2017ª: 181, s..

DIREITO COMERCIAL E DAS SOCIEDADES. ENTRE AS EMPRESAS E O MERCADO

1º, 3). Em geral, os sócios podem escolher o tipo social. Para o exercício de determinadas atividades a lei impõe a adoção de determinado tipo societário (*v.g.*, atividade seguradora). No processo de constituição da sociedade, a escolha do tipo societário é relevante para: *a*) a composição da firma (arts. 177º, 200º, 275º, 467º); *b*) o número mínimo de sócios (arts. 7º, 1, 273º, 479º); *c*) as entradas não admitidas (arts. 202º, 1, 277º, 1, 468º); *c*) o diferimento das entradas em dinheiro (202º, 2; 277º, 2); *e*) a avaliação das entradas em espécie (arts. 28º, 179º); *f*) a estrutura organizatória; *g*) o capital social mínimo (arts. 201º, 219º, 3, 276º, 5). Para além destes aspetos, o tipo societário é relevante em matéria de responsabilidade pelas dívidas da sociedade e transmissão de participações sociais.

4.2.1.3. Firma da sociedade

A sociedade comercial (e civil sob a forma comercial) deve adotar uma firma. O art. 10º apresenta os requisitos da firma da sociedade. Os arts. 177º, 200º, 270º-B, 275º e 467º regulam a composição da firma *específica* de cada um dos tipos societários. A firma da sociedade *unipessoal por quotas* deve cumprir os requisitos previstos no art. 270º-B. O regime da sociedade anónima unipessoal não apresenta regras específicas de composição da firma.

O RNPC tem a competência para, através do *certificado de admissibilidade da firma*, comprovar que uma determinada e concreta firma é suscetível de ser usada para identificar a sociedade (arts. 1º, 45º, 1, do RRNPC). O ato constituinte da sociedade deve necessariamente fazer referência à emissão do certificado de admissibilidade da firma adotada, através do seu número e data de emissão (art. 54º, 1, do RRNPC).

Os *regimes especiais de constituição de sociedades por quotas e anónimas* (regime de constituição imediata e regime de constituição *online*), com o objetivo de garantir a celeridade do processo, permitem a dispensa deste certificado. Aos interessados é permitido que, em vez do certificado da admissibilidade da firma, componham a firma a partir de uma "bolsa de firmas" criada pelo RNPC: trata-se, na verdade, de uma lista de expressões de fantasia previamente criadas e reservadas a favor do Estado (art. 15º do DL 111/2005, de 8 de julho). À expressão de fantasia colhida na "bolsa de firmas" é necessariamente acrescentado o aditivo identificativo da sociedade por quotas e anónima e, se essa for a escolha dos interessados, expressões alusivas ao objeto social (art. 10º, 1, do DL 111/2005, de 8 de julho) (sobre este regime de composição da firma, Martins, 2006: 96, s.).

CAPÍTULO VI – CONSTITUIÇÃO DE SOCIEDADE COMERCIAL

4.2.1.4. Objeto social

Deve(m) ser indicada(s) a(s) atividade(s) económica(s) que vai (vão) ser exercida(s) pela sociedade (art. 11°, 2). No ato constituinte, deve ser especificada a caracterização da atividade económica que constitui o objeto da sociedade. Não são lícitas menções genéricas e vagas. A indicação pormenorizada das atividades serve os interesses dos sócios, dos administradores e de terceiros. Aos sócios interessa saber em que atividade ou atividades arriscam capital ou trabalho; ao órgão social de administração e de representação compete, como determina o art. 6°, 4, o dever de não exceder esse objeto. Acresce que algumas causas de dissolução ligam-se ao objeto (arts. 141°, 1, *c*), *d*), 142°, 1, *b*), *c*), *d*)). É o objeto comercial que obriga à adoção de um dos tipos societários (art. 1°, 3).

4.2.1.5. Sede da sociedade

A sede referida no art. 9°, 1, *e*), é a sede *estatutária*, ou seja o "local concretamente definido onde a sociedade se considera situada para a generalidade dos efeitos jurídicos em que a localização seja relevante" (Abreu, 2015: 105). Por conseguinte, é necessário que no ato constitutivo sejam mencionados, consoante os casos, o nome do lugar, rua, número de polícia, número de andar, freguesia, concelho. A sede estatutária é relevante para determinados efeitos: no âmbito do direito à informação, os sócios podem consultar na sede da sociedade determinados documentos (arts. 181°, 1, 214°, 1, 263°, 1, 288°, 1, 289°, 1, 2); as assembleias realizam-se, em regra, na sede da sociedade (arts. 377°, 6, *a*), e arts. 189°, 1, 248°, 1, 474°, 478°); é, às vezes, pela sede estatutária que se determina a competência territorial dos tribunais quanto a questões respeitantes a sociedades (art. 63°, *b*), *e*), do CPC).

Diferente da sede estatutária é a "sede principal e efetiva" da administração da sociedade (art. 3°, 1), ou seja, a administração da sociedade, "o local onde se encontra o centro de decisão da empresa societária" (Soares, 2006: 53). Esta sede é relevante para a determinação do estatuto pessoal da sociedade. Lei (ou estatuto) que será relevante para regular as matérias elencadas no art. 33°, 2, do CCiv..

A sede da sociedade distingue-se das *formas locais de representação*: sucursais, agências, delegações e outras (art. 13°). A sucursal (agência ou delegação), sendo uma parte da empresa, permite que a sociedade exerça "localmente" a sua atividade. No universo da regulação financeira, é vincada a distinção entre sucursal e escritório de representação. Enquanto a sucursal realiza "operações inerentes à atividade da empresa de que faz parte" (art. 2°, *ll*, do RGIC), ao escritório de representação apenas é permitido zelar pelos interesses da instituição em Portugal e informar sobre a realização de operações em que ela se proponha participar (art. 63°, 1, do RGIC).

4.2.1.6. Capital social

Determina o art. 9°, 1, *f)*, que do ato constituinte da sociedade conste o capital social. O capital *social nominal* é a "cifra representativa da soma dos valores nominais das participações sociais fundadas em entradas em dinheiro e/ou em espécie" (Abreu, 2015:69). Nos termos do art. 14°, tal cifra tem necessariamente de ser expressa em moeda com curso legal em Portugal. O atual regime de sociedades com ações sem valor nominal (art. 276°, 1) não eliminou o capital social que deve estar indicado no ato constituinte (sobre a noção de capital social em sociedades anónimas com ações sem valor nominal, v. *infra*).

Diferente do capital social nominal é o designado "capital social real", constituído pela "quantidade ou montante de bens que a sociedade está obrigada a conservar intactos e de que não pode dispor em favor dos sócios, uma vez que se destinam a cobrir o valor do capital social nominal inscrito no lado direito do balanço" (Domingues, 2015:161).

Não existirá a menção ao capital social nos atos constituintes de sociedades em nome coletivo cujos sócios entrem somente com a sua indústria ou trabalho. Tal hipótese está contemplada na parte final do art. 9°, 1, *f)*.

A estipulação estatutária sobre o capital deve respeitar as normas sobre o capital social mínimo: 1 euro por quota para as sociedades por quotas (arts. 201° e 219°, 1); 50 000 euros para as sociedades anónimas e em comandita por ações (arts. 276°, 3, e 478°). Diferente do capital social nominal é o *capital social realizado* (distinção que encontra expressão no art. 171°, 2). Refere-se este último à soma das entradas em espécie e de parte das entradas em dinheiro já entregues à sociedade.

O relevo do capital resulta das funções que ele exerce na vida e desenvolvimento da sociedade. No plano interno, pontuam as funções de organização e de financiamento; no plano externo são de salientar as funções de avaliação económica da sociedade e de garantia. (Domingues, 2015: 166, ss.).

4.2.1.7. Participação social

O ato constitutivo da sociedade deve indicar "a quota de capital" de cada sócio (art. 9°, 1, *g)*). Esta referência à "quota de capital" feita no art. 9°, 1, *g)*, suscita algumas dúvidas porque a "quota" refere-se à participação social dos sócios das sociedades por quotas. No entanto, no contexto do art. 9°, 1, *g)*,

CAPÍTULO VI – CONSTITUIÇÃO DE SOCIEDADE COMERCIAL

"quota de capital" tem o sentido de referenciar a *participação social* correspondente a entrada em dinheiro/espécie.

O valor das partes sociais fundadas em indústria é mencionado no contrato de sociedade (art. 178º, 1), mas o seu valor não é computado no capital social.

Havendo participações sociais com valor nominal (partes sociais, quotas e ações), ele deve ser indicado no ato constituinte da sociedade (art. 9º, 1, *g*)). O relevo do valor nominal advém, entre outros, dos seguintes fatores: *a*) o valor nominal da parte, da quota ou das ações atribuídas a um sócio no contrato de sociedade não pode exceder o valor da entrada (art. 25º, 1); *b*) a lei prescreve valores nominais mínimos para as quotas e ações (arts. 219º, 3, 276º, 3); *c*) nas sociedades anónimas, havendo ações com valor nominal, o montante das entradas em dinheiro cujo pagamento é suscetível de ser diferido para momento posterior à celebração do contrato é calculado a partir do valor nominal da participação social (art. 277º, 2); *d*) permite apurar se o capital social mínimo se encontra ou não formado (arts. 201º, 219º, 3, 277º, 5); *e*) o valor nominal da participação social é relevante para o exercício de certos direitos sociais (*v.g.* arts. 22º, 1, 77º, 1) .

Do ato constituinte de sociedade anónima com ações sem valor nominal deve constar o "número de ações" (art. 272º, 1, *a*)).

4.2.1.8. Cláusulas relativas às entradas dos sócios

Do ato constituinte também deve constar a "natureza da entrada de cada sócio" (art. 9º, 1, *g*)). Deve ser indicado o tipo de entrada com que cada sócio contribui para a sociedade: *dinheiro, bens diferentes de dinheiro (espécie)* ou *indústria*. Esta menção assume relevo porque: *a*) as entradas em indústria estão proibidas nas sociedades por quotas, anónimas e para os sócios comanditários (arts. 202º, 1, 277º, 1, 468º); *b*) o diferimento só é admitido para as entradas em dinheiro (arts. 26º, 2, 277º, 2, 478º); *c*) as entradas com bens diferentes de dinheiro devem, em regra, ser avaliadas por um revisor oficial de contas que estabelece o respetivo valor (art. 28º).

A menção aos "pagamentos efetuados por conta de cada quota" (art. 9º, 1, *g*)) deve ser entendida no contexto da possibilidade de diferimento do pagamento de parte da entrada em dinheiro (arts. 203º, 277º, 2). Nesta hipótese, o ato constituinte deve indicar a parte da entrada em dinheiro realizada no momento da celebração. A sociedade será, por conseguinte, *credora da diferença* entre o valor da participação social e o pagamento feito no momento da constituição.

Nos termos do art. 9°, 1, *h*), havendo sócios que entrem com bens diferentes de dinheiro (entradas em espécie), devem constar dos estatutos não só a descrição como a especificação dos respetivos valores.

Em regra, a especificação do valor não se pode basear em declarações dos sócios. Determina o art. 28° que as entradas em bens diferentes de dinheiro – vale por dizer, as entradas em espécie – devem ser objeto de um relatório elaborado por revisor oficial de contas. Excecionalmente, para as sociedades em nome coletivo e para os sócios de comanditados das sociedades em comandita, é permitido que a avaliação das entradas em espécie possa ser substituída pela expressa assunção pelos sócios, no contrato de sociedade, de responsabilidade solidária, mas não subsidiária, pelo valor atribuído aos bens (arts. 179°, 474°).

Quanto às *entradas em indústria*, admissíveis para os sócios de sociedades em nome coletivo e para os sócios comanditados, deve ser indicado no contrato de sociedade o valor atribuído à indústria com que os sócios contribuem. A indicação do valor da indústria vai servir para o efeito da repartição de lucros e de perdas, conforme resulta do art. 176°, 1, *b*). O valor atribuído às entradas em indústria é fixado por avaliação dos sócios; o art. 28° não se aplica a este tipo de entradas. A razão desta disciplina menos rigorosa justifica-se pela circunstância de os sócios responderem ilimitadamente pelas obrigações sociais e pelo facto de as entradas em indústria não serem computadas no capital social (art. 178°, 1).

4.2.1.9. Encerramento do exercício anual

Em princípio, o exercício social coincide com o ano civil, decorrendo entre 1 de janeiro de um determinado ano até 31 de dezembro desse mesmo ano. Determina o art. 8°, 1, do CIRC que o imposto sobre o rendimento de pessoas coletivas é, em regra, "devido por cada período de tributação, que coincide com o ano civil, sem prejuízo das exceções previstas neste artigo"[11].

---

[11] Embora os arts. 9°, 1, *i*), parte final, e 65° – A apresentem, ainda, a remissão expressa para o art. 7° do CIRC, a verdade é que atualmente o período de tributação é regulado no art. 8° do CIRC. Além disso, na data em que a alínea *i*) foi acrescentada ao art. 9°, a adoção por sociedades com sede em Portugal de período anual de IRC diferente do ano civil dependia de autorização do Ministro das Finanças. Hoje, já não é necessária tal autorização. Atualmente, nos termos do art. 8°, 2, do CIRC, na redação dada pela L 2/2014, de 16 de janeiro, as sociedades podem livremente adotar um período de imposto diferente do ano civil. Este período deve ser mantido pelo prazo mínimo de cinco anos. Duarte, 2017: 118, sustenta que "as palavras finais da alínea *i*) do n° 1 do art. 9° perderam (…) sentido".

CAPÍTULO VI – CONSTITUIÇÃO DE SOCIEDADE COMERCIAL

Seguindo-se este regime-regra, não será necessário que do ato constituinte da sociedade conste a data do encerramento do exercício anual.

Com a redação introduzida pelo art. 1º do DL 328/95, de 9 de dezembro, foi acrescentada a alínea *i*) ao art. 9º e o CSC passou a permitir que o exercício social não coincida com o ano civil. Deste modo, sendo o exercício societário diferente do ano civil, deverá aquele "coincidir com o último dia do mês de calendário", isto é, deverá habitualmente ter início no dia 1 de um determinado mês e concluir-se no último dia do décimo segundo mês subsequente, devendo o mês constar do contrato de sociedade.

Várias razões são apontadas para justificar esta opção: o pico da atividade da sociedade situa-se no fim do ano civil; a sociedade portuguesa é participada por sociedades estrangeiras que adotam exercícios sociais não coincidentes com o ano civil.

4.2.1.10. Menções específicas

O CSC impõe que o contrato de sociedade contenha, além das menções elencadas no art. 9º, as menções *específicas* de cada um dos tipos sociais.

No caso de contrato de *sociedade em nome coletivo*, o art. 176º prescreve que sejam mencionados: *a*) a espécie e a caraterização da entrada de cada sócio; *b*) o valor atribuído à indústria com que os sócios contribuam; *c*) a parte de capital correspondente à entrada com bens de cada sócio. O que é exigido por esta disposição já resulta do art. 9º, 1 (Ramos, 2015: 53; 2016: 31).

Por imposição do art. 199º, o contrato de sociedade por quotas deve especialmente mencionar o montante de cada quota de capital e a identificação do respetivo titular, bem como o montante das entradas efetuadas por cada sócio no momento do ato constitutivo ou a realizar até ao termo do primeiro exercício económico (sobre estas menções, Ramos, 2016[a]:191, s.). O contrato de sociedade anónima deve conter as menções requeridas pelo art. 272º, enquanto o contrato de sociedade em comandita deve indicar distintamente os sócios comanditários e os sócios comanditados e deve especificar se a sociedade é constituída como comandita simples ou como comandita por ações (art. 466º).

Se as menções obrigatórias, quer gerais quer específicas de cada um dos tipos sociais, se impõem aos contraentes, há disposições legais que podem ser afastadas. O nº 3 do art. 9º estatui que "os preceitos dispositivos desta lei só podem ser derrogados pelo contrato de sociedade, a não ser que este expressamente admita a derrogação por deliberação dos sócios".

4.2.1.11. Outras menções

Nos termos do art. 16°, 1, devem constar do ato constituinte da sociedade as vantagens especiais concedidas a sócios conexionadas com a constituição da sociedade, bem como o montante global por esta devido a sócios ou terceiros a título de indemnização ou de retribuição de serviços prestados durante essa fase. A falta de cumprimento deste preceito determina a *ineficácia* perante a sociedade (Ramos, 2017[b]: 299, s.). Também os direitos especiais dos sócios dependem de expressa previsão no contrato de sociedade (art. 24°).

4.2.2. Forma do ato constituinte

A atual redação do art. 7°, 1, estatui que "o contrato de sociedade deve ser reduzido a escrito e as assinaturas dos seus subscritores devem ser reconhecidas presencialmente"[12]. Com esta solução, introduzida pelo DL 76-A/2006, o contrato de sociedade passou a poder ser titulado por *documento particular* (art. 363°, 2, do CCiv.), potenciando, assim, a celeridade e a poupança de custos do processo de constituição. A escritura pública não é, em regra, obrigatória, mas continua a ser uma alternativa disponível para quem queira constituir uma sociedade. Perante o art. 7°, 1, *é facultativa* a escritura pública ou outra forma mais solene do que o documento particular com as assinaturas reconhecidas presencialmente.

Resulta do art. 7°, 1, que o contrato de sociedade está sujeito a *forma legal* – documento escrito com as assinaturas reconhecidas presencialmente. Para o obrigatório reconhecimento presencial das assinaturas são competentes: *a)* os notários (arts. 375° do CCiv., 4°, 1, *c)* e 153° do CNot.; *b)* as câmaras de comércio e de indústria, os conservadores, os oficiais de registo, os advogados e os solicitadores, conforme resulta do art. 38° do DL 76-A/2006, complementado pela Portaria 657-B/2006, de 29 de junho.

O art. 7°, 1, dispensa "forma mais solene" para a constituição de sociedades em que todos os sócios entram com dinheiro.

São ressalvadas no art. 7°, 1, as situações em que "forma mais solene for exigida para a transmissão dos bens com que os sócios entram para a sociedade, devendo, neste caso, o contrato revestir essa forma". Esta hipótese está a considerar, designadamente, os casos em que é legalmente exigida escritura pública ou documento autenticado para a transmissão de bens com que os sócios entram para a sociedade. Consistindo a entrada do sócio em bens imóveis, nos termos do art. 875° do CCiv., na redação dada pelo DL

---

[12] Sigo de perto o que escrevi em Ramos, 2017: 148, ss..

CAPÍTULO VI – CONSTITUIÇÃO DE SOCIEDADE COMERCIAL

116/2008, de 4 de julho, o contrato de sociedade deve ser celebrado por escritura pública ou por documento particular autenticado (sobre a noção de documento autenticado, v. art. 363°, 3, do CCiv.).

Mais recentemente, o art. 29° do DL 247-B/2008, de 30 de dezembro, acrescentou ao art. 7°, 1, "sem prejuízo do disposto em lei especial". Este segmento normativo parece ter tido em vista o "regime especial de constituição online de sociedades, aprovado pelo DL 125/2006, sucessivamente alterado, nos termos do qual a assinatura dos sócios é autenticada eletronicamente" (Correia, 2009: 289). Este acrescento revela-se *inútil* (Leitão/Brito, 2011: 96). Na verdade, já resulta do art. 7°, 2, do CCiv. que a lei geral não revoga a lei especial.

Por força do art. 270°-G, as regras sobre a forma do contrato de sociedade também se aplicam ao negócio jurídico unilateral pelo qual se constitui a sociedade unipessoal.

4.2.3. Registo definitivo

O art. 1°, 1, do CRCom. determina que "o registo comercial destina-se a dar publicidade à situação jurídica dos comerciantes individuais, das sociedades comerciais, das sociedades civis sob forma comercial e dos estabelecimentos individuais de responsabilidade limitada, tendo em vista a segurança do comércio jurídico". Pelo seu lado, o art. 18°, 5, obriga a que o contrato de sociedade (ou qualquer outro ato constituinte da sociedade) seja "inscrito no registo comercial, nos termos da lei respetiva".

O carácter *obrigatório* desta inscrição resulta expressamente dos arts. 3°, 1, *a*), e 15°, 1, *a*), do CRCom. O pedido de registo definitivo da constituição da sociedade deve ser apresentado no prazo de dois meses a contar da data em que tiver sido titulada (art. 15°, 2, do CRCom.).

De acordo com o princípio da instância (art. 28° do CRCom.), o registo efetua-se a *pedido dos interessados*. Para o pedido de registo, o art. 29° do CRCom. reconhece legitimidade aos membros do órgão de administração e de representação e a todas as pessoas que nele tenham interesse (designadamente sócios) que o podem pedir diretamente ou através de mandatário (art. 30° do CRCom.).

O pedido do registo deve ser instruído com: *a*) o documento que legalmente comprove a constituição da sociedade (art. 32° do CRCom.); *b*) a verificação da disponibilização do certificado de admissibilidade da firma (arts. 56°, 1, *b*), 55°, 1, *b*), 2, do RRNPC); *c*) o relatório do ROC, quando houver entradas em espécie (art. 28°, 6); e *d*) sendo uma sociedade cuja constitui-

DIREITO COMERCIAL E DAS SOCIEDADES. ENTRE AS EMPRESAS E O MERCADO

ção dependa de autorização administrativa, é preciso apresentar documento comprovativo da autorização (v. arts. 16°, s., do RGIC, 35°, 1, do CRCom.).

Não havendo motivo legal de recusa do registo (art. 48° do CRCom.), deve este ser efetuado no prazo de dez dias (art. 54°, 1, do CRCom.).

O registo da constituição da sociedade – efetuado por transcrição, nos termos do art. 53°-A do CRCom. – é da competência do conservador ou do seu substituto legal (art. 55°-A, 1, do CRCom.). Ao conservador é pedido que aprecie a "viabilidade do pedido de registo" da constituição da sociedade, tendo em conta as "disposições legais aplicáveis" e os "documentos apresentados" (art. 47° do CRCom.).

Compete a este oficial público verificar a "legitimidade dos interessados, a regularidade formal dos títulos e a validade dos atos neles contidos" (art. 47° do CRCom.). Como se colhe do art. 47° do CRCom. (epigrafado "princípio da legalidade"), o conservador do registo comercial está tão-só habilitado a realizar o *controlo de legalidade* do ato constitutivo; não é lhe reconhecida competência para formular juízos sobre a viabilidade económica ou financeira da sociedade.

O registo da constituição da sociedade deve ser recusado se se verificarem os fundamentos previstos no art. 48° do CRCom. e deve ser realizado o registo provisório por dúvidas quando existam deficiências que, não sendo fundamento de recusa, nem tendo sido sanadas nos termos previstos no artigo 52°, "obstem ao registo do ato tal como é pedido" (art. 49° do CRCom).

O registo definitivo do ato constituinte produz os seguintes efeitos: *a)* aquisição da personalidade jurídica da sociedade comercial e civil sob forma comercial (art. 5°); *b)* "assunção" automática de direitos e obrigações decorrentes de atos realizados em nome da sociedade antes do registo e a possibilidade de assunção de outros direitos e obrigações (art. 19°, 1); *c)* um especial regime de invalidades (art. 42°).

4.2.4. Publicação obrigatória (sociedade por quotas, anónima e em comandita por ações)

Nos termos do art. 166°, "os actos relativos à sociedade estão sujeitos a registo e publicação nos termos da lei respectiva"[13]. De acordo com a al. *a)* do n° 1 do art. 70° do CRCom., é obrigatória a publicação dos atos "previstos no artigo 3°, quando respeitem a sociedades por quotas, anónimas ou em comandita por acções, desde que sujeitas a registo obrigatório (...)".

---

[13] Sigo de perto o que escrevi em Ramos, 2015: 69, s..

CAPÍTULO VI – CONSTITUIÇÃO DE SOCIEDADE COMERCIAL

Sabendo que a constituição de sociedade está sujeita a registo obrigatório, nos termos da art. 3º, 1, *a*) e do art. 15º, 1, do CRCom., atinge-se facilmente a conclusão de que o ato constitutivo de sociedade por quotas, anónima e em comandita por ações está sujeito a publicação obrigatória. Colhe-se do art. 70º, nº 1, *a*), do CRCom., que a obrigatoriedade de publicação não abrange os atos constituintes de sociedade em nome coletivo e em comandita simples.

A publicação obrigatória "deve(m) ser feita(s) (...) em sítio na Internet de acesso público (...) no qual a informação objecto de publicidade possa ser acedida, designadamente por ordem cronológica" (arts. 167º CSC e 70º, 2, do CRCom.). Hoje é feita uma *única publicação* efetuada, de modo centralizado e as expensas da sociedade (art. 167º), através do "sítio na Internet de acesso público com o endereço electrónico www.mj.gov.pt/publicacoes, mantido pela Direcção-Geral dos Registos e do Notariado" (atualmente, Instituto dos Registos e Notariado, I.P.) (Portaria nº 590/2005, de 14 de julho, art. 1º).

O art. 71º do CRCom. estabelece a *oficiosidade da publicação*, ou seja, a promoção da publicação cabe à conservatória do registo comercial e não aos interessados.

Nos termos do art. 71º, 1, do CRCom., "a conservatória deve promover, imediatamente e as expensas do interessado", a respectiva publicação. Aproveitando as funcionalidades proporcionadas pelas novas tecnologias, a publicação efetua-se "com base nos dados transmitidos por via electrónica entre a conservatória e a Direcção-Geral dos Registos e do Notariado" (art. 71º, 3, do CRCom.). Da publicação do ato constituinte devem constar as menções obrigatórias do registo, com a menção especial do depósito do texto atualizado do contrato ou estatuto (art. 72º, 1 e 2 do CRCom.).

Embora não seja da competência da sociedade comercial, *rectius,* dos seus representantes institucionais, promover a publicidade do contrato de sociedade, é certo que a falta daquela determina a *inoponibilidade* deste perante terceiros. Na verdade, e de acordo com o nº 2 do art. 168º, "a sociedade não pode opor a terceiros actos cuja publicação seja obrigatória sem que esta esteja efectuada, salvo se a sociedade provar que o acto está registado e que o terceiro tem conhecimento dele".

Realizada a publicação do contrato, a sociedade não pode opor a terceiros os atos praticados antes de terem decorrido dezasseis dias sobre a publicação, se os terceiros provam ter estado, durante esse período, impossibilitados de tomar conhecimento da publicação (art. 168º, 3).

DIREITO COMERCIAL E DAS SOCIEDADES. ENTRE AS EMPRESAS E O MERCADO

5. Os regimes especiais de constituição de sociedades por quotas e anónimas

5.1. Regime especial de constituição imediata de sociedades por quotas e anónimas – a "empresa na hora"

O DL 111/2005, de 8 de julho, criou a "empresa na hora". Trata-se de "um regime especial de constituição imediata de sociedades comerciais e civis sob forma comercial do tipo por quotas e anónima, com ou sem a simultânea aquisição, pelas sociedades, de marca registada" (art. 1º do DL 111/2005).

Atualmente, este procedimento é compatível com a constituição de sociedades sujeitas a autorização especial e com a realização de entradas em espécie (v. arts. 2º, 4º-A, 7º, nº 1, do DL 111/2005). Excluídas deste processo estão as sociedades em nome coletivo, em comandita (simples e por ações) e as sociedades anónimas europeias (arts. 1º e 2º, c), do DL 111/2005).

A celeridade deste processo resulta do art. 5º do DL 111/2005 que impõe que os serviços "devem iniciar e concluir a tramitação do procedimento no mesmo dia, em atendimento presencial único". Pedra basilar deste regime de constituição imediata de sociedades por quotas e anónimas é uma certa *normalização* no que toca o conteúdo do ato constitutivo. Não se estranha, por isso, que o art. 3º, a), do DL 111/2005 exija que os sócios optem por pacto ou ato constitutivo de modelo aprovado pelo presidente do IRN, I.P. Quanto à firma, os sócios podem optar por requerer a aprovação da firma no posto de atendimento, por constituir a firma da sociedade a partir de expressão de fantasia que foi criada e reservada a favor do Estado ou por apresentar o certificado de admissibilidade da firma emitido pelo Registo Nacional de Pessoas Coletivas (art. 3º, 3, do DL 111/2005).

O processo de constituição imediata é da competência das conservatórias do registo comercial, ou de quaisquer outros serviços desconcentrados do IRN, I. P., independentemente da localização da sede da sociedade a constituir (nº 1 do art. 4º do DL 111/2005). O procedimento pode também ser promovido no posto de atendimento do registo comercial a funcionar junto dos centros de formalidades de empresas (nº 2 do art. 4º do DL 111/2005).

O processo inicia-se com o *pedido* formulado pelo(s) interessado(s) junto do serviço competente, manifestando a sua opção pela firma e pelo modelo de ato constitutivo (nº 1 do art. 6º do DL 111/2005). O(s) interessado(s) deve(m) apresentar, no momento do início do procedimento, documentos comprovativos da sua identidade, capacidade e poderes de representação para o ato, bem como das autorizações especiais que sejam necessárias (nº 2 do

CAPÍTULO VI – CONSTITUIÇÃO DE SOCIEDADE COMERCIAL

art. 6° e n° 1 do art. 7° do DL 111/2005). Caso ainda não tenham depositado o dinheiro relativo às entradas, os sócios devem declarar sob sua responsabilidade, que o depósito será realizado no prazo de cinco dias úteis (art. 7°, 2, do DL 111/2005) ou, nos casos e termos em que a lei o permita, que as respetivas entradas em dinheiro são entregues nos cofres das sociedades, até ao final do primeiro exercício económico (v. art. 202°, 4). Havendo entradas em espécie, deve ser apresentado o relatório do ROC, elaborado nos termos do art. 28° do CSC (art. 7°, n° 3, do DL 111/2005). Sendo a entrada em espécie composta por um imóvel, é necessária a apresentação de documentos relativos à situação matricial do prédio, à licença de utilização ou construção, à ficha técnica do prédio e à inexistência de manifestação da intenção de exercício do direito legal de preferência por entidades públicas (art. 7°, 4, do DL 111/2005).

Efetuada a verificação inicial da identidade, da capacidade, dos poderes de representação dos interessados para o ato, bem como da regularidade dos documentos apresentados, o serviço competente realiza os atos previstos no n° 1 do art. 8° do DL 111/2005, pela ordem aí indicada. Entre os vários atos, destacamos: *a)* a cobrança dos encargos devidos, promoção da liquidação do IMT e de outros impostos; *b)* a aprovação da firma (v. art. 3°, 3, *a*), do DL 111/2005) ou a afetação, por via informática e a favor da sociedade a constituir, da firma escolhida ou da firma e da marca escolhidas e do número de identificação de pessoa coletiva que está associado à firma, nos casos previstos no art. 3°, 3, *b*), do DL 111/2005; *c)* o preenchimento do pacto ou ato constitutivo, por documento particular, de acordo com o modelo escolhido, nos termos das indicações dos interessados; *d)* o reconhecimento presencial das assinaturas dos intervenientes; *e)* a anotação de apresentação do pedido verbal de registo no diário; *f)* o registo de constituição da sociedade e de outros factos sujeitos a registo; *g)* disponibilização imediata do cartão eletrónico da empresa mediante atribuição do código de acesso e comunicação aos interessados do número de identificação da sociedade na segurança social.

Concluído o procedimento, o serviço competente entrega aos representantes da sociedade uma certidão (não o documento original) do pacto ou ato constitutivo e do registo deste e o recibo comprovativo do pagamento dos encargos (art. 12° do DL 111/2005). A publicação legal obrigatória é realizada em www.mj.gov.pt/publicacoes, conforme resulta da Portaria 590-A/2005, de 14 de julho.

Este regime não é isento de problemas e de dúvidas. Constitui, no entanto, uma iniciativa louvável que satisfaz as necessidades de determinados projetos empresariais.

5.2. Regime especial de constituição *online* de sociedades

O DL 125/2006, de 29 de junho, criou o "regime especial de constituição online de sociedades" por quotas e anónimas, através de sítio na Internet[14]. Este procedimento é da competência do Registo Nacional de Pessoas Coletivas, independentemente da localização da sede da sociedade a constituir (art. 3º, 1, do DL 125/2006).

O procedimento não é aplicável: *a*) quando sejam convencionadas entradas em espécie cuja transmissão para a sociedade exija forma mais solene do que a forma escrita; *b*) às sociedades anónimas europeias (art. 2º do DL 125/2006). Parece que o procedimento é aplicável a sociedades cujo capital seja realizado com entradas em espécie (cuja transmissão não exija forma mais solene do que a forma escrita) e a sociedades cuja constituição esteja dependente de autorização especial.

Este regime de criação de sociedades pode ser usado por qualquer interessado, sejam pessoas singulares ou coletivas (art. 4º do DL 125/2006, de 29 de junho). Os interessados que queiram diretamente constituir uma sociedade *online* devem previamente munir-se de certificado digital qualificado que permitirá a autenticação eletrónica. Já a autenticação eletrónica de notários, advogados e solicitadores faz-se mediante certificado digital que comprove a qualidade profissional do utilizador.

O procedimento inicia-se com a formulação do pedido *online*, devendo ser praticados, além de outros que se mostrem necessários, os seguintes atos: *a*) opção por firma constituída por expressão de fantasia previamente criada e reservada a favor do Estado, pela aprovação eletrónica e automática da firma ou pela verificação da admissibilidade e aprovação da firma; *b*) em alternativa, a indicação de firma constante de certificado de admissibilidade da firma previamente obtido; *c*) opção por pacto ou ato constitutivo de modelo previamente aprovado ou por envio do pacto ou do ato constitutivo elaborado pelos interessados; *d*) o preenchimento eletrónico dos elementos necessários à apresentação da declaração de início de atividade para efeitos fiscais; *e*) caso não tenha sido efetuado o depósito das entradas em dinheiro, a declaração dos sócios, sob sua responsabilidade, que ele será realizado no prazo de cinco dias úteis a contar da disponibilização da prova gratuita do registo da constituição da sociedade ou nos casos e termos em que a lei o permita, que as respetivas entradas em dinheiro são entregues nos cofres da sociedade, até ao final do primeiro exercício económico (art. 202º, 4); *f*) o pagamento,

---

[14] Sigo de perto o que escrevi em Ramos, 2015: 74, s., 2017[d]: 197, s.

CAPÍTULO VI – CONSTITUIÇÃO DE SOCIEDADE COMERCIAL

através de meios eletrónicos, dos encargos que se mostrem devidos (art. 6º do DL 125/2006).

São também enviados através do sítio www.empresaonline.pt os documentos comprovativos da capacidade dos interessados e dos seus poderes de representação para o ato, o relatório do revisor oficial de contas exigido pelo art. 28º e as autorizações especiais que sejam necessárias para a constituição da sociedade (art. 6º, 4, do DL 125/2006).

Uma vez iniciado, o pedido instruído com os documentos referidos deve ser submetido pelos interessados no prazo máximo de vinte e quatro horas. Os interessados podem ainda recorrer aos serviços de advogados, solicitadores e notários.

Validamente submetido o pedido de constituição de sociedade *online*, o serviço competente aprecia o pedido e procede às diligências subsequentes de que destacamos: *a*) o registo do pacto ou ato constitutivo da sociedade; *b*) a comunicação da constituição da sociedade ao ficheiro central de pessoas coletivas e, se for o caso, codificação de atividade económica; *c*) a comunicação do código de acesso do cartão eletrónico de empresa e do número de identificação da sociedade na segurança social; *d*) a promoção da publicação legal (a qual deve ser efetuada automaticamente e por via eletrónica); *e*) a disponibilização aos serviços competentes, por meios informáticos, dos dados necessários para o controlo das obrigações tributárias, dos dados necessários para efeitos de comunicação do início de atividade da sociedade à Autoridade para as Condições de Trabalho, bem como dos dados necessários à inscrição oficiosa da sociedade nos serviços de segurança social e, quando for o caso, no cadastro comercial (art. 12º do DL 125/2006).

6. Reestruturação empresarial e constituição de sociedades

6.1. A constituição de sociedade nova

Os processos de fusão, cisão e transformação de sociedades constituem *instrumentos* (não os únicos) de reestruturação ou reorganização empresarial. O que é caraterístico destes processos (ainda que sejam diversos e prossigam finalidades distintas) é que a constituição da nova sociedade se faz a partir de sociedade(s) preexistente(s).

Efetivamente, por razões de estratégia empresarial,pode ser necessário reorganizar a estrutura de sociedade(s) já constituída(s) – pode ser um propósito de *concentração empresarial* (fusão), de segmentação do negócio (cisão ou

DIREITO COMERCIAL E DAS SOCIEDADES. ENTRE AS EMPRESAS E O MERCADO

cisão-fusão) ou, ainda, de alteração do tipo societário, sem perder a personalidade jurídica da sociedade (transformação de sociedade).

Sendo a fusão (juntamente com as aquisições) um dos mais relevantes instrumentos de reestruturação empresarial, elas têm em vista um crescimento rápido. As fusões configuram *um* dos casos de concentração empresarial – têm como efeito o aumento da dimensão da estrutura empresarial e, simultaneamente, a *diminuição* do número de empresas no mercado. Explica-se a circunstância de a fusão provocar a diminuição de sociedades no mercado pois ela carateriza-se por ser a reunião de duas ou mais sociedades em que se extinguem todas ou todas menos uma (Ventura, 1990:14, 15; Marques, 2015: 157, ss.).

Não sendo uma operação proibida pelo direito da concorrência, é, em razão dos potenciais efeitos anticoncorrenciais, objeto de controlo prévio pelo regulador da concorrência. Este controlo prévio faz-se através da *obrigatoriedade*, atingidos que sejam determinados índices, de *notificação prévia* da fusão (v. arts. 36°, ss. da Lei 19/2012, de 8 de maio, Regulamento (CE) n° 139/2004 de 20 de janeiro de 2004).

Também a *cisão* de *sociedade(s)* constitui um instrumento de reestruturação empresarial. Se a fusão promove a concentração, a cisão provoca a "divisão do património da sociedade, resultando, no final, duas ou mais sociedades, sendo nessa medida uma forma de desconcentração da empresa social originária" (Marques, 2015[b]:461).

No entanto, não raras vezes, a cisão é um passo intermédio para a concentração. Para melhor se perceber esta ideia, há que considerar as várias modalidades de cisão e a combinação que podem estabelecer com a fusão de sociedades.

Comum à cisão e à fusão é a circunstância de provocarem uma alteração do substrato pessoal e/ou patrimonial das sociedades intervenientes (Marques, 2015[d]: 547). Já a *transformação de sociedades* opera a modificação do tipo societário, mantendo-se inalterado o substrato pessoal e patrimonial.

As fusões, cisões ou transformações *não têm* necessariamente como efeito a constituição de nova(s) sociedade(s). Estão apenas em causa a *fusão por constituição de nova sociedade*, a *cisão simples*, a cisão-dissolução, a *cisão-fusão por constituição de nova(s) sociedade(s)* e a *transformação extintiva*.

6.2. Fusão por constituição de nova sociedade

O art. 97°, 4, identifica as modalidades de fusão de sociedades:

a) *fusão por incorporação*, quando se opera pela "transferência global do património de uma ou mais sociedades para outra e a atribuição aos

CAPÍTULO VI – CONSTITUIÇÃO DE SOCIEDADE COMERCIAL

sócios daquelas de partes, acções ou quotas desta" (art. 97°, 4, *a*)). Neste caso, a sociedade incorporada extingue-se, o seu património é integrado no património da sociedade incorporante, e os sócios da incorporante ficam a deter participações sociais da sociedade incorporante. Na fusão por incorporação, a reestruturação empresarial faz-se *sem a constituição de nova sociedade.*

b) *Fusão por constituição de nova sociedade*, "mediante a constituição de uma nova sociedade, para a qual se transferem globalmente os patrimónios das sociedades fundidas, sendo aos sócios destas atribuídas partes, acções ou quotas da nova sociedade" (art. 97°, 4, *b*)). Esta é modalidade de fusão que comporta a constituição de nova sociedade.

Neste caso, a nova sociedade constituída assenta num ato de natureza contratual, pois radica no contrato entre as duas sociedades que se fundem (Ramos, 2017:143, e bibliografia aí indicada).

6.3. Cisão e constituição de nova(s) sociedade(s)

Tendo em conta o teor do art. 118°, são três a modalidades da cisão:

a) Cisão pelo destaque de parte do património de uma sociedade para com ela constituir outra sociedade (art. 118°, 1, *a*)). Está aqui caraterizada a *cisão simples*. Neste caso, a sociedade de onde se destaca parte do património mantém a sua personalidade jurídica. Com o património destacado é/são constituída(s) uma/várias sociedade(s). Neste caso, a sociedade constituída (também designada "sociedade beneficiária") é constituída através de um *negócio jurídico unilateral* (Ramos, 2017:143).

b) Cisão pela dissolução e divisão do seu património, sendo cada uma das partes resultantes destinada a constituir *uma nova sociedade* (art. 118°, 1, *b*). Esta alínea contempla a *cisão-dissolução*: a sociedade dissolve-se e extingue-se, dividindo o seu património em duas ou mais partes, sendo que cada uma das partes se destina a constituir uma sociedade nova.

c) Cisão pelo destaque de partes do património da sociedade ou pela dissolução, dividindo-se o património da sociedade em duas ou mais partes, para as fundir com sociedades já existentes ou com partes do património de outras sociedades, separadas por idênticos processos e com igual finalidade. Prevê-se aqui o caso da cisão-fusão de sociedade que, por sua vez, se desdobra em várias sub-modalidades (sobre elas, v. Marques, 2015[b]:463). Nestes casos, a cisão é um passo intermédio para uma operação de concentração.

DIREITO COMERCIAL E DAS SOCIEDADES. ENTRE AS EMPRESAS E O MERCADO

6.4. Transformação extintiva

O art. 130º autonomiza sistematicamente a transformação de sociedades das alterações do contrato, reguladas nos arts. 85º e ss..

Nos termos do art. 130º, 1, "as sociedades constituídas segundo um dos tipos enumerados no artigo 1º, nº 2, podem adotar posteriormente um outro desses tipos, salvo proibição da lei ou do contrato". Por conseguinte, a transformação de sociedades traduz-se, justamente, na *mudança de tipo societário, mantendo-se o substrato pessoal e patrimonial.* A mudança de tipo societário implica, como se sabe, a alteração das regras jurídicas que passam a reger as relações entre os sócios, entre os sócios e a sociedade, entre os sócios e credores sociais, entre a sociedade e credores sociais. Considere-se, a título de exemplo, que uma sociedade em nome coletivo constituída por cinco sócios é transformada em sociedade anónima. Alterar-se-ão neste processo, necessariamente, a firma, o capital social, as participações sociais e os regimes da titulação e transmissão de participações sociais, o número mínimo de sócios, o regime da responsabilidade dos sócios pelas dívidas sociais, a estrutura organizatória, o regime de participação dos cônjuges em sociedade (deixa de valer a proibição constante do art. 8º, 1).

Várias razões podem motivar o processo de transformação de sociedades: dispersão do capital em bolsa (a exigir a transformação em sociedade anónima), ter acesso a atividade económica para que a lei exija determinado tipo societário.

O CSC acolhe duas modalidades de transformação: *a)* transformação simples ou formal (art. 130º, 3); *b)* transformação extintiva. No primeiro caso, a sociedade transformada *não é extinta.* No segundo caso (transformação extintiva), a sociedade em causa dissolve-se (art. 130º, 3, parte final) e extingue-se a personalidade jurídica da sociedade, constitui-se uma *nova sociedade* para quem é transmitido automaticamente todo o património da sociedade extinta (art. 130º, 3, 6, do CSC). Esta transferência global do património a título universal produz-se por efeito da inscrição registral da transformação (art. 140º-A).

6.5. Partes na constituição de sociedade nova e número mínimo de sócios

No caso de constituição de sociedade nova por fusão, no contrato de sociedade intervêm as duas ou mais sociedades fundidas. No caso das sociedades cindidas, intervêm como fundadores as sociedades cindidas – é o que resulta do art. 129º, 1. O art. 129º, 1, consagra um desvio às regras do art. 7º, 1, 3.

CAPÍTULO VI – CONSTITUIÇÃO DE SOCIEDADE COMERCIAL

Este último preceito consagra a regra de que os fundadores são os primeiros sócios. Ora, "os "fundadores" da sociedade constituída por cisão (ou fusão) não ficam a ser sócios da nova sociedade, pois as participações são atribuídas diretamente aos sócios da(s) sociedade(s) cindida(s) – ou, quanto à fusão, de cada sociedade fundida –, sendo estes os primeiros sócios da sociedade constituída" (Marques, 2015[c]: 540).

Na cisão simples ou cisão dissolução, na constituição de novas sociedades intervém a sociedade cindida/dissolvida, através de *negócio jurídico unilateral*. No caso de cisão-fusão, intervêm na constituição da sociedade nova as duas ou mais sociedades cindidas. O ato constituinte é um ato de natureza contratual (Abreu, 2015:96).

No caso de transformação extintiva, parece que o *ato constituinte* da nova sociedade configura *um negócio jurídico unilateral* (Abreu, 2015:96) em que participa a sociedade que se irá extinguir. Nos termos do art. 134°, c), a assembleia geral da sociedade que se vai transformar deve aprovar separadamente "o contrato pelo qual a sociedade passará a reger-se".

O art. 134° autonomiza a deliberação de transformação da deliberação de aprovação do contrato pelo qual a sociedade passará a reger-se. O art. 134°, c), fala em "contrato" que deve respeitar o conteúdo exigido pelo art. 9° e as menções específicas próprias de cada um dos tipos societários. E, por conseguinte, os sócios da nova sociedade serão, em regra, os sócios da sociedade que se vai dissolver. A sociedade que se transforma, sendo dissolvida, intervém na constituição da nova sociedade, designadamente deliberando o conteúdo do ato constituinte (art. 134°, c)), mas não adquire a qualidade de sócia.

O registo da transformação extintiva (art. 3°, r), 15° do CRCom.) tem efeito *constitutivo* da personalidade jurídica da nova sociedade, apesar de o teor literal do art. 5°, parte final, poder induzir conclusão contrária. Segue-se a publicação, nos termos dos arts. 165°, 166° do CSC e art. 70° do CRCom.

6.6. Forma do ato constituinte da nova sociedade; registo

O art. 7°, relativo à "forma e partes do contrato" de sociedade, prescreve no seu n° 4, que "a constituição de sociedade por fusão, cisão ou transformação de outras sociedades rege-se pelas respetivas disposições desta lei".

Embora o art. 7°, 4, não identifique as "disposições" para que remete, há a considerar que, em matéria de "forma e partes do contrato" da nova sociedade constituída no âmbito de processos de fusão, cisão e transformação de sociedades, regem, especificamente, os arts. 106°, 2, 120°, 129°, 134°, c).

O art. 106°, 2, relativo à "forma e disposições aplicáveis" à constituição de nova sociedade manda aplicar a esta as regras gerais sobre a constituição de sociedades. O que significa que o ato constituinte (v. *supra*) deve respeitar o conteúdo do art. 9°.

Ressalva o art. 106°, 2, parte final, "salvo se outra coisa resultar da sua própria razão de ser". O que implica que possa haver normas relativas à constituição em geral das sociedades que não se aplicam ao processo de constituição de sociedade nova por fusão. É o que acontece, em matéria de forma que o ato de constituição da sociedade nova por fusão deve revestir. Gonçalves, 2011:407 e Marques, 2015[a]:309, entendem que a este caso não se aplica o art. 7°, 1, porque a "constituição de nova sociedade por fusão e cisão resulta de um processo especial de constituição (…), apenas sendo de observar, se for caso disso, o disposto no art. 106°, 1, relativamente à forma da fusão e cisão" (Marques, 2015[a]:309). Segundo estes autores, baseados no art. 106°, 2, não tem "razão de ser" que à constituição de sociedade nova por fusão se aplique o art. 7°, 1. Por conseguinte, as sociedades novas constituídas por fusão *não necessitam* de ser tituladas através de documento reduzido a escrito e as assinaturas dos seus subscritores reconhecidas presencialmente (art. 7°, 1). Por força do art. 120° também a constituição de sociedade por cisão simples ou por cisão-fusão não está sujeita à forma prevista no art. 7°, 1 (Marques, 2015[a]:309).

Põe-se a questão de saber qual é a forma a ser observada pelo ato constituinte da nova sociedade, criada na transformação extintiva. Marques, 2015[e]: 623 considera que, não havendo imóveis, é suficiente a ata, documentando as deliberações tomadas em assembleia geral convocada ou em assembleia universal. Havendo bens imóveis, e para que se opere a sua transmissão para a sociedade nova a constituir, é necessário que "o ato de transformação revista forma solene", seja através de documento autónomo (escritura pública ou documento particular autenticado), seja, se admitido, através de ata notarial (art. 63°, 6)" (Marques, 2015[e]:623).

As sociedades novas constituídas por fusão ou cisão adquirem personalidade jurídica no momento do registo da fusão ou da cisão, conforme o que resulta dos arts. 5°, parte final, 112°, 2, *a*).

CAPÍTULO VI – CONSTITUIÇÃO DE SOCIEDADE COMERCIAL

Bibliografia citada

Abreu, J. M. Coutinho de (2016), *Curso de direito comercial.* Vol. I. *Introdução, atos de comércio, comerciantes, empresas, sinais distintivos*, 10ª ed., Coimbra: Almedina.

Abreu, J. M. Coutinho de (2015), *Curso de direito comercial.* Vol. II – *Das sociedades*, 5ª ed., Coimbra: Almedina.

Cordeiro, A. Menezes (2011), *Direito das sociedades*, I. *Parte geral*, 3ª ed., Coimbra: Almedina.

Correia, Francisco Mendes (2009), "O Decreto-Lei nº 247-B/2008, de 30 de Dezembro: Cartão de Empresa, Cartão de Pessoa Colectiva e outras novidades", *Revista de Direito das Sociedades*.

Costa, Ricardo (2003), "Unipessoalidade societária", in: *Miscelâneas*, Coimbra: IDET//Almedina.

Cunha, Carolina (2017), "Artigo 17º", *Código das Sociedades Comerciais em comentário*, cood. de J. M. Coutinho de Abreu, vol. I, 2ª ed., Coimbra: Almedina.

Dias, Gabriela Figueiredo (2012), "Artigo 279º", *Código das Sociedades Comerciais em comentário*, coord. de J. M. Coutinho de Abreu, vol. V, Coimbra: Almedina.

Domingues, Paulo de Tarso (2015), "Capital e património sociais, lucros e reservas", em *Estudos de direito das sociedades*, coord. de J. M. Coutinho de Abreu, 12ª ed., Coimbra: Almedina.

Duarte, Rui Pinto (2017), "Pontos críticos do CSC", *Congresso Comemorativo dos 30 anos do CSC*, coord. de Paulo de Tarso Domingues, Coimbra: Almedina.

Gonçalves, Diogo Costa (2011), "Artigo 106º", Código das Sociedades Comerciais anotado, coord. de A. Menezes Cordeiro, 2ª ed., Coimbra: Almedina.

Leitão, Adelaide Menezes/Brito, José Alves (2011), "Artigo 7º", *Código das Sociedades Comerciais anotado*, coord. de A. Menezes Cordeiro, 2ª ed., Coimbra: Almedina.

Marques, Elda (2015), "Artigo 97º", *Código das Sociedades Comerciais em comentário* (coord. de J. M. Coutinho de Abreu), vol. II, 2ª ed., Coimbra: Almedina.

Marques, Elda (2015[a]), "Artigo 106º", *Código das Sociedades Comerciais em comentário* (coord. de J. M. Coutinho de Abreu), vol. II, 2ª ed., Coimbra: Almedina.

Marques, Elda (2015[b]), "Artigo 118º", *Código das Sociedades Comerciais em comentário* (coord. de J. M. Coutinho de Abreu), vol. II, 2ª ed., Coimbra: Almedina.

Marques, Elda (2015[c]), "Artigo 129º", *Código das Sociedades Comerciais em comentário* (coord. de J. M. Coutinho de Abreu), vol. II, 2ª ed., Coimbra: Almedina.

Marques, Elda (2015[d]), "Artigo 130º", *Código das Sociedades Comerciais em comentário* (coord. de J. M. Coutinho de Abreu), vol. II, 2ª ed., Coimbra: Almedina.

Marques, Elda (2015[e]), "Artigo 140-Aº", *Código das Sociedades Comerciais em comentário* (coord. de J. M. Coutinho de Abreu), vol. II, 2ª ed., Coimbra: Almedina.

Martins, Alexandre de Soveral (2006), "Empresas na hora", *Temas societários*, Coimbra: Almedina.

Martins, Alexandre de Soveral (2016), *Um curso de direito da insolvência*, 2ª ed., Coimbra: Almedina.

Ramos, Maria Elisabete (2012), "Sociedades unipessoais – perspetivas da experiência portuguesa", *Questões de direito societário em Portugal e no Brasil*, coord. de Maria de Fátima Ribeiro e Fábio Ulhoa Coelho, Coimbra: Almedina.

Ramos, Maria Elisabete (2015), "Constituição das sociedades comerciais", *Estudos de direito das sociedades*, coord. de J. M. Coutinho de Abreu, 12ª ed., Coimbra: Almedina.

Ramos, Maria Elisabete (2016), "Artigo 176º", *Código das Sociedades Comerciais em comentário*, coord. de J. M. Coutinho de Abreu, vol. III, 2ª ed., Coimbra: Almedina.

Ramos, Maria Elisabete (2016[a]), "Artigo 199º", *Código das Sociedades Comerciais em comentário*, coord. de J. M. Coutinho de Abreu, vol. III, 2ª ed., Coimbra: Almedina.

Ramos, Maria Elisabete (2017), "Artigo 7º", *Código das Sociedades Comerciais em comentário*, coord. de J. M. Coutinho de Abreu, vol. I, 2ª ed., Coimbra.

Ramos, Maria Elisabete (2017[a]), "Artigo 9º", *Código das Sociedades Comerciais em comentário*, coord. de J. M. Coutinho de Abreu, vol. I, 2ª ed., Coimbra: Almedina.

Ramos, Maria Elisabete (2017[b]), "Artigo 16º", *Código das Sociedades Comerciais em comentário*, coord. de J. M. Coutinho de Abreu, vol. I, 2ª ed., Coimbra: Almedina.

Ramos, Maria Elisabete (2017[c]), "Os contratos e a responsabilidade civil", *Manual de Introdução ao Direito*, 2ª ed., M. Manuel Leitão Marques, Maria Elisabete Ramos, Catarina Frade, João Pedroso, Coimbra: Almedina.

Ramos, Maria Elisabete (2017[d]), "As mudanças de regime do processo constitutivo das sociedades", *Congresso Comemorativo dos 30 anos do CSC*, coord. de Paulo de Tarso Domingues, Coimbra: Almedina.

Santos, F. Cassiano dos (2009), *A sociedade unipessoal por quotas – Comentários e anotações aos artigos 270º-A a 270º-G do Código das Sociedades Comerciais*, Coimbra: Coimbra Editora.

Soares, Maria Ângela (2006), "A transferência internacional da sede social no âmbito comunitário", em *Temas societários*, Coimbra: Almedina.

Ventura, Raúl (1990), *Fusão, cisão, transformação de sociedades*, Coimbra: Almedina.

CAPÍTULO VI – CONSTITUIÇÃO DE SOCIEDADE COMERCIAL

Para saber mais

I – Leituras recomendadas

Abreu, J. M. Coutinho de/ Dias, Rui Pereira (2015), "Sociedades fechadas", *Direito das Sociedades em Revista*, 13.

Carvalho, Maria Miguel (2011), "Desenvolvimentos recentes relativos ao Estatuto da Sociedade Europeia", *I Congresso Direito das Sociedades em Revista*, Coimbra: Almedina.

Domingues, Paulo de Tarso (2013), "O CIRE e a recuperação das sociedades comerciais em crise", *Coleção Estudos do Instituto do Conhecimento AB* nº 1, Almedina.

Gonçalves, Diogo Costa (2008), *Fusão, cisão e transformação de sociedades. A posição jurídica dos sócios e a delimitação do statuo viae*, Coimbra: Almedina.

Marques, Elda (2014), "Fusões e cisões (não) proporcionais", *III Congresso Direito das Sociedades em Revista*, Coimbra: Almedina.

Russo, Fábio Castro (2012), "Fusão e cisão de sociedades (Portugal)", *Questões de direito societário em Portugal e no Brasil*, coord. de Maria de Fátima Ribeiro, Fábio Ulhoa Coelho, Coimbra: Almedina.

Santos, F. Cassiano dos (2009), "Sociedades unipessoais por quotas, exercício individual e reorganização empresariais – reflexões a propósito do regime legal", *Direito das Sociedades em Revista*, ano 1, vol. 1.

Santos, Filipe Cassiano dos (2014), "Fusão por incorporação, transmissão de posições jurídicas e relações mercantis *intuitu personae*", *Direito das Sociedades em Revista*, 11.

Vasconcelos, Joana (2001), *A cisão de sociedades*, Lisboa: UCP.

II – Sítios oficiais de conteúdo informativo relevante para a compreensão da identidade das sociedades

Em http://www.irn.mj.pt/sections/empresas, o Instituto dos Registos e Notariado identifica os serviços que são prestados às empresas.

Para informação pormenorizada sobre a "empresa na hora", incluindo as estatísticas sobre este processo especial de constituição de sociedades por quotas e anónimas, consulte-se http://www.empresanahora.mj.pt/ENH/sections/PT_inicio.

DIREITO COMERCIAL E DAS SOCIEDADES. ENTRE AS EMPRESAS E O MERCADO

Para a constituição de "empresa online", consulte-se o Balcão do Empreendedor em https://bde.portaldocidadao.pt/CVE/pt/EOL.

Para exemplos de acordos parassociais cujo conteúdo foi tornado público, consultem-se : http://www.galpenergia.com/PT/investidor/AccaoGalpEnergia/Paginas/Acordo-parassocial.aspx; http://www.novabase.pt/pt/dp/informacao-a-cmvm.

Sobre o "Plano de ação Empreendedorismo 2020", consultar http://ec.europa.eu/growth/smes/promoting-entrepreneurship/action-plan/

CAPÍTULO VI – CONSTITUIÇÃO DE SOCIEDADE COMERCIAL

Para estudar melhor

I. Distinga:

a) *Start-ups de* sociedades comerciais;

b) Registo de ato constituinte de sociedade *de* publicação de ato constituinte de sociedade;

c) Fusão *de* cisão-fusão;

d) Entradas em espécie *de* entradas em indústria;

e) Pequenas e médias empresas *de* sociedades-empresas familiares;

f) Contrato de sociedade *de* acordo parassocial omnilateral.

II. Considere a seguinte factualidade:

Manuel da Fonseca, José Abreu e Catarina Lapa querem constituir entre si uma sociedade com a firma "Eletrodomésticos do Mondego, Lda" destinada a comprar e vender eletrodomésticos. Cada um dos sócios entrará com 5000 euros em dinheiro. Os sócios obtiveram o certificado de admissibilidade da firma "Eletrodomésticos do Mondego, Lda".

Questões:

a) Será esta uma sociedade comercial? Justifique a sua resposta.

b) Tendo em conta os factos descritos, poderão os sócios constituir a sociedade através do procedimento "empresa na hora"? Justifique a sua resposta.

c) Será esta uma sociedade aberta? Justifique a sua resposta.

Capítulo VII
PERSONALIDADE E CAPACIDADE JURÍDICA

1. Personalidade jurídica

1.1. Sentido de personalidade jurídica

A Parte Geral do Código das Sociedades Comerciais dedica o Capítulo II à "personalidade e capacidade" das sociedades comerciais e civis em forma comercial.

O art. 5º, 1ª parte[1], determina que "as sociedades gozam de personalidade jurídica e existem como tais a partir da data do registo definitivo do contrato pelo qual se constituem (…)". O registo provisório do ato constituinte não atribui a personalidade jurídica à sociedade.

O art. 5º refere expressamente o "contrato" de sociedade. Sendo a sociedade constituída por negócio jurídico unilateral, também este está sujeito a registo definitivo na conservatória do registo comercial. E será a partir deste registo que a sociedade unipessoal adquire personalidade jurídica, conforme os arts. 3º, 1, *a*), do CRCom., os arts. 270º-G e 488º.

Já vimos em outro momento que o registo do ato constituinte da sociedade é *obrigatório*, seja qual for o tipo societário escolhido (arts. 18º, 5 do CSC, arts. 3º, *a*), 15º do CRCom.). A personalidade assim adquirida manter-se-á até ao registo do encerramento da liquidação (art. 160º, 2)[2]. A sociedade

---

[1] São do Código das Sociedades Comerciais as normas cuja fonte legislativa não é mencionada.
[2] Sobre a desconsideração da personalidade jurídica das sociedades, v. *infra*.

DIREITO COMERCIAL E DAS SOCIEDADES. ENTRE AS EMPRESAS E O MERCADO

dissolvida, mas não liquidada, mantém a personalidade jurídica, nos termos do art. 146°, 2.

É questão muito controvertida na doutrina a de saber qual o sentido jurídico da personalidade jurídica das pessoas coletivas em geral. Escapa aos propósitos deste trabalho identificar e analisar cada uma das orientações doutrinárias que se debruçou sobre a personalidade jurídica das pessoas coletivas[3]. Algumas notas sintéticas relativas ao confronto entre personalidade das pessoas humanas e a personalidade das pessoas coletivas.

O Código Civil traça a dicotomia entre "pessoas singulares" (arts. 66° e seguintes do CCiv.) e "pessoas coletivas" (arts. 157° e ss. do CCiv.), induzindo, numa leitura apressada, que há um conceito geral de pessoa que, depois, se especializa em pessoas singulares e pessoas coletivas[4]. Ora, não é assim. Na verdade, a dita "pessoa singular" é a *pessoa humana* que é pessoa independentemente de qualquer intervenção do Estado. A pessoa humana é pessoa, antes e independentemente de qualquer registo civil ou de outro procedimento burocrático-legal. A pessoa humana será pessoa até à morte (art. 68° do CCiv.). Ao Estado exige-se que respeite a pessoa humana. Recorde-se que em Portugal está proibida a pena de morte, enquanto sanção penal aplicada pelo Estado em reação a infrações criminais (art. 24°, 2, CRP). A personalidade jurídica das pessoas humanas não tem graduações ou variações durante a vida – é-se pessoa. Todas as pessoas humanas são pessoas, e ao Estado não é permitido dizer quais as que são pessoas e quais as que não são[5]. Estamos a falar, pois, de manifestações da dignidade da pessoa humana.

É muito diversa a situação das pessoas coletivas (de que fazem parte as sociedades comerciais e civis em forma comercial). As pessoas coletivas são *organizações*, umas vezes de base pessoal, outras de substrato institucional. Acontece que é o Estado, através de normas jurídicas positivas, que decide que organizações e em que condições adquirem personalidade jurídica e as condições para a manutenção da referida personalidade jurídica. Pode, pois, sustentar-se que a personalidade coletiva é uma realidade jurídica, uma criação do direito, um "real-construído" (Costa, 1992:555). A personalidade jurídica é atribuída pelo Estado a muitas e muito diferenciadas organizações (institucionais, associativas, societárias-pluripessoais e societárias-unipessoais). E, porque a personalidade coletiva não é uma exigência da dignidade da

---

[3] V. Cordeiro, 1997:265, ss.

[4] Divergentemente, Cordeiro, 2000:73, defende uma conceção unitária de pessoa.

[5] Também neste sentido, Gonçalves, 2015:543, 549.

CAPÍTULO VII – PERSONALIDADE E CAPACIDADE JURÍDICA

pessoa humana, mas sim o resultado de ponderações jurídico-políticas de oportunidade, ela pode ser graduada, consoante os objetivos a serem atingidos. No caso das sociedades, fala-se em desconsideração da personalidade jurídica ou levantamento da personalidade jurídica (v. *infra*). Portanto, a relativização da personalidade jurídica "é sempre um problema de personificação colectiva" (Gonçalves, 2015:549).

Diz o art. 5º que a partir da data do registo definitivo do contrato de sociedade as "sociedades existem como tais", induzindo-se a conclusão de que a sociedade não existe antes do registo. E, efetivamente, há doutrina portuguesa que sustenta que antes do registo não há sociedade (Ferrer Correia, 2003:25; Pupo Correia, 2016:179). Deve entender-se que antes do registo definitivo do contrato pelo qual se constituem as sociedades *não têm personalidade jurídica, não são pessoas coletivas*. Coutinho de Abreu defende que as "sociedades não personalizadas (antes do registo)" "possuem já subjetividade jurídica" (Abreu, 2017:105).

Com a aquisição da personalidade jurídica, a sociedade comercial ou civil em forma comercial é um sujeito de direitos e de obrigações, um "autónomo centro[s] de imputação de efeito[s] jurídico[s]" (Abreu, 2015: 156). No caso das sociedades comerciais e civis em forma comercial, o Estado faz depender a aquisição da personalidade jurídica do registo definitivo do ato pelo qual se constitui a sociedade[6]. E, tal registo, de *natureza constitutiva* (art. 13º, 2, do CRCom.)[7], é da competência do conservador do registo comercial ou do seu substituto (art. 55º-A, 1, do CRCom.).

Deve distinguir-se a *personalidade jurídica* das sociedades da *personalidade judiciária*. Enquanto a *personalidade jurídica* é a referida suscetibilidade de ser um centro autónomo de direitos e de deveres, a personalidade judiciária é um pressuposto processual. No que às sociedades diz respeito, é reconhecido a sociedades dotadas de personalidade jurídica, mas também a sociedades que não têm personalidade jurídica. Na verdade, nos termos do art. 11º, 1, do CPC, a "personalidade judiciária consiste na suscetibilidade de ser parte". E, acrescenta o nº 2, que "quem tiver personalidade jurídica tem igualmente personalidade judiciária". Não há, contudo, uma sobreposição completa entre personalidade jurídica e personalidade judiciária, pois nos termos do art. 12º, *c*) e *d*), do CPC, têm personalidade judiciária as sociedades civis e as "sociedades

---

[6] Sobre os antecedentes normativo dos art. 5º, Gonçalves, 2015:594.

[7] Ramos, 2015:65. Divergentemente, Gonçalves, 2015:613, para quem a génese da capacidade jurídica está na vontade das partes. V. tb. Martins, 1994:59, ss.; Cordeiro, 2011:593.

DIREITO COMERCIAL E DAS SOCIEDADES. ENTRE AS EMPRESAS E O MERCADO

comerciais, até à data do registo definitivo do contrato pelo qual se constituem, nos termos do artigo 5º do Código das Sociedades Comerciais".

É muito discutido se as sociedades civis têm ou não personalidade jurídica[8]. Ao contrário do CSC – que atribui expressamente personalidade jurídica a sociedades civis em forma comercial e sociedades comerciais –, o Código Civil não atribui expressamente personalidade coletiva às sociedades civis que regula. Vários argumentos são convocados no sentido da personalidade jurídica e outros tantos são mobilizados para negar a personalidade jurídica das sociedades civis simples (para o elenco de uns e de outros, Abreu, 2015:164, s). Efetivamente, a lei não atribuiu expressamente a personalidade jurídica às sociedades civis. O art. 12º, *c*), do CPC, relativo à extensão da personalidade judiciária, parece pressupor que as sociedades civis não têm personalidade jurídica. Acresce que, enquanto o contrato de sociedade civil em forma comercial e a sociedade comercial estão sujeitos ao controlo público de legalidade realizado obrigatoriamente pelo registo comercial, o contrato de sociedade simples não está sujeito a igual intervenção do Estado. E, parece, como se disse atrás, que a atribuição da personalidade jurídica e a subsequente qualidade de pessoa coletiva, dependem de intervenção e controlo do Estado.

Afirmar que a sociedade civil simples não tem personalidade jurídica não significa defender que ela não é titular de direitos e obrigações. A sociedade civil é titular dos direitos reconhecidos por lei. Várias normas do seu regime confirmam o que acaba de ser dito. Veja-se, por exemplo, o art. 989º do CCiv. ("coisas sociais"), o art. 995º, 2, CCiv. ("bens da sociedade"), 997º, 1, CCiv. ("dívidas sociais"), 997º, 2, CCiv. ("débitos da sociedade" e "património social"), 998º, 1, CCiv. ("bens da sociedade"), o direito a adotar denominação, nos termos do art. 42º, 1, do RRNPC, ou o direito a ser parte em ação judicial (art. 12º, *c*), do CPC). O que estes exemplos mostram (e outros poderiam ser avançados) é que a lei solucionou várias questões práticas relevantes para a tutela dos interesses da sociedade civil simples, dos seus sócios e dos terceiros que com ela contactam.

Consideremos, agora, a parte final do art. 5º– "sem prejuízo do disposto quanto à constituição de sociedades por fusão, cisão ou transformação de outras". Na verdade, as *novas sociedades* (v. *supra*) que resultam de fusão e de cisão adquirem personalidade jurídica com o registo, respetivamente, da fusão e da cisão (art. 112º, 120º). No caso de transformação extintiva (art. 130º, 3, 5), com o registo, a mudança de tipo torna-se eficaz perante terceiros.

---

[8] Sobre esta discussão, Abreu, 2015:164, ss.

CAPÍTULO VII – PERSONALIDADE E CAPACIDADE JURÍDICA

1.2. Efeitos da personalidade jurídica

Ainda que não se deva sobrevalorizar a personalidade coletiva das sociedades, ela implica *várias consequências jurídicas*. Desde logo, a já referida circunstância de a sociedade comercial ou civil em forma comercial ser um centro autónomo de direitos e de deveres. Juridicamente, os direitos e obrigações são encabeçados pela *sociedade*; são da titularidade desta e não dos sócios.

Outra das consequências jurídicas é que os bens que integram o património social pertencem à sociedade e não aos sócios. É o património social que, nos termos do art. 601º do CCiv., constitui a garantia geral das obrigações da sociedade. Por consequência, ainda que a sociedade seja gerida por sócio(s), as decisões da gestão da sociedade versam sobre *bens alheios* aos gestores. E são bens alheios porque são da titularidade da sociedade.

Os sócios têm direitos perante a sociedade e não sobre os bens que integram o património social. Os sócios têm uma participação social que se traduz no "conjunto unitário de direitos e obrigações atuais e potenciais do sócio (enquanto tal)" (Abreu, 2015:195) (v. *infra*).

Por vezes, diz-se que o património da sociedade é "autónomo". Tal asserção não quer significar que o património social não pertença à sociedade. O que se quer significar é que o património da sociedade é insensível às dívidas particulares dos sócios. Ou seja, os credores particulares dos sócios não se podem fazer pagar executando o património da sociedade. É o que resulta do art. 183º, 1, quando expressamente determina que "o credor do sócio não pode executar a parte deste na sociedade, mas apenas o direito aos lucros e à quota de liquidação". No que às sociedades por quotas diz respeito, o credor do sócio quotista pode penhorar a quota deste e determinar a venda ou adjudicação dela (vejam-se os arts. 220º, 2, 228º, 1 e o art. 239º). Nas sociedades anónimas, os credores particulares do acionista podem executar as ações de que ele seja titular e obter a satisfação dos créditos através da venda ou adjudicação das ações (arts. 317º, 3, *e*), 328º, 5).

Casos há em que a autonomia não é completa. Os sócios das sociedades em nome coletivo e os sócios comanditados (arts. 175º, 1, 465º, 1) respondem pelas dívidas da sociedade. Veja-se o que a este propósito se disse no Capítulo V, dedicado à identidade da sociedade comercial.

Por outro lado, as entradas dos sócios para a sociedade (v. o art. 20º, *a*)) que, juridicamente, consistam na transferência da propriedade ou de outros direitos, são *atos de transmissão* por parte dos sócios e de aquisição por parte da sociedade. Em caso de liquidação da sociedade, na partilha a atribuição de bens sociais aos sócios configura, também ela, uma aquisição pelos sócios Martins, 2015:90, 91).

Os sócios não têm qualquer direito sobre os bens que constituem o património da sociedade; no património de cada sócio existe a *participação social* que é um bem móvel, ainda que o património da sociedade seja constituído por bens imóveis.

2. Desconsideração da personalidade jurídica

2.1. Caraterização geral

Já sabemos que a sociedade civil em forma comercial e a sociedade comercial dotadas de personalidade jurídica são sujeitos autónomos de direitos e de obrigações; a sociedade, enquanto sujeito de direitos, distingue-se dos sócios também eles autónomos sujeitos de direitos. Vigora, neste contexto, o chamado "princípio da separação" em virtude do qual se segregam, por um lado, os conhecimentos, a imputação de efeitos jurídicos, as responsabilidades pelas dívidas e as obrigações da sociedade e, por outro, os conhecimentos, a imputação de efeitos jurídicos, as responsabilidades pelas dívidas e as obrigações dos sócios.

E, no entanto, esta separação *não é absoluta nem irremovível*. Não é nem pode ser, tendo em conta que a sociedade é um instrumento de que os sócios se servem. E que "o património da sociedade não está ao serviço de interesses da pessoa jurídica "em si", mas sim do(s) sócio(s)" (Abreu, 2017:108).

Apesar de todas as controvérsias, parece ser adequado afirmar-se que a experiência jurídica portuguesa[9] conhece a figura que, consoante os autores, recebe o nome de "penetração da personalidade jurídica" (Orlando de Carvalho), "superação da personalidade jurídica" (Galvão Telles), "desconsideração da personalidade jurídica" (Oliveira Ascensão e Coutinho de Abreu) "levantamento da personalidade jurídica" (Menezes Cordeiro e Diogo Costa Gonçalves).

Coutinho de Abreu define desconsideração da personalidade jurídica como "a derrogação ou não observância da autonomia jurídico-subjetiva e/ou patrimonial das sociedades em face dos respetivos sócios" (Abreu, 2017:108).

---

[9] O que se afirma no texto não é infirmado pela circunstância de, pontualmente, arestos jurisprudenciais proclamarem que a desconsideração da personalidade jurídica não é reconhecida no direito português. Antunes, 2016: 226, s. sublinha a fluidez das fronteiras e os perigos da invocação da desconsideração da personalidade jurídica.

CAPÍTULO VII – PERSONALIDADE E CAPACIDADE JURÍDICA

A questão da desconsideração da personalidade coletiva começou por ser tratada casuisticamente pela jurisprudência norte-americana, tendo sido usadas as expressões "disregard of the legal entity, "lifting the corporate veil" ou "piercing the veil" (Martins, 2015:94). Na doutrina alemã posterior à Segunda Guerra Mundial é desenvolvido um tratamento mais aprofundado do tema falando-se de "Durchgriff durch die juristische Person" ou de Miβachtung der juristischen Person". Na doutrina portuguesa atual, os termos "desconsideração" e "levantamento" são usados indistintamente

Inexistindo normas legais reguladoras, em geral, da desconsideração da personalidade jurídica, esta figura continua a assumir uma *matriz casuística*, em que a jurisprudência e a doutrina procuram identificar os fundamentos jurídicos que legitimam a derrogação do princípio da separação entre sociedade e sócios e, por outro lado, os "grupos de casos" em que tal desconsideração é lícita.

Segundo Coutinho de Abreu, a licitude da derrogação da separação entre sociedade e sócios baseia-se na conceção substancialista da pessoa coletiva (não há uma fronteira intransponível entre sociedade e sócios), em que assentam dois pilares principais: o abuso de direito e a interpretação teleológica das normas legais e contratuais (Abreu, 2015:167; 2017:108)[10]. Menezes Cordeiro sublinha a falta de unidade da desconsideração da personalidade jurídica e prefere entendê-la como um "instituto de enquadramento" (Cordeiro, 2011:448).

2.2. Grupos de casos de imputação

A doutrina portuguesa tem procurado identificar os grupos de casos em que se torna lícito desconsiderar a personalidade jurídica. Não é consensual o resultado a que se chega com este esforço. Coutinho de Abreu e Soveral Martins convocam o "grupo de casos de imputação" e o "grupo de casos de responsabilidade". Menezes Cordeiro, 2011: 429, por sua vez, identifica três grupos de casos: *a*) confusão de esferas jurídicas; *b*) subcapitalização; *c*) atentado a terceiros e abuso de personalidade.

No "grupo de casos de imputação" pretende-se apurar "se determinados conhecimentos, qualidades ou comportamentos de sócios são referidos ou imputados à sociedade e vice-versa" (Abreu, 2015:168).

---

[10] Sobre as várias conceções relativas à desconsideração da personalidade jurídica, Ribeiro (2009), 76, ss.

DIREITO COMERCIAL E DAS SOCIEDADES. ENTRE AS EMPRESAS E O MERCADO

2.3. Grupos de casos de responsabilidade

Atendamos, agora, ao "grupo de casos de responsabilidade" em que é quebrada a regra da responsabilidade limitada de sócios. No "grupo de casos de responsabilidade" a "regra da responsabilidade limitada (ou da não responsabilidade por dívidas sociais) que beneficia certos sócios (de sociedades por quotas e anónimas, nomeadamente) é quebrada" (Abreu, 2015:168). Coutinho de Abreu identifica três situações: *a)* descapitalização provocada (por sócios); *b)* mistura de patrimónios; *c)* subcapitalização material manifesta. A jurisprudência portuguesa alude a "abuso da responsabilidade limitada"[11] ou a "abuso da limitação de responsabilidade"[12]. A mera insuficiência de bens no património da sociedade para satisfazer os seus débitos não é suficiente para autorizar a desconsideração da personalidade jurídica.

No caso de descapitalização provocada[13] os sócios (que muitas vezes também são administradores) percebendo que a sociedade "de responsabilidade limitada" atravessa um período de falta de liquidez, deslocam a produção para uma sociedade nova com objeto idêntico ou similar ou, então, para uma outra sociedade já existente de que eles também são sócios. A primeira sociedade, privada total ou parcialmente da sua produção e às vezes dos seus bens, fica impedida de cumprir as suas obrigações, sendo prejudicados os credores, pois o património social não é suficiente para satisfazer os débitos. Nestes casos, há *abuso de personalidade coletiva,* pois esta foi degradada em instrumento preordenado a causar danos aos credores da sociedade, porque deliberadamente o objetivo é impedir que os credores sociais possam fazer-se pagar pelos bens sociais (Abreu, 2015:170).

Em tais casos, a doutrina portuguesa admite que a desconsideração da personalidade jurídica da sociedade "vítima" de descapitalização provocada (é neste contexto que ocorre o "abuso de direito (abuso institucional)" (Abreu, 2015:171)[14]) possa determinar a responsabilidade externa dos sócios da sociedade perante os credores da sociedade. Ou seja, impede-se que os

---

[11] Ac. do Tribunal da Relação do Porto de 25 de outubro de 2005 (Henrique Araújo), Proc. n° 0524260.

[12] Ac. do Tribunal da Relação do Porto de 31 de janeiro de 2007 (Gonçalo Silvano), Colectânea de Jurisprudência XXXII (2007) 1, 173-177.

[13] Repare-se que há que distinguir conceitualmente entre descapitalização e subcapitalização, como veremos de seguida.

[14] Diz-se abuso institucional porque não se trata do abuso de um direito subjetivo, mas sim do abuso da pessoa coletiva que se concretiza no desvio da finalidade para que a mesma existe no ordenamento jurídico.

CAPÍTULO VII – PERSONALIDADE E CAPACIDADE JURÍDICA

sócios se prevaleçam da não responsabilidade pelas dívidas da sociedade e a desconsideração da personalidade jurídica tem por efeito que os credores sociais possam exigir dos sócios o cumprimento das dívidas da sociedade. Efeito que se afirma, "apesar de ser a sociedade a devedora e pese embora o "princípio da separação" (derrogado)" (Abreu, 2015: 171)[15]. Assim, chega-se à conclusão de que os sócios serão ilimitadamente responsáveis pelas dívidas da sociedade. Este efeito da desconsideração da personalidade jurídica não desresponsabiliza a sociedade-devedora. Esta continua responsável porque mantém-se o efeito da imputação da dívida à sociedade[16].

A segregação patrimonial entre a sociedade e os sócios exige que estes respeitam tal distinção e que, portanto, sejam mantidos separados o património da sociedade e os patrimónios pessoais dos sócios. Nos casos de *mistura de patrimónios*, circulam bens do património da sociedade para os patrimónios dos sócios (por exemplo, as contas bancárias da sociedade são usadas para pagar as despesas privadas de sócio(s), os bens da sociedade são usados para satisfazer necessidades dos sócios ou de quem lhes é próximo), tornando impossível distinguir com rigor o património da sociedade e os patrimónios dos sócios. Chegando a sociedade a uma situação de *insolvência* e a consequente impossibilidade de cumprir as obrigações vencidas, parece que não poderão os sócios prevalecer-se perante os credores sociais da não responsabilidade pelas dívidas da sociedade. O efeito da desconsideração da personalidade jurídica será o responsabilizar ilimitadamente os sócios pelas dívidas da sociedade, juntamente com esta (que continua devedora).

No universo do "grupo de casos de responsabilidade", Coutinho de Abreu admite a derrogação do princípio da separação entre o património da sociedade e o património dos sócios no caso de "subcapitalização material manifesta"[17]. "Diz-se em estado de subcapitalização material a sociedade que não dispõe de capitais próprios (fundamentalmente constituídos pelos bens correspondentes ao capital social e às reservas) suficientes para o exercício da respetiva atividade, e esta insuficiência nem sequer é suprida por empréstimos dos sócios. A subcapitalização material é *manifesta* ou *qualificada* quando evidente, facilmente reconhecível pelos sócios" (Abreu, 2015:174, 175).

A subcapitalização manifesta *originária* (ou seja, contemporânea da constituição da sociedade) suscitou o renovado interesse da doutrina portuguesa,

---

[15] De modo divergente, Ribeiro, 2014:463, ss., nega a desconsideração da personalidade jurídica nos casos de descapitalização provocada.

[16] V. neste sentido, Abreu, 2015:174, nt. 378.

[17] Contra, Ribeiro, 2016:43.

DIREITO COMERCIAL E DAS SOCIEDADES. ENTRE AS EMPRESAS E O MERCADO

na sequência da reforma de 2011 das sociedades por quotas que introduziu o chamado "capital social livre" (art. 201º). Determina este preceito que "o montante do capital social é livremente fixado no contrato de sociedade". Acontece que, por força do art. 219º, 3, o valor nominal mínimo das quotas é de um euro (v. *infra*). Paulo de Tarso Domingues defende que o art. 201º introduz "uma mudança de paradigma" em que são reforçadas as funções de garantia e de financiamento do capital social. Para as sociedades por quotas, o CSC devolve aos sócios o dever de avaliarem devidamente qual o financiamento adequado para o projeto empresarial em causa, "sob pena de poderem ser pessoalmente responsabilizados – em caso de subcapitalização manifesta – pelas dívidas societárias, verificados que sejam os pressupostos da aplicação do instituto da desconsideração da personalidade jurídica" (Domingues, 2016:215).

Coutinho de Abreu defende que se a sociedade manifestamente descapitalizada entra em insolvência, os sócios poderão ser chamados a responder subsidiária, mas *ilimitadamente* perante os credores sociais. Em princípio, todos os sócios, se a subcapitalização manifesta for originária, ou os sócios controladores, se a subcapitalização for superveniente (Abreu, 2015:175)[18]. No entanto, não beneficiam da referida responsabilidade dos sócios perante os credores sociais os chamados "credores voluntários "fortes" que conheciam a situação de subcapitalização e/ou assumiram, com escopo lucrativo, os riscos (Abreu, 2015:176).

Para serem ressarcidos, os credores sociais recorrem frequentemente e indiscriminadamente à responsabilidade dos sócios-gerentes pela via do art. 78º, 1 (v. *infra*) e pela via da desconsideração da personalidade jurídica. Mas na verdade são caminhos alternativos que acarretam consequências distintas (Abreu/Ramos, 2017:963, s., Ribeiro, 2016:31, s.). Nos termos do art. 78º, 1, responsáveis são os *administradores,* sejam sócios ou não, desde que cumpridos os pressupostos aí previstos. Já a desconsideração da personalidade jurídica atinge os *sócios* (enquanto tais). Assim, estando em causa comportamentos de administradores (sócios) que configurem a responsabilidade prevista no art. 78º, 1, há que aplicar esta disposição. Estando, em causa, comportamentos de sócios(-administradores), enquanto *sócios*, poderá ser aplicada a desconsideração da personalidade jurídica (Abreu/Ramos, 2017:963, s).

---

[18] De modo divergente, Pinto, 2002: 127, 128, sustenta a responsabilidade do sócio para com a sociedade pela violação culposa do dever geral de financiamento ordenado da sociedade. Ribeiro, 2009: 212, nt. 205, defende que a admissão legal de sociedades quase sem capital mínimo impede a responsabilidade por subcapitalização.

CAPÍTULO VII – PERSONALIDADE E CAPACIDADE JURÍDICA

As consequências destas duas alternativas não são idênticas. Na verdade, a responsabilidade civil dos administradores(-sócios) para com os credores sociais depende da verificação dos pressupostos previstos no art. 78°, 1, e, ainda que a pretensão credores sociais seja bem-sucedida, a medida da indemnização tem o limite do *dano sofrido*. Dito de outro modo, a indemnização devida pelo administrador é limitada ao dano sofrido pelos credores sociais (art. 562° do CCiv.). Por outro lado, só os administradores tidos como responsáveis respondem para com os credores sociais. Os sócios, enquanto tais, não são abrangidos pelo art. 78°, 1.

Diferentes são as consequências no caso da responsabilização dos sócios, em virtude da desconsideração da personalidade jurídica da sociedade. Neste caso, poderão ser responsabilizados *todos os sócios subsidiária,* mas *ilimitadamente,* perante os credores sociais. Será esta a consequência nos casos de subcapitalização material manifesta originária, em que todos os sócios fundadores são culpados pela inicial subcapitalização material da sociedade (Abreu, 2011:39, s.).

Martins, 2015:97, sublinha que a desconsideração da personalidade jurídica "não extingue a pessoa jurídica".

3. Capacidade de gozo de direitos

3.1. O princípio da especialidade do fim (lucrativo)

No Capítulo II da Parte Geral, dedicado à "Personalidade e capacidade", o Código das Sociedades Comerciais distingue entre "Personalidade" (art. 5°) e "Capacidade" (art. 6°)[19]. Na verdade, a capacidade da sociedade determina a medida de direitos e obrigações de que uma sociedade é suscetível de ser titular, considerados todos os direitos e obrigações compatíveis com a personalidade coletiva. Desnecessário será dizer que a capacidade de gozo das sociedades não é idêntica à capacidade de gozo das pessoas singulares (art. 67° do CCiv.).

Nos termos do art. 6°, 1, a "capacidade da sociedade compreende os direitos e as obrigações necessários ou convenientes à prossecução do seu fim,

---

[19] Defendendo que, do ponto de vista técnico-jurídico, é legítimo o retorno ao monismo conceitual em que há um uso indiferenciado de personalidade e de capacidade, v. Gonçalves, 2015:553. No entanto, este A. não faz desaparecer a personalidade jurídica, antes desloca o seu universo normativo para o art. 70° do CCiv.. Abreu, 2015: 160, defende que as sociedades não personalizadas (como as sociedades antes do registo definitivo do ato constituinte) têm capacidade de gozo e capacidade de exercício de direitos (arts. 36°, 2, 38° a 40°, 174°, 1, *e*)).

DIREITO COMERCIAL E DAS SOCIEDADES. ENTRE AS EMPRESAS E O MERCADO

excetuados aqueles que lhe sejam vedados por lei ou sejam inseparáveis da personalidade singular". Esta disposição consagra a *capacidade de gozo* das sociedades[20].

A capacidade das sociedades comerciais não abrange os direitos e obrigações que lhe sejam *vedados por lei* e os que *sejam inseparáveis da personalidade singular* (art. 6°, 1). Às sociedades são vedados por lei o *gozo* do direito de uso e habitação (que, nos termos do art. 1484° CCiv., é reservado às pessoas singulares). Por serem inseparáveis da personalidade singular, as sociedades são desprovidas da capacidade testamentária ativa (art. 2182° do CCiv.), da capacidade para transmitir ou adquirir bens por sucessão legítima ou legitimária. Serão, também incapazes de gozo para o casamento, adoção, perfilhação e para determinados direitos de personalidade, como sejam o direito à vida, à integridade física ou à saúde. Também são incapazes de direitos políticos, como o direito ao voto. Mas já são capazes para o gozo do direito à associação.

A capacidade de gozo das sociedades é limitada pelo *fim lucrativo* (art. 6°, 1). Em regra, *atos gratuitos* (atos em que a sociedade proporciona uma *vantagem* à contraparte, sem contrapartida) são contrários ao fim lucrativo. Assim, *em regra*, doações, comodatos, mútuos gratuitos, prestação gratuita de garantias a dívidas de terceiros ou a assunção gratuita de dívidas de terceiros são contrários ao fim lucrativo da sociedade. Mas não sempre, como veremos adiante.

Um ato que, em concreto, não seja necessário nem conveniente à prossecução do fim lucrativo da sociedade é *nulo*, nos termos do art. 294° do CCiv., por ofensa a norma legal imperativa destinada a tutelar os interesses dos credores sociais e dos sócios (Abreu, 2015:179; Martins, 2017:121)[21]. E o regime de tal *nulidade* é o que resulta do art. 286° do CCiv[22].

Efetivamente, o art. 6°, 1, assume natureza imperativa (Martins, 2017:121). Na verdade, estão em causa os interesses dos sócios que investiram e arriscaram com a expetativa que tal decisão venha a ser remunerada através do lucro distribuído, os interesses dos credores da sociedade que, garantidos pelo património da sociedade, têm a expetativa que, através desta, obtenham a satisfação dos seus créditos.

---

[20] Divergentemente, Vasconcelos, 2014:79, para quem o art. 6° trata questões de legitimidade.

[21] Divergentemente Vasconcelos, 2014:79.

[22] Divergentemente Serra, 2009:197. Vasconcelos, 2014, defende que a violação do art. 6°, 1, não determina necessariamente a nulidade. No sentido de que são nulos os atos praticados por sociedades comerciais, v. Ac. da Relação do Porto de 29.9.2008, Processo 0853640, relatado por Isoleta Costa, e Ac. do STJ de 27.1.2010, Processo 2380/05.2TBOER.S1, relatado por Sousa Leite, ambos disponíveis em www.dgsi.pt.

CAPÍTULO VII – PERSONALIDADE E CAPACIDADE JURÍDICA

O *fim* da sociedade não se confunde com o *objeto* desta. Parece que também é esta a conclusão que se pode retirar do próprio art. 6º que no seu nº 1 refere o "fim" e no nº 4 o "objeto". O objeto social encontra-se identificado no *ato constituinte da sociedade* (art. 9º, 1, *d*)). O fim lucrativo das sociedades civis em forma comercial e das sociedades comerciais resulta da *lei* (art. 980º do CCiv.),[23] não está na disponibilidade dos sócios decidir ou não que a sociedade visa a obtenção do lucro para, posteriormente, ser distribuído entre os sócios[24]. Deste modo, aos órgãos da sociedade não podem ser atribuídos poderes para a prática de atos que não respeitem o fim social, sendo nulas as deliberações de sócios ou de órgãos sociais (arts. 56º, 1, *d*), 411º, 1, *c*))[25].

Nos termos do art. 6º, 4, "as cláusulas contratuais e as deliberações sociais que fixem à sociedade determinado objeto ou proíbam a prática de certos atos não limitam a capacidade da sociedade". E, por conseguinte, nos termos do art. 6º, 4, a sociedade tem *capacidade de gozo* para atos que extravasem do objeto social. Imagine-se que uma sociedade por quotas tem por objeto a compra e venda de fruta e a transformação industrial desta. Continue a imaginar-se e hipotize-se que o gerente único, em representação da sociedade, compra, em nome da sociedade, um piano para, durante o Verão, obter receitas suplementares com a organização de recitais de piano e de eventos sociais nas instalações da sociedade. Neste caso, a sociedade tem capacidade de gozo para os direitos e obrigações inerentes à organização dos recitais de piano e de eventos sociais nas suas instalações. E, por conseguinte, tais atos e negócios jurídicos *não são nulos*.

Uma vez que os administradores (entendidos aqui em sentido genérico) estão obrigados a não ultrapassar o objeto social (v. *infra*), se os recitais de piano e eventos sociais causarem danos à sociedade poderá esta, ao abrigo do art. 72º, responsabilizar o gerente único e destituí-lo (arts. 6º, 64º, 191º, 4, 257º, 403º, 430º, 471º) (v. *infra*).

Questão *diferente* é a de saber se a sociedade fica vinculada ou não quando os titulares do órgão de administração e de representação praticam atos estranhos ao objeto social. A resposta a esta questão depende do tipo societário em causa, sendo de distinguir, por um lado, o regime de vinculação das sociedades em nome coletivo e em comandita simples e, por outro, o regime de vinculação de sociedades por quotas, anónimas e em comandita por

---

[23] Contra, Vasconcelos, 2014:80.

[24] É através de disposição legal que são definidos os casos excecionais em que as sociedades não têm fim lucrativo.

[25] Divergentemente, Vasconcelos, 2014:82.

DIREITO COMERCIAL E DAS SOCIEDADES. ENTRE AS EMPRESAS E O MERCADO

ações. Sobre este assunto, v. *infra*. Como veremos *infra*, o âmbito da capacidade de gozo da sociedade não se confunde com o âmbito de vinculação da mesma sociedade (sobre os diferentes perímetros de capacidade de gozo e de vinculação da sociedade, Abreu, 2015:180).

3.2. Liberalidades da sociedade

O art. 6°, 2, estatui que "as liberalidades que possam ser consideradas usuais, segundo as circunstâncias da época e as condições da própria sociedade, não são havidas como contrárias ao fim desta". Recorde-se que a *liberalidade* se carateriza por implicar, "em regra, a ideia de generosidade ou espontaneidade, oposta à de necessidade ou de dever, mas é compatível com um fim ou motivo interesseiro" (Lima, Varela, 1986:260).

Há atos gratuitos que "não são havidos como contrários ao fim" lucrativo da sociedade (art. 6°, 2). Na verdade, há atos gratuitos desinteressados, em que a sociedade os pratica sem almejar um retorno, mas há também atos gratuitos (porque não implicam um equivalente imediato) motivados por expetativas interessadas e interesseiras. As estratégias de *marketing* servem-se de atos gratuitos praticados pela sociedade com o fim de, ainda, incrementar os lucros. Tais atos criam uma imagem favorável, melhoram a reputação e credibilidade da sociedade, associam-na a eventos prestigiantes, criam uma predisposição favorável a que os consumidores adiram aos bens e serviços por si produzidos, fidelizam clientela. Nada disto é desinteressado, mas muitas destas decisões de publicidade e *marketing* da sociedade envolvem atos gratuitos[26].

Considerem-se, a título de exemplo, o apoio a iniciativas desportivas, culturais, prestações sociais (com caráter voluntário) a trabalhadores, distribuição promocional de produtos. Estas são estratégias de *marketing* há muito aplicadas que o Código das Sociedades Comerciais, cumpridos determinados requisitos, admite.

Acresce que a "responsabilidade social da empresa" se concretiza, frequentemente, em liberalidades[27]. Vejam-se, por exemplo, os casos de empresas de construção civil que doam materiais de construção destinados à reconstrução de habitações destruídas por inundações. Ou, ainda, os casos de sociedades que doam rações e palha para alimentar animais em alturas de seca extrema ou de falta de alimento provocada por incêndios que destruíram as pastagens. E, por consequência, as regras relativas à capacidade de gozo das

---

[26] Vasconcelos, 2014:78, fala em "dações".
[27] No art. 64°, 1, *b*), é possível encontrar referência indireta à responsabilidade social da empresa. V. *infra*.

CAPÍTULO VII – PERSONALIDADE E CAPACIDADE JURÍDICA

sociedades não impedem que, respeitados certos limites, as sociedades possam decidir adotar práticas de responsabilidade social.

Para que a sociedade tenha capacidade de gozo para a prática de *liberalidades*, é necessário que sejam preenchidos dois requisitos legais: *a)* que elas sejam usuais, segundo as circunstâncias da época; *b)* devem ser consideradas usuais segundo as condições da sociedade (art. 6º, 2).

O teor literal do primeiro requisito – liberalidade usual segundo as circunstâncias da época – pode não estar em sintonia com a atual prática das sociedades que, em rigor, não cingem as liberalidades a determinadas épocas do ano (Natal, aniversários, *etc.*). O que está aqui em causa são as liberalidades conformes aos usos mercantis (Antunes, 2016:242).

Para que a sociedade tenha capacidade de gozo para realizar as liberalidades, é necessário que elas possam ser consideradas usuais "segundo as condições da própria sociedade". A avaliação destinada a apurar se este requisito está presente ou não depende da concreta situação económica e financeira da sociedade. Compreende-se que não seja usual segundo as condições da sociedade que ela pratique liberalidades quando se encontra em situação de insolvência iminente (art. 3, 4, do CIRE).

E se a sociedade pratica uma liberalidade, mas esta não cumpre os dois requisitos (cumulativos) previstos no art. 6º, 2[28]? Dir-se-ia que a liberalidade é nula porque contrária ao fim da sociedade. Coutinho de Abreu e Soveral Martins defendem uma outra interpretação do art. 6º, 2, pois sustentam que a liberalidade não usual ainda poderá ser válida, se puder ser considerada *necessária ou conveniente à prossecução do fim da sociedade* (Abreu, 2015:186, s.; Martins, 2017:127). Coutinho de Abreu considera que o art 6º, 2, assume plena utilidade nas doações feitas com espírito altruísta. As doações que não caibam no nº 1 nem no nº 2 do art. 6º são nulas, pois a sociedade não tem capacidade de gozo para as celebrar.

3.3. Prestação de garantias a dívidas de outras entidades

Nos termos do art. 6º, 3, "considera-se contrária ao fim da sociedade a prestação de garantias reais ou pessoais a dívidas de outras entidades, salvo se existir justificado interesse próprio da sociedade garante ou se se tratar de sociedade em relação de domínio ou de grupo". Uma das interpretações

---

[28] Vasconcelos, 2014:69, considera esta disposição redundante e perigosa, porque os "nºˢ 1, 4 e 5 regeriam e resolveriam melhor as questões que estão na previsão". Diferentes leituras têm Abreu, 2015:188, ss.; Martins, 2017:127, ss. Gonçalves, 2015:782, desloca o sentido do art. 6º, 2, para a violação dos deveres dos administradores (art. 64º, 1).

DIREITO COMERCIAL E DAS SOCIEDADES. ENTRE AS EMPRESAS E O MERCADO

que se retira desta norma é a de que, em regra, são *nulas* as garantias reais ou pessoais prestadas, *a título gratuito*, pela sociedade a dívidas de outras entidades (Abreu, 2015:102; Martins, 2017:127; Antunes, 2016:244). E, por consequência, deve ser afirmada a capacidade de gozo da sociedade para prestar, a *título oneroso*, garantias a dívidas de outras entidades, tendo em conta que tais garantias potenciam o fim lucrativo da sociedade.

O art. 6°, 3, considera *não contrária ao fim lucrativo* da sociedade a prestação de garantias em caso de *justificado interesse próprio da sociedade garante*.

O art. 6°, 3, apresenta, ainda, uma outra exceção em que a prestação de garantias a dívidas de outras entidades *não é contrária* ao fim lucrativo da sociedade garante. Serão em casos em que se trata de uma "sociedade em relação de domínio ou de grupo". Em rigor, esta exceção aplica-se exclusivamente às relações que entre si estabeleçam as sociedades por quotas, anónimas e em comandita por ações (art. 481°) e não abrange as sociedades em nome coletivo e em comandita simples. Por outro lado, esta exceção não se aplica a todas as relações próprias das "sociedades coligadas" (art. 482°), mas tão-só às *relações de grupo* e às *relações de domínio*.

A relação de domínio entre sociedades, nos termos do art. 486°, existe "quando uma delas, dita dominante, pode exercer, diretamente ou por sociedades ou pessoas que preencham os requisitos indicados no artigo 483°, n° 2, sobre a outra, dita dependente, uma influência dominante". Configurar-se-á uma relação de grupo de sociedades quando se constitui uma situação de *domínio total inicial ou superveniente* (arts. 488° e 489°), quando é celebrado um *contrato de grupo paritário* (art. 492°) ou um *contrato de subordinação* (art. 493°).

Uma das questões que o art. 6°, 3, não resolve é a de saber se a sociedade garante (a que presta a garantia) pode ser a dominante ou a dependente, a totalmente dominante ou a totalmente dominada, a diretora ou a subordinada. Sobre esta questão a doutrina portuguesa mostra-se dividida. Para uns, a parte final do art. 6°, 3, aplica-se independentemente da posição jurídica da sociedade garante na coligação. Outra leitura distingue os casos em que há domínio total ou subordinação dos casos em que há apenas relação de domínio (Martins, 2017:131). Há, também, quem sustente que nas relações de grupo as sociedades totalmente dominantes ou diretoras têm capacidade de gozo para prestar garantias gratuitas às sociedades dominadas ou subordinadas, mas já não o inverso (as sociedades totalmente dominadas ou subordinadas a prestarem garantias à dominante ou diretora) (Abreu, 2015:193)[29].

---

[29] V. o Ac. do Supremo Tribunal de Justiça de 04.04.2017 proferido no Processo 5371/15.1T8OAZ.P1.S1 e relatado por Fonseca Ramos (disponível em www.dgsi.pt).

CAPÍTULO VII – PERSONALIDADE E CAPACIDADE JURÍDICA

Este Autor admite que uma sociedade dependente pode prestar garantias a uma sociedade totalmente dominante ou diretora, se se provar existir "justificado interesse próprio da sociedade garante" (art. 6º, 3, 1ª parte) (Abreu, 2015:193).

Não sendo provado o justificado interesse da sociedade garante na prestação da garantia ou que existe uma relação de domínio ou de grupo entre a sociedade garante e a sociedade garantia, deverá ser considerada nula a garantia prestada a título gratuito.

4. A capacidade de exercício de direitos – a representação da sociedade (remissão)

Tema que escapa ao âmbito de aplicação do art. 6 º é a questão da *capacidade de exercício* ou *capacidade de agir da sociedade*. As sociedades têm capacidade para agir, exercendo as faculdades inerentes aos direitos e cumprindo as obrigações através dos seus *órgãos* (v. *infra*). Outras vezes, indicam *representantes voluntários* (v. por, exemplo, os arts. 252º, 6, 391º, 7). Na verdade, as sociedades necessitam de estrutura organizatória através da qual é formada e manifestada a sua vontade. E, por isso, todas as sociedades são dotadas de *órgãos*, registando-se que cada tipo societário apresenta especificidades nesta matéria (v. *supra*, princípio da tipicidade ou da taxatividade e v. *infra*).

Em particular, destaque-se os órgãos de administração e de representação da sociedade que formam e manifestam para o exterior a vontade desta. Ora, os titulares de tais órgãos (os administradores, tomada aqui a expressão em sentido amplo) não são, em rigor, representantes legais ou voluntários da sociedade. Liga-os à sociedade um "nexo de organicidade; os órgãos são parte componente das sociedades, a vontade e os actos daqueles são a vontade e os actos destas, a estas são os mesmos referidos ou imputados" (Abreu, 2015:194).

As matérias relativas à estrutura organizatória e representação a sociedade serão tratados no capítulo X.

DIREITO COMERCIAL E DAS SOCIEDADES. ENTRE AS EMPRESAS E O MERCADO

Bibliografia citada

Abreu, J. M. Coutinho de (2011), "Subcapitalização de sociedade e desconsideração da personalidade jurídica", *Capital social livre e acções sem valor nominal*, coord. de Paulo de Tarso Domingues, Maria Miguel Carvalho, Coimbra: Almedina.

Abreu, J. M. Coutinho de (2015), *Curso de direito comercial. Das sociedades*, vol. II, 5ª ed., Coimbra: Almedina.

Abreu, J. M. Coutinho de (2017), "Artigo 1º", *Código das Sociedades Comerciais em comentário*, coord. de J. M. Coutinho de Abreu, vol. I, 2ª ed., Coimbra: Almedina.

Abreu, J. M. Coutinho/Ramos, Maria Elisabete (2017), "Artigo 78º", *Código das Sociedades Comerciais em comentário*, coord. de J. M. Coutinho de Abreu, vol. I, 2ª ed., Coimbra: Almedina.

Antunes, José Augusto Engrácia (2016), *Direito das sociedades*, 6ª ed., Porto: edição do Autor.

Cordeiro, A. Menezes (1997), *Da responsabilidade civil dos administradores das sociedades comerciais*, Lisboa: Lex.

Cordeiro, A. Menezes (2000), *O levantamento da personalidade colectiva no direito civil e comercial*, Coimbra: Almedina.

Cordeiro, A. Menezes (2011), *Direito das sociedades*, I. Parte Geral, 3ª ed., Coimbra: Almedina.

Correia, A. Ferrer (2003), "O processo de constituição das sociedades de capitais", *Os quinze anos de vigência do Código das Sociedades Comerciais*, Fundação Bissaya Barreto, Instituto Superior Bissaya Barreto, Coimbra.

Correia, Miguel J. A. Pupo (2016), *Direito comercial. Direito da empresa*, 13ª ed. (com a colaboração de António José Tomás e Octávio Castelo Paulo), Ediforum, Lisboa.

Costa, José de Faria (1992), "A responsabilidade jurídico-penal da empresa e dos seus órgãos", *Revista Portuguesa de Ciência Criminal*.

Domingues, Paulo de Tarso (2016), "Artigo 201º", *Código das Sociedades Comerciais em comentário*, coord. de J. M. Coutinho de Abreu, vol. III, 2ª ed., Coimbra: Almedina.

Gonçalves, Diogo Costa (2015), *Pessoa coletiva e sociedades comerciais. Dimensão problemática e coordenadas sistemáticas da personificação jurídico-privada*. Coimbra: Almedina.

Lima, Pires; Varela, Antunes (1986), *Código Civil anotado*, vol. II, Coimbra: Coimbra Editora.

Martins, Alexandre de Soveral (2015), "Da personalidade e capacidade jurídica das sociedades comerciais", *Estudos de direito das sociedades*, coord. de J. M. Coutinho de Abreu, 12ª ed., Coimbra: Almedina.

Martins, Alexandre de Soveral (2017), "Artigo 6º", *Código das Sociedades Comerciais em comentário*, coord. de J. M. Coutinho de Abreu, vol. I, 2ª ed., Coimbra: Almedina.

Martins, Fazenda (1994), *Os efeitos do registo e das publicações obrigatórias na constituição das sociedades comerciais*, Lisboa: Lex.

Pinto, Alexandre Mota (2002), *Do contrato de suprimento – o financiamento da sociedade entre capital próprio e capital alheio*, Coimbra: Almedina.

Ribeiro, Maria de Fátima (2009), *A tutela os credores da sociedade por quotas e a "desconsideração" da personalidade jurídica"*, Coimbra: Almedina.

CAPÍTULO VII – PERSONALIDADE E CAPACIDADE JURÍDICA

Ribeiro, Maria de Fátima (2014), "Responsabilidade nas relações de domínio", *III Congresso Direito das Sociedades em Revista*, Coimbra: Almedina.

Ramos, Maria Elisabete (2015), "Constituição das sociedades comerciais", *Estudos de direito das sociedades*, coord. de J. M. Coutinho de Abreu, 12ª ed., Coimbra: Almedina.

Ribeiro, Maria de Fátima (2016), "A desconsideração da personalidade jurídica: as realidades brasileira e portuguesa", *Direito das Sociedades em Revista*, 8, vol. 15.

Serra, Catarina (2009), *Direito comercial. Noções fundamentais*, Coimbra: Coimbra Editora.

Vasconcelos, Pedro Pais de (2014), "Vinculação das sociedades comerciais", *Direito das Sociedades em Revista*, ano 6, vol. 12.

DIREITO COMERCIAL E DAS SOCIEDADES. ENTRE AS EMPRESAS E O MERCADO

Para saber mais

I – Leituras recomendadas

Abreu, J. M. Coutinho (2010), "Diálogos com a jurisprudência. II. Responsabilidade dos administradores para com os credores sociais e desconsideração da personalidade jurídica", *Direito das Sociedades em Revista*, 3.

Albuquerque, Pedro (1995), "A vinculação das sociedades comerciais por garantias de dívidas de terceiros", *Revista da Ordem dos Advogados*, III.

Albuquerque, Pedro (1997), "Da prestação de garantias por sociedades comerciais a dívidas de outras entidades", *Revista da Ordem dos Advogados*, I.

Castro, Osório de (1996), "Da prestação de garantias por sociedades a dívidas de outras entidades", *Revista da Ordem dos Advogados*, II.

Fernandes, Carvalho/Cunha, Paulo Olavo (1997), "Assunção de dívida alheia. Capacidade de gozo das sociedades anónimas. Qualificação de negócio jurídico", *Revista da Ordem dos Advogados*, 57.

Gonçalves, Diogo Costa (2017), "O levantamento da personalidade coletiva sob a vigência do código das sociedades comerciais", *Congresso Comemorativo dos 30 anos do Código das Sociedades Comerciais*, Coimbra: Almedina.

Martins, Alexandre de Soveral (2016), "Capacidade das sociedades comerciais: o art. 6° do CSC e os terceiros "distraídos"", *E depois do Código das Sociedades Comerciais*, Coimbra: IDET/Almedina.

Nunes, Pedro Caetano (2014), "Atos gratuitos, capacidade jurídica e vinculação das sociedades comerciais", *III Congresso de Direito das Sociedades em Revista*, Coimbra: Almedina.

Santos, Filipe Cassiano dos (2014), "O art. 6° do CSC, a capacidade jurídica da sociedade e a prestação de garantias a dívidas de outros sujeitos em conformidade com o interesse social e em caso de relação de domínio ou de grupo", *III Congresso Direito das Sociedades em Revista*, Coimbra: Almedina.

CAPÍTULO VII – PERSONALIDADE E CAPACIDADE JURÍDICA

II – Sítios oficiais de conteúdo informativo relevante para a compreensão da personalidade e capacidade das sociedades

Em http://www.irn.mj.pt/IRN/sections/irn/a_registral/registo-comercial/docs-comercial/sociedades-comerciais/ o Instituto dos Registos e Notariado identifica os documentos necessários ao registo do contrato de sociedade.

Em www.dgsi.pt pode ser encontrada jurisprudência sobre a personalidade jurídica e capacidade jurídica das sociedades e os problemas que estes temas suscitam.

DIREITO COMERCIAL E DAS SOCIEDADES. ENTRE AS EMPRESAS E O MERCADO

Para estudar melhor

I. Distinga:

a) Personalidade jurídica das sociedades *de* personalidade judiciária das sociedades;

b) Sociedades civis em forma comercial *de* sociedade civil, *quanto à personalidade jurídica*;

c) "Mistura de patrimónios" *de* "subcapitalização provocada".

II. Comente a seguinte afirmação:

"A ordem jurídica portuguesa não regula a desconsideração da personalidade jurídica".

II. Considere a seguinte factualidade:

Em janeiro de 2017, António Francisco Bento e Maria Amélia Bento venderam o restaurante "Colher de Pau" de que eram donos a Manuel Eduardo por 100 000 euros. O restaurante "Colher de Pau" era procurado pelas iguarias preparadas por Maria Amélia e pela qualidade e simpatia do atendimento de António Francisco. Este restaurante goza de uma clientela que se mantém fiel por causa da qualidade da comida e da simpatia do atendimento. Está situado num lugar privilegiado na cidade de Coimbra e, além da clientela regular, beneficia da frequência dos turistas.

Nos finais de janeiro de 2017, António Francisco e Maria Amélia, constituem regularmente entre si a "Bento e Bento, restauração, Lda" com o capital social de 50 000 euros, tendo, cada um, uma quota de 50%. Do contrato de sociedade resulta que esta tem por objeto "atividades de restauração" e que é gerida por António Francisco. Em fevereiro de 2017, a "Bento e Bento, restauração, Lda" anunciou a abertura do seu restaurante "Sopa da Pedra", situado na mesma zona do "Colher de Pau" e com a ementa que se tornou famosa no "Colher de Pau". A cozinha do "Sopa da Pedra" está a cargo de Maria Amélia e o atendimento é assegurado por António Francisco.

Confrontado com estes factos, Manuel Eduardo alega que António Francisco e Maria Amélia violaram o contrato de compra e venda do "Colher de Pau" e que, em particular, violaram a obrigação de não concorrência a que se obrigaram. António Francisco e Maria Amélia contestam dizendo que não são proprietários nem

CAPÍTULO VII – PERSONALIDADE E CAPACIDADE JURÍDICA

exploradores de qualquer restaurante, que não violaram o contrato de compra e venda do "Colher de Pau" nem a obrigação implícita de não concorrência. Concluem que o restaurante "Sopa da Pedra" pertence a "Bento e Bento, restauração, Lda", sociedade constituída regularmente, tendo sido cumpridos todos os preceitos legais em vigor.

Questão a analisar.

Pronuncie-se sobre a questão de saber se os factos descritos configuram ou não a violação do contrato de compra e venda do restaurante "Colher de Pau". Justifique legal e doutrinalmente a sua resposta.

Capítulo VIII
PARTICIPAÇÃO SOCIAL

1. Noção de participação social

Várias normas do Código das Sociedades Comerciais usam a expressão "participação social" (*v.g.* arts. 23º, 4, 37º, 2, 92º, 94º, 1, 4, 97º, 5, 129º, 140º)[1]. No entanto, o CSC não define o que entende por "participação social". A tarefa de definir o sentido de participação social cabe à doutrina e à jurisprudência.

Já vimos em outro momento que os sócios não têm qualquer direito sobre o património da sociedade. O *sócio* é titular de *participação social* que se carateriza como "o conjunto unitário de direitos e obrigações atuais e potenciais do sócio (enquanto tal)" (Abreu, 2015:195). A participação social pode ser adquirida: *a*) por ocasião da constituição da sociedade; *b*) em aumento do capital social; *c*) em razão de transmissão *mortis causa*; *d*) por força de transmissão entre vivos (ex. cessão de quotas, aquisição de ações em bolsa); *e*) em processo de fusão por incorporação ou de cisão-fusão-incorporação (Abreu, 2015:195).

Os sócios são titulares dos *direitos sociais* que, de modo exemplificativo, estão previstos no art. 21º, 1. E, na lista das obrigações dos sócios, pontuam as que se encontram previstas no art. 20º. O Código das Sociedades Comerciais prevê outros direitos dos sócios e outras obrigações. No que tange os *direitos*, considerem-se, por exemplo, o direito de preferência no aumento de capital social por novas entradas em dinheiro (arts. 266º, 458º, ss.) ou o direito

[1] São do CSC as normas cuja fonte legislativa não é mencionada.

DIREITO COMERCIAL E DAS SOCIEDADES. ENTRE AS EMPRESAS E O MERCADO

de ação judicial contra os administradores, nos termos do art. 77°. Além das obrigações elencadas no art. 20°, considerem-se, por exemplo, a *obrigação de prestações acessórias* (arts. 209°, 287°) ou a *obrigação de prestações suplementares* (art. 210°, ss).

Em princípio, os direitos previstos no art. 21° são direitos de "todo o sócio". Designam-se direitos *gerais* "os que pertencem, em regra, a todos os sócios da mesma sociedade, ainda que em medida diversa" (Abreu, 2015:196, s.).

Não devem ser confundidos com os *direitos especiais de sócio(s)*. Estes últimos podem ser definidos como "os direitos atribuídos no contrato social a certo(s) sócio(s) ou a sócios titulares de ações de certa categoria conferindo--lhe(s) uma posição privilegiada que não pode em princípio ser suprimida ou limitada sem o consentimento dos respetivos titulares" (Abreu, 2015:197). Efetivamente, segundo o art. 24°, 5, "os direitos especiais não podem ser suprimidos ou coartados sem o consentimento do respetivo titular, salvo regra legal ou estipulação contratual expressa em contrário".

Vejamos alguns *exemplos* de direitos especiais[2]. A regra supletiva, prevista no art. 22°, 1, determina que os "sócios participam nos lucros e nas perdas da sociedade segundo a proporção dos valores das respetivas participações no capital". Esta regra também vale para o chamado saldo de liquidação (art. 156°, 4). É lícito estipular no contrato de sociedade que um ou mais sócios ou sócios titulares de ações de determinada categoria participam nos lucros mais que proporcionalmente, nos lucros periódicos ou no saldo de liquidação. Estará consagrado um *direito especial ao lucro*. O que tem a implicação de os restantes sócios participarem nos lucros em parte inferior à que proporcionalmente deveria caber à respetiva participação. Consideremos o seguinte exemplo. Se determinado sócio que participa em 20% do capital social tem o direito especial a 40% dos lucros do exercício, os restantes sócios que detêm 80% do capital social irão repartir entre si 60% dos lucros do exercício[3].

Em regra, cada quotista tem um voto por cada um cêntimo do valor nominal da quota (art. 250°, 1). É lícito estipular no contrato de sociedade, como *direito especial* que sejam atribuídos dois votos por cada cêntimo do valor nominal da quota ou quotas de sócios, desde que no total não correspondam a mais de 20% do capital social (art. 250°, 2). O *voto plural* está expressamente *proibido* nas sociedades anónimas (art. 384°, 5), ressalvando-se a validade dos direitos de voto plural constituídos legalmente antes da entrada em vigor do CSC (art. 531°).

---

[2] Para mais exemplos, v. Cunha, 2016:335.

[3] Para exemplos de cláusulas estatutárias relativas a direitos especiais, v. Cunha: 2016:335, ss..

CAPÍTULO VIII – PARTICIPAÇÃO SOCIAL

É muito diversificado o teor literal de cláusulas destinadas a consagrar o *direito especial à gerência*. Pense-se, por exemplo, uma cláusula que estipula que o sócio X tem direito à gerência enquanto a sociedade durar, ou que tem o direito à gerência durante toda a sua vida ou, ainda, que só pode ser destituído existindo justa causa.

A estipulação de um direito especial à gerência confere uma certa estabilidade no exercício do cargo de gerente, uma vez que, por um lado, tal cláusula não pode ser suprimida nem alterada por deliberação social sem consentimento do sócio-gerente (art. 24º, 5, 257º, 3). Acresce que o sócio-gerente titular de direito especial à gerência só pode ser destituído ocorrendo *justa causa*. "Podem, todavia, os sócios deliberar que a sociedade requeira a suspensão e destituição judicial do gerente por justa causa e designar para tanto um representante especial" (art. 257º, 3). O sócio-gerente que não é titular de direito especial à gerência pode ser destituído livremente, a todo o tempo, haja ou não justa causa (257º, 1, 2), mas com direito à indemnização, se não existir justa causa (art. 257º, 7).

A *mera designação do gerente* no contrato de sociedade (art. 252º, 2) não equivale à atribuição de um direito especial à gerência.

Os *direitos especiais* (art. 24º) não se confundem com as *vantagens* "concedidas a sócios em conexão com a constituição da sociedade", referidas nos arts. 16º e 19º, 4) (v. *supra*). As *vantagens especiais*: *a)* são previstas no ato constituinte inicial para premiar a atividade desenvolvida por sócio(s) em conexão com a constituição da sociedade; *b)* são atribuídas a sócio(s) concretamente designado(s); *c)* a titularidade das vantagens especiais permanece, ainda que o beneficiário deixe de ser sócio; *d)* as deliberações que violem os direitos de crédito em que se traduzem as vantagens especiais são nulas (art. 56º, 1, *c)*, *d)*).

Os direitos especiais: *a)* podem ser previstos no contrato social inicial ou em contrato social alterado e não é exigida uma conexão necessária com a constituição da sociedade; *b)* nas sociedades anónimas, os direitos especiais são atribuídos a categorias de ações (art. 24º, 4); *c)* os direitos especiais pertencem sempre a sócios (se um sócio deixar de o ser, o direito especial extingue-se ou transmite-se para outro sócio – art. 24º, 2, 3, 4); *d)* as deliberações que violam direitos especiais são ineficazes (art. 55º) (Ramos, 2017:300).

Resulta do art. 24º que os direitos especiais só podem ser conferidos a *sócios* ou a *categorias de ações* (art. 24º, 1, 4), sendo que podem ter *natureza patrimonial ou não*. Por outro lado, quanto à transmissibilidade, eles podem ser transmissíveis ou não com a participação social. E para este efeito da transmissão dos direitos especiais releva também o tipo societário em causa.

DIREITO COMERCIAL E DAS SOCIEDADES. ENTRE AS EMPRESAS E O MERCADO

Nas sociedades em nome coletivo, "os direitos especiais atribuídos a sócios são intransmissíveis, salvo estipulação em contrário" (art. 24º, 2). Nas sociedades por quotas, salvo estipulação em contrário, os direitos especiais de natureza patrimonial são *disponíveis,* sendo intransmissíveis os restantes direitos (art. 24º, 3). Nas sociedades anónimas os direitos especiais transmitem-se com as ações a que foram atribuídos.

Os sócios, enquanto terceiros (já não como sócios), podem ter direitos perante a sociedade. São os *direitos extra-corporativos* ou *direitos creditórios.*Veja--se o caso do direito a quinhoar no lucro que constitui um direito de *cada sócio* (art. 21º, 1, *a*)). Dever-se-á considerar um direito extra-corporativo ou direito de crédito do sócio (agora na qualidade de terceiro) o direito ao lucro deliberado. Ou, considere-se o caso em que o sócio, enquanto terceiro, celebra um negócio jurídico de compra e venda de um veículo com a sociedade, sendo o sócio vendedor. Constitui-se, em razão deste negócio de compra e venda do veículo, um direito de crédito do sócio ao pagamento do preço por parte da sociedade, nos termos do art. 879º do CCiv.

2. Partes sociais, quotas e ações

À expressão genérica "participação social" correspondem expressões específicas relativas a cada um dos tipos societários. Assim, quanto às sociedades em nome coletivo, a participação social é designada *parte social* (arts. 176º, 2, *c*), 182º) ou *parte do sócio* (art. 183º). Nas sociedades em comandita, designa-se *parte social* a participação do sócio comanditado (art. 469º) e quanto à participação social do sócio comanditário das sociedades em comandita simples (art. 475º). Nas sociedades em comandita por ações as participações sociais dos sócios comanditários são designadas *ações*. Nas sociedades por quotas, a participação social designa-se *quota* e nas sociedades anónimas designa-se *ação.*

A expressão "ação" é polissémica, comportando outros sentidos além de *participação social* (Martins, 2006:73, ss.). O termo ação pode ser entendido como *fração de capital social* (art. 276º, 4). Além destes sentidos, a ação pode ser entendida como o próprio título ou *documento* circulável (o título-ação). São distinguíveis a ação como participação social e a ação como título. Esta distinção, de facto, está pressuposta no art. 274º, uma vez que a aquisição da qualidade de sócio *não depende* da emissão e entrega do "título de ação" ou tratando-se de ações escriturais da inscrição na conta de registo individualizado. Portanto, a participação social existe antes de ser emitido ou entregue o título de ação. Acresce que os títulos podem incorporar mais do que uma ação (art. 98º do CVM). Por outro lado, o art. 274º revela que a qualidade de sócio surge com a celebração do contrato de sociedade (Martins, 2012:43).

CAPÍTULO VIII – PARTICIPAÇÃO SOCIAL

Coutinho de Abreu carateriza a ação, integrando as diversas compreensões, como "participação social, cujo valor é fracção do capital social, e que normalmente será representada por título ou escrituralmente" (Abreu, 2015:209).

Só as *ações* podem ser representadas em títulos. O art. 176º, 2 (aplicável às partes sociais dos sócios comanditados e dos comanditários de sociedades em comandita simples), dispõe que não podem ser emitidos títulos representativos de partes sociais; igual solução vale para as quotas (art. 219º, 7).

As *partes sociais* (em regra) e as quotas têm valor nominal que não pode exceder o valor da entrada de cada sócio no momento da celebração do contrato de sociedade (v. o art. 25º, 1). De acordo com o art. 219º, 3, o valor nominal da quota não pode ser inferior a um euro.

A partir do art. 176º, 1, *b*), podemos retirar que as partes sociais dos sócios de indústria *não têm valor nominal*. Já nos casos dos sócios que entram para a sociedade em nome coletivo com dinheiro ou bens diferentes de dinheiro (sócios de capital), as respetivas partes sociais terão valor nominal (v. o art. 25º, 1).

Nas sociedades anónimas, desde o DL 49/2000, são *lícitas* as ações sem valor nominal. Atualmente, o art. 276º, 1, determina que as "ações das sociedades anónimas podem ser ações com valor nominal ou ações sem valor nominal". Cabe aos sócios escolher (e manifestar tal escolha no contrato de sociedade, conforme o art. 272º, *a*)) se as ações têm ou não valor nominal. No entanto, "na mesma sociedade não podem coexistir ações com valor nominal e ações sem valor nominal" (art. 276º, 2). O *valor nominal* resulta da divisão do valor do capital social pelo número de ações e, por isso, corresponde a uma fração do todo que é o capital social. Ora, o valor nominal tem uma *função organizativa na sociedade* porque direitos e deveres dos sócios são determinados por referência ao valor nominal (v. art. 22º).

A doutrina refere que o valor nominal é relevante nas sociedades de pequena e média dimensão e que assume menor relevância nas grandes sociedades anónimas com várias categorias de ações. Do estrito ponto de vista da *função de organização*, não se justifica a eliminação do valor nominal. Outras razões justificaram, em 2010, a eliminação do valor nominal das ações, permitindo-se que os sócios escolham entre ações com valor nominal e ações sem valor nominal (v. *infra*).

Tendo as ações valor nominal, tal valor não pode exceder o valor da entrada do sócio (art. 25º, 1). No caso de as ações sem valor nominal, o valor da entrada do sócio "deve ser pelo menos igual ao montante do capital social correspondentemente emitido" (art. 25º, 2). Nos termos do art. 276º, 3, o valor nominal ou, na ausência deste, o valor de emissão das ações, não deve ser inferior a um cêntimo.

Numa determinada sociedade, "todas as frações devem representar a mesma fração no capital social, e no caso de terem valor nominal, devem ter o mesmo valor nominal" (art. 276º, 4). Assim, a diferenciação de participação social de cada sócio far-se-á pelo número de ações de que é titular e, consequentemente, pela percentagem de capital social (v. art. 9º, 1, *g*)).

3. Modalidades de ações

3.1. Ações nominativas

A L nº 15/2017, de 3 de maio, proíbe a emissão de valores mobiliários ao portador[4]. No que às ações diz respeito, desde 4 de maio de 2017 estão proibidas as ações ao portador (v. art. 299º do CSC, art. 52º do CVM). Antes das alterações introduzidas por esta lei, as ações podiam ser nominativas ou ao portador, cabendo, em regra, aos sócios escolher uma destas modalidades. As ações ao portador caraterizavam-se por não permitirem que a sociedade conhecesse a todo o momento a identidade dos seus titulares. Ao invés, as ações nominativas permitem a todo o tempo que a sociedade conheça a identidade dos titulares das ações.

Na sequência das alterações introduzidas pela L nº 15/2017, de 3 de maio, todas as ações são nominativas. Prevaleceu o interesse em que a sociedade conheça a todo o tempo a identidade dos titulares de ações. Nos termos do art. 299º "as ações são nominativas, não sendo permitidas ações ao portador".

3.2. Ações escriturais e ações tituladas

Estas duas modalidades de ações distinguem-se pela forma de representação (art. 46º do CVM). Determina o art. 46º do CVM que "os valores mobiliários são escriturais ou titulados, consoante sejam representados por registos em conta ou por documentos em papel; estes são, neste Código, designados também por títulos". Nos termos do art. 48º, 1, do CVM, "salvo proibição legal ou estatutária, o emitente pode decidir a conversão dos valores mobiliários quanto à sua forma de representação (...)". No entanto, por força do

---

[4] Além disso, a L nº 15/2017 cria um regime transitório destinado à conversão, em nominativos, dos valores mobiliários ao portador existentes à data da sua entrada em vigor.

CAPÍTULO VIII – PARTICIPAÇÃO SOCIAL

art. 46°, 2, do CVM, "os valores mobiliários que integram a mesma emissão, ainda que realizada por séries, obedecem à mesma forma de representação".

Hoje, é vulgaríssimo que as ações (e outros valores mobiliários) sejam escriturais.

3.3. Ações ordinárias e ações especiais

Nos termos do art. 302°, 1, "podem ser diversos, nomeadamente quanto à atribuição de dividendos e quanto à partilha do ativo resultante da liquidação, os direitos inerentes às ações emitidas pela mesma sociedade". Acrescenta o n° 2 que "as ações que compreendem direitos iguais formam uma categoria". Do contrato de sociedade deve constar quais as categorias de ações existentes, o número das mesmas e os direitos de cada categoria (art. 272°, c)).

As ações *ordinárias* são as que conferem os direitos e impõem as obrigações que a lei estabelece para as ações em geral. As outras são designadas *especiais* (Martins, Ramos, 2015:122).

Uma mesma sociedade pode ter várias *categorias de ações*. Se essas outras categorias de ações conferem mais direitos do que os que são inerentes às ações ordinárias, essas ações são *privilegiadas*. Mas também pode acontecer que essas outras categorias de ações atribuam menos direitos do que aqueles que são inerentes às ações ordinárias e, nesse caso, estamos perante ações "diminuídas".

Como exemplo de *ações privilegiadas* (que conferem direitos especiais) considere-se o caso de ações que incorporam um direito ao lucro superior à participação proporcional no capital social.

Como exemplo das *ações diminuídas* veja-se o caso das *ações de fruição*. Nos termos do art. 346°, 5, "as ações totalmente reembolsadas passam a denominar-se ações de fruição, constituem uma categoria e esse facto deve constar do título ou do registo das ações". Estas ações são consideradas *ações diminuídas* porque, nos termos do art. 346°, 4, os titulares de ações de fruição quinhoam nos lucros de exercício depois de ter sido retirado um dividendo prioritário, destinado aos titulares das restantes ações. Por outro lado, os titulares de ações de fruição só quinhoam no saldo de liquidação depois de ter sido restituída aos restantes sócios uma quantia correspondente ao valor nominal (ou valor de emissão) das respetivas ações (art. 346°, 4).

As ações privilegiadas distinguem-se das *ações preferenciais sem direito de voto*, reguladas nos arts. 341° e seguintes do CSC. Nos termos do art. 341°, 2, as ações preferenciais sem direito a voto "conferem direito a um dividendo prioritário não inferior a 1% do respetivo valor nominal ou, na falta deste, do

DIREITO COMERCIAL E DAS SOCIEDADES. ENTRE AS EMPRESAS E O MERCADO

seu valor de emissão, deduzido de eventual prémio de emissão (...)". Conferem também direito ao "reembolso prioritário do seu valor nominal ou do seu valor de emissão na liquidação da sociedade" (art. 341º, 2). Simultaneamente, estas ações preferenciais sem direito de voto são consideradas ações *diminuídas* pois elas estão *privadas de direito de voto* (art 341º, 5). Verificando-se o disposto no art. 342º, 3, as ações preferenciais sem direito de voto passam a conferir direito de voto nos mesmos termos das ações ordinárias.

Discute a doutrina a admissibilidade na ordem jurídica portuguesa das chamadas "tracking stocks" que poderemos designar por *ações setoriais*. Caraterizam-se estas ações por "estarem especialmente ligadas aos resultados económicos de um setor da atividade, ligação essa que, com maior frequência, se reporta à atribuição do direito a participar, preferencialmente, nos lucros anuais produzidos pelo setor de atividade de referência – e não à globalidade dos negócios sociais" (Gomes, 2011:402). (No sentido da admissibilidade destas ações no direito português, com os fundamentos jurídicos proporcionados pelos arts. 24º e 302º, constituindo uma categoria de ações, v. Gomes, 2011:402, s.).

4. Principais direitos do sócio

4.1. O direito a quinhoar nos lucros

O art. 21º, 1, *a*), determina que cada sócio "tem direito a quinhoar nos lucros". Não será de estranhar que o direito ao lucro ocupe o primeiro lugar da lista dos direitos dos sócios, tendo em conta o escopo lucrativo das sociedades (art. 980º do CCiv.).

O signo lucro é polissémico. O *lucro (objetivo)* consiste no ganho que se traduz no incremento do património da sociedade (Abreu, 2015:413; Vasconcelos, 2006:306-307; Domingues, 2015[a]: 193, 2017[a]:524). Saber se ocorreu este ganho ou incremento resulta do confronto entre o *capital social* e o *património social*.

O *designado lucro subjetivo* é aquele que se destina a ser repartido pelos sócios. Na verdade, o lucro objetivo pode ter outros destinos que não a distribuição pelos sócios (autofinanciamento da sociedade, cobertura de prejuízos).

O *lucro final ou de liquidação* é o que se apura no momento da *liquidação da sociedade* e resulta do excedente do património social líquido sobre a cifra do capital social (v. art. 156º, 4). Sabendo que "a sociedade dura por tempo

CAPÍTULO VIII – PARTICIPAÇÃO SOCIAL

indeterminado se a sua duração não for estabelecida no contrato" (art. 15°, 1), percebe-se que seria pouco razoável e até desincentivador do investimento em participações sociais fazer esperar os sócios pelo lucro final ou de liquidação.

Não se deve também esquecer que "é proibida toda a estipulação pela qual deva algum sócio receber juros ou outra importância certa em retribuição do seu capital ou indústria" (art. 21°, 2). Como se percebe, a entrada de um sócio para uma sociedade *não é um depósito bancário*; a sociedade não pode garantir que tal investimento tenha retorno certo traduzido no pagamento de juros. A norma do art. 21°, 2, visa proteger o capital social impedindo que, *por força de atribuição de bens sociais aos sócios* (os juros ou outra importância certa paga pela sociedade), o património social fique depauperado e se torne inferior ao capital social. O que, a acontecer, poria em causa o princípio de intangibilidade do capital social (sobre este, v. *infra*). Esta norma do art. 21°, 2, como outras que impedem certas atribuições de *bens sociais aos sócios*, visa proteger os credores sociais criando condições para que no *património da sociedade* permaneçam bens destinados à satisfação dos débitos da sociedade (sobre a proibição constante do art. 21°, 2, v. Domingues, 2004:137). Certamente que, na fase inicial da sociedade em que não são gerados lucros, mas sim prejuízos, para os sócios seria aliciante uma estipulação que permitisse que lhes fossem pagos juros ou outras importâncias certas. No entanto, tal disposição estatutária poderia significar retirar bens da sociedade necessários à manutenção e crescimento da sociedade.

Quanto ao *lucro final ou de liquidação* pode ser representado na seguinte equação (v. Domingues, 2017ª:524; Abreu, 2015:414).

$$Lf = PS - CS$$

Em que
Lf: Lucro final ou de liquidação
PS: Património social líquido
CS: Capital social

A lei permite que *durante a vida da sociedade* e de forma periódica sejam distribuídos lucros aos sócios. O momento aprazado para o apuramento do lucro é o da *apresentação das contas da sociedade* (art. 65°) e, em particular, do *balanço* que divulga "devidamente agrupados e classificados os Ativos e Passivos (composição do património) e o Capital Próprio (valor do património líquido)" (Rodrigues; Dias, 2017:825).

DIREITO COMERCIAL E DAS SOCIEDADES. ENTRE AS EMPRESAS E O MERCADO

O *lucro de balanço* "designa o acréscimo patrimonial, revelado em balanço, equivalente à diferença entre, por um lado, o valor do património social líquido e, por outro lado, o valor conjunto do capital social e das reservas indisponíveis (reservas legais e estatutárias)" (Abreu, 2015:413). É esta a noção de lucro relevante para os efeitos do art. 32º, pois identifica o montante máximo de lucros que pode ser distribuído aos sócios.

Sintetizando este conceito numa equação (Domingues, 2017[a]:526; Abreu, 2015:413).

$$Lb = PS - (CS+R)$$

Em que
Lb: Lucro de balanço
PS: Património social líquido
CS: Capital social
R: Reservas

O *lucro de exercício*, sendo também *periódico*, pois apura-se por referência a cada exercício ou período, distingue-se do *lucro de balanço*. Na verdade, o lucro de exercício "designa o excedente do valor do património social líquido no final do exercício ou "período" (normalmente anual) sobre o valor do património social líquido no início do mesmo período" (Abreu, 2015:413).

É este lucro que releva para os efeitos de constituição (ou reconstituição) da reserva legal (arts. 218º e 295º) e eventualmente reservas estatutárias.

Pode acontecer que uma sociedade obtenha lucro de exercício e, contudo, esteja impedida de o distribuir aos sócios, porque regista um resultado de balanço negativo (art. 33º, 1)[5]. Nos termos do art. 33º, 1, "não podem ser distribuídos aos sócios os lucros do exercício que sejam necessários para cobrir prejuízos transitados ou para formar ou reconstituir reservas impostas pela lei ou pelo contrato de sociedade". Só depois de cumpridos estes requisitos, é que o remanescente do lucro de exercício pode ser distribuído aos sócios, nos termos dos arts. 217º e 294º.

Também esquematicamente, o *lucro de exercício* pode ser representado através da seguinte equação:

$$Lex = PSf - Psi$$

---

[5] V. também o art. 32º, 1, que consagra o princípio da intangibilidade do capital social. Sobre esta disposição, v. Domingues, 2017[a]: 518, ss. V. *infra*, sobre o princípio da intangibilidade do capital social. V. também o art. 514º.

Em que:

Lex = Lucro de exercício

PSf =Património social líquido no final do exercício

Psi =Património social líquido no início do exercício

O Código das Sociedades Comerciais usa em diversas normas a expressão "dividendos" (vejam-se os casos dos arts. 301º, 302º, 341º, 342º, 346º, 369º). A doutrina tem-se debruçado sobre este tema. Gomes, 2011:44, s., considera que em "sentido técnico-jurídico restrito, dividendo é a parte do lucro do exercício que, sendo distribuível, os sócios acordaram repartir em seu próprio benefício, adotando uma deliberação de aplicação de resultados". Pode ainda ser concebido um *sentido mais amplo* em que a expressão dividendos abrange a repartição pelos sócios de outros lucros que não sejam resultantes do exercício em causa, mas que os sócios deliberaram repartir entre si (Gomes, 2011:45). Cunha, 2016:343, carateriza os dividendos como "os lucros gerados por cada participação social numa sociedade anónima, uma vez deliberada a respetiva distribuição". Domingues, 2017ª: 529, nt. 47, recorda que "o vocábulo dividendo deriva do latim *dividendu* ("que vai ser dividido"), querendo com ele significar-se a quantia que cada sócio tem direito a receber na divisão dos lucros de uma sociedade". Ressalvado o regime excecional dos arts. 217º e 294º, relativo aos lucros do exercício nas sociedades por quotas e anónimas (v. *infra*), só com a deliberação social de distribuição de lucros é que se constitui, na esfera jurídica de cada sócio, o direito ao dividendo (Domingues, 2017ª:529).

O direito ao lucro é um direito irrenunciável e inderrogável como se apura pela *proibição de pacto leonino*[6]. Esta convenção surge proibida genericamente no art. 994º do CCiv. e para as sociedades comerciais está replicada no art. 22º, 3. Nos termos desta disposição, "é nula a cláusula que exclui um sócio da comunhão nos lucros ou que o isente de participar nas perdas da sociedade, salvo o disposto quanto a sócios de indústria". Por conseguinte, será *ilícita e nula* uma convenção que exclua determinado sócio de participar nos lucros. Sendo nula esta cláusula (não o contrato de sociedade), a participação nos lucros será regida pela regra supletiva prevista no art. 22º, 1.

Respeitada a proibição de pacto leonino (art. 22º, 3), a medida da participação de cada sócio nos lucros pode ser objeto de estipulação estatutária,

---

[6] Sobre as razões desta designação inspirada nas fábulas dos clássicos Esopo e/ou Fedro, v. Abreu, 2015:415.

DIREITO COMERCIAL E DAS SOCIEDADES. ENTRE AS EMPRESAS E O MERCADO

tanto podendo ser superior à proporção em que o sócio participa no capital social como inferior a esta proporção. É o que resulta da primeira parte do art. 22°, 1, quando esta norma refere a "convenção em contrário". Inexistindo preceito especial ou convenção em contrário, rege a norma supletiva consagrada no art. 22°, 1: os sócios participam nos lucros e nas perdas da sociedade "segundo a proporção dos valores das respetivas participações no capital".

Já vimos que o *lucro subjetivo* é aquele que se destina a ser distribuído aos sócios. A questão que se põe é a de saber como se distribuem os *lucros de balanço*.

Como já foi incidentalmente referido, os sócios têm direito a que o órgão de administração e de representação da sociedade preste contas, apresentando também um relatório de gestão de que fará parte uma proposta de aplicação de resultados devidamente fundamentada (art. 65°, 1, 5, art. 66°, 5, *f*))[7]. Esta proposta será objeto de *deliberação dos sócios* que decidirá sobre a aplicação dos resultados, nos termos dos arts. 189°, 3, 246°, 1, *e*), 376, 1, *b*), 474, 478°).

Muito relevantes são as disposições dos arts. 217° e 294°, relativas às sociedades por quotas e anónimas. Tendo sido apurado pelo balanço aprovado que existe lucro do exercício distribuível, se o estatuto social não dispuser diversamente nem tiver sido deliberado pelos sócios (com a maioria qualificada) distribuir menos de metade, a sociedade estará obrigada a *distribuir aos sócios metade do lucro de exercício*. Como já vimos, só o *lucro de exercício distribuível* é lícito ser distribuído. O que significa que é *ilícita* a distribuição de lucros de exercício que sejam necessários para cobrir prejuízos transitados de período(s) anterior(es) ou para formar/reconstituir reservas impostas por lei (arts. 218°, 295°). Por outro lado, e atendendo ao teor literal dos arts. 217° e 294°, a imposição de distribuição pelos sócios de metade do lucro de exercício distribuível refere-se ao lucro de *certo exercício* ou período e não se refere a resultados positivos transitados de períodos anteriores.

A distribuição de metade do lucro do exercício distribuível está dependente da aprovação das contas da sociedade, mas *já não está dependente de deliberação social* que aprove o destino a dar aos lucros (Santos, 1996: 124; Abreu, 2015:424, nt. 1055; Domingues, 2016ª:338, 2012: 262. Contra: Mendes, 2002:509, s.; Gomes, 2011:317, ss.). A desnecessidade de deliberação é uma

---

[7] Sobre a não articulação entre o relatório de gestão (regido apenas por disposições jurídico-societárias) e o Anexo, enquanto documento integrante das Demonstrações Financeiras, v. Rodrigues; Dias, 2017ª:845.

CAPÍTULO VIII – PARTICIPAÇÃO SOCIAL

das exceções para que remete o art. 31º, 1. Aprovadas as contas do exercício, compete ao órgão de administração e de representação da sociedade efetuar a distribuição pelos sócios de metade do lucro do exercício distribuível.

Tendo sido deliberada validamente a distribuição de lucro, constitui-se a favor dos sócios um *direito de crédito* ao seu quinhão nos lucros deliberados distribuir. Trata-se de um direito dos sócios enquanto terceiros.

O crédito do sócio não se vence imediatamente. Nos termos dos arts. 217º, 2, 294º, 2, o direito do sócio à sua parte vence-se decorridos 30 dias sobre a deliberação de atribuição de lucros; os sócios podem deliberar a extensão do prazo até mais 60 dias. No caso em que a distribuição de lucro do exercício dispensa deliberação dos sócios e não houve deliberação de atribuição de lucros (arts. 217º, 294º), o início do termo deve contar-se a partir da deliberação que aprova as contas do exercício (Domingues, 2016ª:340).

Se tiver havido distribuição de lucros cuja distribuição não era lícita, determina o art. 34º, 1 que só são obrigados à restituição os sócios que conheciam a irregularidade da distribuição ou, tendo em conta as circunstâncias, deviam não ignorá-la[8]. Os sócios de boa-fé não estão obrigados a devolver o que foi irregularmente distribuído[9].

O *lucro final ou de liquidação* será distribuído pelos sócios na medida aplicável à distribuição dos lucros em geral, conforme o que resulta do art. 156º, 4. Não existindo estipulação estatutária em sentido diverso ou norma legal especial, aplicar-se-á nesta matéria o critério supletivo previsto no art. 22º, 1. Nos termos do art. 156º, 1, o quinhão de cada sócio pode ser composto (integral ou parcialmente) por bens em espécie, "se assim estiver previsto no contrato ou se os sócios unanimemente o deliberarem".

Quanto às reservas, remetemos o/a Leitor/a para o Capítulo IX.

4.2. O direito a participar nas deliberações dos sócios (remissão)

Nos termos do art. 21º, *b*), cada sócio tem direito "a participar nas deliberações de sócios, sem prejuízo das restrições previstas na lei". Este direito do sócio será tratado no Capítulo XI. Para lá remetemos o/a Leitor/a.

---

[8] Este regime, para as sociedades anónimas, é resultado do disposto no art. 16º da 2ª Diretiva das sociedades. Atualmente, v. o art. 57º da Diretiva (UE) 2017/1132 do Parlamento Europeu e do Conselho de 14 de junho de 2017 relativa a determinados aspetos do direito das sociedades (codificação).

[9] A distribuição ilícita de lucros pode determinar a responsabilidade civil dos administradores (arts. 72º, 1, 73º, 34º, 3, 78º e 79º). Além de poder determinar a responsabilidade criminal, nos termos do art. 514º.

DIREITO COMERCIAL E DAS SOCIEDADES. ENTRE AS EMPRESAS E O MERCADO

4.3. O direito a obter informações sobre a vida da sociedade

Prescreve o art. 21º, *c*), que todo o sócio tem direito a obter informações sobre a vida da sociedade, nos termos da lei e do contrato. Percebe-se que a informação seja relevante para as decisões do sócio. Na verdade, o sócio investiu na sociedade, através das entradas e, eventualmente, de contribuições de outra natureza, e é compreensível que lhe seja reconhecido o direito a obter esclarecimentos sobre aspetos vários da vida da sociedade e, em particular, sobre as decisões empresariais tomadas pelos administradores. *Em regra*, compete ao órgão de administração e de representação da sociedade o dever de prestar as informações solicitadas no âmbito do direito à informação. Não será de estranhar que o direito à informação seja qualificado como um "direito de controlo" (Abreu, 2015:196).

É por si evidente que o acesso à informação societária difere em razão de múltiplos fatores e que o exercício deste direito também varia consoante o tipo societário. Também aqui está afastado o *one size fits all*. Numa sociedade por quotas constituída por dois sócios que, simultaneamente também são gerentes, cada um dos sócios tem acesso a toda a informação da sociedade. Em situação diametralmente oposta encontram-se os sócios minoritários de sociedades abertas ou de sociedades com valores mobiliários admitidos à negociação em mercado regulamentado. Para estes que, tipicamente, não participam na administração da sociedade, é muito mais distante o acesso à informação e relativamente condicionado o exercício deste direito.

O Código das Sociedades Comerciais contém algumas normas esparsas sobre a *qualidade da informação* prestada – são os casos dos arts. 66º, 1, 181º, 1, 214º, 1, 290º, 1. Para os efeitos do CVM, o art. 7º, 1, intitulado "Qualidade da informação", determina que "a informação respeitante a instrumentos financeiros, a formas organizadas de negociação, às atividades de intermediação financeira, à liquidação e à compensação de operações, a ofertas públicas de valores mobiliários e a emitentes deve ser completa, verdadeira, atual, clara, objetiva e lícita". Enquanto os arts. 181º, 1, 214º, 1 e 290º, 1, regulam as qualidades que deve revestir a informação prestada a sócio, o art. 7º do CVM visa essencialmente a informação prestada a um público investidor.

Regressados ao direito à informação enquanto direito dos sócios, retira-se da disciplina do CSC que os requisitos do acesso e do exercício do direito variam de acordo com o *tipo societário* em causa, compreendendo-se que sejam menos restritos e condicionados nos casos de sociedades em nome coletivo e sociedades por quotas e mais condicionados nas sociedades anónimas.

CAPÍTULO VIII – PARTICIPAÇÃO SOCIAL

Assim, nos termos do art. 181º, 1, todos os sócios da sociedade em nome coletivo têm um direito à informação que se subdivide em direito a *obter informações sobre a gestão da sociedade*, num *direito a consulta da escrituração, livros e documentos* e num *direito de inspeção dos bens sociais* (art. 181º, 1, 3 e 4).

Também o quotista (independentemente da concreta participação social) tem direito a *obter informações sobre a gestão da sociedade, a consultar a escrituração, livros e documentos* e à *inspeção dos bens sociais* (art. 214º, 1 a 5). Nos termos do art. 214º, 7, o direito do sócio à prestação de informações em assembleia geral está sujeito ao disposto no art. 290º. Deste modo, o regime jurídico--societário do direito à informação autoriza a distinção entre um *direito à prestação de informações em assembleia geral* e um direito *à prestação de informações fora da assembleia*. Acresce que não devem ser confundidos, por serem realidades distintas, o direito à prestação de informações em *assembleia geral* e o direito à prestação de *informações preparatórias da assembleia geral*. A estas últimas faz-se expressa referência quanto às sociedades por quotas no art. 214º, 2, parte final. Caberá ao órgão de administração e de representação da sociedade o dever de prestar as informações, de facultar a consulta de escrituração, livros e documentos e de permitir a inspeção dos bens sociais (art. 214º). Se é recusada informação ou se é prestada informação presumivelmente falsa, incompleta ou não elucidativa, o sócio pode, por um lado, provocar deliberação dos sócios para que a informação lhe seja prestada ou seja corrigida (art. 215º, 2) ou pode requerer inquérito judicial à sociedade (art. 216º). O que mostra que o regime do direito à informação nas sociedades por quotas garante um acesso amplo à informação e meios muito eficazes para fazerem valer esse direito (Caeiro, 1988:46).

É diferente a regulação do direito à informação de acionistas. Neste caso, a lei faz a distinção entre o designado "direito mínimo à informação" (art. 288º), as "informações preparatórias da assembleia geral" (art. 289º), "informações em assembleia geral" (290º) e um "direito coletivo à informação" (art. 291º).

O designado "direito mínimo à informação" consiste no direito de o acionista *consultar* na sede da sociedade os elementos elencados no art. 288º, 1, desde que o requerente alegue "motivo justificado". Ressalvam-se os elementos referidos nas alíneas *a)* e *d)* que são enviados por correio eletrónico aos acionistas com mais de 1% do capital social que o requeiram ou, então, poderão ser divulgados no sítio de Internet da sociedade (art. 288º, 4).

O *direito mínimo à informação* não é reconhecido a todo e qualquer acionista, mas apenas aos que possuírem ações correspondentes a, pelo menos, 1%

DIREITO COMERCIAL E DAS SOCIEDADES. ENTRE AS EMPRESAS E O MERCADO

do capital social, seja acionista de sociedade fechada constituída por cinco sócios, de sociedade aberta ou de sociedade cotada. Parece não ser de excluir que os acionistas se agrupem para o exercício deste direito de consulta.

Este direito efetiva-se na consulta dos elementos mencionados nas diversas alíneas dos art. 288°, 1. Competirá, em regra, ao órgão de administração e de representação da sociedade o dever de prestar informações aos acionistas. No entanto, a informação pode ser *licitamente* recusada se "a sua prestação puder ocasionar grave prejuízo à sociedade ou a outra sociedade com ela coligada ou violação de segredo imposto por lei" (art. 290°, 2). A violação deste direito (nomeadamente, sob a forma de recusa ilícita) confere ao acionista o poder de requerer inquérito à sociedade, segundo o art. 292°. Além disso, os administradores que violaram o direito do(s) sócio(s) à informação poderão ser responsabilizados civilmente nos termos do art. 79°, 1, e eventualmente responsabilidade criminal.

No que diz respeito aos *elementos preparatórios da assembleia geral*, o art. 289° impõe que estejam disponíveis aos acionistas, na sede da sociedade, os elementos indicados no n° 1. No entanto, a lei faz a distinção entre os que estão sempre disponíveis (*a*), *b*), e *c*)) e os que nem sempre estão disponíveis por isso não ser necessário (*d*) e *e*)). Qualquer acionista (independentemente da sua participação social) pode consultar os elementos referidos nos n°s 1 e 2 do art. 289°.

São *anuláveis* as deliberações dos sócios que não tenham sido precedidas do fornecimento ao sócio de elementos mínimos de informação. (art. 58°, 1, *c*)) E, nos termos do art. 58°, 4, *b*), considera-se elemento mínimo de informação, entre outros, a "colocação de documentos para exame dos sócios no local e durante o tempo prescritos pela lei ou pelo contrato".

Em assembleia geral, o acionista (seja qual for a sua participação social) tem o direito a requerer que lhe sejam prestadas informações que lhe permitam formar opinião sobre as matérias sujeitas a deliberação, conforme o que resulta do art. 290°, 1. A recusa injustificada da informação de que trata o n° 1 do art. 290° determina que a deliberação tomada seja anulável, nos termos do art. 290°, 3.

O art. 291° consagra o chamado "direito coletivo à informação". Confere tal direito a acionista(s) cujas ações atinjam 10% do capital social. Este não é necessariamente um "direito coletivo", apesar do teor da letra da lei. Na verdade, se um acionista detiver 10% do capital social pode exercer este direito sem necessidade de congregar a colaboração de outros acionistas. Permite este direito "coletivo" que o acionista(s) solicite(m), por escrito, ao conselho

CAPÍTULO VIII – PARTICIPAÇÃO SOCIAL

de administração ou ao conselho de administração executivo que lhe sejam prestadas, também por escrito, informações sobre assuntos sociais (art. 291°, 1). Admite o art. 291°, 2 e 4 que a informação seja recusada licitamente pelo conselho de administração ou pelo conselho de administração executivo.

4.4. O direito a ser designado para os órgãos de administração e de fiscalização da sociedade (*remissão*)

Este direito a o sócio ser designado para os órgãos de administração e de fiscalização da sociedade está intimamente ligado a matérias relativas à governação das sociedades. Aí será tratado.

5. Obrigações do sócio

5.1. Obrigação de entrada

5.1.1. Noção

Nos termos do art. 20°, *a*), todo o sócio é obrigado "a entrar para a sociedade com bens suscetíveis de penhora ou, nos tipos de sociedade em que tal seja permitido, com indústria".

Comecemos pela caraterização da *entrada*. A entrada é a *contribuição patrimonial do sócio para a sociedade como contrapartida da participação social que subscreve*. A entrada de cada um dos sócios é convencionada no contrato de sociedade ou, em momento posterior, por ocasião do aumento de capital social por novas entradas (arts. 87°, 89°).

O art. 298°, 1, admite, a *contrario*, as chamadas ações "acima do par". Trata-se de uma prática generalizada nas sociedades abertas em que o acionista, para ser titular da participação social, entrega um determinado valor que, em parte, não será contabilizado no capital social, mas destinar-se-á a uma reserva legal (art. 295°, 2, *a*)). Quanto à emissão de ações, o *ágio*, nos termos do art. 295°, 3, *a*), consiste "na diferença para mais entre o valor nominal e a quantia que os acionistas tiverem desembolsado para as adquirir". Apesar de estar regulado para as sociedades anónimas (art. 295°), o ágio ou prémio de emissão não é exclusivo deste tipo societário. Na verdade, a referência ao ágio no art. 87°, 1, *e*), faz crer que o legislador societário o entendeu como um instrumento de caráter geral e não exclusivo das sociedades anónimas (v. neste sentido, Domingues, 2015:64).

Nem todas as contribuições patrimoniais a que o sócio se obriga a realizar e a entregar à sociedade são entradas. *Não são entradas* os chamados *suprimentos* de sócios (art. 243º), nem as obrigação de prestações acessórias de natureza pecuniária (art. 287º), nem ainda as contribuições dos sócios feitas ao abrigo do art. 35, 3, *c*) (apesar do teor literal da norma).

A entrada do sócio não tem necessariamente de ser computada no capital social. As entradas em indústria, sendo entradas de sócio(s), não são computadas no capital social (art. 178º, 1). Por outro lado, a entrada pode ser superior ao valor nominal que é computado no capital social (art. 25º, 1).

Sendo do ponto de vista jurídico-societário conceitos distintos, a *entrada* e a *participação social* mantêm uma estreita ligação. Porque, no momento da constituição da sociedade, só pode ser atribuída participação social a sócio que se obrigue entrar para a sociedade. Parece ser esta a conclusão que se retira do art. 20º, *a*): todo o sócio é obrigado a entrar para a sociedade para poder subscrever a participação social (Abreu, 2015:247, nt. 579, refere que o art. 20º, *a*), não se aplica às aquisições derivadas das participações sociais).

5.1.2. Entradas em indústria, em dinheiro e em bens diferentes de dinheiro

O CSC regula minuciosamente a obrigação de entrada, indicando o procedimento a observar na realização das entradas em dinheiro, as cautelas a pôr na avaliação das entradas em espécie, as entradas admissíveis em cada um dos tipos sociais, o tempo da sua realização e as consequências jurídicas associadas ao incumprimento.

As entradas dos sócios podem consistir em *dinheiro, em bens diferentes de dinheiro* e em in*dústria*. As entradas em dinheiro consistem na contribuição em dinheiro com *curso legal em Portugal* (neste caso, o euro). Explica-se esta solução pela circunstância de o capital social ser sempre e apenas expresso em moeda com curso legal em Portugal (art. 14º). Desta forma, as entradas em dinheiro não necessitam de qualquer avaliação. Quanto a estas entradas, há uma imputação direta do seu valor nominal ou valor de emissão no capital social. Às entradas em numerário devem ser equiparadas as entradas realizadas através de cheque ou de transferência bancária de valor correspondente (Abreu, 2015:253; Domingues, 2017:451). Entradas com moeda sem curso legal no país configura juridicamente uma *entrada com bens diferentes de dinheiro*.

As entradas com bens diferentes de dinheiro consistem em contribuições para a sociedade constituídas por bens "suscetíveis de penhora"[10]. Podem ser

---

[10] O art. 46º da Diretiva (UE) 2017/1132 do Parlamento Europeu e do Conselho, de 14 de junho de 2017, relativa a determinados aspetos do direito das sociedades tem uma redação

CAPÍTULO VIII – PARTICIPAÇÃO SOCIAL

automóveis, participações sociais, marcas, bens imóveis, estabelecimentos, *etc.* (para mais exemplos, v. Cunha, 2016:300). Não é indispensável que os bens móveis e imóveis sejam conferidos em propriedade, pois pode o sócio concorrer para a sociedade com a "transferência ou constituição o "uso e fruição de uma coisa" (Correia, 1968:207), atribuídos a título meramente obrigacional. Por fim, as *entradas em indústria* consistem na prestação de trabalho por parte do sócio em benefício da sociedade (v. g., o sócio vincula-se a contribuir com os seus conhecimentos de eletrónica).

As entradas em *dinheiro* e em *espécie* são admitidas a sócios de qualquer tipo de sociedade. De modo diverso, só os sócios comanditados e os sócios das sociedades em nome coletivo podem entrar com indústria (art. 176°, 1, e art. 468°), estando esta entrada vedada a quotistas, acionistas e a sócios comanditários (arts. 202°, 1, 277° e 468°). A proibição legal de os sócios de responsabilidade limitada entrarem com indústria justifica-se pelo facto de estas contribuições não constituírem um meio de garantia para os credores[11].

A lei exige que o valor da entrada em dinheiro ou em espécie de cada um dos sócios iguale o valor nominal da sua participação social. Assim, nos termos do art. 25°, 1, "o valor nominal da parte, da quota ou das ações atribuídas a um sócio no contrato de sociedade não pode exceder o valor da sua entrada, como tal se considerando ou a respetiva importância em dinheiro ou o valor atribuído aos bens no relatório do revisor oficial de contas, exigido pelo artigo 28°". No caso de ações sem valor nominal, "o valor da entrada do sócio deve ser pelo menos igual ao montante do capital social correspondentemente emitido".

Esta regulação legal proíbe a *emissão de ações abaixo do par*, pretendendo-se assegurar o princípio da exata formação do capital social (Domingues, 2017:449). Significa este princípio que no património social deve ingressar, pelo menos, o valor correspondente à cifra do capital social.

diferente pois refere que as entradas em bens diferentes de dinheiro deverão consistir em "elementos de ativo suscetíveis de avaliação económica". A Diretiva (UE) 2017/1132 codifica as disposições de várias diretivas relativas ao direito das sociedades, nomeadamente as disposições da Diretiva 2009/101/CE do Parlamento Europeu e do Conselho, de 16 de setembro de 2009, tendente a coordenar as garantias que, para proteção dos interesses dos sócios e de terceiros, são exigidas nos Estados-Membros às sociedades, na aceção do segundo parágrafo do artigo 48° do Tratado, a fim de tornar equivalentes essas garantias em toda a Comunidade (JO L 258 de 1.10.2009, p. 11).

[11] O art. 46° da Diretiva (UE) 2017/1132 do Parlamento Europeu e do Conselho, de 14 de junho de 2017 determina, para as sociedades anónimas que os "elementos de ativo não podem ser constituídos pela obrigação de execução de trabalhos ou de prestação de serviços".

DIREITO COMERCIAL E DAS SOCIEDADES. ENTRE AS EMPRESAS E O MERCADO

O art. 28º, 1, submete as *entradas em bens diferentes de dinheiro* a avaliação realizada por um revisor oficial de contas, "sem interesses na sociedade, designado por deliberação dos sócios na qual estão impedidos de votar os sócios que efetuam as entradas"[12]/[13]. Por intermédio desta exigência legal, pretende-se acautelar os interesses dos credores da sociedade, assegurando que ingressam na sociedade bens que, pelo menos, igualam o valor da participação social. E que o valor imputado ao capital social não excede o valor do bem que constitui a entrada do sócio.

O revisor deve, pelo menos, descrever os bens, identificar os seus titulares, avaliar os bens indicando os critérios utilizados, e, por fim, declarar se os valores encontrados atingem ou não o valor nominal da participação social, acrescido dos prémios de emissão, se existirem, ou a contrapartida a pagar pela sociedade (art. 28º, 3). No caso de ações sem valor nominal, o revisor deve "declarar se os valores encontrados atingem ou não o montante do capital social correspondentemente emitido" (art. 28º, 3, *e*)).

Nas sociedades em nome coletivo, a verificação das entradas em espécie "pode ser substituída por expressa assunção pelos sócios, no contrato de sociedade, de responsabilidade solidária, mas não subsidiária, pelo valor atribuído aos bens" (art. 179º).

O relatório do revisor oficial de contas está sujeito a *publicidade*, nos termos do art. 28º, 6. Essa é realizada nos termos dos arts. 166º, 167º e nos termos dos arts. 70º a 72º do CRCom. Nos casos em que é legalmente exigível, o relatório do ROC é um dos documentos necessários e imprescindíveis ao processo de registo do ato de constituinte da sociedade ou do registo de aumento de capital social por novas entradas.

Inexistindo o relatório do revisor oficial de contas nos casos em que ele é legalmente exigível, não será viável o pedido de registo do ato de constituição de sociedade ou de aumento de capital social (arts. 3º, *a*), *r*), 47º, 1, do CRCom.) O registo por transcrição deverá ser recusado "quando for mani-

---

[12] O art. 49º do Estatuto da Ordem dos Revisores Oficiais de Contas determina que o revisor oficial de contas exerce as suas funções em "regime de completa independência funcional e hierárquica relativamente às empresas ou outras entidades a quem presta serviços".

[13] Cunha, 2016:301, admite que, por acordo entre todos os sócios, seja designado um único revisor oficial de contas que avalia todas as entradas, desde que estas sejam constituídas por bens idênticos. Domingues, 2017:491, admite que o mesmo perito avalie as várias entradas em espécie, mas exige deliberações distintas para a nomeação do ROC, sendo que cada sócio que entra com bens diferentes de dinheiro (e de indústria) não vote na deliberação que designa o ROC que avaliará o bem com que este sócio entra.

CAPÍTULO VIII – PARTICIPAÇÃO SOCIAL

festo que o facto não está titulado nos documentos apresentados" (art. 48°, 1, *b*), do CRCom.).

Verificado um erro na avaliação feita pelo revisor, o sócio é responsável pela diferença que porventura exista, até ao valor nominal da sua participação social ou, no caso de ações sem valor nominal, até ao valor de emissão destas (art. 25°, 3). Este preceito tem em vista as situações em que o revisor oficial de contas errou porque atribuiu ao bem um valor superior ao que ele efetivamente tinha. Consequentemente, o valor real do bem não atinge o valor nominal da participação social (ou o valor de emissão das ações sem valor nominal), o que justifica que o sócio seja responsável pela diferença existente.

Nas sociedades anónimas e em comandita por ações, a lei submete a aquisição de bens a acionistas aos requisitos do art. 29°, 1. Este preceito, em execução do disposto no n° 1 do art. 11° da 2ª Diretiva[14], pretende evitar que seja defraudado o cuidado com que o legislador rodeou as entradas em espécie. O regime do art. 28° poder-se-ia revelar ineficaz se se permitisse que a sociedade, logo após a sua constituição, adquirisse bens aos sócios, utilizando para tal o dinheiro com que estes entraram. Esta prática poderia defraudar os preceitos relativos às entradas em espécie, pois corria-se o risco de o património logo se tornar inferior ao capital social, por efeito do valor dos bens adquiridos ser inferior ao preço da sua aquisição. Desta forma, sacrificavam-se os interesses dos credores e privilegiavam-se alguns acionistas (os alienantes dos bens adquiridos pela sociedade).

Em ordem a evitar estas consequências, a lei rodeia de especiais cautelas a aquisição de bens por uma sociedade anónima ou em comandita por ações a fundadores (ou a pessoas que se tornem sócias "nos dois anos seguintes ao registo do contrato") efetuadas num "período suspeito" (art. 29°, 1, *c*)), desde que nessas aquisições a sociedade tenha despendido certos montantes. São excluídas deste regime as compras de pequeno valor, as aquisições feitas fora do "período suspeito", as aquisições feitas em bolsa, em processo executivo ou compreendidas no objeto da sociedade (29°, 2).

5.1.3. Tempo das entradas
Diz a lei que, *em regra*, as entradas dos sócios devem ser realizadas até ao momento da celebração do contrato de sociedade (art. 26°, 1). Trata-se de uma formulação que não é feliz. Na verdade, as entradas em espécie podem

---

[14] Substituída pela Diretiva (UE) 2017/1132 do Parlamento Europeu e do Conselho, de 14 de junho de 2017, relativa a determinados aspetos do direito das sociedades

ser realizadas no momento da celebração do ato constituinte da sociedade e as entradas em indústria são realizadas, em regra, depois de celebrado o ato constituinte da sociedade.

Quanto às entradas em indústria, o regime-regra é o de que os sócios de indústria se vinculam no contrato de sociedade a prestar determinados serviços ou trabalho à sociedade, obrigação essa que vai ser executada durante a vida da sociedade. Quanto às entradas em dinheiro, na ausência de estipulação estatutária em sentido diverso, a obrigação de entrada deve ser integralmente cumprida até ao momento da celebração do contrato de sociedade. O que dito de uma outra forma significa que, na ausência de convenção em contrário, a totalidade da entrada deve ser entregue à sociedade até ao momento da celebração do ato constituinte.

Determina o art. 277º, 3, que a soma das entradas em dinheiro já realizadas deve ser depositada em instituição de crédito, numa conta aberta em nome da futura sociedade, até ao momento da celebração do contrato. E, nos termos do nº 4 do mesmo preceito, os sócios devem declarar no ato constituinte, sob sua responsabilidade, que procederam ao depósito referido no número anterior.

E o art. 202º, 4, preceitua que "sem prejuízo de estipulação contratual que preveja o diferimento da realização das entradas em dinheiro, os sócios devem declarar no acto constitutivo, sob sua responsabilidade, que já procederam à entrega do valor das suas entradas ou que se comprometem a entregar, até ao final do primeiro exercício económico, as respectivas entradas nos cofres da sociedade". Esta disposição opera importantes alterações no que toca a realização das entradas em dinheiro. Deixou de ser obrigatório, para as sociedades por quotas, o depósito das entradas em dinheiro, sendo suficiente a sua entrega à sociedade.

Apesar do teor literal do art. 26º, 2[15] – que suscita a dúvida se é lícito ou não o deferimento de entradas em espécie –, deve entender-se que *só as entradas em dinheiro* são, respeitados os limites legais, suscetíveis de serem objeto de diferimento (Ramos, 2016: 194, e bibliografia aí indicada). À luz das normas jurídicas em vigor, *não é lícito* o diferimento de entradas em espécie. Isto não significa que o bem tenha de ser entregue à sociedade até ao momento da celebração do contrato de sociedade, mas tão-só que o ato de transmissão não pode ser posterior ao ato de constituição da sociedade.

---

[15] Introduzido pelo DL 33/2011, de 7 de março.

CAPÍTULO VIII – PARTICIPAÇÃO SOCIAL

Consideremos, agora, com mais pormenor, as regras relativas ao "tempo" das entradas em dinheiro.

O art. 26º, 3, permite que os sócios escolham convencionar o diferimento de entradas em dinheiro, mas tão-só "nos casos e nos termos em que a lei o permita". E quais são esses casos?

O regime das sociedades em nome coletivo não prevê qualquer norma sobre o diferimento das entradas em dinheiro. O que tem suscitado o debate sobre se o diferimento de *entradas em dinheiro* é lícito ou ilícito (no sentido da licitude, Vasconcelos, 2006:266; no sentido da ilicitude, Abreu, 2015:257 nt. 612).

Nas sociedades por quotas, o quadro legal ficou menos claro após a reforma introduzida pelo DL 33/2011, de 7 de março. O art. 26º, 2, estabelece atualmente que as entradas (em dinheiro) podem ser realizadas até "ao termo do primeiro exercício económico, a contar da data do registo definitivo do contrato de sociedade". *Impõe* a lei que até este termo o sócio realize o valor nominal mínimo da quota fixada por lei, ou seja 1 euro (arts. 199º, *b*), 219º, 3) (Ramos, 2016:194). É difícil descortinar a razão de ser desta exigência legal.

Cumprida esta exigência legal, prevista pelo art. 199º, *b*), "todas as entradas em dinheiro são diferíveis" (Abreu, 2015:257).

Para as sociedades anónimas e em comandita por ações (art. 478º), estabelece o nº 2 do art. 277º que só pode ser diferido 70% do valor nominal das ações ou do valor de emissão, não podendo ser diferido o pagamento do prémio de emissão. O contrato de sociedade não pode diferir a realização das entradas em dinheiro por mais de cinco anos (art. 285º, 1), sendo que o acionista só entra em mora depois de interpelado pela sociedade para cumprir (art. 285º, 2).

O pagamento das entradas diferidas tem de ser efetuado em datas certas ou ficar dependente de factos certos e determinados; em qualquer caso, a prestação pode ser exigida a partir do momento em que se cumpra o período de cinco anos sobre a celebração do contrato ou se encerre prazo equivalente a metade da duração da sociedade, se este limite for inferior (art. 203º, 1). Pese embora a fixação contratual do prazo para que a sociedade possa exigir a prestação a que o sócio está obrigado, este só entra em mora depois de interpelado pela sociedade para efetuar o pagamento (art. 203º, 3).

Os regimes especiais de constituição imediata de sociedades por quotas e anónimas (criados, respetivamente, pelo DL 111/2005, de 8 de julho, e pelo DL 125/2006, de 29 de junho) apresentam algumas particularidades quanto às entradas. Em ambos os regimes são admitidas entradas em dinheiro e

DIREITO COMERCIAL E DAS SOCIEDADES. ENTRE AS EMPRESAS E O MERCADO

espécie. O regime especial de constituição *online* de sociedades admite entradas em espécie, desde que para a sua transmissão para a sociedade não seja exigida forma mais solene do que a forma escrita (art. 2°, *a*), do DL 125/2006).

Estes regimes especiais contemplam ainda particularidades no que se refere ao *momento da realização das entradas em dinheiro*. Eles permitem que o depósito das entradas em dinheiro seja *posterior* à celebração do ato pelo qual a sociedade se constitui. Admite-se que os sócios declarem, sob sua responsabilidade, que o depósito das entradas em dinheiro será realizado no *prazo de cinco dias úteis* (arts. 7°, 2, do DL 111/2005, e 6°, 1, *e*), do DL 125/2006). Nesta hipótese, a sociedade torna-se credora das entradas em dinheiro e aos membros da administração compete o dever de exigir aos sócios a realização dessas entradas. Permitir que as entradas em dinheiro sejam depositadas no prazo de cinco dias úteis envolve riscos, designadamente o de os montantes das entradas em dinheiro convencionadas não chegarem a ser realizados.

Por fim, deve ser referido que o regime de aumento de capital social contemplas regras específicas para o diferimento de entradas em dinheiro. Nos termos do art. 89°, 2, se a deliberação de aumento de capital for omissa quanto ao momento da realização das entradas em dinheiro que se acordou diferir, o respetivo pagamento será exigível a partir do registo definitivo do aumento de capital.

5.1.4. Garantias de cumprimento da obrigação de entrada
Se, por um lado, o Código das Sociedades Comerciais permite, sob certas condições, o diferimento de entradas em dinheiro, por outro lado, prevê mecanismos que asseguram o cumprimento da obrigação de entrada.

O Código das Sociedades Comerciais sanciona o incumprimento da obrigação de entrada com consequências jurídicas muito gravosas. Ei-las: *a)* são nulos os atos da administração e as deliberações dos sócios que liberem total ou parcialmente os sócios da obrigação de efetuar entradas estipuladas, salvo no caso de redução de capital (art. 27°, 1); *b)* a sociedade pode acionar as penalidades que o contrato social preveja para a falta de cumprimento da obrigação de entrada (art. 27°, 3); *c)* não serão pagos ao sócio em mora os lucros correspondentes a quotas, partes ou ações não liberadas, mas ser-lhe-ão creditados para compensação da dívida de entrada, sem prejuízo da execução, nos termos gerais ou especiais, do crédito da sociedade (art. 27°, 4); *d)* fora do caso acabado de referir, o n° 5 do art. 27° proíbe que a dívida de entrada se extinga por compensação; *e)* por fim, o n° 6 do art. 27° determina que a falta de realização pontual de uma prestação relativa a uma entrada importa

CAPÍTULO VIII – PARTICIPAÇÃO SOCIAL

o vencimento de todas as demais prestações em dívida, ainda que respeitem a outras partes, quotas ou ações.

Nas sociedades anónimas, o sócio que, interpelado pela sociedade, não cumprir o montante em dívida, fica sujeito a perder a favor da sociedade as ações em relação às quais a mora se verifique e os pagamentos efetuados quanto a essas ações (art. 285º, 4). Por outro lado, nos termos do art. 286º, 1, os anteriores titulares da ação são solidariamente responsáveis, entre si e com o acionista em mora, pelas importâncias em dívida e respetivos juros, à data da perda da ação a favor da sociedade. A sociedade deve notificar, por carta registada, os anteriores titulares da ação de que a podem adquirir mediante o pagamento da importância em dívida e dos juros (art. 286º, 2).

Não sendo a importância em dívida satisfeita por nenhum dos antecessores, a sociedade deve proceder com a maior urgência à venda da ação, por intermédio de corretor, em bolsa ou em hasta pública (art. 286º, 4), sendo o acionista em mora e os anteriores titulares responsáveis pela diferença entre o produto da venda e o montante em dívida. Além disso, a partir da mora na realização das entradas de capital e enquanto esta durar, o acionista não pode exercer o direito de voto (art. 384º, 4).

Por fim, de acordo com o art. 30º, qualquer credor da sociedade, sub-rogando-se na posição da sociedade, pode exigir dos sócios o pagamento das entradas a partir do momento em que estas sejam exigíveis ou até antes desse momento, quanto tal seja necessário para "a conservação ou satisfação dos seus direitos".

5.2. Participação nas perdas

Determina o art. 20º, *b*), que cada sócio está obrigado "a quinhoar nas perdas, salvo o disposto quanto a sócios de indústria". Como já vimos, é nula qualquer estipulação que isente sócio(s) de participar nas perdas (art. 22º, 3).

Importa apurar o sentido jurídico-societário de "perda". "Perdas sociais são decréscimos ou quebras no património de sociedade" (Abreu, 2015:438). Podem ser registadas no momento da liquidação da sociedade, traduzindo-se na "diferença negativa entre o património social líquido no termo da liquidação da sociedade e o capital social" (Abreu: 2015:439).

Tal como acontece com os lucros, as perdas podem ser de *balanço* ou de *exercício*. Designam-se de *balanço* as que consistem na "diferença negativa, registada em balanço, entre o valor do património social líquido e o valor do capital social e reservas indisponíveis" (Abreu: 2015:439). As *perdas de exer-*

DIREITO COMERCIAL E DAS SOCIEDADES. ENTRE AS EMPRESAS E O MERCADO

cício consistem na diferença negativa do património social líquido no fim do exercício por comparação ao património social líquido no princípio do exercício.

A doutrina distingue entre a *obrigação de participar nas perdas* e a responsabilidade ilimitada por dívidas sociais a cargo do sócio de responsabilidade ilimitada. A "obrigação" de quinhoar nas perdas *traduz-se no risco de o sócio não reaver ou não reaver integralmente o que investiu na sociedade como contrapartida da aquisição da participação social* (Abreu, 2015: 440; Gomes, 2011: 147). E este é o *sentido próprio* de perdas que se aplica à situação de sócio de qualquer tipo societário. Em particular, aplica-se aos *sócios de indústria*.

Como vimos, a entrada do sócio de indústria consiste na prestação de trabalho ou de serviços a favor da sociedade. O sócio de indústria está impedido de receber importância certa em retribuição do seu trabalho ou serviços (art. 21°, 2). Por conseguinte, o sócio de indústria corre o risco, como os sócios de capital, de não obter retorno da sociedade. O sócio de indústria sofrerá perdas porque não recupera da sociedade, total ou parcialmente, o valor da indústria com que contribuiu para a sociedade.

Na verdade, a nenhum sócio pode ser assegurado que quando sair da sociedade ou quando a sociedade seja extinta obterá o reembolso integral da entrada. Por conseguinte, a obrigação de participar nas perdas não significa a obrigação, para com a sociedade, de os sócios cobrirem obrigações sociais[16]. Como já vimos, os prejuízos transitados da sociedade são cobertos por lucros (art. 33°, 1) e por reservas (v. art. 296°).

Para além do conceito em sentido próprio de perdas, a doutrina também refere um *conceito alargado de perdas, perdas em sentido amplo* (Gomes, 2011: 143) ou perdas em "modo impróprio" (Abreu, 2015: 440). Neste caso, a participação nas perdas alarga-se de modo a compreender a responsabilidade pelas dívidas sociais dos sócios de responsabilidade ilimitada (sócio das sociedades em nome coletivo e sócios comanditados das sociedades em comandita simples e em comandita por ações). Os sócios de responsabilidade ilimitada respondem subsidiária e solidariamente pelas dívidas sociais (arts. 175°, 1, 465°, 1).

Ressalva, no entanto, o art. 20°, *b*) (e 22°, 3) "o disposto quanto a sócios de indústria". Estas disposições remetem para o art. 178°, 2, segundo o qual

---

[16] O art. 35°, 3, *c*), identifica a "realização pelos sócios de entradas para reforço da cobertura do capital" como uma das medidas para superar a perda grave de capital social. Em rigor, não se trata de novas entradas, mas sim de contribuições a "fundo perdido, para cobrir as perdas verificadas pela sociedade" (Domingues, 2017[b]:571), não existindo alteração da cifra do capital social.

CAPÍTULO VIII – PARTICIPAÇÃO SOCIAL

"os sócios de indústria não respondem, nas relações internas, pelas perdas sociais, salvo cláusula em contrário do contrato de sociedade" (sobre esta disposição, v. Domingues, 2016:39, s.). Todos os sócios das sociedades em nome coletivo (incluindo os sócios de indústria) respondem perante os credores sociais, pelo pagamento de dívidas sociais. O que quer significar o art. 178°, 2, é que o sócio de indústria que tiver pago a credores sociais dívidas da sociedade tem o direito de exigir dos *sócios de capital* (ou seja, aqueles cujas entradas são em dinheiro e em espécie e, por isso, o respetivo valor é computado no capital social) o montante que gastou. O art. 178°, 2, emprega os signos "perdas sociais" em sentido impróprio, porque, neste sentido, o conceito abrange a responsabilidade pelas dívidas sociais.

DIREITO COMERCIAL E DAS SOCIEDADES. ENTRE AS EMPRESAS E O MERCADO

Bibliografia citada

Abreu, J. M. Coutinho de (2015), *Curso de direito comercial*. Vol. II. Das sociedades, 5ª ed., Coimbra: Almedina.

Caeiro, António (1988), "As sociedades de pessoas no Código das Sociedades Comerciais", separata do nº especial do BFD, *Estudos em Homenagem ao Prof. Doutor Eduardo Correia*, Coimbra.

Correia, A. Ferrer (1968), *Lições de direito comercial* (c/ colaboração de V. Lobo Xavier, M. Henrique Mesquita, J. M. Sampaio Cabral e António A. Caeiro), II, Coimbra.

Cunha, Paulo Olavo (2016), *Direito das sociedades comerciais*, 6ª ed, Coimbra: Almedina.

Domingues, Paulo de Tarso (2004), *Do capital social. Noção, princípios e funções*, 2ª ed., Coimbra: Coimbra Editora.

Domingues, Paulo de Tarso (2015), "Artigo 87º", *Código das Sociedades Comerciais em comentário*, coord. de J. M. Coutinho de Abreu, vol. II, 2ª ed., Coimbra: Almedina.

Domingues, Paulo de Tarso (2015ª), "Capital e património sociais, lucros e reservas", *Estudos de direito das sociedades*, coord. de J. M. Coutinho de Abreu, 12ª ed., Coimbra: Almedina.

Domingues, Paulo de Tarso (2016), "Artigo 178º", *Código das Sociedades Comerciais em comentário*, coord. de J. M. Coutinho de Abreu, vol. III, 2ª ed., Coimbra: Almedina.

Domingues, Paulo de Tarso (2016ª), "Artigo 217º", *Código das Sociedades Comerciais em comentário*, coord. de J. M. Coutinho de Abreu, vol. III, 2ª ed., Coimbra: Almedina.

Domingues, Paulo de Tarso (2017), "Artigo 25º", *Código das Sociedades Comerciais em comentário*, coord. de J. M. Coutinho de Abreu, vol. I, 2ª ed., Coimbra: Almedina.

Domingues, Paulo de Tarso (2017ª), "Artigo 32º", *Código das Sociedades Comerciais em comentário*, coord. de J. M. Coutinho de Abreu, vol. I, 2ª ed., Coimbra: Almedina.

Domingues, Paulo de Tarso (2017b), "Artigo 35º", *Código das Sociedades Comerciais em comentário*, coord. de J. M. Coutinho de Abreu, vol. I, 2ª ed., Coimbra: Almedina.

Gomes, Fátima (2011), *O direito aos lucros e o dever de participar nas perdas nas sociedades anónimas*, Coimbra: Almedina.

Martins, Alexandre de Soveral (2006), *Cláusulas do contrato de sociedade que limitam a transmissibilidade das ações. Sobre os arts. 328º e 329º do CSC*, Coimbra: Almedina.

Martins, Alexandre de Soveral (2012), "Artigo 274º", *Código das Sociedades Comerciais em comentário*, coord. de J. M. Coutinho de Abreu, vol. V, Coimbra: Almedina.

Martins, Alexandre de Soveral/Ramos, Maria Elisabete (2015), "As participações sociais", *Estudos de direito das sociedades*, 12ª ed., Coimbra: Almedina.

Mendes, Evaristo (2002), "Direito ao lucro de exercício no CSC (arts. 217/294)", *Estudos em homenagem ao Professor Doutor Mário Júlio Almeida Costa*, Lisboa: Universidade Católica.

Ramos, Maria Elisabete (2016), "Artigo 199º", *Código das Sociedades Comerciais em comentário*, coord. de J. M. Coutinho de Abreu, vol. III, 2ª ed., Coimbra: Almedina.

Ramos, Maria Elisabete (2017), "Artigo 16º", *Código das Sociedades Comerciais em comentário*, coord. de J. M. Coutinho de Abreu, vol. I, 2ª ed., Coimbra: Almedina.

CAPÍTULO VIII – PARTICIPAÇÃO SOCIAL

Rodrigues, Ana Maria/Dias, Rui (2017), "Artigo 65°", *Código das Sociedades Comerciais em comentário*, coord. de J. M. Coutinho de Abreu, vol. I, 2ª ed., Coimbra: Almedina.

Santos, Filipe Cassiano dos Santos (1996), *A posição do acionista face aos lucros de balanço – O direito do acionista ao dividendo no Código das Sociedades Comerciais*, Coimbra: Coimbra Editora.

Vasconcelos (2006), Pedro Pais de, *A participação social nas sociedades comerciais*, 2ª ed., Coimbra: Almedina.

DIREITO COMERCIAL E DAS SOCIEDADES. ENTRE AS EMPRESAS E O MERCADO

Para saber mais

I – Leituras recomendadas

Botelho, Maria de Deus (2017), "O fim das ações ao portador – o período de concessão do nosso descontentamento", *Direito das Sociedades em Direito*, ano 9, vol. 18.

Carvalho, Maria Miguel (2011), "O novo regime jurídico do capital social das sociedades por quotas", *Capital social livre e acções sem valor nominal*, coord. de Paulo de Tarso Domingues, Maria Miguel Carvalho, Coimbra: Almedina.

Cunha, Paulo Olavo (1993), *Os direitos especiais nas sociedades anónimas: as ações privilegiadas*, Coimbra: Almedina.

Domingues, Paulo de Tarso (2007), "O regime das entradas de sócios com créditos", *Nos 20 anos do Código das Sociedades Comerciais. Homenagem aos Profs. Doutores A. Ferrer Correia, Orlando de Carvalho e Vasco Lobo Xavier*, vol. I. Empresas e sociedades, Coimbra: Coimbra Editora.

Ferreira, Rui Cardona (2016), "Acesso à informação nas sociedades anónimas (abertas e fechadas) e responsabilidade civil", *Revista da Ordem dos Advogados* (ano 76, I/II/IV).

Rodrigues, Ana Maria/Dias, Rui (2017), "Artigo 66º", *Código das Sociedades Comerciais em comentário*, coord. de J. M. Coutinho de Abreu, vol. I, 2ª ed., Coimbra: Almedina.

Santos, Filipe Cassiano dos (2017), "Os lucros e a sua aplicação: reservas, resultados transitados e distribuição pelos sócios – uma introdução", *Direito das Soiedades em Revista*, 9, vol. 18.

Serens, M. Nogueira (2014), "As corporate-sponsored foundations: altruísmo ou (ainda) economicidade?", *III Congresso Direito das Sociedades em Revista*.

Triunfante, Armando (2014), *O regime das entradas na constituição das sociedades por quotas e anónimas*, Coimbra: Coimbra Editora.

Xavier, V. G. Lobo/Coelho, Maria Ângela (1982), "Lucro obtido no exercício, lucro de balanço e lucro distribuível", *Revista de Direito e Economia*.

CAPÍTULO VIII – PARTICIPAÇÃO SOCIAL

II – Sítios oficiais de conteúdo informativo relevante para a compreensão de aspetos relativos à participação social

Em http://www.jeronimomartins.pt/investidor/assembleia-geral/ag-2016.aspx pode encontrar a convocatória para a assembleia geral da Sociedade Jerónimo Martins, SGPS, SA, Sociedade aberta, os documentos preparatórios (entre os quais se conta a proposta do Conselho de Administração de aplicação de resultados) e a ata da assembleia geral.

Em https://www.edp.pt/pt/investidores/assembleiasgerais/assembleiasanuais/2016/Pages/AssembleiaGeral19Abril2016.aspx pode encontrar informações relevantes sobre a assembleia geral anual de 2016 de EDP, Energias de Portugal, S.A., Sociedade aberta, em particular as propostas de aplicação de resultados.

Em www.cmvm.pt a Comissão do Mercado de Valores Mobiliários publica regularmente o "Relatório anual sobre o governo das sociedades cotadas". Neste documento, encontram-se informações importantes sobre estrutura acionista, órgãos sociais e comissões de sociedades abertas.

Para um exemplo de estrutura do governo societário, v. http://www.luzsaude.pt/pt/luz-saude/governo-da-sociedade/estrutura-de-governo-da-sociedade/.

DIREITO COMERCIAL E DAS SOCIEDADES. ENTRE AS EMPRESAS E O MERCADO

Para estudar melhor

Considere a seguinte factualidade:

Em janeiro de 2016, Acácio Fonseca e Carlos Maia constituíram entre si a "Música no ar, eventos culturais, Lda". Acácio Fonseca entrou para a sociedade com a sua empresa "New music" que foi avaliada, nos termos legais, em 100 000 euros e Carlos Maia entrou com 120 000 euros em dinheiro. Nos termos dos estatutos, a participação social de Acácio da Fonseca tem o valor nominal de 100 000 euros e a de Carlos Maia tem o valor nominal de 100 000 euros. Ainda nos termos dos estatutos, Carlos Maia entrega 50 000 euros da sua entrada no momento da constituição da sociedade e o restante até ao dia 31 de dezembro de 2017.

Questões:

1. Sabendo que o contrato da sociedade "Música no ar, eventos culturais, Lda" é omisso sobre a participação dos sócios nos lucros, qual é o critério que preside à repartição dos lucros entre os sócios?

2. No artigo 5º do pacto social da "Música no ar, eventos culturais, Lda" ficou estipulado que "A gerência da sociedade será exercida por todos os sócios, que desde já ficam nomeados gerentes". Terão os sócios um direito especial à gerência? Justifique a sua resposta.

3. Em agosto de 2016, a "Música no ar, eventos culturais, Lda" devia a um concessionário automóvel a quantia de 5000 euros. O concessionário enviou uma carta aos sócios exigindo que estes saldem a dívida de 5000 euros. Os sócios responderam que "nas sociedades por quotas os sócios não participam nas perdas da sociedade". Pronuncie-se sobre a iniciativa do concessionário e a resposta dos sócios.

4. Avalie se a entrada de Carlos Maia cumpre os requisitos legais relativos ao diferimento.

Capítulo IX
FINANCIAMENTO DA SOCIEDADE

1. Diversidade das fontes de financiamento da sociedade

É comum serem distinguidas duas vias principais de financiamento da sociedade: o financiamento através de capital próprio ou através de capital alheio.

Tipicamente, o *capital próprio* é fornecido "à sociedade pelos sócios; a sua remuneração não pode ser certa, dependendo da produção de lucros; permanece na sociedade por tempo indeterminado, e na insolvência ou liquidação da sociedade, só pode ser restituído aos sócios, depois de satisfeitos todos os credores sociais, sendo, portanto, o capital responsável pelas dívidas sociais" (Pinto, 2016ª: 639). Diferentemente, o *capital alheio* provém de terceiros, tem natureza transitória, é remunerado de forma certa, ainda que a sociedade não produza lucros. A doutrina assinala a existência de formas de financiamento que reúnem caraterísticas típicas do capital próprio e do capital alheio – "capital quase-próprio" (sobre este conceito, Pinto, 2016ª: 640).

Não raras vezes, as sociedades constituem-se subcapitalizadas, com insuficientes capitais próprios e, por isso, carecem de financiamento que providencie os recursos necessários à prossecução da atividade social[1].

Em pequenas e médias empresas, as necessidades de financiamento são frequentemente asseguradas pelos *sócios* (entradas, aumentos de capital, contrato de suprimento, obrigações suplementares e obrigações acessórias) ou,

---

[1] A subcapitalização pode ser formal (também designada nominal) ou material. A primeira diz respeito à cifra do capital social, querendo significar que os bens correspondentes à cifra do capital social são insuficientes para prossecução da atividade social. A subcapitalização material refere a insuficiência de fundos próprios ou alheios para a prossecução da atividade social.

DIREITO COMERCIAL E DAS SOCIEDADES. ENTRE AS EMPRESAS E O MERCADO

então, por recurso ao financiamento bancário garantido pelos sócios através de garantias pessoais ou reais. Tipicamente, o financiamento no mercado financeiro (por exemplo, através de empréstimos obrigacionistas) acontece quando a sociedade já tem anos de vida e adquire uma dimensão razoável.

Já o financiamento através de *capitais alheios* ou dívida faz-se através de financiamento bancário e contratos de crédito celebrados com outros sujeitos. Os capitais alheios caraterizam-se pelos pagamentos regulares aos credores, têm, em regra, um prazo de vencimento e, quanto ao reembolso, beneficiam de prioridade relativamente aos capitais próprios. Pontuam, neste contexto, a emissão de obrigações pela sociedade, mas também a utilização de instrumentos híbridos de financiamento, da titularização de créditos e de instrumentos derivados.

Numa visão tradicional de financiamento da sociedade há uma separação clara entre o papel dos sócios e o contributo dos financiadores externos. Na verdade, os sócios arriscam o seu investimento na sociedade, mas, em contrapartida, adquirem o poder de influenciar as decisões societárias através, por exemplo, do direito de voto nas deliberações sociais. Ao invés, os financiadores externos (por exemplo, bancos) estavam arredados do poder de influenciar os destinos da sociedade (com desenvolvimentos, Oliveira, 2015:24).

A realidade atual mostra que "os contratos de financiamento conferem, não raras vezes, um poder de influência especialmente intenso, que tem levado mesmo alguns autores a considerar a possibilidade de configurar os credores controladores como administradores de facto da sociedade devedora" (Oliveira, 2015:27).

2. Noções de capital social

2.1. Capital social – uma figura contestada

Já sabemos que, à exceção das sociedades em nome coletivo em que todos os sócios entram com indústria, nos restantes casos, as sociedades têm *necessariamente* capital social. Para as sociedades anónimas, a 2ª Diretiva impôs não só a obrigatoriedade de capital social, como também determinou o montante legal mínimo[2]. As sociedades anónimas com ações sem valor nominal *continuam a ter capital social* – todas as ações representam a mesma fração de capital

---

[2] V. atualmente o art. 45º, 1, da Diretiva (UE) 2017/1132 do Parlamento Europeu e do Conselho de 14 de junho de 2017 relativa a determinados aspetos do direito das sociedades.

CAPÍTULO IX – FINANCIAMENTO DA SOCIEDADE

social (art. 276°, 4)[3]. As sociedades por quotas, a partir da reforma legislativa operada pelo DL 33/2011, de 7 de março, que introduziu o "capital social livre" (art. 201°), passaram a ter *capital social variável*. Neste contexto, por capital social *variável* quer-se significar que, por força do art. 219°, 3, o montante legal mínimo de capital social apura-se pela multiplicação do valor de €1 pelo número de sócios. A reforma de 2011 não eliminou, como alguns reclamam, o capital social nas sociedades por quotas, nem sequer o capital social mínimo. O que acontece é que a reforma de 2011 eliminou o capital social fixo de €5000.

Nas sociedades em comandita há necessariamente capital social, pois o valor das entradas dos sócios comanditários (em dinheiro ou e em bens diferentes de dinheiro – 468°) será computado no capital social.

Na Europa, são muitas as críticas ao capital social tendentes a mostrar que ele não cumpre as funções a que se destina. Eis algumas dessas críticas: *a)* os montantes mínimos do capital social são desajustados à realidade económica, pois diferentes iniciativas económicas têm diferentes exigências de financiamento; *b)* os montantes legais mínimos de capital social muito elevados são, por outro lado, contraproducentes pois constituem barreiras legais e custos de contexto que desincentivam a atividade económica; *c)* os montantes legais mínimos do capital social não cumprem a função de garantia dos credores da sociedade; *d)* as regras sobre o capital social podem induzir em erro os investidores, pois nem sempre a um capital social nominal elevado corresponde a robustez económica e financeira da sociedade; *e)* a existência de capital social aumenta os custos de contexto no exercício da atividade económica, sem mostrar vantagens significativas.

Apesar da bateria de críticas, o capital social resiste nas legislações da União Europeia e, em particular, na legislação portuguesa. Há que perceber porquê.

2.2. Capital social nominal

A noção de capital social comporta diversos sentidos jurídico-societários. Considerem-se, a título de exemplo, as normas do art. 14° que determina que o montante do capital social deve ser sempre expresso em moeda com curso legal em Portugal. E, por outro lado, a norma do art. 35°, epigrafada "perda de metade do capital".

No caso da norma do art. 14° (e de outras integrantes do CSC), o legislador está a considerar o *capital social nominal*. Este pode ser definido como a

---

[3] São do Código das Sociedades Comerciais as normas cuja fonte legislativa não é mencionada.

"cifra representativa da soma dos valores nominais das participações sociais fundadas em entradas em dinheiro e/ou espécie" (Abreu, 2015:404) ou, ainda, como a "cifra que consta do pacto, necessariamente expressa em euros, representativa da soma dos valores nominais das participações sociais que não correspondam a entradas em serviços" (Domingues, 2017:269). Neste sentido, o capital social é uma *cifra e* tal cifra resulta de uma operação aritmética de soma[4].

Atualmente, *não é juridicamente* correto sustentar que o capital social corresponde à soma dos valores das entradas dos sócios, porque: *a)* as entradas em indústria, embora lhes seja atribuído um valor pelos sócios, tal valor não é computado no capital social (arts. 176º, *b*), 178º, 1); *b)* as entradas de capital (entradas em dinheiro e em bens diferentes de dinheiro e de indústria) podem ser de valor superior ao valor nominal da participação social (art. 25º, 1, 295º, 3, *a*)). Os ágios ou prémios de emissão não são computados no capital social – integram o património da sociedade –; constituem uma "reserva legal especial" (Domingues, 2012ª:275; Cunha, 2016:265) ou "reserva equiparada" (Abreu, 2015:436) e ficam sujeitos ao regime da reserva legal (art. 295º, 2, *a*)).

Os *ágios ou prémios de emissão*, quando referidos à emissão de ações, consistem na diferença para mais entre, por um lado, o valor nominal ou valor de emissão e, por outro, a quantia que os acionistas desembolsaram para as adquirir (art. 295º, 3, *a*)). O *ágio* surge muito raramente no momento da constituição da sociedade, mas já é frequente em operações de aumento do capital social de sociedades que gozam de boa saúde financeira e capacidade económica. Ele serve para garantir o respeito pelo princípio da igualdade de tratamento entre os sócios (Domingues, 2012ª:278), pois permite compensar a diferença entre o valor nominal das ações emitidas no aumento do capital social e o valor de mercado das ações antigas (admitindo que estas últimas têm um valor de mercado superior ao valor nominal ou de emissão das novas ações). Não há obrigatoriedade legal de ser constituído o ágio.

O capital social nominal é uma *cifra*, é um *número* que consta dos estatutos da sociedade (art. 9º, 1, *f*)). E que permanece *inalterado* enquanto não for objeto de alterações estatutárias de aumento de capital social ou de redução do capital social. As modificações no património social podem exigir mudanças no capital social (eventualmente, redução do capital social por

---

[4] Nos arts. 32º, 1, 35º, 2, 171º, 2, 349º, 1, 2, é referido o "capital próprio" que traduz, no essencial, a situação líquida apurada pela diferença entre o ativo e o passivo da sociedade (Cunha, 2016:271).

CAPÍTULO IX – FINANCIAMENTO DA SOCIEDADE

aplicação do art. 35°), mas tais alterações implicam deliberação dos sócios de alteração dos estatutos.

Por ser uma cifra, um valor ideal, o *capital social não é suscetível de ser penhorado*. Os credores particulares do sócio podem penhorar as quotas e ações (arts. 239°, 1, 774°, CPC, 780°, 14, do CPC) de que este seja titular e os direitos aos lucros e à quota de liquidação (v. art. 183°, 1, parte final).

Por fim, uma nota para recordar que as estipulações estatutárias de diferimento de entrada(s) em dinheiro não têm qualquer impacto no cálculo do capital social. O que acontece é que a sociedade se torna *credora* do(s) sócio(s) que difere(m) parte das entradas em dinheiro.

Certamente que a noção de capital social avançada há pouco não serve para os casos das sociedades anónimas com ações sem valor nominal. É preciso, pois, encontrar a *noção de capital social que possa funcionar nas sociedades com ações sem valor nominal*. Neste caso, a doutrina carateriza o capital social nominal como o "elemento do pacto (…) que se consubstancia numa cifra, necessariamente expressa em euros, que é livremente fixada pela sociedade, e que determina o valor mínimo das entradas a realizar pelos sócios" (Domingues, 2012:70, e também Abreu, 2015:404). Segundo Domingues, "nas sociedades com ações sem valor nominal, o capital social é o antecedente do valor de emissão; em primeiro lugar é fixado o valor do capital social e só depois, em função do número de ações emitidas, é que se determina o valor de emissão" (Domingues, 2012:73).

2.3. Capital social real

O art. 35°, 1, 2, quando refere que "metade do capital se encontra perdido", convoca o capital social no sentido de *capital social real*. Este sentido de capital social quer referir o montante de bens da sociedade destinados a cobrir o valor do capital social estatutário.

O capital social real constitui "a quantidade ou montante de bens de que a sociedade não pode dispor em favor dos sócios, uma vez que se destinam a cobrir o valor do capital social nominal inscrito no lado direito do balanço" (Domingues, 2017:271).

E, por conseguinte, o capital social real corresponde, em rigor, a bens do património da sociedade, quantitativamente não determinados que integram o património social líquido. No entanto, não há uma identificação entre capital social real e património social líquido, pois este pode ser superior ao capital social real (Domingues, 2017:271, 272, e Abreu, 2015:404).

2.4. Capital social e património social

A noção de património subdivide-se em vários perfis: *património global, ilíquido, líquido*. O *património global* compreende o conjunto de relações jurídicas com valor económico, isto é, avaliáveis em dinheiro de que a sociedade é titular. O *património social ilíquido* abrange os elementos do ativo, desconsiderando o passivo. Por fim, o *património social líquido* consiste no ativo depois de descontado o passivo.

Assim, facilmente se compreendem as diferenças que separam o património social do *capital social nominal*. O *património social* é constituído por uma massa de bens de composição variável durante a vida da sociedade que pode ser penhorado pelos credores da sociedade (seja qual for o tipo societário em causa). O capital social nominal é uma cifra, é um número que, como já foi assinalado, é *impenhorável*. O capital social nominal é estável; o património social é, por definição, variável.

Também deve ser marcada distinção entre o capital social real e o património social.

Já vimos que o *capital social real* corresponde a uma parte do património social líquido, mas que não se identifica com este, pois aquele corresponde a uma parcela (quantitativamente não determinada) deste (para esta distinção, v. Domingues, 2017:271, s.).

Na data da constituição da sociedade, o património é constituído, pelo menos, pelas entradas ou, no caso de diferimento de entradas em dinheiro, pelos correspondentes direitos de crédito.

3. Capital social e investimento colaborativo (*crowdfunding*)

A L nº 102/2015, de 24 de agosto, regula o regime jurídico do financiamento colaborativo (*crowdfunding*)[5]. Na definição fornecida pelo art. 2º da L nº 102/2015, "o financiamento colaborativo é o tipo de financiamento de entidades, ou das suas atividades e projetos, através do seu registo em plataformas eletrónicas acessíveis através da *Internet*, a partir das quais procedem à angariação de parcelas de investimento provenientes de um ou vários investidores individuais".

---

[5] Desenvolvido pela Portaria 344/2015, de 12 de outubro, e pelo Regulamento CMVM 1/2016. Acompanho de perto o que escrevi em Ramos (2015-2016). Sobre as potencialidades do *crowdfunding*, v. Comunicação da Comissão ao Parlamento Europeu, ao Conselho, ao Comité Económico e Social Europeu e ao Comité das Regiões Aproveitar o potencial do financiamento coletivo na União Europeia, Bruxelas, 27.3.2014 COM (2014) 172 final.

CAPÍTULO IX – FINANCIAMENTO DA SOCIEDADE

O art. 3º da L nº 102/2015 identifica as quatro modalidades de financiamento colaborativo: *a)* através de donativo; *b)* com recompensa; *c)* de capital (*equity crowdfunding*); *d)* por empréstimo (*loan crowdfunding*). As duas primeiras modalidades de financiamento colaborativo estão vocacionadas para iniciativas de solidariedade ou de promoção de projetos sociais, culturais ou artísticos; as duas últimas estão pensadas para o apoio a projetos lucrativos.

O *crowdfunding* tem sido usado para financiar projetos sociais, aquisição de obras de arte para museus, campanhas de projetos políticos, *etc.*. No entanto, o que neste momento nos interessa, é o *crowdfunding* como *método de financiamento privilegiado* de *start-ups* e de projetos societários. E, por conseguinte, interessa, neste contexto, o *equity crowdfunding* e por empréstimo (*loan crowdfunding* ou *peer-to-peer lending*). Certamente, que são dois instrumentos completamente diferentes pois o *equity crowdfunding* tem por consequência que a entidade financiada remunera as contribuições que recebe através de participação no capital social ou de dívida convertível em participações sociais. De modo diverso, no caso de financiamento por empréstimo colaborativo a entidade financiada remunera as contribuições que recebe através do pagamento de juros fixados no momento da angariação. O primeiro caso (*equity crowdfunding*) configura um caso de financiamento através de capitais próprios (pelo menos no caso em que são atribuídas participações sociais aos financiadores); o segundo caso consubstancia uma situação de financiamento por capitais alheios.

4. Fixação legal de capital social mínimo

4.1. Sociedades anónimas e em comandita por ações

O "capital social mínimo" designa o *montante mínimo do capital social nominal fixado por lei*. Ao capital social mínimo são tradicionalmente apontadas as seguintes funções: *a)* garantia dos credores (porque o capital social mínimo representa o financiamento mínimo de que os sócios devem dotar a sociedade para a prossecução da atividade económica); *b)* instrumento de seleção do tipo societário (o capital social mínimo permite aos sócios escolherem o tipo societário, afastando as pequenas empresas da sociedade anónima); *c)* limiar de seriedade no acesso à limitação da responsabilidade (deste modo, o capital social mínimo afasta do mercado sociedades de responsabilidade limitada que não sejam dotadas dos necessários meios e recursos financeiros) (sobre estas funções tradicionais do capital social mínimo, v. Domingues: 2016:205, ss.).

No entanto, a doutrina sublinha que o *capital social mínimo não consegue desempenhar eficazmente nenhuma destas funções* (Domingues, 2009:158, s.). Efetivamente, ele não é uma eficaz garantia dos credores da sociedade (v. *infra*). Por outro lado, as regras vigentes não impedem (nem devem impedir) que os sócios constituam uma sociedade anónima fechada, destinada a prosseguir atividades económicas para as quais são suficientes recursos financeiros modestos. Por fim (mas não menos importante), as exigências do empreendedorismo e do acesso ao exercício da atividade económica olham para o capital social mínimo como um "custo de contexto" inibidor de projetos inovadores e com potencial de ganho. Em especial, hoje é sublinhado que é arbitrária a fixação legal do capital social mínimo e, por isso, carecida de fundamento económico (desenvolvidamente, v. Domingues: 2016:205, ss.).

Apesar de não ser consensual que a lei se deva aventurar na decisão sobre qual é o capital social mínimo que os sócios devem reunir para constituírem uma sociedade, a 2ª Diretiva sobre Sociedades exigiu capital social mínimo para as sociedades anónimas[6], mas não para os restantes tipos societários.

Na ordem jurídica portuguesa, o regime jurídico das sociedades em nome coletivo e das sociedades em comandita simples não prevê capital social mínimo, admitindo-se nas sociedades em nome coletivo que inexista capital social (art. 9º, 1, *f*)). Existindo capital social nas sociedades em nome coletivo, a lei considerou desnecessário prever um montante mínimo de capital social. Caberá aos sócios escolher o montante de capital social adequado ao projeto da sociedade.

Nas sociedades em comandita simples, haverá capital social (pois os sócios comanditários estão proibidos de entrar com indústria – art. 468º), mas não há capital social mínimo (art. 474º). Também aqui foi dada liberdade aos sócios para fixarem o capital social.

No caso das sociedades anónimas, o art. 276º, 5, determina que o montante mínimo de capital social é de 50 000 euros[7]. Igual valor legal mínimo vale para as sociedades em comandita por ações (art. 478º).

---

[6] Reclamando a eliminação do capital social mínimo, incluindo nas sociedades anónimas quando o direito da União Europeia o permitir, Domingues, 2009: 166. V. tb. Pinto, 2007:837, ss.. Atualmente o capital social mínimo das sociedades anónimas é regulado pelo art. 45º da Diretiva (UE) 2017/1132 do Parlamento Europeu e do Conselho, de 14 de junho de 2017, relativa a determinados aspetos do direito das sociedades.

[7] Sociedades de direito especial reguladas fora do CSC podem exigir um mínimo legal de capital superior ao regime-regra que resulta do art. 276º, 5. Considere-se, a título de exemplo, o DL 77/2017, de 30 de junho, que regula as sociedades de investimento mobiliário para

CAPÍTULO IX – FINANCIAMENTO DA SOCIEDADE

O procedimento especial de constituição imediata de sociedade por quotas e anónimas e o regime especial de constituição *online* de sociedades por quotas e anónimas não apresentam regras específicas sobre o capital social mínimo, mas têm regras próprias relativas ao cumprimento da obrigação de entrada (art. 7º, 2, do DL 111/2005, de 8 de julho, art. 6º, 1, *e*), do DL 125/2006, de 29 de junho).

4.2. Capital social livre nas sociedades por quotas – manutenção capital social mínimo, eliminação do "custo de contexto"

Na sequência da reforma introduzida pelo DL 33/2011, o art. 201º, intitulado "capital social livre", determina que "o montante do capital social é livremente fixado no contrato de sociedade, correspondendo à soma das quotas subscritas pelos sócios". A versão anterior deste preceito, preceituava que "A sociedade por quotas não pode ser constituída com um capital inferior a 5000 euros nem posteriormente o seu capital pode ser reduzido a importância inferior a essa".

A primeira nota a sublinhar é que o "capital social livre" não significa que os sócios possam escolher que a sociedade por quotas não tenha capital social. Essa escolha será, à luz das normas em vigor, ilícita. Todas as sociedades por quotas *têm capital social*, cujo montante deve, necessariamente, constar do ato constituinte (arts. 9º, 1, *f*), 270º-G). Ao contrário do que é reclamado por alguns autores, o *capital social não foi eliminado nas sociedades por quotas* (Domingues, 2016:205, ss.). E, por conseguinte, continua a aplicar-se às sociedades por quotas o regime relativo ao capital social.

Por outro lado, capital social livre também não significa que tenha sido eliminado o capital social mínimo nas sociedades por quotas. O regime legal regulador das sociedades por quotas *continua a exigir capital social mínimo*, mas em montante vertiginosamente inferior aos 5 000 euros. O que acontece é que na sequência da reforma introduzida pelo DL 33/2011, o capital social mínimo das sociedades por quotas deixou de ser *fixo* para passar a ser *variável*, tendo em conta o teor do art. 219º, 3, que determina que os valores nominais das quotas podem ser diversos, não podem ser inferiores a €1.

O legislador pretendeu atribuir aos sócios quotistas uma ampla (mas não total) liberdade na determinação do capital social adequado a cada sociedade por quotas. Assim, respeitado o limite imposto pelo art. 219º, 3, os sócios são

---

fomento da economia (SIMFE), estabelecendo o respetivo regime jurídico. Segundo o art. 2º, 3, do DL 77/2017, o capital social mínimo das SIMFE é de (euro) 125 000.

DIREITO COMERCIAL E DAS SOCIEDADES. ENTRE AS EMPRESAS E O MERCADO

livres de fixar o capital social da sociedade por quotas. Na verdade, como há muito vem sendo sublinhado pela doutrina, debalde a lei procurará fixar, através do capital social mínimo, o valor adequado a cada projeto empresarial. Diferentes projetos empresariais reclamam diferentes valores do capital social (Domingues, 2016:205, ss., 2017:159, ss.).

Que razões justificam que o legislador tenha reduzido de modo vertiginoso o capital social mínimo das sociedades por quotas, de modo a torná-lo tão exíguo? Embora, em termos jurídicos, não se possa dizer que a lei eliminou o capital social mínimo nas sociedades por quotas, a verdade é que, do ponto de vista económico, os empreendedores e investidores deixaram de ter a preocupação de reunir o capital social mínimo. €1, €2, €5, €10 são montantes acessíveis, por serem especialmente baixos. No entanto, como facilmente se percebe, são montantes insuficientes para todo e qualquer projeto, a começar pelo próprio projeto de constituir a sociedade por quotas[8].

Ocorreu uma mudança de perspetiva quanto ao capital social que deixou de ser entendido como importante fonte de financiamento da sociedade para ser visto como um "custo de contexto" inibidor do empreendedorismo e da iniciativa empresarial. E, porque, é necessário eliminar os custos de contexto para melhorar o ambiental legal de negócios, ainda que não se elimine o capital social mínimo, elimina-se o custo de contexto de constituição de sociedades ou de criação de empresas pela redução do valor mínimo do capital social a €1 por quota (Domingues, 2017ª:173, s.; Ramos, 2017:190, ss.). Foi este o caminho seguido pelo legislador português na reforma de 2011 que alterou o art. 201º.

No entanto, esta solução do art. 201º suscita a questão da proteção dos credores da sociedade. Abordaremos esta questão no ponto relativo às funções do capital social.

5. Função de financiamento e outras funções do capital social

5.1. Função de financiamento da sociedade

O capital social desempenha *funções externas* e *funções internas* (Domingues (2004:200, ss.). No primeiro caso estão a ser consideradas as *relações entre a*

---

[8] Nos termos do art. 27º, nº 3.5., do Regulamento Emolumentar dos Registos e Notariado, "Pela prática dos atos compreendidos no regime especial de constituição *online* de sociedades, com ou sem nomeação de órgãos sociais ou secretário da sociedade e com opção por pacto ou ato constitutivo de modelo aprovado – (euro) 220".

CAPÍTULO IX – FINANCIAMENTO DA SOCIEDADE

sociedade e o exterior; no segundo caso, são tidas em conta as *relações entre a sociedade e os sócios*.

Privilegiando as funções mais relevantes, podemos dizer que, no *plano interno*, salientam-se as funções de *organização* e de financiamento e no *plano externo* as funções de *avaliação económica da sociedade* e a de garantia (Domingues (2004:200, ss., 2015:166, ss.).

A dita *função de financiamento do capital social* deve-se à circunstância de os sócios serem obrigados a contribuir para a sociedade (art. 20°, *a*)). Ao contribuírem com dinheiro ou bens diferentes de dinheiro (e de indústria) estão a entregar bens à sociedade que a dotarão de recursos que irão ser usados na prossecução do objeto social. Já sabemos, também, que cada sócio deve entregar, dinheiro ou bens diferentes de dinheiro que, pelo menos, iguale o valor nominal da participação social ou, no caso da sociedade anónima com ações sem valor nominal, o valor do capital social correspondentemente emitido (art. 25°, 1, 2). Por meio da obrigação de entrada, os sócios financiam a atividade da sociedade, porque entregam a esta bens que vão integrar o património social e ficam disponíveis para serem usados na prossecução do objeto social.

Nos casos em que a lei admite que o sócio contribua com indústria, constitui-se na esfera jurídica da sociedade um *direito de crédito* (não computado no capital social) a exigir que tal sócio preste o trabalho ou serviços a que se obrigou.

A lei não responde, nem poderia responder, à questão de saber qual é o montante de capital social adequado ao financiamento de cada concreta sociedade. E, como já vimos, a fixação legal de capital social mínimo também não responde a esta pergunta. Na verdade, o capital social mínimo previsto na lei resulta de uma decisão geral e abstrata do legislador que, para determinado tipo societário, determinou o correspondente montante legal mínimo. Como é facilmente compreensível, o legislador não considerou, nem o poderia fazer, as concretas e específicas necessidades de financiamento de cada sociedade em particular.

O conservador do registo comercial, no momento em que aprecia a viabilidade do registo do contrato de sociedade, verificará se o contrato respeita as normas legais aplicáveis, mas não lhe compete apurar se a sociedade é constituída com os meios suficientes e adequados ao seu objeto social. A lei também não exige que os sócios que requerem o registo definitivo do contrato de sociedade provem que a sociedade é constituída com os meios necessários e suficientes para garantir a sua viabilidade económico-financeira.

DIREITO COMERCIAL E DAS SOCIEDADES. ENTRE AS EMPRESAS E O MERCADO

O capital social mínimo das sociedades por quotas (art. 219º, 3) é incompatível com qualquer função de financiamento da sociedade. Poder-se-ia até dizer que permitir que uma sociedade constituída por dois sócios tenha um insignificante capital social de € 2 significa abandonar a função de financiamento do capital social, porque este montante é manifestamente insuficiente para pagar o processo mais barato de constituição de sociedade por quotas.

5.2. Função de organização

Acabámos de ver que o capital social mínimo, fixado legalmente, apresenta algumas fragilidades no cumprimento da função de financiamento da sociedade. É hora de perceber em que consiste a *função de organização*. A função de organização do capital social (nominal) quer significar que é por referência e ele que se faz "a determinação da posição jurídica dos sócios, assumindo-se como um instrumento moderador e regulador dos respetivos direitos e deveres (sejam os de caráter administrativo − ex.: direito de voto −, sejam os de caráter patrimonial − ex.: direito ao lucro). É o que resulta, por exemplo, imperativamente da lei quando esta faz depender o exercício de vários direitos sociais da titularidade de certa participação mínima no capital social" (Domingues, 2015:166, s.).

É manifesta esta função de organização, por exemplo, nos arts. 22º, 1, 77º, 1, 288º, 291º e 292º, 375º, 2, 265º e 270º, 383º, 2, 386º, 3. No que diz respeito ao direito de voto, considerem-se os arts. 250º, 1 − um voto por cada cêntimo do valor nominal da quota − ou o art. 384º, 1 − a cada ação corresponde um voto (Abreu, 2015: 407, s.).

Não podem deixar de ser salientados os limites desta função de organização do capital social.

Há vários aspetos a serem considerados. Por um lado, disposições estatutárias podem alterar esta correspondência entre direitos e deveres e capital social (vejam-se os casos dos direitos especiais). Por outro lado, nas sociedades em nome coletivo o voto conta-se por sócio: um sócio um voto (art. 190º, 1), sendo irrelevante o montante da participação social. Há, ainda, outros direitos que dependem da qualidade de sócio e não da sua participação social: por exemplo, o direito a participar nas assembleias das sociedades por quotas.

Também está quebrada a proporcionalidade entre a participação social e a medida dos direitos, no caso de voto plural (art. 250º, 2), bem como nos casos de limitações aos direitos de voto, constantes das normas dos arts. 384º, 2, 341º, 3.

CAPÍTULO IX – FINANCIAMENTO DA SOCIEDADE

Como funciona a função de organização nos casos em que a sociedade anónima escolhe ações sem valor nominal?

Nas sociedades anónimas com *ações sem valor nominal* há que considerar o "valor de emissão" e o "valor contabilístico". O primeiro corresponde ao valor das entradas dos sócios que é computado no capital social (art. 298º, 1), sendo certo que a sociedade pode, durante a sua vida, praticar diferentes valores de emissão (art. 298º, 3).

Já o valor "contabilístico" (também designado pela doutrina como valor "fracional", "valor percentual", "valor aritmético") resulta da divisão do valor do capital social pelo número de ações. Dos estatutos devem constar o capital social e o número de ações (arts. 9º, 1, *f*), 272º, *a*)).

É o *valor contabilístico* que subjaz ao art. 276º, 4, quando prescreve que "todas as ações devem representar a mesma fração no capital social". Já o valor de emissão das ações pode variar durante a vida da sociedade, nomeadamente em emissões posteriores podem ser fixados valores de emissão inferiores aos aplicados em emissões anteriores (art. 298º, 3). Donde se conclui que, nas sociedades anónimas com ações sem valor nominal, o referente para a medida dos direitos sociais não é o valor de emissão pago por cada sócio, mas sim o referido "valor contabilístico (para mais desenvolvimentos, v. Domingues, 2012:76, s.).

5.3. Função de garantia dos credores da sociedade

É frequente dizer-se que o capital social nominal desempenha uma função de garantia dos credores da sociedade. Afirmação que, à primeira vista, pode parecer contraditória, pois o cumprimento das obrigações da sociedade perante os seus credores é garantido pelo património social (que, nos termos do art. 601º do CCiv., é a garantia geral dos credores) ou por garantias especiais prestadas pela sociedade ou por terceiros. E, por conseguinte, interessa aos credores sociais que no património líquido da sociedade haja bens que possam responder pelas dívidas da sociedade (especialmente, nas sociedades em que os sócios não respondem pelas dívidas sociais).

Ora, como já foi sublinhado, o património social distingue-se do capital social nominal, sendo que este é uma cifra, um número e não um acervo de bens. Recordo, aliás, que o capital social nominal é impenhorável.

Mostra-se, pois, necessário perceber o que significa juridicamente a afirmação tantas vezes repetida de que o capital social (nominal) exerce uma *função de garantia dos credores da sociedade*. Quer-se com tal afirmação significar que o CSC dispõe de normas que impõem *limites à distribuição de bens sociais aos sócios*, como seja a norma que fixa os limites da distribuição de bens sociais aos sócios (art. 32°), a proibição de distribuição de lucros e reservas não distribuíveis (art. 33°), as regras reguladoras de aquisição pela sociedade de ações próprias (art. 317°), as regras sobre a amortização de ações (art. 346°). A consequência de tais normas é a proibição de distribuição de bens sociais aos sócios e tem por efeito que tais bens são *retidos no património social e aí estão disponíveis para garantir o pagamento dos credores sociais*.

O art. 32°, 1, consagra o chamado *princípio da intangibilidade do capital social* que, em termos simples, quer significar que *não podem ser distribuídos aos sócios bens sociais necessários à cobertura do capital social (nominal) e das reservas indisponíveis* (sobre as reservas indisponíveis, v. *infra*).

Tal princípio, já se vê, não impede que o património social vá diminuindo em razão da atividade económica da sociedade, por força do cumprimento das dívidas sociais. Este princípio, ainda, não impede que a sociedade sofra perdas. O que este princípio quer impedir é que sejam devolvidos aos sócios (enquanto tais) os bens que constituíram o fundo patrimonial afetado à prossecução do objeto social. Este princípio impede a devolução das entradas aos sócios, durante a vida da sociedade (sobre este princípio, desenvolvidamente, Domingues, 2004:132, ss.; 2015:171, ss.).

Sendo os capitais sociais mínimos baixos, é menos efetiva ou quase nula a proteção conferida pelo princípio da intangibilidade do capital social aos credores sociais.

5.4. Função de avaliação económica da sociedade

Nas relações externas, o capital social (nominal) serve para apurar se a sociedade teve lucros ou sofreu perdas e, mais vastamente, para determinar a situação económica da sociedade. E tal apuro faz-se pelo confronto do capital social nominal (que, tendencialmente, corresponde ao valor das entradas dos sócios) e o património social líquido (Abreu, 2015:408).

6. Aumentos de capital social

6.1. Noção e competência para o aumento do capital social

As operações de *aumento de capital social* constituem *alterações estatutárias* que estão sujeitas a um regime legal próprio (arts. 9°, 85°). Por força desta alteração, é aumentada a cifra do capital social constante do ato constituinte.

Como instrumento de *financiamento da sociedade*, interessa considerar o *aumento de capital social por novas entradas*. Esta modalidade de aumento levanta

CAPÍTULO IX – FINANCIAMENTO DA SOCIEDADE

problemas de tutela dos sócios e dos terceiros. Em ordem a tutelar os sócios, a lei confere-lhes um *direito de preferência na subscrição das novas entradas em dinheiro* (arts. 266°, 458°), de modo a garantir a manutenção da sua posição relativa. De modo a proteger o interesse dos credores sociais em que os bens relativos ao aumento do capital social ingressam efetivamente no património societário, a lei manda aplicar o regime das entradas na constituição da sociedade (art. 89°, 1).

Nos termos do art. 85°, 1, a competência para deliberar as alterações estatutárias de aumento do capital social cabe à coletividade dos sócios. No entanto, o art. 85°, 1, ressalva os casos em que a "lei permita atribuir cumulativamente essa competência a algum outro órgão". Efetivamente, nas sociedades anónimas o art. 456° permite, sob certos requisitos, o aumento do capital deliberado pelo órgão de administração, quando prescreve que "o contrato de sociedade pode autorizar o órgão de administração a aumentar o capital, uma ou mais vezes, por entradas em dinheiro".

Em sede de insolvência, o plano da insolvência, nos termos do art. 198°, 2, *b*), do CIRE, pode incluir como medida "um aumento do capital social, em dinheiro ou em espécie, a subscrever por terceiros ou por credores, nomeadamente mediante a conversão de créditos em participações sociais, com ou sem respeito pelo direito de preferência dos sócios legal ou estatutariamente previsto" (sobre esta medida do plano de insolvência, v. Abreu, 2016:348; Domingues, 2015ª:46; Martins, 2016:468, s.). Neste caso, o aumento do capital social depende de decisão dos credores sociais (sobre a não conformidade desta solução, quando referida às sociedades anónimas, com o art. 29° da Diretiva de Capital, v. Domingues, 2015ª:47, ss.).

6.2. Modalidades de aumento do capital social

O Código das Sociedades Comerciais regula várias modalidades de aumento de capital social. Estão consagrados, para todo os tipos societários, os: *a)* aumento de capital social por novas entradas (em dinheiro/espécie) (arts. 87° a 89°); *b)* aumento de capital social por incorporação de reservas (arts. 91° a 93°). Especificamente, para as sociedades anónimas, o CSC ainda prevê: *a)* aumento de capital autorizado (art. 456°); *b)* aumento de capital condicionado.

Nem sempre o aumento de capital social implica um financiamento adicional da sociedade. Nas operações de aumento de capital por incorporação de reservas, a sociedade não obtém meios suplementares de financiamento, pois os sócios beneficiam de um aumento da participação social, sem que, em contrapartida, entreguem bens à sociedade. Nos regimes de aumento do

DIREITO COMERCIAL E DAS SOCIEDADES. ENTRE AS EMPRESAS E O MERCADO

capital social é percetível a diferença entre, por um lado, o *aumento gratuito e nominal* (arts. 91° e 92°) e, por outro, o aumento real, efetivo ou oneroso (arts. 87° a 89°) (Domingues, 2015ª:54, ss., 2015ᵇ:81, ss.).

As operações de aumento de *capital condicionado* ocorrem quando a "sociedade atribui a terceiros o direito de subscrição de novas ações, ficando o aumento de capital social, destinado a esse efeito, dependente (*hoc sensu*, condicionado) e limitado ao montante que aqueles terceiros manifestem vontade de subscrever" (Domingues, 2015ª:55). Pode acontecer pela emissão de obrigações convertíveis em ações (art. 360°, *c*)) ou da emissão de obrigações com *warrant* (art. 372°-A). Como o nome indica, as *obrigações convertíveis em ações* conferem ao seu titular o direito potestativo de *transformar*, observadas as condições de emissão, as suas obrigações em ações da sociedade. O montante entregue no momento de subscrição da obrigação funciona como entrada. Já as obrigações com *warrant* conferem o direito de *subscrever* ações mantendo, todavia, as obrigações (com desenvolvimentos sobre esta modalidade de aumento de capital social, Domingues, 2015ª:55, s.).

6.3. Ações sem valor nominal e financiamento da sociedade

Uma das *vantagens* assinaladas às ações sem valor nominal é o facto de elas permitirem uma maior flexibilização na obtenção do financiamento da sociedade. Repare-se que o regime das ações sem valor nominal permite que, durante a vida da sociedade, sejam emitidas ações com diferentes valores de emissão, designadamente, é admitido que em emissões posteriores seja pago um valor de emissão inferior ao que foi fixado em emissões anteriores (art. 298°, 3). Esta solução visou, justamente, flexibilizar a obtenção de financiamento por parte da sociedade e obviar os constrangimentos resultantes do valor nominal. Como se sabe, havendo ações com valor nominal (e, numa determinada sociedade anónima não podem ser combinadas ações com e sem valor nominal), *todas têm o mesmo valor nominal* (art. 276°, 4) e não podem ser emitidas ações abaixo do par (art. 298°, 1, parte inicial).

O que significa que o sócio que subscreve novas ações com valor nominal tem, pelo menos, de entregar dinheiro e/ou espécie de valor igual ao valor nominal (art. 25°, 1). Acontece que se o valor nominal fixado estatutariamente permanece inalterado (enquanto não for objeto de alteração estatutária), o *valor de cotação* das ações no mercado varia. Ora, o valor nominal pode constituir um constrangimento na obtenção de financiamento da sociedade quando o valor de mercado *é inferior* (por exemplo, €0,50) ao valor nominal (por exemplo, €1).

CAPÍTULO IX – FINANCIAMENTO DA SOCIEDADE

Imagine-se que uma sociedade com ações de valor nominal de €1 quer fazer um aumento de capital social, emitindo novas ações. Acontece, porém, que o valor de cotação de cada uma das ações no mercado bolsista é de 50 cêntimos. Nesta circunstância, é de prever que a sociedade não conseguirá financiar-se através de capital próprio no mercado de capitais porque os potenciais interessados nas ações desta sociedade não estarão disponíveis para subscrever ações por €1 euro por ação (já sabemos que a proibição de subscrição de ações abaixo do par, prevista no art. 298º, 1, impede que as novas ações sejam oferecidas por 0,50 cêntimos), quando podem adquirir ações dessa mesma sociedade, pagando tão-só 50 cêntimos (o valor nominal das ações é de € 1, mas o valor de cotação é inferior ao valor nominal).

A vantagem das ações sem valor nominal é que em cada *nova emissão de ações*, a sociedade pode ajustar o valor de emissão ao valor de mercado. Assim, no exemplo atrás mencionado, a nova emissão de ações pode ser feita por 50 cêntimos por ação, ainda que a emissão anterior tenha sido realizada por €1 por ação (art. 298º, 3). Sendo certo que, em tais circunstâncias, a lei exige no art. 298º, 3, que "o conselho de administração" elabore "um relatório sobre o valor fixado e sobre as consequências financeiras da emissão para os acionistas". Porque, neste caso, os acionistas que subscreveram ações em diferentes emissões pagaram valores diferentes.

7. Prestações suplementares, suprimentos e obrigações acessórias

7.1. Generalidades

Para além das entradas e dos ágios, a lei prevê outras contribuições dos sócios para o património social. São elas as *prestações suplementares*, os *suprimentos* e as *obrigações acessórias*. Tipicamente, são contribuições realizadas por sócio(s) mas, ao contrário das entradas em dinheiro e entradas em espécie, o seu valor não é computado no capital social.

Ao contrário da *obrigação principal* de entrada (art. 20º, *a*)) que não pode vencer juros nem ser objeto de outra remuneração certa (art. 21º, 2), a lei admite que os suprimentos e as obrigações acessórias sejam remunerados (v. *infra*). O sócio torna-se *credor da sociedade*, sendo que a lei regula os requisitos a que deve obedecer a devolução aos sócios. Com um regime completamente diferente, as entradas não se destinam a ser devolvidas aos sócios, podendo estes sofrer *perdas* (ou seja, não recuperam o investimento que fizeram na sociedade).

DIREITO COMERCIAL E DAS SOCIEDADES. ENTRE AS EMPRESAS E O MERCADO

Do ponto de vista contabilístico, *prestações suplementares*, os *suprimentos* e as *obrigações acessórias* são tratadas como capital alheio. A doutrina jurídico--societária qualifica os suprimentos como "capital-quase próprio por força da lei" (Pinto, 2002:52, s.).

7.2. Contrato de suprimento

Os designados "suprimentos" estão expressamente previstos no art. 243°, 1. O regime das sociedades anónimas não prevê este contrato – o que suscita a questão de saber se ele é admissível nas sociedades anónimas (no sentido da admissibilidade, v. Abreu, 2015:313, s.; Pinto, 2016[a]:645, s.).

Nos termos do art. 243°, 1, "considera-se contrato de suprimento o contrato pelo qual o sócio empresta à sociedade dinheiro ou outra coisa fungível, ficando aquela obrigada a restituir outro tanto do mesmo género e qualidade, ou pelo qual o sócio convenciona com a sociedade o diferimento do vencimento de créditos seus sobre ela, desde que, em qualquer dos casos, o crédito fique tendo caráter de permanência".

O *sócio* que celebra com a sociedade o contrato de suprimento torna-se *credor* desta quanto à devolução do prestou, eventualmente dos juros vencidos.

A celebração de contratos de suprimento entre sócio(s) e a sociedade não está necessariamente dependente de cláusula estatutária (a este respeito, são diversos os regimes das prestações suplementares e das obrigações acessórias – arts. 209°, 1, 210°, 1, 287°, 1). Assim, quanto à *fonte*, o contrato de suprimento pode resultar diretamente de um *contrato* entre a sociedade e o(s) sócio(s) que, em princípio, não depende de deliberação dos sócios (244°, 3). Pode acontecer que do *contrato de sociedade* resulte a obrigação de sócio ou sócios realizarem suprimentos à sociedade, devendo, nesse caso, as cláusulas estatutárias fixarem os "elementos essenciais da obrigação" e especificar se as "prestações devem ser efetuadas onerosa ou gratuitamente" (arts. 244°, 1, 209°, 1). O contrato de sociedade pode, ainda, prever as sanções aplicáveis em caso de incumprimento da obrigação por parte do sócio, por exemplo, uma cláusula penal.

Pode acontecer que a obrigação de prestar suprimentos seja constituída através de deliberação dos sócios, "votada por aqueles que a assumam" (art. 244°, 2). O que significa que, neste caso, só fica(m) vinculado(s) o(s) sócio(s) que votar(am) favoravelmente a constituição dos suprimentos.

O contrato de suprimento tem por objeto *dinheiro* ou outra *coisa fungível* (art. 243°, 1). Como exemplo de contrato de suprimento que tem por objeto uma coisa fungível, imagine-se que o sócio entrega à sociedade 500 sacos de cimento que ela se obriga a restituir.

CAPÍTULO IX – FINANCIAMENTO DA SOCIEDADE

O regime jurídico-societário parece não impedir que sejam estipulados juros que remunerem os suprimentos. Na ausência de convenção de juros, Abreu, 2015:309, defende que, em tal caso, os suprimentos não serão remunerados.

Nem todos os empréstimos concedidos pelos sócios à sociedade configuram juridicamente contratos de suprimento. O contrato de suprimento depende da permanência dos créditos na sociedade. Os *índices de permanência* estão previstos no art. 243º, 2.

O mais frequente na prática societária é, sem dúvida, o empréstimo de dinheiro. No entanto, a lei admite que o suprimento configure um contrato em que o "sócio convenciona com a sociedade o diferimento do vencimento de créditos sobre ela" (art. 243º, 1). Imagine-se que o sócio fornece à sociedade determinada mercadoria pela qual a sociedade fica devedora (e o sócio credor) de 50 000 euros. Não foi estipulado qualquer prazo para a exigência deste crédito, mas a verdade é que o sócio, durante 3 anos, não exigiu à sociedade o pagamento do seu crédito.

Uma forma de suprimentos é a de diferir o pagamento por parte da sociedade de lucros deliberados (que constituem um *crédito do sócio* à entrega dos respetivos montantes). Cumprindo-se a caraterística da permanência, este crédito do sócio aos lucros passa a estar sujeito ao regime jurídico-societário dos suprimentos. Também fica sujeito ao regime de suprimentos a aquisição entre vivos por parte de um sócio de um crédito sobre a sociedade detido por um terceiro (art. 243º, 5).

A competência para celebrar contratos de suprimento pertence à gerência, não sendo, em princípio, necessária uma deliberação social nesse sentido (art. 244º, 3). O contrato de sociedade pode dispor de modo diverso.

Nos termos do art. 243º, 6, o contrato de suprimento não está sujeito a forma especial, não lhe sendo aplicáveis as exigências a que o art. 1143º do CCiv. submete o mútuo.

"O reembolso dos suprimentos não está vinculado ao princípio da intangibilidade do capital social, podendo os mesmos serem pagos (reembolsados) à custa de quantias necessárias para cobrir o capital social e as reservas legais. Essencial é que a sociedade disponha de liquidez para o efeito" (Cunha, 2016:908).

Em caso de insolvência ou dissolvida a sociedade, os suprimentos só podem ser restituídos depois de satisfeitas todas as dívidas da sociedade para com terceiros (art. 245º, 3, *a*)). O art. 245º detalha outros aspetos do regime do contrato de suprimento.

7.3. Prestações suplementares

O CSC regula as prestações suplementares exclusivamente no contexto das sociedades por quotas (arts. 210°, ss). O que suscita a questão de saber se é lícita a constituição destas obrigações nas sociedades anónimas (sobre esta controvérsia, e com opiniões divergentes, v., no sentido da não admissibilidade nas sociedades anónimas, Pinto: 2016ª:281; no sentido da aplicação analógica às sociedades anónimas, Cunha, 2016:309).

Em 2010, o Supremo Tribunal de Justiça considerou que as prestações suplementares se justificam "pelo facto de nem sempre haver possibilidade de prever qual o capital necessário para o desenvolvimento dos negócios sociais e, também, pelo facto de, não constituindo um aumento de capital, serem a ele equivalentes, dispensando o cumprimento de formalidades legais e despesas"[9].

As prestações suplementares, nos termos do art. 210°, 2, têm sempre *dinheiro* por objeto. Por esta razão, há quem as designe como "prestações suplementares de capital" (Cunha, 2016:309). O art. 210°, 5, proíbe que as prestações suplementares vençam juros.

Repare-se que o valor destas prestações suplementares não é computado no capital social. A realização de prestações suplementares *não configura* um aumento de capital social. E, por conseguinte, esta operação não está sujeita ao regime do aumento de capital social.

A obrigação de sócio(s) efetuar(em) prestações suplementares radica em cláusula estatutária (art. 210°, 1, 2)[10], mas a *exigibilidade* de tal obrigação está dependente de deliberação dos sócios que fixe o montante tornado exigível e o prazo de prestação, o qual não pode ser inferior a 30 dias a contar da comunicação aos sócios (art. 211°, 1).

O art. 213° dedica-se à *restituição das prestações suplementares*. Segundo o art. 213°, 1, as prestações suplementares só podem ser restituídas aos sócios, desde que a situação líquida não se torne inferior à soma do capital social e da reserva legal e o respetivo sócio já tenha liberado a sua quota. O n° 3 do art. 213° impede a restituição das prestações suplementares depois de declarada a insolvência da sociedade.

Este regime de devolução, associado à circunstância de as prestações suplementares não vencerem juros (art. 210°, 5) e de o respetivo incumpri-

---

[9] Ac. do STJ de 26.10.10, Proc. 357/1999.P1S1), disponível em www.dgsi.pt.

[10] Duarte, 2002: 277, analisa a legalidade de prestações suplementares na ausência de cláusula estatutária.

CAPÍTULO IX – FINANCIAMENTO DA SOCIEDADE

mento seguir o regime previsto para a obrigação de entrada (art. 212º, 1), justifica que a doutrina considere que as prestações suplementares configuram "capital próprio" (Pinto, 2016:278).

A recusa de realizar prestações suplementares é causa de exclusão do sócio (arts. 212º, 1, 204º, 205º).

7.4. Obrigação de prestações acessórias

A obrigação de prestações acessórias está prevista para as *sociedades por quotas* (art. 209º) e para as *sociedades anónimas* (art. 287º)[11] e, por força do art. 478º, para as sociedades em comandita por ações. Na verdade, trata-se de obrigações acessórias da *obrigação principal* que é a obrigação de entrada (art. 20º, *a*)).

A obrigação de prestações acessórias pode ter como objeto prestações *pecuniárias* ou *não pecuniárias* (arts. 209º, 2, 287º, 2).

Pode ser muito variado o objeto desta obrigação de prestações acessórias. O(s) sócio(s) pode(m) vincular-se a: *a*) realizar uma determinada atividade em benefício da sociedade; *b*) fornecer à sociedade determinados bens de que ela necessita para a sua atividade, *etc.* (para outros exemplos, v. Abreu: 2015: 297).

Como sabemos, os regimes das sociedades por quotas e anónimas *não* admitem as entradas em indústria (arts. 202º, 1, 277º, 1). No entanto, são *lícitas* as cláusulas estatutárias que impõem, como *obrigação acessória*, o dever de sócio(s) prestar(em) serviços à sociedade. Ou seja, além da obrigação de entrada em dinheiro ou bens diferentes de dinheiro (e de indústria), o(s) sócio(s) vincula(m)-se, com *caráter acessório*, a prestar serviços à sociedade.

De acordo com os arts. 202º e 287º, 1, a obrigação de prestações acessórias tem a sua *fonte* no *contrato de sociedade*, sendo certo que pode vincular tão-só algum ou alguns dos sócios, não sendo exigido que vincule todos os sócios.

O contrato de sociedade deve fixar os "elementos essenciais desta obrigação" e deve especificar "se as prestações devem ser efetuadas onerosa ou gratuitamente" (arts. 209º, 1, 287º, 1). As prestações acessórias podem ser remuneradas ou não, consoante o que resultar da cláusula estatutária que as prevê (arts. 209º, 3, 287º, 3). Assim, a obrigação acessória será *onerosa* quando implicar numa contrapartida para o sócio e, correlativamente, um sacrifício

---

[11] Duarte, 2002: 280, considera que é um "erro legislativo" permitir que as obrigações acessórias possam ser pecuniárias, pois estimula a subcapitalização nominal e, nas sociedades por quotas, cria uma redundância com as prestações suplementares.

DIREITO COMERCIAL E DAS SOCIEDADES. ENTRE AS EMPRESAS E O MERCADO

para a sociedade; será gratuita aquela que não implica qualquer remuneração para o sócio.

E se for impossível determinar, através da interpretação jurídica, o caráter oneroso ou gratuito da prestação, suscita-se a questão de saber se a cláusula estatutária é válida ou não? Abreu, 2015:298, acompanhando Raúl Ventura, defende que, em tais circunstâncias, a cláusula é nula.

As obrigações de prestações acessórias de natureza não pecuniária são intransmissíveis por parte da sociedade (arts. 209°, 2, 287°, 2).

Convencionando-se que as obrigações acessórias *são remuneradas*, a contraprestação pode ser paga independentemente da existência de "lucros de exercício" (arts. 209°, 3, 287°, 3).

O CSC não prevê restrições quanto à restituição das obrigações acessórias, nem contempla normas dedicadas às sanções a aplicar em caso de incumprimento do(s) sócio(s).

Antes da reforma introduzida pela L n° 15/2017, de 3.5.2017, nas sociedades anónimas em que existissem obrigações acessórias por cumprir teriam de ser nominativas as ações (anterior redação do art. 299°, 2, *c*)). A L 15/2017 veio proibir as ações ao portador, determinando o art. 299° que todas as ações são nominativas.

A lei rodeia a restituição de suprimentos e de prestações suplementares de algumas restrições que não existem para a restituição de obrigações acessórias (sobre estas diferenças, v. Duarte, 2002:280).

Nos termos do art. 209°, 4, na falta de cláusula contratual, "a falta de cumprimento das obrigações acessórias não afeta a situação do sócio como tal". O que significa, designadamente, que, na ausência de cláusula contratual, a sociedade não poderá excluir o sócio que incumpriu a obrigação de prestações acessórias. Por conseguinte, a mora e incumprimento das obrigações acessórias seguem os regimes gerais e o regime especial dos contratos a que corresponda a obrigação de prestações acessórias (Abreu, 2015:300).

8. As reservas

8.1. Noção e modalidades de reservas

Para os efeitos da disciplina jurídico-societária, a *reserva* pode ser definida como "a cifra representativa de valores patrimoniais da sociedade, derivados normalmente de lucros que os sócios não podem ou não querem distribuir, que serve principalmente para cobrir eventuais perdas sociais e para autofi-

CAPÍTULO IX – FINANCIAMENTO DA SOCIEDADE

nanciamento" (Abreu, 2015:435). Trata-se de uma cifra que integra, por norma, o "capital próprio" da sociedade, a que corresponde património social de valor idêntico (sobre as naturezas nominal e real da reserva, v. Domingues, 2009:433, s.).

Uma das fontes das reservas são os *lucros do exercício não distribuídos*. Umas vezes, esses lucros não podem ser distribuídos porque se destinam a integrar as reservas legal e estatutárias, outras vezes os sócios deliberam não distribuir os lucros (v. os arts. 246°, 1, *e*), 373°, 1, *b*)).

As reservas são formas de *autofinanciamento* da sociedade, pois elas sempre implicam *bens sociais que não são distribuídos aos sócios*, sendo retidos no património da sociedade.

O CSC refere *reserva legal* (arts. 218° e 295°), *reservas estatutárias* (art. 32°, 1, 33°, 1), *reservas livres* (art. 33°, 2[12], 220°, 2) e *reservas ocultas* (art. 33°, 3).

8.2. Reserva legal

A *reserva legal* é aquela cuja *constituição e cujo regime são impostos pela lei*. Estão obrigadas a constituir reserva legal as *sociedades por quotas, anónimas e em comandita por ações*, conforme o que resulta dos arts. 218°, 1, 295°, 1, 478°. O que significa que a sociedade em nome coletivo e a sociedade em comandita simples não estão sujeitas à imposição de reserva legal. Justifica-se esta diversidade de regimes porque os sócios da sociedade em nome coletivo e os sócios comanditados respondem *solidária e subsidiariamente* pelas dívidas sociais (arts. 175°, 1, 465°) e, por conseguinte, encontram-se reforçadas as garantias dos credores sociais.

Nas sociedades por quotas e anónimas a reserva legal é constituída por *lucros do exercício* (sobre este conceito, v. *supra*). Assim, nas sociedades por quotas deve a sociedade obrigatoriamente, no final de cada exercício, destinar uma parcela não inferior a 5% dos lucros do exercício a reserva legal até que represente a 5ª parte (ou seja, 20%) do capital social (arts. 218°, 2, 295°, 1). O limite mínimo legal da reserva legal é sempre de €2500, nos termos do art. 218°, 2, parte final. O que significa que uma sociedade por quotas unipessoal que tenha o capital social de €1 tem necessariamente de constituir uma reserva legal que atinja, pelo menos, o valor de 2500 euros (art. 218°, 2). Como se vê, um valor muito superior ao que resultaria da aplicação do critério dos 20% do capital social previsto no art. 295°, 1.

---

[12] Abreu, 2015: 423, nt. 1052, considera que esta disposição caducou.

DIREITO COMERCIAL E DAS SOCIEDADES. ENTRE AS EMPRESAS E O MERCADO

Para as sociedades anónimas e em comandita por ações rege o art. 295º, 1, quanto à *obrigatoriedade* de constituição da reserva legal, à parcela dos lucros do exercício que lhe são destinados e ao limite legal mínimo de constituição de reserva. Determina este preceito que "uma percentagem não inferior à 20ª parte dos lucros da sociedade é destinada à constituição da reserva legal e, sendo caso disso, à sua reintegração, até que aquela represente a 5ª parte do capital social. No contrato de sociedade podem fixar-se percentagem e montante mínimo mais elevados para a reserva legal".

A lei *sujeita ao regime da reserva legal* (designadamente, quanto à indisponibilidade para distribuição pelos sócios) os valores indicados no art. 295º, 2. Estas reservas recebem a designação de "reservas legais especiais" (Domingues, 2016ª:350, Cunha, 2016:268) ou de "reservas equiparadas" (Abreu, 2015:436).

O destino a dar à reserva legal está fixado legalmente no art. 296º: cobertura de perdas ou incorporação no capital social (v. art. 91º). O que significa que a reserva legal, durante a vida da sociedade, jamais pode ser distribuída pelos sócios[13].

No entanto, como resulta do art. 296º, a reserva legal apenas é usada quando o prejuízo acusado no balanço do exercício não puder ser coberto pela utilização de outras reservas (art. 296º, *a)*) ou, em caso de prejuízos transitados do exercício anterior, ele não puder ser coberto pelo lucro do exercício nem pela utilização de outras reservas (art. 296º, *b)*). Em qualquer dos casos, a reserva legal só pode ser utilizada, inexistindo ou sendo insuficientes outras reservas.

Havendo aumento de capital social por incorporação de reservas, a reserva legal terá de ser reconstituída tendo agora por referência a nova cifra do capital social.

Nos termos dos arts. 56º, 1, *d)*, e 69º, 3, são *nulas* as deliberações dos sócios violadoras dos preceitos dos arts. 295º e 296º.

---

[13] É certo que a incorporação de reservas no capital social terá como efeito que os sócios receberão, a título gratuito, novas participações sociais, correspondentes ao valor do aumento e, de alguma forma, isso implica uma remuneração de capital investido. Contudo, não há distribuição de bens aos sócios; o património mantém-se na sociedade. Sobre estes efeitos do aumento de capital social por incorporação de reservas, Domingues, 2017ª:87.

8.3. Reserva estatutária

Os estatutos da sociedade podem prever cláusulas que determinam que certa percentagem dos lucros do exercício é destinada a constituir reserva[14]. Esta cláusula só poderá ser alterada por intermédio de alteração dos estatutos.

As deliberações dos sócios que violem os estatutos são *anuláveis*, em geral, como resulta do art. 58, 1, *a*). No entanto, são nulas as deliberações de distribuição de bens aos sócios que desrespeitem a intangibilidade do capital social (arts. 32°, 1, 33°, 1).

8.4. Reserva livre

Designam-se *reservas livres* aquelas que são constituídas por *deliberação dos sócios* que decidem afetar a tal destino parte ou a totalidade dos *lucros do exercício distribuíveis* (ressalvados os limites impostos pelos arts. 217°, 1, 294°, 1) (v. Abreu, 2015: 438, Domingues, 2015:220).

Tais reservas podem ser usadas para cobrir prejuízos ou para incorporar no capital social. Tais reservas podem ser objeto de distribuição pelos sócios, enquanto parte do lucro de balanço.

8.5. Reserva oculta

Designam-se por *reservas ocultas* aquelas que resultam de subvalorização do ativo ou de uma sobrevalorização do passivo (Domingues, 2015: 220). De acordo com o art. 33°, 3, "as reservas cuja existência e cujo montante não figuram expressamente no balanço não podem ser utilizadas para distribuição aos sócios". Esta norma proíbe a distribuição de reservas ocultas (identificadas no art. 33°, 3, como aquelas que "não figuram expressamente no balanço") aos sócios. É preciso não esquecer que as reservas ocultas violam as exigências de que a contabilidade da sociedade apresente uma imagem verdadeira e fiel da situação patrimonial societária. E, por isso, enquanto as classificações anteriores dizem respeito a situações de lícita constituição de reservas, as *reservas ocultas* configuram uma prática ilícita.

9. Outros recursos de financiamento

Para além dos meios de financiamento da sociedade acabados de referir, muitos outros estão disponíveis. De modo muito sintético, quase telegráfico, serão nomeados alguns dos mais relevantes. A análise limitar-se-á a identificá-los.

---

[14] Cunha, 2016: 270, refere que são muito raras estas reservas.

DIREITO COMERCIAL E DAS SOCIEDADES. ENTRE AS EMPRESAS E O MERCADO

9.1. As obrigações

As obrigações integram a lista dos valores mobiliários (art. 1º, *b*), do CVM). As obrigações clássicas, também designadas *plain vanilla*, caraterizam-se por serem valores mobiliários representativos de direitos de crédito. O obrigacionista é um credor da sociedade; é distinta a qualidade de obrigacionista da qualidade de acionista. Enquanto as ações correspondem a uma forma de financiamento através de capitais próprios, as obrigações constituem uma forma de financiamento por capital alheio, providenciado à sociedade por terceiros, por tempo limitado, e mediante uma remuneração. Ou seja, o montante entregue pelo obrigacionista à sociedade destina-se a ser devolvido, acrescido da remuneração.

As obrigações estão reguladas no CSC, arts. 348º a 372-B, no DL 160/87, de 3 de abril – estas disposições identificam os requisitos a que os empréstimos obrigacionistas devem obedecer – e no CVM (arts. 1º, 1, *b*), 39º, ss.).

No entanto, há que dizer que a maioria das pequenas e médias empresas recorrem ao crédito bancário para se financiarem através de capitais alheios, uma vez que não reúnem as condições que lhes permitam ter acesso aos empréstimos obrigacionistas[15].

O art. 360º apresenta um elenco *exemplificativo* de obrigações. Para além destas, outras obrigações existem. Vejamos alguns exemplos.

As *obrigações de cupão zero* são aquelas que não conferem direito a remuneração. A vantagem para quem as adquire resulta do facto de serem subscritas abaixo do par e de serem reembolsadas acima do valor nominal.

Atualmente, algumas das modalidades das obrigações constituem instrumentos híbridos de financiamento da sociedade, uma vez que congregam caraterísticas típicas dos capitais próprios e caraterísticas dos capitais alheios. Considere-se, por exemplo, o caso das *obrigações convertíveis em ações*. Estas ações têm a particularidade de conferirem ao seu titular a faculdade de optar entre o reembolso total ou parcial do capital ou a aquisição da qualidade de acionista da sociedade. Tal opção pode ser do obrigacionista (*convertibles*) ou da sociedade emitente (*reverse convertibles*). Estão previstas nos arts. 365º a 372º.

As obrigações com *warrant* estão definidas nos arts. 372º-A e 372º-B. Estes valores mobiliários "conferem o direito à subscrição de uma ou várias ações a emitir pela sociedade em prazo determinado e pelo preço e demais condições previstos no momento da emissão" (art. 372º-B, 1). Como se percebe, esta modalidade de obrigações atribui ao investidor o direito de participar

---

[15] Sobre as vantagens dos empréstimos obrigacionistas, v. Oliveira, 2015:141.

294

CAPÍTULO IX – FINANCIAMENTO DA SOCIEDADE

no capital social. As obrigações com *warrant* distinguem-se das *obrigações convertíveis em ações*. No primeiro caso, o exercício do direito de subscrição não extingue a qualidade de obrigacionista; no segundo caso, exercida a conversão, a obrigação extingue-se.

Por outro lado, as obrigações com *warrant* distinguem-se dos *warrants* autónomos (art. 1º, 1, *e*), do CVM). Estes últimos são "valores mobiliários representativos de direitos potestativos de subscrição, aquisição ou alienação de um determinado ativo subjacente, exercitáveis mediante liquidação física e/ou financeira" (Antunes, 2017:137). Ora, as obrigações com *warrant* são obrigações e, por isso, valores mobiliários representativos de dívida. O *warrant* autónomo é regulado pelo DL nº 70/2004, de 25 de março, e pelo Regulamento da CMVM 5/2004.

9.2. *CoCos*

Nos últimos anos têm merecido especial atenção os *CoCos* – *contigent convertibles*[16]. Trata-se de valores mobiliários (*v.g.* obrigações) que se convertem automaticamente em ações no caso de se verificarem determinados eventos que desencadeiam a conversão. O que significa que a conversão pode não ocorrer, se o evento que espoleta a conversão não se verificar (para mais desenvolvimentos, nomeadamente quanto à emissão de *CoCos* por entidades financeiras, v. Oliveira: 2015: 163).

9.3. *Cash pooling*

Consideremos, agora, o contrato de *cash pooling*[17]. Este contrato configura uma das formas de financiamento intragrupo e carateriza-se por ser um "acordo de compensação financeira interempresarial de gestão centralizada e integrada de tesouraria (de curto prazo), pelo qual se convenciona que as contas bancárias das diversas sociedades de um grupo se encontram ao dispor da sociedade-mãe, através de um saldo global que seja o reflexo de todas as contas das empresas envolvidas, proporcionando-lhes a possibilidade de compensar entre elas os créditos e as dívidas existentes promovendo uma

---

[16] Em Portugal adquirem uma grande visibilidade na sequência da assinatura em 3 de maio de 2011 do Memorando de Entendimento entre a República Portuguesa, o FMI, o BCE e a Comissão Europeia, onde os CoCos foram contemplados enquanto instrumentos de dívida convertível em capital, no contexto da obrigação de constituição de almofadas de capital para os bancos portugueses.

[17] Desenvolvidamente sobre o *cash pooling* e as questões jurídico-societárias que este contrato suscita, Abreu, 2014:292, ss.

liquidação recíproca dos mesmos, com base em empréstimos automaticamente efetuados entre as diversas contas" (Cunha, 2016: 915).

9.4. Capital de risco e *business angels*

Nos termos do art. 3º, 1, do DL 18/2015, de 4 de março, que aprova o Regime jurídico do capital de risco (RJCR), "considera-se investimento em capital de risco a aquisição, por período de tempo limitado, de instrumentos de capital próprio e de instrumentos de capital alheio em sociedades com elevado potencial de desenvolvimento, como forma de beneficiar da respetiva valorização". Esta atividade regulada é desenvolvida por entidades especializadas:

a) *sociedades de capital de risco*, que são sociedades anónimas que, de acordo com o regime legal, podem desenvolver as atividades delimitadas pelos arts. 9º e 10º do RJCR;

b) *fundos de capital de risco* que, nos termos do art. 15º, 1, do RJCR, são "patrimónios autónomos, sem personalidade jurídica, mas dotados de personalidade judiciária, pertencentes ao conjunto dos titulares das respetivas unidades de participação", geridos por "sociedades de capital de risco, por sociedades de desenvolvimento regional e por entidades legalmente habilitadas a gerir organismos de investimento alternativo fechados" (v. arts. 17º, 1, 2, do RJCR);

c) *investidores em capital de risco* (vulgarmente conhecidos por *business angels*) que, nos termos do art. 14º, 1, do RJCR, "são sociedades de capital de risco especiais constituídas obrigatoriamente segundo o tipo de sociedade unipessoal por quotas", sendo certo que "apenas pessoas singulares podem ser o sócio único de investidores em capital de risco" (art. 14º, 2, do RJCR)[18].

Teoricamente, o capital de risco é uma ferramenta de financiamento das sociedades em fase de instalação que apresentam um projeto inovador e potencialmente ganhador, mas às quais faltam as condições financeiras para o seu desenvolvimento. Por outro lado, o capital de risco também é geralmente apontado como sendo uma alternativa de financiamento para empresas com alguns anos de vida, mas que se encontram em dificuldades financeiras. O capital de risco traz não só financiamento, mas também aconselhamento estratégico e conhecimentos que podem melhorar /profissionalizar a gestão da sociedade.

---

[18] Desvia-se esta solução da consagrada pelo art. 270º-A, 1, quando permite que uma pessoa coletiva constitua uma sociedade unipessoal por quotas.

CAPÍTULO IX – FINANCIAMENTO DA SOCIEDADE

Consoante o momento em que o capital de risco "entra" na sociedade é usual distinguir-se entre *venture capital* (subscrição de participações sociais na fase de instalação/constituição da sociedade) e *private equity* (subscrição de participações sociais na fase de reestruturação da sociedade).

A atividade de capital de risco tem, por definição, *natureza temporária* (art. 3º, 1, do RJCR). Ela é financiada através da valorização das participações sociais, tendo em vista uma posterior alienação com mais-valias. Alienação essa que pode ser feita a sócios da sociedade, venda a terceiros ou, ainda (pelo menos, teoricamente), venda em mercado regulamentado. Esta modalidade, pouco frequente em Portugal, recebe internacionalmente o nome de "*bridge financing*" quando o capital de risco serve, justamente, para financiar a transição para o mercado bolsista (com desenvolvimentos, Oliveira, 2015:70).

O Relatório da CMVM relativo ao capital de risco, referente ao ano de 2015, ao fazer a radiografia do mercado português de capital de risco, conclui que "a atividade de *venture capital* continuou a deter menor peso relativo face à de *private equity*. Os operadores de capital de risco revelam pouca apetência para investir em projetos inovadores e com elevado risco".

10. *Debt governance*

Como vimos atrás, não é irrelevante a opção que a sociedade faça quanto aos meios de financiamento de que se socorre, pois cada um deles tem consequências jurídicas distintas.

Num cenário em que as sociedades registam uma forte dependência relativamente a capitais alheios, é o poder de os credores/financiadores (não sócios) influenciarem o governo da sociedade que deve ser analisado.

Imagine-se, a título de exemplo, que por força de um contrato de financiamento, a sociedade financiada fica obrigada, ocorridos determinados factos, a introduzir alterações nos órgãos sociais ou na estrutura acionista, a sair do mercado (*delisting*) ou, ainda, a alienar ativos. Pense-se, ainda, em cláusulas incluídas em contratos de financiamento que conferem ao financiador o poder de dar instruções sobre a gestão de certos aspetos da sociedade ou mesmo o de passar a integrar a respetiva administração (Dias 2014:378). Nestes casos, estas medidas resultam não de decisão dos acionistas ou da administração, mas sim de cláusula contratual convencionada com os credores sociais que confere a estes o poder de influenciar decisões societárias.

Fala-se, por isso, de *debtholder control* para designar o poder de credores e de financiadores influenciarem o governo da sociedade e, consequentemente, as decisões tomadas pelo órgão de administração e de representação. Em ra-

DIREITO COMERCIAL E DAS SOCIEDADES. ENTRE AS EMPRESAS E O MERCADO

zão da essencialidade dos fluxos financeiros para a vida da sociedade e da dependência desta em relação aos financiadores, ao lado do controlo acionista (baseado na participação social) surge o *controlo exercido pelos credores*. Tal *poder de controlo* não está, certamente, ao alcance dos "credores fracos". Ele é apanágio de investidores institucionais, sofisticados, profissionais, *hedge funds*[19].

Tal poder de controlo do credor radica em cláusulas inseridas em contratos de financiamento que atribuem ao credor "direitos de controlo" – os designados *convenants*. Trata-se, na definição de Oliveira, 2015: 349, de "cláusulas incluídas nos contratos de financiamento que impõem restrições e exigências (positivas e negativas) quanto à atuação do devedor e estabelecem condições que implicam um elevado grau de controlo do credor, por vez equivalente ao controlo que os acionistas exercem em virtude dos votos associados às respetivas ações". Ora, tais cláusulas têm por efeito direto o de afetar a discricionariedade empresarial na gestão da sociedade.

Este poder de controlo dos credores da sociedade pode surgir em razão de diferentes situações (sobre elas, Oliveira, 2015: 25), mas frequentemente ocorre em casos de aquisição de dívida de sociedades em situação económica difícil – a designada dívida *distressed*. Estando os credores destas sociedades expostos a um elevado risco de incumprimento, é elevada a taxa de juro por eles exigida. As chamadas *junk bonds* são um dos instrumentos usados nestas situações. Outros dos instrumentos mobilizados pelos credores são os contratos de financiamento celebrados diretamente com a sociedade em que o credor assegura contratualmente não só uma elevada taxa de juro, como o controlo em caso de incumprimento (Oliveira, 2015: 26).

A questão que se discute é a de saber se, à luz das atuais normas em vigor sobre o governo societário, é lícito que a sociedade, mediante convenções com o credor societário, crie as condições para que este último assuma o controlo das principais decisões da gestão.

Como veremos no capítulo seguinte, um dos pilares do regime jurídico da responsabilidade civil pela administração da sociedade é a autonomia do órgão de administração.

---

[19] Caraterizados por Oliveira, 2015:355, como "fundos de investimento fechados (i.e. não abertos aos investidores em geral) que prosseguem estratégias de investimento muito agressivas (...) e procuram o lucro absoluto, independentemente da evolução do mercado".

CAPÍTULO IX – FINANCIAMENTO DA SOCIEDADE

Bibliografia citada

Abreu, J. M. Coutinho de (2014), "Artigo 503°", *Código das Sociedades Comerciais em comentário*, coord. de J. M. Coutinho de Abreu, vol. VII, Coimbra: Almedina.

Abreu, J. M. Coutinho de (2015), *Curso de direito comercial*, vol. II. Das sociedades, 5ª ed., Coimbra: Almedina.

Abreu, J. M. Coutinho de (2016), *Curso de direito comercial. Introdução, atos de comércio, comerciantes*, empresas, sinais distintivos, 10ª ed., Coimbra: Almedina.

Antunes, José Engrácia (2017), *Os instrumentos financeiros*, 3ª ed., Coimbra: Almedina.

Cunha, Paulo Olavo (2016), *Direito das sociedades comerciais*, 6ª ed., Coimbra: Almedina.

Dias, Gabriela Figueiredo (2014), "Financiamento e governo das sociedades (*debt governance*): o terceiro poder", *III Congresso Direito das Sociedades em Revista*, Coimbra: Almedina.

Domingues, Paulo de Tarso (2004), *Do capital social. Noção, princípios e funções*, 2ª ed., Coimbra: Coimbra Editora.

Domingues, Paulo de Tarso (2009), *Variações sobre o capital social*, Coimbra: Almedina.

Domingues, Paulo de Tarso (2012), "Artigo 276°", *Código das Sociedades Comerciais em comentário*, coord. de J. M. Coutinho de Abreu, vol. V, Coimbra: Almedina.

Domingues, Paulo de Tarso (2012ª), Artigo 295°", *Código das Sociedades Comerciais em comentário*, coord. de J. M. Coutinho de Abreu, vol. V, Coimbra: Almedina.

Domingues, Paulo de Tarso (2015), "Capital e património sociais, lucros e reservas", *Estudos de direito das sociedades*, coord. de J. M. Coutinho de Abreu, 12ª ed., Coimbra: Almedina.

Domingues, Paulo de Tarso (2015ª), "Comentário geral aos artigos 87° a 93°", *Código das Sociedades Comerciais em comentário*, coord. de J. M. Coutinho de Abreu, vol. II, 2ª ed., Coimbra: Almedina.

Domingues, Paulo de Tarso (2016), "Artigo 201°", *Código das Sociedades Comerciais em comentário*, coord. de J. M. Coutinho de Abreu, vol. III, 2ª ed., Coimbra: Almedina.

Domingues, Paulo de Tarso (2016ª), "Artigo 218°", *Código das Sociedades Comerciais em comentário*, coord. de J. M. Coutinho de Abreu, vol. I, 2ª ed., Coimbra: Almedina.

Domingues, Paulo de Tarso (2017), "Artigo 14°", *Código das Sociedades Comerciais em comentário*, coord. de J. M. Coutinho de Abreu, vol. I, 2ª ed., Coimbra: Almedina.

Domingues, Paulo de Tarso (2017ª), "A figura do capital social: Cinderela ou gata borralheira?", *Congresso comemorativo dos 30 anos do Código das Sociedades Comerciais*, coord. de Paulo de Tarso Domingues, Coimbra: Almedina.

Duarte, Rui Pinto (2002), "Suprimentos, prestações acessórias e prestações suplementares", *Problemas do direito das sociedades*, Coimbra: Almedina/IDET.

Martins, Alexandre de Soveral (2016), *Um curso de direito da insolvência*, 2ª ed., Coimbra: Almedina.

Oliveira, Ana Perestrelo (2015), *Manual de corporate finance*, Coimbra: Almedina.

Pinto, Alexandre Mota (2002), *Do contrato de suprimento. O financiamento da sociedade entre o capital próprio e o capital alheio*, Coimbra: Almedina.

DIREITO COMERCIAL E DAS SOCIEDADES. ENTRE AS EMPRESAS E O MERCADO

Pinto, Alexandre Mota (2007), "Capital social e tutela dos credores para acabar de vez com o capital social mínimo nas sociedades por quotas", *Nos 20 anos do Código das Sociedades Comerciais. Homenagem aos Profs. Doutores A. Ferrer Correia, Orlando de Carvalho e Vasco Lobo Xavier*, vol. II. Vária, Coimbra: Coimbra Editora.

Pinto, Alexandre de Mota (2016), "Artigo 210°", *Código das Sociedades Comerciais em comentário*, coord. de J. M. Coutinho de Abreu, vol. III, 2ª ed., Coimbra: Almedina.

Pinto, Alexandre Mota (2016[a]) "Artigo 243°", *Código das Sociedades Comerciais em comentário*, coord. de J. M. Coutinho de Abreu, vol. III, 2ª ed., Coimbra: Almedina.

Ramos, Maria Elisabete (2015-2016), "Economia social e *crowdfunding* em Portugal. Notas a propósito da Lei nº 102/2015, de 24 de agosto", *Cooperativismo e economia social*, 38.

Ramos, Maria Elisabete (2017), "As mudanças de regime do processo constitutivo das sociedades", *Congresso comemorativo dos 30 anos do Código das Sociedades Comerciais*, coord. de Paulo de Domingues, Coimbra: Almedina.

CAPÍTULO IX – FINANCIAMENTO DA SOCIEDADE

Para saber mais

I – Leituras recomendadas

Abreu, J. M. Coutinho de (2003), "Suprimentos", *Estudos em Homenagem ao Prof. Doutor Raúl Ventura*, vol. II, Coimbra: Coimbra Editora.

Antunes, Engrácia (2008), "Capital próprio, reservas legais especiais e perdas sociais", *Scientia Juridica*, nº 313.

Antunes, José Engrácia (2008), "Cobertura de prejuízos sociais transitados e reserva de prémio de emissão", *Ars Iudicandi. Estudos em Homenagem ao Pof. Doutor António Castanheira Neves*, vol. II. *Direito Privado*, Coimbra: Coimbra Editora.

Cunha, Paulo Olavo (2015), "Os empréstimos intragrupo no contexto da insolvência; em especial o *cash pooling*", *III Congresso de Direito da Insolvência*, Coimbra: Almedina.

Domingues, Paulo de Tarso (2012), "As diferentes formas de financiamento societário pelos sócios e a transmissibilidade autónoma dos créditos respetivos", *Estudos em Homenagem ao Professor Doutor Heinrich Ewald Hörster*, Coimbra: Almedina.

Domingues, Paulo de Tarso (2017), "A convenção de suprimentos em capital social (DL nº 79/2017), de 30 de junho)", *Direito das Sociedades em Revista*, 9, vol. 18.

Duarte, Rui Pinto (2008), "Contribuições dos sócios para além do capital social: prestações acessórias, prestações suplementares e suprimentos", *Escritos sobre o direito das sociedades*, Coimbra: Coimbra Editora.

Geraldes, Luís Roquette/Cardoso, Francisca Seara (2016), "Uma revolução chamada *crowdfunding*", *IV Congresso Direito das Sociedades em revista*, Coimbra: Almedina.

Guiné, Orlando Vogler (2010), "O financiamento de sociedades por meio de valores mobiliários híbridos (entre as ações e as obrigações)", *I Congresso de Direito das Sociedades em revista*, Coimbra: Almedina.

Meira, Deolinda Aparício (2005), "O contrato de suprimento enquanto meio de financiamento da sociedade", *Revista de Ciências Empresariais e Jurídicas*, 2.

Pereira, João Aveiro (2001), *O contrato de suprimento*, 2ª ed., Coimbra: Coimbra Editora.

Pinto, Alexandre Mota (2016), "Cessão de créditos de suprimentos, prestações acessórias pecuniárias e prestações suplementares", *E depois do Código das Sociedades em Comentário*, Coimbra: Almedina/IDET.

DIREITO COMERCIAL E DAS SOCIEDADES. ENTRE AS EMPRESAS E O MERCADO

Sá, Fernando Oliveira e (2007), "A transformação de créditos em capital e o problema das entradas em espécie ocultas", *Nos 20 anos do Código das Sociedades Comerciais. Homenagem aos Profs. Doutores A. Ferrer Correia, Orlando de Carvalho e Vasco Lobo Xavier*, vol. II.Vária, Coimbra: Coimbra Editora.

Silva, Helena Marques da (1999), "O *warrant* no âmbito do mercado de valores mobiliários", *Direito dos valores mobiliários*, vol. II, Coimbra: Coimbra Editora,

Soares, Maria Ângela Coelho Bento (2002), "Aumento do capital", *Problemas do direito das sociedades*, Coimbra: Almedina/IDET,

Ventura, Raúl (1989), "O contrato de suprimento no Código das Sociedades Comerciais", *O Direito*, 121°, 1.

II – Sítios oficiais de conteúdo informativo relevante para a compreensão de aspetos relativos à participação social

Em http://portugalcrowd.pt/wportcrowd/url/homepage pode encontrar uma plataforma de investimento colaborativo imobiliário.

CAPÍTULO IX – FINANCIAMENTO DA SOCIEDADE

Para estudar melhor

I. Distinga:

a) Capital social *de* património social;

b) Capital social nominal *de* capital social real;

c) Função de financiamento do capital social *de* função de garantia do capital social;

d) Aumento de capital social autorizado *de* aumento de capital social condicionado;

e) Prestações acessórias *de* prestações suplementares, *quanto à remuneração*;

f) Sociedades de capital de risco *de* fundos de capital de risco.

II. Considere a seguinte factualidade:

Constituída em 2010, a "Livraria do Mondego, Lda." dedica-se à atividade de edição e de venda de livros. Segundo os estatutos, a "Livraria do Mondego, Lda." é constituída por cinco sócios e gerida por um gerente único (não sócio). Ainda segundo os estatutos, o valor nominal de cada quota é de 10.000 euros. Ficou convencionado no contrato de sociedade que um dos sócios (o sócio A) contribui para a sociedade com 15 000 euros e outro sócio (o sócio B) entrega à sociedade 9 000 euros no momento de constituição da sociedade e obriga-se a pagar os restantes 1000 euros no prazo de um ano, a contar do registo definitivo do ato constituinte da sociedade.

Questões:

1. Qual é o valor do capital social nominal da "Livraria do Mondego, Lda"? Justifique a sua resposta.

2. Qual é o limite legal mínimo da reserva legal a ser constituída pela "Livraria do Mondego, Lda"?

3. A "Livraria do Mondego, Lda" pondera aumentar o capital social para 100 000 euros, por novas entradas em dinheiro. Será o gerente competente para decidir este aumento do capital social? Justifique a sua resposta.

4. O gerente pondera, como forma de financiar a atividade da sociedade, exigir aos sócios a realização de prestações suplementares. O contrato de sociedade nada diz

quanto à obrigação de realizar prestações suplementares. Será que os sócios estão obrigados a realizar prestações suplementares? Justifique a sua resposta.

5. Ficou estipulado no contrato de sociedade que o sócio C (uma pessoa muito conhecida e respeitada no meio literário) obriga-se a desenvolver, no prazo de dois anos contados a partir da constituição da sociedade, contactos com autores portugueses conhecidos do grande público, com o objetivo de eles aceitarem celebrar contratos de edição com a "Livraria do Mondego, Lda". O mesmo sócio obriga-se, ainda, no mesmo prazo de dois anos, a divulgar, junto da imprensa, as iniciativas e publicações da "Livraria do Mondego, Lda". Por estes serviços, o sócio não será remunerado. Como carateriza esta obrigação a que se vincula o sócio C nos estatutos da sociedade?

Capítulo X
GOVERNAÇÃO DAS SOCIEDADES

1. Governação das sociedades – sentido jurídico e principais problemas

Segundo o ponto 2.5. do Relatório *Cadbury* de 1992 (*Report of the Committee in the Financial Aspects of Corporate Governance*)[1], "Corporate governance is the system by which companies are directed and controlled".

No direito português, Abreu, 2010: 5, carateriza a governação das sociedades como "o complexo das regras (legais, estatutárias, jurisprudenciais, deontológicas), instrumentos e questões respeitantes à administração e ao controlo (ou fiscalização) das sociedades".

Estão também delimitados os problemas relativos à governação das sociedades. Ela diz respeito à "repartição de competências entre órgão deliberativo-interno e órgão de administração; à organização, composição e funcionamento do órgão administrativo-representativo, modos de designação e de destituição dos administradores, remuneração, deveres e responsabilidades deles; aos meios de controlo interno e externo das sociedades" (Abreu, 2010:7).

Uma das preocupações da *governação das sociedades* consiste em identificar a *estrutura organizatória adequada* a cada um dos tipos societários. Embora este seja um tema antigo e relevante em cada um dos tipos societários, a governação das sociedades tem merecido especial atenção na Europa desde os finais dos anos 90 do século passado, no contexto das sociedades abertas.

---

[1] Disponível em http://cadbury.cjbs.archios.info/report.

DIREITO COMERCIAL E DAS SOCIEDADES. ENTRE AS EMPRESAS E O MERCADO

Como é frequentemente assinalado, nos anos 90 a Europa sofre a influência do *corporate governance mouvement* desenvolvido nos EUA e é impulsionado por vários escândalos financeiros quer nos EUA quer na Europa. Nos EUA a *American Bar Association* (ABA) e o *American Law Institute* promoveram, respetivamente, o *Model Business Corporation Act* (divulgado, pela primeira vez, em 1954) e os *Principles of Corporate Governance* (1994), ambos de natureza *recomendatória*.

Na União Europeia, não tendo sido bem-sucedida a proposta de 5ª Diretiva sobre sociedades, relativa à estrutura orgânica das sociedades anónimas, a governação continua a ser, em geral, uma matéria dependente da decisão do legislador nacional.

Na ordem jurídica portuguesa, o Código das Sociedades Comerciais publicado em 1986 procurou alinhar, quanto à estrutura de administração e de fiscalização das sociedades anónimas, as suas soluções com o acervo comunitário existente à época (nomeadamente, a proposta de 1983 da 5ª Diretiva sobre sociedades) e, além do modelo latino tradicional em Portugal, consagrou o modelo dualista composto pela direção e conselho geral.

Por sua vez, a Comissão do Mercado de Valores Mobiliários elaborou Códigos de Governo (o primeiro em 1999 e o último em 2013). Posteriormente, o Instituto Português de *Corporate Governance* elaborou, ao longo de 2011, uma primeira versão do seu Código de Governo das Sociedades, publicado em 2012. Em 2014, foi publicada uma nova versão deste Código. Cedo se evidenciaram os problemas decorrentes da existência de dois códigos de governo de sociedades.

Pese embora o nome usado, os referidos "Códigos de Governo" são constituídos por *recomendações* e não por normas legais imperativas e, por isso, as orientações que incorporam não são obrigatórias para os seus destinatários.

Em Portugal, à semelhança do que acontece em outros Estados-Membros da União Europeia, foi adotado o modelo de "comply or explain" em sucessivos regulamentos da CMVM. Ou seja, o regulamento da CMVM (instrumento normativo de natureza imperativa) determina que as sociedades visadas (emitentes de ações admitidas à negociação em mercado regulamentado situado ou a funcionar em Portugal e sujeitos a lei pessoal portuguesa) ou cumprem o Código de Governo (*comply*) ou explicam as razões do não cumprimento (*explain*) (art. 1º, 2, 3, do Regulamento da CMVM 4/2013).

Em 2006, o DL 76-A/2006, de 29 de março, entre outras alterações, introduziu uma profunda reforma na *governação das sociedades anónimas*, de que daremos notícia no ponto relativo à estrutura organizatória deste tipo societário.

CAPÍTULO X – GOVERNAÇÃO DAS SOCIEDADES

Em matéria de governação das sociedades, as sociedades anónimas de direito português estão, fundamentalmente, sujeitas ao regime do CSC. Sendo sociedades abertas estão também sujeitas às normas constantes do CVM, disposições regulamentares e recomendatórias da CMVM e, por fim, às normas de natureza recomendatória formuladas pela Comissão Europeia[2].

Mais recentemente, aplica-se às "empresas cotadas" (e outras entidades) a L nº 62/2017, de 1 de agosto, relativa ao *Regime da representação equilibrada entre mulheres e homens nos órgãos de administração e de fiscalização das entidades do setor público empresarial e das empresas cotadas em bolsa*.

2. Estrutura organizatória – sociedades em nome coletivo e sociedades por quotas

2.1. Generalidades

Da lista dos direitos gerais dos sócios consta o direito a "ser designado para os órgãos de administração e de fiscalização da sociedade, nos termos da lei e do contrato" (art. 21º, 1, *d*))[3]. O CSC, ao contrário do que resulta do art. 22º, 2, *b*), do CCoop.[4], não prevê o dever de os sócios integrarem os órgãos societários.

Desta norma do art. 21º, 1, *d*), *não pode* ser retirado o direito subjetivo de cada sócio à designação como titular de órgão social, pois ao sócio não assiste o direito de exigir que seja nomeado nem os restantes sócios têm o dever de o nomear (Abreu, 2015:247; Andrade, 2017:380). Acresce que, em determinadas situações, a lei admite/exige que *não sócios* integrem órgãos societários. Por isso, o sentido desta norma é o de consagrar o direito de cada sócio "de não ser excluído da possibilidade de ser designado para o órgão de administração e para órgãos de fiscalização – o conselho fiscal (em que um dos membros efetivos não pode, por norma, ser sócio – art. 414º) ou o conselho geral e de supervisão; todo o sócio se pode propor (não assim o

---

[2] Veja-se, por exemplo, Recomendação da Comissão de 15 de fevereiro de 2005 relativa ao papel dos administradores não executivos ou membros do conselho de supervisão de sociedades cotadas e aos comités do conselho de administração ou de supervisão.

[3] São do Código das Sociedades Comerciais as normas cuja fonte legislativa não é mencionada. Vasconcelos, 2006:217, refere que o art. 21º não menciona a mesa da assembleia geral.

[4] Nos termos do art. 22º, 2, *b*), do CCoop., os cooperadores "devem aceitar e exercer os cargos sociais para os quais tenham sido eleitos, salvo motivo justificado de interesse". Este dever não se aplica aos membros investidores.

não-sócio) ou ser proposto a tal designação, sendo designado se, consoante os casos, também os outros sócios apoiarem essa proposta ou ela concitar os votos necessários" (Abreu: 2015:247).

A vontade imputada à sociedade é formada e manifestada através de órgãos. Seja qual for o tipo societário adotado, a sociedade integra a *coletividade dos sócios*, também designada assembleia dos sócios, e o *órgão de administração e de representação* da sociedade.

A coletividade dos sócios é um órgão "deliberativo-interno" (Abreu, 2015:62) que congrega os *sócios*. As decisões deste órgão são produzidas através de *deliberações* em que os sócios puderam participar, manifestando a sua vontade através do *voto*. Ainda que, em determinadas circunstâncias, a coletividade dos sócios tenha competência para deliberar sobre matérias de gestão, a verdade é que a coletividade dos sócios não tem poderes de representação da sociedade.

Toda a sociedade é dotada de *órgão de administração e de representação* a quem compete geri-la e representá-la externamente. A *representação* da sociedade pode ser *ativa* ou *passiva*. No primeiro caso, a sociedade emite uma declaração de vontade dirigida a terceiros; no segundo caso, um terceiro dirige à sociedade uma notificação ou uma declaração de vontade.

Sendo a sociedade dotada de um *órgão de representação singular* (composto por um único gerente ou administrador), não restam dúvidas de que a representação orgânica da sociedade lhe compete (seja ela passiva ou ativa).

No caso de órgão de administração plural, há que distinguir consoante se trate de *representação ativa* ou de *representação passiva* da sociedade. Para os efeitos da *representação passiva* vigora *imperativamente* o método disjunto – as notificações ou declarações de terceiros à sociedade podem ser dirigidas a *qualquer dos gerentes* ou administradores (arts. 261º, 3, 408º, 3). O regime das sociedades em nome coletivo (e o das sociedades em comandita simples) não regula expressamente a representação passiva. Deve, no entanto, entender-se que, também nestes tipos societários, as notificações e declarações de terceiros à sociedade podem ser dirigidas a qualquer dos gerentes, aplicando-se *por analogia* o disposto no arts. 261º, 3, e 408º, 3 (neste sentido, Abreu, 2015:541, nt. 1457).

Em matéria de *representação ativa*, a disciplina das sociedades em nome coletivo (e sociedade em comandita simples) prevê supletivamente o *método de representação disjunta* (arts. 193º, 478º); para as sociedades de outros tipos vigora, também supletivamente, o método de *conjunção maioritária* (arts. 261º, 1, 408º, 1, 431º, 3, 478º). Trata-se, contudo, de regras dispositivas que admitem convenções em contrário.

CAPÍTULO X – GOVERNAÇÃO DAS SOCIEDADES

O órgão de administração e de representação da sociedade é designado na lei como *gerência* (sociedade em nome coletivo, sociedade por quotas e sociedade em comandita simples ou sociedade em comandita por ações), o *conselho de administração* e o *conselho de administração executivo* (sociedade anónima) (arts. 191°, 192°, 193°, 252°, 470°, 278°, 1).

O regime legal da sociedade em nome coletivo (e, por remissão, o da sociedade em comandita simples) *não prevê* a obrigatoriedade de órgão de fiscalização.

Nas sociedades por quotas, o conselho fiscal ou o fiscal único (art. 262°, 1) é um órgão *eventual*. Nos casos em que a sociedade cumpra os requisitos do art. 262°, 2, não existindo conselho fiscal nem fiscal único, a sociedade *deve* designar um revisor oficial de contas "para proceder à revisão legal" (art. 262°, 2).

Para além dos órgãos societários previstos na lei, é ainda possível criar os chamados *órgãos estatutários* – órgãos cuja existência e competências são fixadas nos estatutos da sociedade.

2.2. Coletividade dos sócios ou assembleia geral

Nas sociedades em nome coletivo, o Capítulo II, dedicado às "deliberações dos sócios e gerência", regula a *coletividade dos sócios* (ou assembleia dos sócios) e a *gerência*. O primeiro é um órgão "deliberativo-interno" e o segundo é o *órgão de administração e de representação da sociedade*.

Integram a coletividade dos sócios todos os sócios da sociedade em nome coletivo. Nos termos do art. 189°, 3, compete aos sócios deliberar sobre os "assuntos mencionados na lei ou no contrato", sendo necessariamente objeto de deliberação dos sócios "a apreciação do relatório de gestão e dos documentos de prestação de contas, a aplicação dos resultados, a resolução sobre a proposição, transação ou desistência de ações da sociedade contra sócios ou gerentes, a nomeação de gerentes de comércio e o consentimento referido no artigo 180°, n° 1".

Esta lista de matérias submetidas à deliberação dos sócios *não é exaustiva*. Outras matérias são necessariamente objeto de deliberação dos sócios. Considere-se, a título de exemplo, a exclusão de sócio(s) (art. 186°, 1, 2), a designação de gerente não sócio (art. 191°, 2), a ratificação de negócios celebrados pelos gerentes, mas com falta de poderes (art. 192°, 3), a fixação da remuneração dos gerentes (art. 192°, 5), alterações estatutárias, fusão, cisão e transformação (art. 194°, 1).

Nas *sociedades por quotas* existe a *coletividade dos sócios*, ou se se preferir a *assembleia de sócios* que é composta por todos os sócios. Nos termos do art.

DIREITO COMERCIAL E DAS SOCIEDADES. ENTRE AS EMPRESAS E O MERCADO

248º, 5, "nenhum sócio pode ser privado, nem sequer por disposição do contrato, de participar na assembleia, ainda que esteja impedido de exercer o direito de voto".

À coletividade dos sócios a lei atribui um *conjunto imperativo* de competências. O que significa que tais competências não poderão ser remetidas a outro órgão (art. 246º, 1). Ao lado destas competências imperativas, o art 246º, 2, identifica as competências que *supletivamente* são atribuídas à coletividade dos sócios. Ou seja, "se o contrato social não dispuser diversamente", as competências que se enumeram no art. 246º, 2, pertencem à coletividade dos sócios.

O art. 248º, 1, opera uma *remissão* para a regulação da disciplina da coletividade dos sócios das sociedades anónimas (arts. 373º a 389º). Todavia, escapam à remissão para o regime das sociedades anónimas as soluções dos arts. 248º, 2 a 6, 247º a 251º. Sobre estas matérias, v. Capítulo XI.

Para as sociedades por quotas, o art. 259º determina que os gerentes devem respeitar as deliberações dos sócios. O regime das sociedades em nome coletivo não integra norma semelhante. Ainda assim, o caráter personalístico das sociedades em nome coletivo e a responsabilidade ilimitada de cada sócio pelas dívidas da sociedade autorizam que se sustente que os sócios da sociedade em nome coletivo "têm o direito de – por sua iniciativa e independentemente de previsão estatutária – dar instruções genéricas ou específicas aos gerentes em assuntos de gestão da atividade social" (Abreu, 2016ª:122).

Em matéria de deliberações dos sócios, convocação e funcionamento das assembleias, o art 189º, 1, remete para "disposto para as sociedades por quotas em tudo quanto a lei ou o contrato de sociedade não dispuserem diferentemente". Sobre esta matéria, v. capítulo XI.

2.3. Gerência

A administração e a representação da sociedade em nome coletivo competem à *gerência* (art. 192º, 1). Salvo disposição em sentido contrário, são gerentes todos os sócios (art. 191º, 1), sejam eles sócios fundadores ou supervenientes. Não permitindo o CSC as sociedades em nome coletivo unipessoais (está-se aqui a referir a unipessoalidade originária, não a unipessoalidade superveniente), em regra, a gerência da sociedade em nome coletivo será plural. No entanto, o contrato poderá estabelecer que a sociedade em nome coletivo tem uma gerência singular (o que significa que haverá sócio ou sócios que não são gerentes). A nomeação de não sócio para o cargo de gerente depende de deliberação unânime (art. 191º, 2).

CAPÍTULO X – GOVERNAÇÃO DAS SOCIEDADES

Pode acontecer que o sócio seja uma pessoa coletiva. O art. 191°, 3, proíbe que uma pessoa coletiva possa ser gerente. O mesmo preceito, admite, no entanto, que inexistindo proibição estatutária, a pessoa coletiva-sócio designe uma pessoa singular (que, tipicamente, será um não-sócio) "para, em nome próprio, exercer" o cargo de gerente. Ora, neste caso, o resultado é que uma pessoa singular-não sócio é designada pela pessoa coletiva e, por conseguinte, escapa ao crivo da deliberação unânime exigida para a escolha de não sócios como gerentes. Uma das formas de evitar que um sócio (pessoa coletiva) imponha uma pessoa não sócia como gerente é proibir estatutariamente que a pessoa coletiva sócia designe pessoa singular como gerente (Martins, 2016:131, s.).

No caso de gerência plural, e salvo convenção em sentido contrário, "havendo mais de um gerente, todos têm poderes iguais e independentes para administrar e representar a sociedade" (art. 193°, 1). Consagra-se aqui, supletivamente, o método da *representação disjunta* para a *representação ativa* da sociedade. Trata-se de um regime que comporta alguns riscos para os restantes sócios, mas que, simultaneamente, apresenta vantagens. Pois, o regime da representação disjunta promove a rapidez da decisão e facilita a vida dos terceiros que negoceiam com a sociedade. Na verdade, cada gerente pode decidir a prática de um ato e pode, subsequentemente, praticá-lo. Da prática de tal ato podem resultar obrigações para a sociedade pelas quais todos os sócios respondem solidariamente entre si e subsidiariamente em relação à sociedade (art. 175°, 1).

Compreende-se, pois, que o CSC preveja a *oposição* por qualquer um dos gerentes aos atos que outro pretenda realizar. Como será de esperar que se instale um conflito entre o gerente que pretende praticar o ato e o(s) gerente(s) que se lhe opõe(em), o art. 193°, 1, determina que compete "à maioria dos gerentes decidir sobre o mérito da oposição".

A lei não diz como deve ser manifestada a oposição nem exige que a referida oposição seja motivada.

Segundo o art. 193°, 2, a oposição de um dos gerentes relativamente aos atos que outro pretenda realizar é, em princípio, ineficaz para com terceiros.

A *sociedade por quotas* é necessariamente dotada de *gerência* que é o órgão de *administração e de representação* da sociedade (arts. 252°, 259°). A representação de que se fala aqui é a *representação orgânica*, porque levada a cabo por órgão que integra a sociedade. No entanto, a lei admite que, para certos efeitos, a sociedade seja representada por *representantes voluntários* – "mandatários ou procuradores da sociedade" (art. 252°, 6). Os "mandatários ou pro-

DIREITO COMERCIAL E DAS SOCIEDADES. ENTRE AS EMPRESAS E O MERCADO

curadores" são terceiros (não integram a gerência) que atuam em substituição da sociedade. Pense-se, por exemplo, no caso do advogado a quem a sociedade conferiu mandato para a representar na celebração de determinado negócio jurídico.

A gerência é composta por *uma* ou *mais* pessoas singulares com capacidade jurídica plena, que podem ser sócios ou não sócios (art. 252º, 1).

Os sócios podem escolher entre dotar a sociedade de uma *gerência singular* (constituída por um único gerente) ou por uma gerência *plural* (constituída por dois ou mais gerentes). Em caso algum, o CSC exige que a gerência seja plural. Ao contrário do regime das sociedades anónimas, seja qual for a cifra do capital social, a sociedade pode ser gerida e representada por uma *gerência singular.*

Prescreve o art. 252º, 1, que os gerentes podem ser escolhidos de entre estranhos à sociedade (ou seja, não sócios) e devem ser pessoas singulares com capacidade jurídica plena. A exigência de que os gerentes-pessoas singulares tenham capacidade jurídica plena impede legalmente que os *menores*, os *interditos* e os *inabilitados* possam integrar a gerência (arts. 123º, 139º, 152º CCiv.)

Outras pessoas estão, igualmente, impedidas de aceder ao cargo de gerente. Assim acontece com as pessoas afetadas pela qualificação da insolvência como culposa, nos termos do art. 189º, 2, *c)*, do CIRE. Nos termos deste preceito, na sentença que qualifique a insolvência como *culposa*, o juiz deve "declarar essas pessoas inibidas para (...) a ocupação de qualquer cargo de titular de órgão de sociedade comercial (...)". Não parece que esta inibição deva ser qualificada como uma *incapacidade*, mas antes como uma "incompatibilidade absoluta" (Abreu, 2016:143).

O regime das sociedades por quotas não resolve expressamente a questão de saber se as pessoas coletivas podem ser gerentes. (veja-se, para as sociedades anónimas, o disposto no art. 390º, 4). Efetivamente, o art. 252º, 1, exige que as pessoas singulares tenham capacidade jurídica plena, mas não proíbe expressamente que pessoas coletivas sejam gerentes de sociedades por quotas. A doutrina tem divergido na resposta a esta pergunta. A maioria da doutrina nega que as pessoas coletivas possam ser gerentes de sociedades por quotas (v. por todos, Cunha, 2016:741). No entanto, há quem defenda resposta positiva, aplicando analogicamente o disposto no art. 390º, 4 (Costa, 2017:81).

O CSC não exige requisitos de literacia financeira ou outras competências específicas para o ingresso no cargo de gerente. No entanto, o art. 64º, 1, *a)*, determina que o gerente deve observar "deveres de cuidado (...) a competência técnica e o conhecimento da atividade da sociedade adequados às

CAPÍTULO X – GOVERNAÇÃO DAS SOCIEDADES

suas funções e empregando nesse âmbito a diligência de um gestor criterioso e ordenado". Como veremos mais tarde, a *violação dos deveres de cuidado* determina, reunidos os restantes requisitos de responsabilidade civil, a obrigação de o administrador indemnizar a sociedade (art. 72°) e, eventualmente, a destituição com justa causa.

Há vários modos de proceder à indicação dos gerentes: *a)* nomeação feita no contrato de sociedade, em regra no momento da constituição da sociedade (art. 252°, 2); *b)* eleição por deliberação dos sócios; *c)* nomeação pela forma estatutariamente prevista, nomeadamente através da consagração estatutária de direito especial de designação de gerente(s); *d)* designação de gerente substituto, se o contrato de sociedade previr a possibilidade de um gerente definitivamente impedido, poder ser substituído; *e)* nomeação judicial, nos termos do art. 253°, 3.

Quanto à *duração do mandato*, o art. 256° determina que o gerente é designado sem prazo – solução que se afasta do disposto quanto aos administradores de sociedades anónimas. No entanto, como resulta do art. 256° o contrato de sociedade ou o ato de designação do gerente pode fixar um prazo para a duração das funções.

O art. 261° estabelece regras supletivas de funcionamento da *gerência plural*. O art. 261°, 1, prescreve que, na falta de disposição do contrato de sociedade que disponha de modo diverso, os poderes dos gerentes são exercidos *conjuntamente*. O que significa que a lei não exige que para a tomada de decisões da gerência haja uma reunião formal, mas nada impede que as decisões da gerência sejam tomadas por "deliberação" (art. 261°, 1).

Quanto aos poderes de representação, o art. 261°, 1, dispõe que nos casos em que haja "vários gerentes e salvo cláusula do contrato de sociedade que disponha de modo diverso, os respetivos poderes são exercidos conjuntamente, considerando-se válidas as deliberações que reúnam os votos da maioria e a sociedade vinculada pelos negócios jurídicos concluídos pela maioria dos gerentes ou por ela ratificados".

Para que a sociedade por quotas fique vinculada é necessária, em regra, a intervenção da maioria dos gerentes. Se, por alguma razão, intervierem gerentes em número inferior, a sociedade não fica vinculada (Martins, 1998:118, 2017:177; Abreu: 2015:551). Em tal caso, o ato será *ineficaz* em relação à sociedade, nos termos do art. 268°, 1, do CCiv. (Martins, 2017:177; Abreu: 2015:551). Em sentido divergente, Cunha, 2016:746, s.)

O cargo de gerente é *pessoal* e *intransmissível*, como resulta do art. 252°, 4. Por conseguinte, o gerente não pode transmitir o cargo a um terceiro.

DIREITO COMERCIAL E DAS SOCIEDADES. ENTRE AS EMPRESAS E O MERCADO

Se o sócio-gerente ceder a sua quota a um terceiro, deixa de ser sócio, mas não transmite a sua qualidade de gerente. Continua a ser gerente, mas já não é sócio. A cessação de funções de gerente pode acontecer em virtude da renúncia do gerente.

Em matéria de *remuneração*, o art. 255°, 1, prescreve que "salvo disposição do contrato de sociedade em contrário, o gerente tem direito a uma remuneração, a fixar pelos sócios". Por conseguinte, em regra, a gerência é remunerada. O contrato pode determinar o caráter gratuito da gerência.

O art. 254° estabelece a "proibição de concorrência" a cargo dos gerentes, impedindo-os, sem consentimento dos sócios, de exercer, por conta própria ou alheia, atividade concorrente com a da sociedade. "Entende-se como concorrente com a da sociedade qualquer atividade abrangida no objeto desta, desde que esteja a ser exercida por ela ou o seu exercício tenha sido deliberado pelos sócios" (art. 254°, 2).

Para os efeitos do exercício por conta própria inclui-se, além de outras situações, "a participação, por si ou por interposta pessoa, em sociedade que implique a assunção de responsabilidade ilimitada pelo gerente, bem como a participação de, pelo menos, 20% no capital ou nos lucros de sociedade em que ele assuma responsabilidade limitada" (art. 254°, 3).

Não é absoluta a proibição de concorrência que vincula o gerente. Na verdade, os sócios podem *consentir* que o sócio exerça atividade concorrente com a da sociedade (art. 254°, 1), sendo que o sócio que exerce atividade concorrente está impedido de votar (art. 251°, 1, *e*)). Acresce que a lei prevê dois casos de *consentimento presumido* da sociedade (art. 254°, 4).

A violação da proibição de concorrência justifica que a sociedade delibere a destituição com justa causa. Além disso, a sociedade lesada pela concorrência ilícita exercida pelo gerente pode reclamar uma indemnização, nos termos do art. 72°. Os direitos da sociedade (designadamente, o direito à indemnização) prescrevem no prazo de 90 dias a contar do momento em que todos os sócios tenham conhecimento da atividade exercida pelo gerente ou, em qualquer caso, no prazo de cinco anos contados do início dessa atividade" (art. 254°, 6). Esta regra afasta-se do disposto no art. 174°.

A relação gerência pode cessar em razão de: *a*) caducidade (morte do gerente, decurso do prazo de duração da gerência), *b*) renúncia do gerente, *c*) destituição do gerente.

2.4. Fiscalização da sociedade

O regime das sociedades em nome coletivo *não prevê* qualquer órgão de fiscalização da administração realizada pela gerência. Na verdade, o caráter per-

CAPÍTULO X – GOVERNAÇÃO DAS SOCIEDADES

sonalístico deste tipo societário, a circunstância de todos os sócios serem, em regra, gerentes, o amplo direito de informação reconhecido aos sócios e a responsabilidade pelas dívidas sociais como incentivo económico a que cada sócio acompanhe de perto as decisões da gerência são razões suficientes para a lei dispensar o órgão de fiscalização.

Parece, no entanto, que os estatutos podem prever a existência de *órgão de fiscalização*. Eventualmente, fará sentido prever estatutariamente a constituição de órgão de fiscalização quando a sociedade seja gerida exclusivamente por não sócios ou nas situações em que a sociedade "for participada por outras sociedades que pretendam garantir a adequação da gestão da sociedade em nome coletivo" (Cunha, 2016:534).

No momento em que a sociedade por quotas é constituída *não está sujeita à obrigatoriedade de constituir órgão de fiscalização*[5]. É o que resulta claramente do art. 262º. Caberá, então, aos sócios, através do direito de informação e de outros mecanismos legais, exercer a fiscalização da sociedade e, em particular, das decisões da gerência. Tipicamente, nas sociedades por quotas não existe a separação (própria das anónimas e das grandes anónimas) entre a propriedade e gestão. As sociedades por quotas estão vocacionadas para explorar pequenas e médias empresas com um forte envolvimento dos sócios na gestão da sociedade. Ao ponto de a doutrina sublinhar que os principais problemas das sociedades por quotas decorrem, justamente, da confusão entre a gestão e a propriedade e da não segregação entre o património social e o património dos sócios (Gonçalves, 2011:101). Tipicamente, inexiste nas sociedades por quotas o *problema de agência* que nas sociedades anónimas justifica a *obrigatoriedade legal* de instituição de órgão de fiscalização.

O art. 262º, 1, admite que o "contrato de sociedade pode determinar que a sociedade tenha um conselho fiscal, que se rege pelo disposto a esse respeito para as sociedades anónimas". Neste caso, o conselho fiscal será um *órgão estatuário*, que resulta da escolha dos sócios, que ficará sujeito ao regime jurídico do conselho fiscal das sociedades anónimas, integrando necessariamente um ROC, nos termos do art. 414º, 2.

Esta remissão para o regime do conselho fiscal das sociedades anónimas tem suscitado algumas questões. É interessante observar que o regime da fis-

---

[5] Veja-se, contudo, o regime das sociedades gestoras de participações sociais, quando constituídas sob a forma de sociedades por quotas. Nos termos do art. 10º, 2, do DL 495/88, de 30 de setembro, as SGPS "devem designar e manter um revisor oficial de contas ou uma sociedade de revisores oficiais de contas, excepto se tal designação já lhes for exigida nos termos de outras disposições legais".

calização das sociedades anónimas sofreu importantes alterações com a reforma societária introduzida pelo DL 76-A/2006, de 29 de março, tornando mais exigentes as regras sobre a fiscalização. No entanto, em 2006 não foi aperfeiçoada a remissão que o art. 262°, 1, opera para o regime das sociedades anónimas.

Evidenciando este aspeto, Dias, 2017:197, sublinha que o intérprete não pode abdicar de uma *leitura crítica* da remissão para o regime das sociedades anónimas, entendendo tal remissão à luz do *princípio da proporcionalidade*, de modo a evitar soluções excessivas para a dimensão e os riscos próprios das sociedades por quotas.

No caso de a sociedade por quotas, durante dois anos consecutivos, cumprir os requisitos de previstos no art. 262°, 2, deve assegurar a existência de um conselho fiscal (de que faz parte um ROC), fiscal único (que será ROC) ou o ROC que proceda à "revisão legal".

O ROC deve respeitar os requisitos de independência e incompatibilidades que resultam do Estatuto da Ordem dos Revisores Oficiais de Contas. Acresce que a designação de ROC está sujeita a registo, nos termos do art. 3°, *m*), do CRCom. Quanto ao prazo de duração das funções de ROC, vale o disposto nos arts 446°, 2, 415° que impõem um limite máximo de 4 anos para o respetivo mandato (Dias, 2017:202).

3. Estrutura organizatória – sociedade anónima

3.1. Generalidades

Nos termos do art. 272°, 2, *g*), do contrato de sociedade anónima deve especialmente constar "a estrutura adotada para a administração e fiscalização da sociedade".

O CSC *admite* a escolha, de entre alternativas possíveis, de um modelo de administração e de fiscalização da sociedade, mas simultaneamente, a lei *exige* que tal escolha seja feita. Não há um modelo que se aplique supletivamente, na ausência escolha por parte dos sócios.

O art. 278°, 1, prevê os vários modelos de administração e de fiscalização da sociedade anónima: *a*) conselho de administração e conselho fiscal (modelo tradicional/latino)[6]; *b*) conselho de administração, compreendendo uma

---

[6] A Caixa Geral de Depósitos segue este modelo. O organograma está disponível em https://www.cgd.pt/Institucional/Governo-Sociedade-CGD/Documents/Organograma-da-CGD.pdf.

CAPÍTULO X – GOVERNAÇÃO DAS SOCIEDADES

comissão de auditoria, e revisor oficial de contas (modelo anglo-saxónico, monista)[7]; *c*) conselho de administração executivo, conselho geral e de supervisão e revisor oficial de contas (modelo germânico, modelo dualista)[8].

O modelo referido no art. 278º, 1, *b*), foi introduzido pela Reforma de 2006.

Embora não esteja formalmente autonomizado, é possível identificar *um regime comum* aos vários modelos de administração e de fiscalização da sociedade. Essa disciplina comum resulta quer da aplicação de normas que constam da Parte Geral (arts. 64º, e 72º e ss.), quer das remissões feitas para normas do modelo latino/clássico (vejam-se os casos dos arts. 423º-B, nº 3, 435º, 2, 445º, 1), quer, ainda, da existência de normas com conteúdo idêntico, presentes nos diversos modelos de administração e de fiscalização das sociedades anónimas (veja-se, a título de exemplo, os arts. 414º, 4 a 6, 423º-B, 4 e 5) (desenvolvidamente, Câmara, 2007:194, ss.).

As sociedades anónimas (e sociedades em comandita por ações) são *necessariamente* dotadas de órgão de fiscalização – fiscal único ou conselho fiscal (que inclui ROC) ou conselho fiscal e ROC; comissão de auditoria e ROC; conselho geral de supervisão e ROC.

Para além dos órgãos legais, é lícito prever órgãos estatutários. É frequente que isso aconteça em grandes sociedades anónimas, em cujos estatutos podem ser encontradas cláusulas relativas ao "conselho consultivo", ao "conselho superior" ou ao "conselho estratégico internacional"[9]. Compostos pelos principais acionistas ou por personalidades relevantes não acionistas têm, em regra, por missão refletir sobre os grandes desafios a que a sociedade se encontra exposta.

Assumem-se, essencialmente, como *órgãos de consulta* (para um exemplo de cláusula estatutária que regula o conselho consultivo de uma sociedade anónima, v. Cunha, 2016: 531). E, por isso, o resultado da atividade manifesta-

---

[7] O Banco Millenium BCP adota o modelo monista ou anglo-saxónico. O organograma está disponível em https://ind.millenniumbcp.pt/pt/Institucional/governacao/Pages/modelo_organizacional.aspx.

[8] A EDP adota o modelo dualista ou germânico. Para mais informações sobre o governo societário da EDP, v. http://www.edp.pt/pt/aedp/governosocietario/orgaosgovernosocietario/Pages/default_new.aspx

[9] Veja-se, a título de exemplo, o art. 40º dos Estatutos do Banco Comercial Português, relativo à designação e funções do Conselho Estratégico Internacional. Os estatutos estão disponíveis em https://ind.millenniumbcp.pt/pt/Institucional/governacao/Pages/normas_regulamentos.aspx.

DIREITO COMERCIAL E DAS SOCIEDADES. ENTRE AS EMPRESAS E O MERCADO

-se em *pareceres não vinculativos* destinados ao conselho de administração ou ao órgão de fiscalização.

3.2. Administrador – pluralidade de sentidos

A locução *administradores* é vulgarmente usada em *sentido amplo*, abrangendo o administrador único, os membros do conselho de administração, os membros do conselho de administração executivo, os gerentes de sociedades em nome coletivo, de sociedades por quotas, de sociedades em comandita simples e de sociedades em comandita por ações. Neste sentido, a expressão equivale a membro do órgão de administração e de representação da sociedade.

Em *sentido restrito* e *técnico-jurídico*, *administrador* designa, nas sociedades anónimas, o administrador único, o membro do conselho de administração e o membro do conselho de administração executivo.

À expressão *administrador* correspondem realidades muito distintas quer do ponto de vista da prática empresarial, quer do ponto de vista jurídico. Há, desde logo, que distinguir entre *administradores de direito* e *de facto*.

O CSC identifica os *administradores executivos e não executivos* (art. 407º, 3, 8); os *administradores independentes*, os *administradores nomeados pelo Estado* (art. 392º, 11); os *administradores-fiscalizadores que integram a comissão de auditoria* (art. 423º-B); administradores suplentes (art. 393º, 3, *a*)); os administradores cooptados (art. 393º, 3, *b*), 4).

3.2.1. Administradores de direito e administradores de facto

Várias normas do nosso sistema jurídico referem o *administrador de facto* (art. 24º, 1, da LGT; arts. 227º, 3, 227º-A, 2, 228º, 2, e 229º, 2, do CP, arts. 82º, 3, *a*), e 186º, 1, 2 e 3, do CIRE), mas em momento algum é fornecida a sua caracterização[10].

Em uma *noção ampla*, é administrador de facto quem, sem título bastante, exerce, direta ou indiretamente e de modo autónomo (não subordinadamente) funções próprias de administrador de direito da sociedade. Nesta noção são abrangidos: *a*) pessoa que notoriamente atua como se fora administrador de direito, mas sem título bastante; *b*) pessoa que ostenta título diverso do de administrador, mas desempenha funções de gestão com a autonomia própria dos administradores de direito; *c*) pessoa sem qualquer cargo de administração ou função profissional na sociedade, mas que determina habitualmente a atuação dos administradores de direito.

---

[10] Acompanhamos de perto o que escrevemos em Abreu/Ramos, 2017: 901, s. Remete-se para a bibliografia aí indicada.

CAPÍTULO X – GOVERNAÇÃO DAS SOCIEDADES

Se atendermos à distinção entre administradores de facto e "administradores na sombra", os primeiros encontram-se referidos sob as alíneas *a*) e *b*). Sob a alínea *a*) surgem os administradores de facto aparentes e sob alínea *b*) encontram-se os administradores de facto ocultos sob outro título (que não o de administrador). Caracterizam-se uns e outros por exercerem diretamente funções de gestão próprias dos administradores *de jure* e com a autonomia característica destes. Já os "administradores na sombra" estão compreendidos na alínea *c*): estes, diferentemente dos restantes, não exercem diretamente funções de gestão, dirigem antes os administradores de direito que as desempenham.

3.2.2. Administradores executivos e não executivos

A distinção entre administradores executivos e não executivos aplica-se, essencialmente, às sociedades anónimas. O CSC refere-se a ela no art. 407°, 3, quando prescreve que o "contrato de sociedade pode autorizar o conselho de administração a delegar num ou mais administradores ou numa comissão executiva a gestão corrente da sociedade". Os administradores a quem o conselho de administração, baseado em cláusula estatutária, delega funções de gestão corrente da sociedade são *administradores delegados* ou *administradores executivos*. Por vezes, a deliberação do conselho de administração cria uma *comissão executiva* (art. 407°, 4) que, como o nome indica, é composta exclusivamente por *administradores executivos*.

Os administradores não executivos encontram-se referidos no art. 407°, 8, sob a designação "os outros administradores".

Esta distinção entre administradores executivos e não executivos existe, necessariamente, no modelo anglo-saxónico (arts. 278°, 1, *b*)), pois esta estrutura de administração e de fiscalização da sociedade anónima integra tipicamente uma *comissão de auditoria* que, obrigatoriamente, é composta por *administradores não executivos* (art. 423°-B, 3).

A recomendação II.1.1. do Código de Governo da CMVM parece apontar no sentido de que deve ser delegada a gestão corrente da sociedade (para a apreciação desta recomendação, v. Martins, 2014: 346, s). No modelo germânico, a lei parece impedir a delegação da gestão corrente, impondo que todos os administradores sejam executivos.

Havendo *delegação* de gestão corrente, em sentido próprio (art. 407°, 3), os administradores delegados ou a comissão executiva encarregam-se das matérias delegadas (v. *infra*).

3.2.3. Administrador independente

De entre os *administradores não executivos* (que, dispensados da gestão corrente da sociedade, desempenham essencialmente funções de fiscalização das decisões tomadas pelos administradores executivos), destacam-se os *administradores independentes*. Não sendo consensuais as vantagens geralmente atribuídas aos administradores independentes (v. P. Costa e Silva, 2006: 417, ss.), esta é uma discussão que está essencialmente ligada às sociedades cotadas. A Recomendação da Comissão Europeia 2005/162/CE, de 15 de fevereiro de 2005, sugere que "deve ser eleito para o conselho de administração ou de supervisão das sociedades um número suficiente de administradores independentes não executivos ou membros do conselho de supervisão, por forma a garantir que serão tratados de forma adequada quaisquer conflitos de interesses importantes que envolvam administradores"[11].

Em 2006, o *administrador independente* é consagrado no CSC, mas já antes era referenciado em instrumentos de *soft law*. Na recomendação II.1.7 do Código de Governo da CMVM, lê-se que administrador independente é "a pessoa que não esteja associada a qualquer grupo de interesses específicos na sociedade nem se encontre em alguma circunstância suscetível de afetar a sua isenção de análise ou de decisão", seguindo-se uma lista de factos ou situações que determinam a não-independência.

O art. 423°-B, 4 e 5, prevê que *administrador independente* ou maioria de administradores independentes integre(m) a comissão de auditoria (que é composta exclusivamente por administradores não executivos – art. 423°-B).

O art. 414°, 5, elenca, através de uma cláusula geral e de dois subcritérios objetivos, os requisitos de independência (desenvolvidamente, Dias, 2013: 539, ss.).

3.3. Composição do conselho de administração e do conselho de administração executivo

Adotado o modelo previsto no art. 278°, 1, *a*), pode a sociedade ter um administrador único, se o capital social não exceder os 200 000 euros (art. 390°, 2). Igual solução vale para o modelo dualista ou germânico (art. 424°, 2).

Segundo o arts. 390°, 1, e 424°, 1, o conselho de administração e o conselho de administração executivo são compostos pelo número de administradores previsto no contrato, que podem ser acionistas ou não, mas devem ser pessoas singulares com *capacidade jurídica plena (*arts. 390°, 3, 425°, 6, *d*)).

---

[11] Recomendação n° 4.

CAPÍTULO X – GOVERNAÇÃO DAS SOCIEDADES

O CSC limita-se a exigir que os membros sejam pessoas com capacidade jurídica plena e, designadamente, não prevê limites de idade para o exercício deste cargo. Para sociedades comerciais sujeitas a leis especiais são previstas exigências de que os administradores apresentem determinadas qualificações. Considerem-se, a título de exemplo, os titulares do órgão de administração de instituições de crédito, sociedades financeiras e seguradores, os quais, além dos requisitos de idoneidade, têm de apresentar qualificações profissionais adequadas ao cargo.

Atualmente, admite-se que o conselho de administração seja composto por um *número par* de membros. Se for esta a escolha dos sócios, "ao presidente [do conselho de administração] é atribuído voto de qualidade nas deliberações do conselho" (art. 395º, 3, *a*)). Esta regra é aplicável ao presidente do conselho de administração executivo, por força da remissão constante do art. 427º, 2.

Nos termos do art. 390º, 4 (aplicável à designação de pessoa coletiva para o conselho de administração executivo, por força do art. 425º, 8), "se uma pessoa coletiva for designada administrador, deve nomear uma pessoa singular para exercer o cargo em nome próprio (…)". Parece que desta disposição resulta que administrador será a pessoa singular que "exerce o cargo em nome próprio" (art. 390º, 4) e não como representante da pessoa coletiva que a nomeou. E, por isso, a referida pessoa singular deve nortear a sua atuação pelo interesse social. A pessoa coletiva que nomeia a pessoa singular responde solidariamente com a pessoa designada pelos atos desta (art 390º, 4, *in fine*).

Os administradores podem ser designados no contrato ou eleitos pela assembleia geral ou constitutiva (art. 391º, 1, 425º, 1). No modelo dito *dualista* ou *germânico* (art. 278º, 1, *c*)), os membros do conselho de administração executivo podem ser eleitos pelo conselho geral e de supervisão, se não for a assembleia geral o órgão estatutariamente competente para o efeito (art. 425º, 1, *a*)).

O art. 392º prevê "regras especiais de eleição" de administradores. Em regra, os administradores são eleitos por deliberação dos sócios que aprova por maioria uma lista. A especialidade prevista pelo art. 392º consiste, justamente, em permitir a sócios ou grupos de sócios minoritários propor e fazer eleger um ou mais administradores (1ª alternativa, contemplada pelos nos 1 a 5 do art. 392º) ou, ainda, designar um ou mais administradores (2ª alternativa, prevista pelos nos 6 e 7 do art. 392º) (desenvolvidamente, Costa, 2013: 249, s.).

Nas sociedades anónimas, a acionistas singularmente considerados não pode ser atribuído o direito especial de designação de administradores. Pois,

DIREITO COMERCIAL E DAS SOCIEDADES. ENTRE AS EMPRESAS E O MERCADO

neste tipo societário, os direitos especiais só podem ser atribuídos a categorias de ações (art. 24º, 4). Acontece que, nos termos do art. 391º, 2, "não pode ser atribuído a certas categorias de ações o direito de designação de administradores".

Ainda sobre a composição do conselho de administração, há que considerar a L nº 62/2017, de 1 de agosto, relativa ao *regime da representação equilibrada entre mulheres e homens nos órgãos de administração e de fiscalização das entidades do setor público empresarial e das empresas cotadas em bolsa*[12]. Para os efeitos desta lei, "órgão de administração" e "órgão de fiscalização" assumem sentidos jurídicos específicos que não correspondem integralmente à caraterização que deles se retira do CSC: "«Órgãos de administração», os conselhos diretivos, os conselhos executivos, os conselhos de gestão, os conselhos de administração ou outros órgãos colegiais com competências análogas" (art. 3º, *a*), da L 62/2017). Por sua vez, os "órgãos de fiscalização" abrangem "os conselhos fiscais, os conselhos gerais e de supervisão ou outros órgãos colegiais com competências análogas" (art. 3º, *b*), da L 62/2017). Compreende-se esta diversidade, tendo em conta que a disciplina da L nº 62/2017 é aplicável a entidades dotadas de estruturas organizatórias muito diversas. Aplica-se não só às sociedades cotadas, mas também ao setor público empresarial, ao setor empresarial local (com adaptações) e, depois de emitido diploma próprio, ao setor empresarial local.

No que diz respeito às "empresas cotadas" – sociedades anónimas com ações admitidas à negociação em mercado regulamentado –, o art. 5º L 62/2017 determina que "a proporção de pessoas de cada sexo designadas de novo para cada órgão de administração e de fiscalização de cada empresa não pode ser inferior a 20%, a partir da primeira assembleia geral eletiva após 1 de janeiro de 2018, e a 33,3%, a partir da primeira assembleia geral eletiva após 1 de janeiro de 2020". Estes limiares de composição equilibrada dos órgãos de administração e dos órgãos de fiscalização não se aplicam aos mandatos em curso à data da publicação da lei. O que significa que a entrada da lei em vigor não implica que as "empresas cotadas" tenham de ajustar a composição do órgão de administração e do órgão de fiscalização às exigências do art. 5º da L 62/2017. No entanto, "a renovação e a substituição no mandato obedecem aos limiares definidos no nº 1" (art. 5º, 4, da L 62/2017).

---

[12] Veja-se a Proposta de Diretiva relativa à melhoria de equilíbrio entre homens e mulheres no cargo de administrador não executivo das empresas cotadas em bolsa e outras medidas conexas (COM (2012) 64 final.

CAPÍTULO X – GOVERNAÇÃO DAS SOCIEDADES

O incumprimento das exigências legais determina as consequências do art. 6º da L 62/2017.

3.4. Administração e representação da sociedade anónima

A gestão e a representação da sociedade competem, consoante o modelo adotado, ao *conselho de administração* (ou administrador único) (arts. 405º, 406º, 7), *conselho de administração executivo* (ou administrador único) (431º, 1). O conselho geral e de supervisão tem também, em algumas circunstâncias, poderes de representação da sociedade (art. 443º, 1).

Em matéria de administração, o conselho de administração funciona *colegialmente por maioria* (art. 410º), mas em matéria de *representação ativa* o conselho funciona de acordo com o método conjunto maioritário (art. 408º, 1). Para o conselho de administração executivo, vale a remissão do art. 431º, 3.

O CSC não define administração, mas elenca, de modo exemplificativo, as competências do conselho de administração no art. 406º. A administração compreende "as *decisões estratégicas* ou fundamentais sobre os *objetivos empresariais a longo prazo*, as correspondentes *organização* dos meios produtivos, *dimensão e localização* da(s) empresa(s), as várias políticas empresariais – *produção* (tipos de produtos e mercados destinatários), *distribuição, pessoal, financiamentos* –, o provimento dos *postos laborais de direção*, o *sistema informacional* inter--orgânico e intra-empresarial. Depois, entram na administração os actos (materiais ou jurídicos) de execução ou desenvolvimento daquela "alta direção", quer os de caráter *extraordinário*, quer os de "*gestão corrente*" ou técnicos operativos quotidianos" (Abreu, 2010:38).

O *contrato de sociedade* pode autorizar que o *conselho de administração* delegue certos poderes de gestão – a designada "gestão corrente" – num ou mais administradores que se designarão *administradores delegados*, ou numa *comissão executiva* (art. 407º, 3). No entanto, conforme o disposto no art. 407º, 4, há certas matérias insuscetíveis de delegação, como seja, por exemplo, a elaboração do relatório e contas anuais (arts. 407º, 4, 406º, *d*))[13].

A designação *CEO* (*Chief Executive Officer*) corresponde ao presidente da comissão executiva (art. 407º, 5, 6), enquanto o *Chairman* corresponde ao Presidente do Conselho de Administração. Em Portugal, a lei não é clara a exigir que sejam pessoas diferentes as que exercem a função de Presidente do Conselho de Administração e de Presidente da Comissão Executiva (v. art. 407º, 6).

---

[13] No sentido de que o art. 407º, 4, deve ser interpretado extensivamente, de modo a excluir a delegação das matérias indicadas nas als. *e*) e *g*) a *j*), Abreu, 2010:39.

DIREITO COMERCIAL E DAS SOCIEDADES. ENTRE AS EMPRESAS E O MERCADO

A delegação dos poderes de gestão não exclui a competência do conselho para sobre elas deliberar (art. 407º, 8), ou seja, o conselho tem *competências concorrentes* (Martins, 2013:424). No entanto, responsáveis pelas matérias delegadas são, em primeira linha, os administradores delegados ou a comissão executiva. Os *restantes administradores* têm a seu cargo um dever de vigilância geral e de fazer provocar a intervenção do conselho (art. 407º, 8). Mas não só. Uma vez que integram o conselho de administração, podem-devem participar nas deliberações sobre a "alta direção" e sobre todas as matérias não delegadas (sejam as não delegáveis, sejam as não delegadas) (v. Abreu, 2010:101; em sentido diferente, Maia, 2002:251).

Diferente da delegação de poderes de gestão (que depende de cláusula estatutária que a autorize) é o *"encargo especial"* (art. 407º, 2) mediante o qual o conselho *encarrega* especialmente algum ou alguns dos administradores que se ocupem de certas matérias de administração (art. 407º, 1). Este "encargo especial", designado na doutrina portuguesa como "delegação imprópria" (Maia, 2002:248, ss) ou "delegação restrita" (Ventura, 1991:193; Abreu, 2010, 99; Nunes, 2012:230), não exclui a competência normal dos outros administradores ou do conselho nem a responsabilidade daqueles (art. 407º, 2).

Para o modelo previsto no art. 278º, 1, *c*), não se encontra prevista a faculdade de o conselho de administração executivo delegar funções de gestão corrente da sociedade (art. 431º, 3) (Câmara, 2007:229, J. Calvão da Silva, 2006:47; Martins, 2011:12; Cunha, 2016:774). E, por conseguinte, parece que da lei resulta que, neste modelo, não é admissível a delegação de poderes de gestão corrente.

3.5. Duração do mandato e remuneração dos administradores

Em matéria de duração do mandato, o art. 391º, 3, determina que os administradores são designados por um período fixado no contrato de sociedade, não excedente a quatro anos civis. No entanto, importa salientar que, embora designados por prazo certo, os administradires mantêm-se em funções com plenos poderes até que sejam substituídos.

A fixação da remuneração dos administradores compete à assembleia geral ou a uma comissão por ela nomeada (art. 399º, 1) – as designadas "comissões de remunerações" ou "comissões de vencimentos". A lei admite que sejam diversas as remunerações, designadamente entre administradores executivos e administradores não executivos, pois nos termos do art. 399º, 1, a remuneração é fixada "tendo em conta as funções desempenhadas e a situação económica da sociedade".

CAPÍTULO X – GOVERNAÇÃO DAS SOCIEDADES

Os administradores podem auferir uma remuneração *certa,* ou seja, predeterminada e indiferente aos resultados da sociedade. Do "pacote remuneratório" podem constar quantias pagas em dinheiro, mas também compensações não monetárias – considerem-se, a título de exemplo, o uso de viatura automóvel da sociedade, utilização de casa de habitação fornecida ou arrendada pela sociedade, despesas de representação, prémios de seguros pagos pela sociedade, pagamento de mensalidades às escolas frequentadas pelos filhos, viagens, *etc.* Muitas destas vantagens recebem o nome de *fringe benefits.*

O art. 399°, 2, prevê que a remuneração dos administradores seja em parte certa e noutra parte variável, consistindo esta numa percentagem nos lucros de exercício distribuíveis, devendo o contrato de sociedade autorizar a percentagem máxima a atribuir.

Os administradores-fiscalizadores que integram a comissão de auditoria, conforme o art. 423°-D, são pagos através de remuneração fixa, estando-lhes vedado receber retribuições total ou parcialmente variáveis.

3.6. Cessação de funções de administrador

As causas que determinam a cessação das funções de administrador podem ser sistematizadas em: *a)* caducidade; *b)* renúncia; *c)* destituição.

Como causas de *caducidade* da relação de administração podem ser indicadas, a título de exemplo, *a) o decurso do prazo* para o qual foram designados e, entretanto, ocorreu uma nova designação (art. 393°, 3), *b)* a morte do administrador; *c)* a falta de prestação de caução quando esta é devida (art. 396°, 4); *e)* incapacidades e incompatibilidades supervenientes (arts. 401°, 425°, 7).

Os sócios podem, a todo o tempo, *destituir,* sem justa ou com justa causa, os administradores (arts. 403°, 430°, 1, *b*)). No modelo germânico, o *conselho geral e de supervisão* pode ter competência para destituir os administradores, se tal competência não for atribuída nos estatutos à assembleia geral (arts. 430°, 1, *a*), 441°, 1, *a*)). Os administradores membros da comissão de auditoria só podem ser destituídos com justa causa (art. 423°-E, 1).

Justa causa corresponde à situação em que "atendendo aos interesses da sociedade e do administrador, torna inexigível àquela manter a relação orgânica com este, designadamente porque o administrador violou gravemente os seus deveres, ou revelou incapacidade ou ficou incapacitado para o exercício normal das suas funções" (Abreu: 2015:577).

Em matéria de destituição (sem justa causa), é frequente ouvir-se falar de "golden parachutes". Esta expressão designa cláusulas que preveem indemnizações muito significativas a serem pagas ao administrador destituído sem justa causa.

325

DIREITO COMERCIAL E DAS SOCIEDADES. ENTRE AS EMPRESAS E O MERCADO

No entanto, se a sociedade decidir destituir o administrador sem justa causa deve indemnizá-lo (arts. 403º, 5, 430º, 2).

Por fim, as funções podem cessar em razão da *renúncia* do administrador. Neste caso, o administrador, por ato unilateral, põe termo à relação de administração. O administrador renunciante deve comunicar a renúncia, através de carta dirigida ao presidente do conselho de administração, ou, sendo este o renunciante, ao conselho fiscal ou à comissão de auditoria (art. 404º). Nas sociedades que tenham adotado o modelo previsto no art. 278º, 1, *c*), o administrador que renuncia deve dirigir uma carta ao presidente do conselho de administração executivo ou, sendo este o renunciante, ou não existindo esse conselho, ao presidente do conselho geral e de supervisão (art. 433º, 4, que manda aplicar, com adaptações, o disposto no art. 404º).

A renúncia não tem efeitos imediatos; ela só produz efeito no final do mês seguinte àquele em que tiver sido comunicada, salvo se entretanto for designado ou eleito o substituto (art. 404º, 2).

A lei distingue consoante a renúncia é feita *com* ou *sem justa causa* (art. 258º). Havendo justa causa de renúncia e o renunciante mantendo-se em funções até que a renúncia se torne efetiva, *não haverá direito da sociedade à indemnização de danos* que a saída do administrador renunciante lhe pode causar.

Na carta, o renunciante deve apresentar as razões que motivam a renúncia, porque o administrador aceitou exercer o cargo durante um certo período de tempo.

Nos termos do art. 3º, *m*), do CRCom., "a cessação de funções, por qualquer causa que não seja o decurso do tempo, dos membros dos órgãos de administração e de fiscalização das sociedades", está sujeito a registo comercial obrigatório (art. 15º, 1, do CRCom.) e a publicação obrigatória (art. 70º, 1, *a*), CRCom.).

3.7. A fiscalização da sociedade anónima

3.7.1. Generalidades

Nas sociedades anónimas a fiscalização institucionalizada realizada através de órgão/órgãos é *sempre obrigatória*, seja qual for o capital social, a partir do momento da constituição da sociedade. Tendo em conta as particularidades da sociedade anónima, considera-se necessária a existência de órgão ou órgãos que, de *modo permanente*, especializado e com certas competências de literacia financeira, esteja(m) incumbido(s) de fiscalizar, de escrutinar a gestão

CAPÍTULO X – GOVERNAÇÃO DAS SOCIEDADES

da sociedade, realizada pelo órgão de administração e de representação da sociedade.

Tipicamente, a fiscalização da sociedade anónima compete:

a) a um *fiscal único* (modelo latino simplificado, nos termos dos arts. 278°, 1, *a*), 413°, 1, *a*), 414°, 1), que *não pode ser acionista* e deve ser revisor oficial de contas ou sociedade de revisores de contas;

b) ao *conselho fiscal* que, necessariamente, integra o revisor oficial de contas (modelo latino, nos termos dos arts. 413°, 1, *a*), *in fine*, 414°, 2);

c) ao conselho fiscal e revisor oficial de contas (modelo latino reforçado, nos termos dos arts. 413°, 1, *b*), 2, 446°);

d) à comissão de auditoria e revisor oficial de contas (arts. 278°, 1, *b*), 423-B, s.,446°);

e) ao conselho geral e de supervisão e ao revisor oficial de contas (modelo germânico, conforme os arts. 278°, 1, *c*), 434°, e ss., 446°).

3.7.2. Fiscal único e conselho fiscal

O *conselho fiscal* é constituído por um *número mínimo de três membros* efetivos (art. 413°, 4), que são designados pelo período indicado no contrato, mas não superior a quatro anos (art. 415°, 1). O art. 413°, 5, obriga a que seja(m) indicado(s) membro(s) suplente(s).

O conselho fiscal, além dos restantes membros, deve incluir um revisor oficial de contas ou uma sociedade de revisores oficiais de contas (art. 414°, 2), que não pode ser acionista. Os restantes membros do conselho fiscal podem ser sociedades de advogados, sociedades de revisores oficiais de contas ou acionistas (art. 414°, 3). Os acionistas que integram o conselho fiscal devem ser pessoas singulares com capacidade jurídica plena e "devem ter as qualificações e a experiência profissional adequadas ao exercício das suas funções" (art. 414°, 3).

Para as sociedades mencionadas no art. 413°, 2 (sociedades cotadas e grandes sociedades anónimas) e que adotem o modelo previsto no art. 278°, 1, *a*), *é obrigatório* que a fiscalização da sociedade seja confiada a um *conselho fiscal e a um revisor oficial de contas* ou uma sociedade de revisores oficiais de contas, que não seja membro do conselho fiscal (art. 413°, 1, *b*), 2, *a*)). Acrescem especiais (e mais exigentes) requisitos qualitativos. Segundo o art. 414°, 4, o conselho fiscal de sociedades cotadas e de grandes anónimas deve "incluir pelo menos um membro que tenha curso superior adequado ao exercício das suas funções e conhecimentos em auditoria ou contabilidade e que seja independente". "Em sociedades emitentes de ações admitidas à negociação em mercado regulamentado, o conselho fiscal deve ser composto por uma maioria de membros independentes" (art. 414°, 6).

Para além dos requisitos de composição quantitativa e qualitativa, a lei rodeia o conselho fiscal de várias incompatibilidades (art. 414°-A).

Ao fiscal único ou ao conselho fiscal compete controlar a administração da sociedade – é o que resulta expressamente do art. 420°, 1, *a*). São vastas as "competências" do conselho fiscal, de modo a cumprir a sua missão, podendo falar-se em *fiscalização política* e fiscalização contabilística da sociedade. De salientar ainda, a competência para "fiscalizar a eficácia do sistema de gestão de riscos, do sistema de controlo interno e do sistema de auditoria, se existentes" (art. 420°, 1, *i*)).

Para além das competências enquanto membro do conselho fiscal, o ROC(-membro do conselho fiscal) tem a competência específica para os exames e verificações necessários à revisão legal de contas (art. 420°, 4), em sintonia com o caráter de interesse público da função de revisão e certificação legal de contas. Deve recordar-se que a profissão de ROC se encontra intensamente regulada e está enquadrada na Ordem dos Revisores Oficiais de Contas. Por outro lado, o art. 420°-A impõe especificamente ao ROC o "dever de vigilância", mas que, atendendo ao conteúdo do preceito, parece configurar um dever de reportar ou de comunicar determinados factos, *por carta registada*, ao presidente do conselho de administração ou do conselho de administração executivo.

Enquanto *órgão autónomo* (arts. 278°, 1, *b*), 278°, 1, *c*), 413°, 1, *b*))[14], o ROC tem as competências previstas no art. 446°, 3.

O fiscal único, os membros do conselho fiscal e o ROC são eleitos pela *assembleia geral*, pelo período estabelecido no contrato, mas não superior a 4 anos (art. 415°). Paralelamente, compete à *assembleia geral* destituir os membros do conselho fiscal, o revisor oficial de contas ou o fiscal único que não tenham sido nomeados judicialmente (art. 419°, 1). No entanto, a assembleia geral só os poderá destituir, se *ocorrer justa causa* (art. 419°). De modo garantir a *estabilidade* no exercício do cargo, estes fiscalizadores *não são livremente destituíveis*.

---

[14] Não estamos a falar do fiscal único (que, necessariamente, é ROC). O fiscal único não dispõe de um regime próprio. Por um lado, rege-o o disposto no art. 413°, 6, que remete para as regras do revisor oficial de contas e, subsidiariamente, para o disposto quando ao conselho fiscal. Por outro lado, o art. 423°-A remete plenamente para o regime do conselho fiscal, ressalvadas as normas que pressuponham a pluralidade de membros. Estas duas remissões não se conciliam facilmente e criam incerteza na hora da sua aplicação.

CAPÍTULO X – GOVERNAÇÃO DAS SOCIEDADES

A *remuneração* dos membros do conselho fiscal deve consistir numa quantia *fixa* que será determinada por deliberação dos sócios (art. 422º-A) ou por comissão de remunerações (art. 422º-A, 1, e 2 que remete para o art. 399º, 1). Estão, pois, proibidas, neste caso, as remunerações variáveis, resultantes de participação nos lucros, atribuição de ações, *etc.* Visa-se, com esta proibição, garantir a objetividade, a independência e a imparcialidade na fiscalização.

3.7.3. Comissão de auditoria e revisor oficial de contas

No designado modelo anglo-saxónico (art. 278º, 1, *b*)), a fiscalização da sociedade está legalmente confiada à *comissão de auditoria* e ao ROC.

A comissão de auditoria "é um órgão da sociedade composto por uma parte dos membros do conselho de administração" (art. 423º-B, 1). Por conseguinte, os membros da comissão de auditoria são, *simultaneamente, administradores* e *fiscalizadores*. A comissão de auditoria integra o conselho de administração, mas é dotada de competências próprias e específicas que lhe conferem *autonomia* e *identidade funcional*. Embora constituída por administradores (não executivos), a comissão de auditoria é, essencialmente, o *órgão de fiscalização da sociedade anónima*.

Estes administradores-fiscalizadores são designados nominalmente em conjunto com os restantes administradores, mas com a identificação dos membros que são titulares da comissão de auditoria (art. 423º-C, 1, 2).

Sendo administradores, aos titulares da comissão de auditoria *está vedado o exercício de funções executivas* (art. 423º-B, 3) – por conseguinte, estes administradores fiscalizadores são, necessária e obrigatoriamente, *administradores não executivos*.

A comissão de auditoria é, *por imposição legal*, um órgão plural – determina o art. 423º-B, 2, que a comissão de auditoria é composta por, pelo menos, três "membros efetivos".

Continua a discutir-se qual é o número mínimo de membros do conselho de administração que integra a comissão de auditoria. Não há consenso na resposta a esta pergunta (sobre este debate, v. Martins, 2007:258, 259).

Como bem refere Martins, 2007:266, a questão do número de membros do conselho de administração é de especial importância em matéria de deliberações sobre matérias de gestão corrente e de representação da sociedade. O que implica que seja prudente que os sócios ponham especial cuidado na redação do contrato de sociedade, por exemplo, quanto à representação da sociedade em atos executivos. Uma das soluções será incluir uma cláusula estatutária, nos termos da qual, a sociedade fica vinculada pela intervenção de membros não integrantes da comissão de auditoria (desenvolvidamente, Martins, 2007:267).

À imagem do que é previsto para o conselho fiscal, também para a comissão de auditoria a lei prevê requisitos relativos à composição qualitativa, para as sociedades cotadas e grandes anónimas (art. 423°-B, 4, 5).

As *competências fiscalizadoras* da comissão de auditoria estão previstas no art. 423°-F. Também os membros da comissão de auditoria são remunerados através de uma *quantia fixa* (art. 423°-D) (ou seja, uma quantia pré-determinada em dinheiro, calculada por referência a um preciso período de tempo e insensível aos resultados da sociedade) e a sua destituição depende de justa causa (art. 423°-E).

Entre os deveres legais específicos a cargo dos membros da comissão de auditoria destacam-se o de participar nas reuniões da comissão de auditoria, *participar nas reuniões do conselho de administração* e da assembleia geral e participar nas reuniões da comissão executiva, quando esta aprecia as contas do exercício (v. art. 423°-G, 1, *a*), *b*), *c*))[15].

3.7.4. Conselho geral e de supervisão e revisor oficial de contas

Em matéria de composição do conselho geral e de supervisão, o art. 434°, 1, determina que este órgão deve ser composto por um número de membros superior ao número de administradores. Por consequência, o conselho geral e de supervisão é sempre um órgão de composição plural – pode ser constituído por número par ou ímpar de membros, não há limite legal máximo de membros; os membros podem não ser acionistas. O número de membros é fixado no contrato de sociedade. De acordo com o art. 435°, 1, os membros do conselho geral e de supervisão são designados no contrato de sociedade ou eleitos pela assembleia geral ou constitutiva.

Em matéria de incompatibilidades, aplica-se aos membros do conselho geral e de supervisão o disposto para o conselho fiscal (art. 414°-A aplicável por força do art. 434°, 4). No entanto, os membros do conselho geral e de supervisão não estão impedidos de exercer funções em empresa concorrente – é o que resulta do art. 434°, 4. O art. 434°, 5, faz depender o exercício de atividade concorrente de "autorização da assembleia geral". Nas sociedades cotadas, o conselho geral e de supervisão deve ser integrado por uma maioria de membros independentes (art. 414°, 6, por força do art. 434°, 4).

---

[15] Cunha, 2016:881, refre que a complexidade das funções dos membros da comissão de auditoria aconselha que a sua remuneração fixa seja próxima da remuneração fixa dos administradores executivos.

CAPÍTULO X – GOVERNAÇÃO DAS SOCIEDADES

Nas sociedades cotadas e nas grandes anónimas, o conselho geral e de supervisão deve obrigatoriamente constituir a *comissão para as matérias financeiras* (art. 444º, 2). Tal comissão é especificamente dedicada às funções elencadas no art. 441º, *f)* a *o)*.

Ao conselho geral e de supervisão compete nomear e destituir os administradores, se a competência não for estatutariamente reservada à assembleia geral (arts. 441º, 1, *a)*, 425º, 1, *a)*). Não compete ao conselho geral e de supervisão gerir a sociedade anónima; tal competência cabe ao conselho de administração executivo. Aliás, o art. 442º, 1, começa por proclamar que "o conselho geral e de supervisão não tem poderes de gestão das atividades da sociedade". Seria estranho que o órgão de fiscalização da administração fiscalizasse os seus próprios atos de gestão.

Os "poderes de gestão" do conselho geral e de supervisão consubstanciam-se na *prestação (ou não) de consentimento* "para a prática de determinadas categorias de atos", consentimento esse exigido pela lei ou pelo contrato (art. 442º, 1). Sendo escassos os casos em que a lei exige o consentimento do conselho geral e de supervisão, sempre se pode mencionar, a título de exemplo, o caso do art. 297º, 1, *a)*, ou os casos previstos no art. 428º.

Já vimos que o conselho de administração executivo é o órgão de administração e de representação da sociedade anónima (art. 431º, 1, 2). Tendo optado pelo modelo previsto no art. 278º, 1, *c)*, nas relações da sociedade com os seus administradores "a sociedade é obrigada pelos dois membros do conselho geral e de supervisão por este designados" (art. 443º, 1. V. tb. art. 441º, 1, *c)*). Esta solução pretende evitar potenciais conflitos de interesses.

Além disso, o conselho geral e de supervisão tem poderes para representar a sociedade na contratação de peritos, nos termos do arts. 441º, *p)*, e do art. 443º, 2. Por fim, o conselho geral e de supervisão tem poderes de representação da sociedade no requerimento de atos de registo comercial relativos aos seus próprios membros (art. 443º, 3).

Em regra, as funções do conselho geral e de supervisão são remuneradas, salvo se a gratuitidade resultar de cláusula estatutária (art. 440º, 1). A remuneração deve consistir numa quantia fixa, determinada pela assembleia geral ou por uma comissão nomeada por esta (art. 440º, 2).

4. Sociedade em comandita simples e sociedade em comandita por ações

As sociedades em comandita simples e em comandita por ações são administradas e representadas por uma *gerência* (art. 470º), composta por *sócios*

DIREITO COMERCIAL E DAS SOCIEDADES. ENTRE AS EMPRESAS E O MERCADO

comanditados (exceto se o contrato de sociedade permitir a atribuição da gerência a sócios comanditários). Os sócios comanditados gerentes são livremente destituíveis do seu cargo. No entanto, inexistindo justa causa, tal destituição depende de deliberação que reúna dois terços dos votos que cabem aos sócios comanditados e dois terços dos votos que cabem aos sócios comanditários (art. 471º, 1). De maneira diferente, o *sócio gerente comanditário* é destituível por maioria simples ou absoluta dos votos emitidos, haja ou não justa causa – é o que resulta do art. 471º, 3.

O restante regime relativo à estrutura organizatória de administração e de fiscalização da sociedade em comandita simples e da sociedade em comandita por ações resulta das remissões constantes, respetivamente, do art. 474º e do art. 478º. O primeiro impõe que se apliquem às sociedades em comandita simples as disposições relativas às sociedades em nome coletivo e o segundo (art. 478º) prescreve que às sociedades em comandita por ações se aplicam as disposições relativas às sociedades anónimas. Em ambos os casos, serão inaplicáveis as normas que sejam incompatíveis com as disposições específicas das sociedades em comandita simples e das sociedades em comandita por ações (arts. 474º e 478º, *in fine*).

Por conseguinte, para a sociedade em comandita simples vigora *a não obrigatoriedade de órgão de fiscalização* e para a sociedade em comandita por ações vigora a *obrigação de haver órgão de fiscalização*, sendo-lhe aplicável as respetivas normas das sociedades anónimas.

5. Secretário da sociedade

Nos termos do art. 446º-A, 1, as sociedades emitentes de ações admitidas à negociação em mercado regulamentado *devem* designar um *secretário da sociedade* e um suplente. A lei exige determinados requisitos que devem ser preenchidos pelos candidatos a secretário da sociedade (art. 446º-A, 3).

O secretário e o seu suplente devem ser designados pelos sócios no ato de constituição da sociedade, ou pelo conselho de administração ou pelo conselho de administração executivo por deliberação registada em ata (art. 446º-A, 2).

Discute-se se o secretário é um órgão. Ainda que se admita que o secretário não é um órgão (o que parece ser o entendimento que melhor se coaduna com o regime jurídico vigente), sempre se tem de reconhecer que ele tem as competências próprias especificadas no art. 446º-B.

As restantes sociedades anónimas, bem como as sociedades por quotas, podem designar um secretário da sociedade (art. 446º-D).

CAPÍTULO X – GOVERNAÇÃO DAS SOCIEDADES

Nas sociedades por quotas, o secretário da sociedade é designado pela assembleia geral (art. 446°-D, 2).

6. *Compliance*

"Making a company compliant is a huge task" (Kurer: 2015: 100). Efetivamente, a sociedade, tal como os restantes agentes económicos, está vinculada a variadas normas que deve cumprir. Nada disto é novo. O que merece especial atenção é a *complexidade* crescente da regulação a ser cumprida, a sofisticação dos conhecimentos necessários ao cumprimento e a magnitude das consequências do incumprimento.

É, pois, necessário garantir que a sociedade cumpre as normas em vigor que vão desde a prevenção de práticas ilícitas (corrupção, de práticas anticoncorrenciais, branqueamento de capitais) às normas relativas à higiene e segurança no trabalho, às normas ambientais, fiscais, não discriminação, segurança alimentar, dos medicamentos, *etc.* As sociedades e os agentes económicos precisam de cumprir não só a lei, como regulamentos, normas estatutárias, contratos, autorregulação, *soft law*, normas éticas, *best practices*, exigências reputacionais, *etc.* À *intensificação da regulação legal* corresponde o aumento do *legal risk* e do *compliance risk* para as agentes económicos, em especial para os que operam de modo transfronteiriço.

É inescapável que a sociedade tem de lidar com o *legal risk* e o *compliance risk*, ou seja com as consequências negativas aplicadas à sociedade *resultantes do incumprimento da lei*, de regulamentos, das políticas internas ou até de padrões éticos. Tais incumprimentos representam custos para a sociedade como os que resultam de nulidade de contrato(s), de coimas, de indemnizações, de custos reputacionais. No limite, a prática de determinados crimes determina dissolução da sociedade.

Por isso, as sociedades de maior dimensão integram na sua estrutura departamentos de *compliance ou de corporate compliance*[16].

Costuma-se dizer que a moderna atividade de *compliance* surge na sequência da *Sarbanes Oxley Act* (2002) e das fraudes que a tornaram necessária. *Chief Compliance Officers* ou *Head of Compliance* são cada vez mais relevantes em grandes sociedades anónimas e, em particular, em sociedades com determinados objetos (atividades financeiras, farmacêuticas, exploração de hidrocarbonetos).

---

[16] Veja-se, a título de exemplo, o caso da Bayer que estruturou a sua política de corporate compliance em 10 princípios, disponíveis em https://www.bayer.pt/sobre-a-bayer/corporate-compliance/.

A *compliance*, derivada de *comply*, assegura que a organização cumpre as normas legais e regulamentares. No entanto, é mais do que isso, porque a *compliance* procura identificar as atuações devidas, acompanhar o estado de execução, avaliar os riscos e os custos potenciais do não-cumprimento e, não menos importante, identificar as medidas corretivas (Cordeiro, 2011:1016). À *compliance* também se aponta a visão prospetiva destinada a identificar os riscos emergentes e, em particular, os decorrentes de novas exigências legais e de novas políticas.

Trata-se de um tema de significativo relevo prático, ao ponto de se falar da "compliance industry".

Um dos temas centrais da identificação e controlo dos riscos legais é o de saber que estruturas no contexto da sociedade se ocuparão destas matérias. A experiência internacional das grandes sociedades multinacionais fornece vários exemplos: "audit and compliance committee", "compliance committee", "Safety, Ethics, Environement and Assurance Committee", "Ethics and culture committee" (Kurer, 2015: 117).

Certamente que uma das competências dos órgãos de fiscalização é "vigiar pela observância da lei e do contrato de sociedade" (arts. 420°, 1, *b*), 423°-F, 1, *b*), 441°, 1, *e*). Além disso, também lhe compete "fiscalizar a eficácia do sistema de gestão dos riscos, do sistema de controlo interno e do sistema de auditoria interna" (art. 420°, 1, *i*), 423°-F, 1, *i*), 441°, 1, *i*), assim como receber as comunicações de irregularidades apresentadas por acionistas, colaboradores da sociedade e outros (art. 420°, 1, *j*), 423°-F, 1, *j*), 441°, 1, *j*). Por outro lado, o conselho fiscal (e fiscal único), a comissão de auditoria e o conselho geral e de supervisão têm competência para contratar peritos que coadjuvem um ou mais membros do órgão de fiscalização nas suas funções (art 420°, 1, *l*), 423°-F, 1), *p*), 443°, 2). Podem, por conseguinte, ser contratados peritos em *compliance*. Acresce, ainda, o dever de reporte a cargo do revisor oficial de contas, nos termos do art. 420°-A.

No entanto, nada impede que sejam criados órgãos estatutários, de natureza consultiva, vocacionados para as matérias de *compliance*[17].

---

[17] Veja-se, a título de exemplo, os estatutos da CGD que, nos art. 25°, dedicado às comissões especiais. Os estatutos estão disponíveis em https://www.cgd.pt/Institucional/Governo-Sociedade-CGD/Regulamentos/Documents/Estatutos-da-CGD.pdf.

CAPÍTULO X – GOVERNAÇÃO DAS SOCIEDADES

7. Os deveres de cuidado e de lealdade dos administradores

O ingresso no cargo de administrador de uma sociedade implica observar um extenso e não completamente determinado rol de deveres jurídicos[18]. Alguns destes deveres estão concreta e especificamente descritos na lei e, por isso, já foram designados "deveres legais específicos" (Abreu, 2007:17). Dos que se encontram consagrados no CSC, mencionemos, a título de exemplo, o dever de não ultrapassar o objeto social (art. 6º, 4), o dever de requerer ou convocar a assembleia geral, depois de apurada a perda de metade do capital social (art. 35º, 1), o dever de exigir a realização das entradas em dinheiro diferidas (arts. 203º, ss., 285º-286º), o dever de prestar caução (art. 396º)[19], o dever de não executar deliberações nulas do órgão de administração (arts. 412º, 4, 433º, 1), o dever de não concorrência (arts. 254º, 1, 398º, 3, 428º).

Além dos deveres cuja fonte é o CSC, há que considerar os que se encontram dispersos pelo sistema jurídico. Considere-se, por exemplo, o dever de os administradores requererem a insolvência da sociedade em certas circunstâncias (arts. 18º e 19º do CIRE), ou o dever de o órgão da sociedade visada por uma oferta pública de aquisição não "praticar atos suscetíveis de alterar de modo relevante a situação patrimonial" desta (art. 182º, 1, do CVM).

É legalmente impossível (e contraproducente) encerrar os deveres dos administradores em um catálogo fechado. Não só não há verdadeiramente "regras da arte" sobre a gestão, como poderia ser limitador da imprescindível *discricionariedade empresarial*. A iniciativa económica vive da liberdade de escolha entre alternativas igualmente lícitas. É no exercício desta liberdade de escolha que são reinventadas soluções, é gizada a inovação, são ensaiadas novas formas de organização do trabalho e da produção, *etc*. E se se quer preservar este estímulo para que as decisões empresariais possam romper o que está estabelecido e experimentado, é por demais evidente que, deste ponto de vista, será nefasto confinar em cristalizadas prescrições legais as condutas que o administrador deve observar no interesse da sociedade.

Nesta linha de argumentação é valioso (para a sociedade, para os sócios e para a economia em geral) que seja preservado este *espaço de discricionariedade*. Com igual intensidade, mostra-se essencial evitar comportamentos de *abuso* de tal liberdade de escolha; é preciso que tal discricionariedade esteja fisiologicamente ao serviço dos interesses da sociedade e não seja patologicamente desvirtuada.

---

[18] Acompanhamos de perto o que escrevemos em Ramos, 2010: 103, s.

[19] Sobre este ver o que escrevemos em Ramos, 2013: 303, ss.

DIREITO COMERCIAL E DAS SOCIEDADES. ENTRE AS EMPRESAS E O MERCADO

Do ponto de vista jurídico, o equilíbrio entre, por um lado, a discricionariedade empresarial e, por outro, o controlo dos administradores-decisores tem levado países de *common law* e de *civil law* a servirem-se de cláusulas gerais para consagrar *deveres de cuidado* e *deveres de lealdade*. A vantagem desta opção legislativa – flexibilidade, adaptabilidade ao caso concreto, preservação do espaço de discricionariedade dos administradores – representa, simultaneamente, o grande desafio de densificação e de concretização.

Com a reforma de 2006, o art. 64° – agora epigrafado "Deveres fundamentais" – recebe expressamente os *deveres de cuidado* e os *deveres de lealdade* dos administradores. Na sequência desta reforma, renovou-se a atenção da doutrina em torno do sentido, alcance e efeitos do art. 64° e reacendeu-se o debate doutrinário em torno deste preceito.

Segundo Abreu, 2007:19, s., os *deveres de cuidado* são concretizados em: *a)* dever de controlo ou de vigilância organizativo-funcional; *b)* dever de atuação procedimentalmente correta (para a tomada de decisões); e *c)* dever de tomar decisões (substancialmente) razoáveis.

Os *deveres de lealdade*, segundo Abreu, 2007:22, s., desdobram-se em: *a)* correção na contratação estabelecida entre os administradores e a sociedade; *b)* não concorrência com a sociedade; *c)* não aproveitamento em benefício próprio de oportunidades de negócio societárias, assim como de bens ou informações da sociedade; *d)* não abuso do estatuto ou posição de administrador. Assim, o dever de lealdade pode ser definido como o "dever de os administradores exclusivamente terem em vista os interesses da sociedade e procurarem satisfazê-los, abstendo-se portanto de promover o seu próprio benefício ou interesses alheios" (Abreu, 2007:22).

Há várias manifestações legislativas de tutela do dever de lealdade, especialmente na vertente de correção na contratação estabelecida entre os administradores e a sociedade e na não concorrência com a sociedade. Veja-se a proibição de constante do art. 397°, 1, e 428°; a necessidade de autorização para celebração de contratos entre a sociedade e os administradores, conforme os arts. 397°, 2, 428°, 278°, 1, 413°, 1, *a)*; a obrigação de os administradores não exercerem, por conta própria ou alheia, atividade concorrente com as das respetivas sociedades, salvo consentimento (arts. 254°, 1, 398°, 3, 428°).

O exercício de *atividade concorrente* com a da sociedade é lícito, se autorizada por deliberação dos sócios (arts. 254°, 1, 398°, 3) ou por deliberação do conselho geral e de supervisão (art. 428°). Por outro lado, a proibição de abuso de informação privilegiada, prevista no art. 449°, é, também ela, uma manifestação do dever de lealdade.

CAPÍTULO X – GOVERNAÇÃO DAS SOCIEDADES

Em casos em que, violando o dever de lealdade, o administrador (agora entendido em sentido amplo) tenha recebido importâncias a que não tinha direito, poderá ser obrigado a restituir à sociedade o *valor indevidamente recebido*.

Os administradores, no exercício das suas funções, não estão a cuidar de interesses próprios, mas sim de *interesses alheios*; o dever de lealdade obsta a que o administrador privilegie os interesses próprios em detrimento dos interesses da sociedade. Na administração da sociedade, *não é lícito* aos administradores escolher não vigiar a atividade da sociedade, não se informar, não controlar, não empregar a disponibilidade e o tempo necessários. Não é lícito aos administradores permitir que as suas decisões sejam influenciadas pelos interesses de terceiros ou pelo seu próprio interesse. As exigências postas aos administradores ultrapassam a boa-fé, tal como ela resulta do direito civil.

Os deveres de cuidado e os deveres de lealdade são *devidos à sociedade*, são para com a sociedade, não imediatamente para com os sócios de longo prazo, trabalhadores, credores ou clientes (Ramos, 2010: 116, s.).

A violação dos deveres legais gerais – deveres de cuidado e de lealdade (art. 64°) – constitui *comportamento ilícito* que, verificados os restantes pressupostos, implica também responsabilidade civil dos administradores perante a sociedade (art. 72°, 1).

8. Responsabilidade civil dos administradores

8.1. Generalidades

Os administradores de sociedades estão expostos a várias responsabilidades (responsabilidade penal, contraordenacional, tributária subsidiária, civil, *etc.*) (Ramos, 2010:63, ss.). De momento, interessa-nos a *responsabilidade civil* pela administração da sociedade, prevista especificamente nos arts. 72° e s..

A *responsabilidade civil* trata de determinar em que casos o lesante deve reparar o dano sofrido pelo lesado. E tal reparação faz-se através da *obrigação de indemnizar*. É este o resultado da responsabilidade civil.

A decisões empresariais dos administradores e, em geral, a sua atividade no exercício das suas funções de titulares do órgão de administração e de representação da sociedade são juridicamente imputadas à sociedade. E, por isso, *em regra*, civilmente responsável perante os credores sociais, sócios e terceiros *é a sociedade* e não os administradores.

No exercício das suas funções de administração e de representação da sociedade, os administradores podem causar culposa e ilicitamente danos à sociedade, aos credores da sociedade (os credores sociais) a sócios e a terceiros (por exemplo, investidores, trabalhadores, membros da comunidade envolvente, *etc.*).

A lei identifica os *requisitos* de que depende, justamente, a responsabilidade civil dos administradores perante a *sociedade*, perante os *credores sociais, sócios* e *terceiros*. Por referência ao regime jurídico-civil (regime comum) da responsabilidade civil, os arts. 72° e seguintes contemplam particularidades relevantes, em matéria, essencialmente, de *ilicitude* e de *culpa*. É destes que cuidaremos essencialmente.

O regime jurídico-societário da *responsabilidade civil pela administração* (arts. 72°, ss.), inserido na Parte Geral, é *comum aos diversos tipos de sociedades* regulados pelo CSC. Outras ordens jurídicas distinguem, por exemplo, o regime das sociedades anónimas (mais exigente) do regime das sociedades por quotas (menos exigente). Na ordem jurídica portuguesa, o regime da responsabilidade civil pela administração é, *essencialmente*, igual para todos os tipos societários, independentemente da dimensão da empresa, dispersão do capital, *etc.* Como se percebe, as decisões ilícitas e culposas dos administradores de sociedades cotadas têm um potencial de dano muito superior a decisões ilícitas e culposas de gerentes de uma pequena sociedade por quotas, constituída por dois sócios. No entanto, no essencial, as regras sobre a responsabilidade civil pela administração são as mesmas.

Do regime jurídico-societário da responsabilidade civil pela administração resulta, ainda, o propósito de *individualização da responsabilidade* – responsáveis são *os titulares do órgão administrativo* e não o próprio órgão. Aspeto que assume particular importância no contexto das sociedades dotadas de órgão de administração de composição pluripessoal, porquanto revela que a mera circunstância de uma pessoa pertencer ao órgão de administração não é suficiente para a sua responsabilização.

O CSC organiza o regime da responsabilidade civil pela administração da sociedade, tomando como critério o *titular da indemnização*: sociedade, credores sociais, sócios e terceiros. Assim, os gerentes e administradores podem ser responsáveis *perante a sociedade* (art. 72°), perante *os credores sociais* (art. 78°, 1) e perante *sócios e terceiros* (art. 79°).

O regime jurídico-societário consagra uma *responsabilidade funcional*, ocorrida *no e por causa* do exercício de funções. A responsabilidade civil para com a sociedade é de *natureza contratual*; a responsabilidade perante os credores sociais (art. 78°, 1) e, em regra, a responsabilidade civil perante sócios e terceiros são de *natureza extracontratual*.

CAPÍTULO X – GOVERNAÇÃO DAS SOCIEDADES

8.2. Responsabilidade civil para com a sociedade

O art. 72º, 1, responsabiliza os administradores pela "preterição dos deveres legais ou contratuais"[20]. Sobre os deveres legais, veja-se o que escrevemos *supra*.

A expressão legal "deveres contratuais" compreende os *deveres estatutários*.

A violação dos deveres (legais ou "contratuais") há de ser *culposa*. A conduta do administrador merece censura do direito quando, atendendo às circunstâncias, ele podia ter agido de outro modo. Por conseguinte, não se incluem no âmbito da responsabilidade dos administradores perante a sociedade as consequências imputáveis ao *risco de empresa*. Estes são suportados pela sociedade e, mediatamente, pelos sócios.

O padrão geral para ajuizar da culpa (aplicável a todos os administradores) é o da (abstrata) "diligência de um gestor criterioso e ordenado" (art. 64º, 1, *a*)).

A sociedade (e quem, em vez dela, efetive a responsabilidade interna) beneficia *da presunção de culpa* prevista no art. 72º, 1, *in fine*. A presunção de culpa implica a inversão do ónus da prova, dispensando a sociedade-autora (ou quem tenha legitimidade para intentar a ação social de responsabilidade) de provar a culpa (art. 344º, 1, do CCiv.) de administrador(es).

8.3. Responsabilidade civil para com os credores sociais

Os pressupostos da responsabilidade civil de administradores perante os *credores sociais* encontram-se previstos no nº 1, do art. 78º. Segundo este preceito, os gerentes ou administradores são civilmente responsáveis perante os credores sociais quando se verifiquem, cumulativamente, os seguintes requisitos legais: *a*) inobservância culposa das disposições legais ou contratuais destinadas à proteção dos credores sociais; *b*) insuficiência do património social para a satisfação dos respetivos créditos[21].

Para os efeitos do art. 78º, 1, o comportamento *ilícito* dos gerentes e administradores traduz-se na "inobservância [...] das disposições legais ou contratuais destinadas à proteção destes [dos credores sociais]". Como se vê, não é a violação de todo e qualquer dever jurídico que fundamenta esta responsabilidade dos gerentes e administradores, antes a violação de normas legais ou contratuais destinadas a proteger os credores sociais.

A ilicitude recortada pelo art. 78º, 1, insere-se no quadro mais vasto da chamada *responsabilidade pela violação de normas de proteção*, prevista pelo art. 483º, 1, 2ª parte, do CCiv. O CSC não identifica quais são as normas legais

---

[20] Acompanhamos de perto Abreu, Ramos, 2017:898, s.
[21] Veja-se o que escrevemos em Abreu/Ramos, 2017ª:955, s.

DIREITO COMERCIAL E DAS SOCIEDADES. ENTRE AS EMPRESAS E O MERCADO

destinadas à proteção dos credores sociais. Cabe à doutrina e à jurisprudência identificar tais normas.

Podemos considerar que, entre outras, as disposições que regulam a função de garantia do capital social visam a *proteção dos credores da sociedade*. Vejam-se, por exemplo, os arts. 32º (limites da distribuição de bens aos sócios), 218º, 295º (obrigatoriedade de constituição de uma reserva legal), normas relativas à contrapartida pela aquisição de ações próprias (art. 317º, 4) e, ainda, normas relativas à ressalva do capital em caso de amortização de quotas (art. 236º) (desenvolvidamente, Abreu/Ramos, 2017ª:958, ss.).

Outra norma tuteladora dos interesses dos credores sociais é a que delimita a capacidade jurídica das sociedades (art. 6º).

Fora do CSC, cite-se o art. 18º do CIRE (v. também o art. 19º), que prescreve o dever de os administradores requererem a declaração de insolvência da sociedade em certas circunstâncias

Prescreve o art. 78º, 1, que os gerentes e administradores são responsáveis perante os credores sociais quando, além da verificação dos restantes requisitos, o património social se tenha tornado insuficiente para a satisfação dos respetivos créditos. A referida "insuficiência do património social" consiste na *insuficiência do ativo para satisfazer o passivo social*. A insuficiência patrimonial não coincide com a *insolvência* da sociedade (art. 3º do CIRE). Pode uma sociedade ter um ativo patrimonial (global) inferior ao passivo (global) e nem por isso estar em situação de insolvência; basta que vá obtendo os meios necessários à medida que as obrigações se vão vencendo (estará solvente). Por outro lado, uma empresa com ativo (global) superior ao passivo (global) pode, por *falta de liquidez* ou (mais latamente) de solvabilidade, encontrar-se impossibilitada de cumprir pontualmente as suas obrigações (pecuniárias ou de outra espécie) e, por isso, em situação de insolvência (desenvolvidamente, Abreu/Ramos, 2017ª: 960, s).

Há, certamente, casos em que a insolvência e a insuficiência patrimonial se sobrepõem e a sociedade encontra-se numa situação de insolvência porque não dispõe de património para cumprir as suas dívidas. Contudo, apesar de esta *zona de sobreposição*, ainda há espaço para a distinção entre as duas figuras.

Como se vê, o dano dos credores sociais resulta do dano da sociedade. Por isso, os credores sociais não podem exigir dos administradores indemnização de valor superior ao dano provocado por estes no património da sociedade (Abreu/Ramos, 2017ª:960).

CAPÍTULO X – GOVERNAÇÃO DAS SOCIEDADES

8.4. Responsabilidade civil para com sócios e terceiros

O art. 79° prevê a *responsabilidade direta* dos administradores para com os sócios e terceiros[22].

Os "sócios" são aqui visados enquanto tais, *enquanto titulares de participação social*, não enquanto terceiros, titulares de direitos de crédito ou de direitos reais derivados de negócios jurídicos celebrados entre a sociedade e eles (numa posição identicamente ocupável por não-sócios) .

"Terceiros" são os sujeitos que não são a sociedade, nem os administradores ou os sócios (enquanto tais) dela: *v.g.*, trabalhadores da sociedade, fornecedores, clientes, credores sociais (que não beneficiem do art. 78°), sócios enquanto terceiros, Estado (Abreu, 2010ª:81, 82).

O art. 79°, 1, coloca sócios e terceiros a par, mas são diferentes muitos dos factos constituintes da responsabilidade dos administradores para com uns e outros.

Comecemos pela remissão para os "termos gerais". Visa esta remissão o regime previsto nos arts. 483° e ss., do CCiv., ou seja, para o regime da responsabilidade extracontratual por factos ilícitos.

A conduta será *ilícita* quando os administradores violam: *a)* direitos absolutos de sócios ou de terceiros, *b)* normas legais de proteção de uns ou de outros, *c)* certos deveres jurídicos específicos (para os grupos de casos em que se concretiza esta remissão para os "termos gerais", Abreu/Ramos, 2017[b]:971, s.).

Para além da *ilicitude* e da *culpa* dos gerentes ou administradores, outros pressupostos são exigidos. É necessário que o dano seja *diretamente* provocado no património dos sócios ou terceiros e tenha ocorrido no contexto das funções de gerente ou administrador.

O *dano reflexo* (ou seja, o dano que se produz no património da sociedade e se reflete indiretamente no património do sócio ou de terceiro, porque o património social desvaloriza) não é ressarcível através do art. 79°, mas sim através de ação da sociedade contra o(s) administrador(es) e, eventualmente, através de ação dos credores sociais contra os administradores responsáveis.

É muito controverso o que significado jurídico da palavra "diretamente", mas parece que diz respeito ao *dano* – refere um nexo de causalidade direto entre a atuação ilícita e culposa dos administradores e o prejuízo sofrido pelos sócios ou terceiros.

---

[22] Acompanhamos de perto o que escrevemos em Abreu, Ramos, 2017[b]: 968, ss.

DIREITO COMERCIAL E DAS SOCIEDADES. ENTRE AS EMPRESAS E O MERCADO

8.5. Tribunal competente

Para efetivar o *direito de indemnização* de credores sociais, sócios e terceiros a lei reconhece um *direito de ação judicial*. Nos termos do art. 2º, 2, do CPC, "a todo o direito, exceto quando a lei determine o contrário, corresponde a ação adequada a fazê-lo reconhecer em juízo, a prevenir ou a reparar a violação dele e a realizá-lo coativamente (...)".

Assim, a sociedade pode exercer o seu direito a ser indemnizada através da *ação social de responsabilidade* (arts. 75º, 76º) que, em determinadas circunstâncias, pode ser proposta por sócio(s) (art. 77º) e por credores sociais (art. 78º, 2).

Uma das questões de significativo alcance prático consiste em saber qual é o *tribunal competente*, em razão da matéria[23]. Esta questão é resolvida pela interpretação e aplicação das regras da Lei da Organização do Sistema Judiciário[24] e do CPC.

Para a ação social de responsabilidade devem considerar-se *materialmente competentes* os juízos de comércio (art. 128º, 1, *c*), da LOSJ). Também é da competência do juízo de comércio a ação social proposta por sócio(s), nos termos do art. 77º. Apesar do escasso apoio legal, a ação autónoma dos credores sociais (art. 78º, 1) deve ser considerada da competência dos juízos de comércio.

A ação de sócio(s) contra os administradores, nos termos do art. 79º, 1, será da competência dos juízos de comércio, quando esteja em causa a violação de direitos sociais (art. 128º, 1, *c*), LOSJ). Assim será, por exemplo, nos casos em que os administradores desrespeitem o direito de preferência dos sócios em aumento de capital por entradas em dinheiro, subscrevendo eles mesmos as novas participações sociais ou atribuindo o direito de subscrição a terceiros, ou violem deveres jurídicos específicos para com os sócios.

Já não fazem parte da competência dos juízos de comércio as ações em que os terceiros reclamam uma indemnização dos administradores porque estes violaram com culpa um direito de personalidade dos primeiros.

As ações de responsabilidade civil dos administradores, intentadas pelo administrador da insolvência na pendência do processo de insolvência (art. 82º, 3, do CIRE), são da competência dos juízos de comércio (art. 128º, 1, *a*), da LOSJ).

---

[23] Desenvolvidamente, Ramos, 2017:31, ss.
[24] L 62/2013, de 26 de agosto.

CAPÍTULO X – GOVERNAÇÃO DAS SOCIEDADES

9. A proteção dos administradores – *business judgement rule*, reembolso societário e *D&O Insurance*

A doutrina jurídico-societário dos EUA tem estudado profundamente os mecanismos de proteção dos administradores contra as consequências da responsabilização. Na verdade, o sistema norte-americano, intensamente-litigioso, rodeia os administradores de vários mecanismos de proteção que ou constituem "portos seguros" (pense-se, por exemplo, na *business judgment rule*), ou afastam/limitam a responsabilidade ou, ainda, transferem os encargos financeiros da responsabilidade civil para outras entidades (*corporate indemnification* e *D&O Insurance*).

A influência destas figuras faz-se sentir na Europa e, em especial, em Portugal. Na reforma do CSC de 2006, o art. 72º, 2, foi influenciado pela *business judgment rule*. No processo de preparação desta reforma o seguro de responsabilidade civil dos administradores (*D&O Insurance*) influenciou as alterações introduzidas no art. 396º, 2. A esta influência exercida por via legislativa, há que acrescentar a influência exercida na prática empresarial europeia.

Olhemos, ainda que sinteticamente, a experiência portuguesa.

Sabe-se que, também em Portugal, ao cargo de gestor é inerente o "risco de processo", pois a atividade de administração da sociedade expõe o gestor a vários riscos de responsabilização que afetam quer a sua pessoa quer o seu património. Considerem-se, a título de exemplo, as ações de responsabilidade civil, os processos-crime, os processos de contraordenação, a efetivação da responsabilidade financeira, a reversão do processo de execução fiscal e consequente responsabilidade tributária subsidiária, *etc.*

A atuação conforme aos deveres não é, em si mesma, suficiente para impedir que contra o administrador sejam intentadas ações judiciais de responsabilização. Considere-se, por exemplo, o caso em que contra o administrador são intentadas ações de responsabilidade civil de que ele é *absolvido* no fim do processo, porque a ação é completamente infundada. Ainda assim, é natural que o administrador tenha de suportar as despesas necessárias à sua defesa. Serão os casos de: *a*) custas e encargos do processo; *b*) honorários de advogados e solicitadores; *c*) outros custos como, por exemplo, os que resultam da obtenção de pareceres jurídicos, de relatórios periciais de vária ordem, de assessoria de especialistas em matéria contabilística e económica, *etc.*

A questão que se levanta é se os custos de defesa necessários e imprescindíveis à refutação de imputações infundadas devem irremediável e definitivamente onerar o património do administrador ou se lhe assiste o direito (legal ou convencional) de reclamar, junto da sociedade, o reembolso. E podem ser avultados os custos de defesa.

DIREITO COMERCIAL E DAS SOCIEDADES. ENTRE AS EMPRESAS E O MERCADO

A lei portuguesa *não responde* diretamente a esta questão. A experiência empresarial de vários países consagrou uma prática que designo por *reembolso societário* (Ramos, 2010:341, ss; 2012, passim).

O *reembolso societário* é uma prestação entregue pela sociedade a administrador(es) com o propósito de o(s) ressarcir de perdas patrimoniais causadas por litígios ligados ao exercício do cargo. Trata-se de uma prática societária consolidada nas empresas e nas leis estaduais dos EUA – a chamada *corporate indemnification* – e considerada de decisiva importância para garantir aos administradores efetiva proteção contra os custos avultados causados pela litigância.

Na experiência norte-americana, à *corporate indemnification* são reconhecidas as virtualidades de: *a*) permitir recrutar pessoas mais capazes que, na ausência de mecanismos de proteção do seu património pessoal, não estariam disponíveis para correr o risco de escrutínio judicial de decisões empresariais tomadas de boa-fé e no interesse da sociedade; *b*) conferir os meios necessários a uma efetiva resistência às ações infundadas e às *strike suits*.

A *business judgment rule* (regra de decisão empresarial) foi desenvolvida pela jurisprudência dos EUA desde o século XIX. Apesar da multiplicidade de formulações que esta "regra" apresenta, é possível caraterizá-la da seguinte forma: "o *mérito* de certas decisões dos administradores não é julgado pelos tribunais com base em critérios de "razoabilidade", mas *segundo critério de avaliação excecionalmente limitado*: o administrador será civilmente responsável somente *quando a decisão for considerada* (nos termos da formulação dominante) *irracional*" (Abreu, 2010[a]:37). Em Portugal, a b*usiness judgment rule* influenciou a atual redação do art. 72°, 2.

Embora não resulte do teor literal, esta norma pressupõe que os administradores tenham adotado uma *decisão empresarial*. Em virtude desta delimitação do âmbito de aplicação da norma, percebe-se que ela não cobre toda a atividade funcional dos administradores. Há manifestações da atividade de gestor, cobertas pelo dever de cuidado, que não envolvem a tomada de decisões empresariais. Aos perfis não decisórios é inaplicável o art. 72°, 2. Uma segunda delimitação do âmbito de aplicação do preceito cinge-o aos espaços de discricionariedade, em que é legítima a eleição entre várias alternativas.

Nos termos do art. 72°, 2, se o administrador provar que cumpriu as três condições aí mencionadas – informação adequada ("em termos informados"), ausência de conflito de interesses (dele e/ou de sujeitos próximos, tais como o cônjuge ou sociedade por ele dominada) e atuação "segundo critérios de racionalidade empresarial" – não só (e nem tanto) ilidirá a presunção

CAPÍTULO X – GOVERNAÇÃO DAS SOCIEDADES

de culpa (prevista no art. 72º, 1) como também (e mais decisivamente) demonstrará a licitude da sua conduta, a não violação (relevante) dos deveres de cuidado e a não violação dos deveres de lealdade (desenvolvidamente, Abreu/Ramos, 2017:903, ss.).

Aos signos *D&O Insurance* ou *Directors' and Officers' Liability Insurance* a doutrina europeia não anglo-saxónica faz corresponder a designação *seguro de responsabilidade civil dos administradores* (Ramos, 2010:241, ss., Abreu/Ramos, 2017:910).

Trata-se de um seguro que, tipicamente, apresenta *várias coberturas*, de que se destaca a garantia do risco de indemnizações legalmente devidas pelo administrador, em razão de atos ilícitos e culposos praticados na atividade de gestão.

Normalmente, o *D&O Insurance* é *contratado pela sociedade*. Legalmente não existem impedimentos a que os administradores contratem eles próprios o seguro. O que acontece é que são os próprios seguradores que impõem aquela forma de contratação e que, em regra, não consentem na contratação individual por cada um dos administradores.

Na *praxis* internacional, este seguro integra tipicamente as coberturas *Side A* e *Side B*. A *Side A* cobre diretamente os *administradores* das despesas em que incorrem com o litígio, de indemnizações em que sejam condenados ou de transações que convencionam celebrar. Já a *Side B* garante os *desembolsos feitos pela sociedade* ao cobrir aqueles custos dos seus *directors* e *officers*.

Em Portugal, esta dualização de coberturas é replicada em algumas condições gerais do seguro de responsabilidade civil dos administradores sob as designações "Garantia A" e "Garantia B". A "Garantia A" cobre diretamente os administradores pelos riscos de responsabilidade civil e a "Garantia B", ou "Cobertura B", garante o designado "Reembolso da Companhia".

O *D&O Insurance* cobre também as *despesas de litígio*, que podem ser muito significativas. São várias as despesas elegíveis como custos de defesa: honorários, custos e despesas contraídos pelo administrador, custos de investigação, custos com a preparação da defesa e com a comparência a inquérito, defesa e decisão final de uma reclamação, custas judiciais, honorários de advogados e peritos, *etc.*

DIREITO COMERCIAL E DAS SOCIEDADES. ENTRE AS EMPRESAS E O MERCADO

Bibliografia citada

Abreu, J. M. Coutinho de (2007), "Deveres de cuidado e de lealdade dos administradores e interesse social", *Reformas do Código das Sociedades,* Coimbra: IDET/Almedina.

Abreu, J. M. Coutinho de (2010), *Governação das sociedades comerciais,* 2ª ed., Coimbra: Almedina.

Abreu, J. M. Coutinho de (2010ª), *Responsabilidade civil dos administradores de sociedades,* 2ª ed., Coimbra: Almedina/IDET.

Abreu, J. M. Coutinho de (2015), *Curso de direito comercial. Das sociedades,* vol. II, 5ª ed., Coimbra; Almedina.

Abreu, J. M. Coutinho de (2016), *Curso de direito comercial. Introdução, atos de comércio, comerciantes, empresas, sinais distintivos,* vol. I, 10ª ed., Coimbra; Almedina.

Abreu, J. M. Coutinho de (2016ª), "Artigo 189º", *Código das Sociedades Comerciais em comentário,* coord. de J. M. Coutinho de Abreu, vol. II, 2ª ed., Coimbra: Almedina.

Abreu, J. M. Coutinho de/Ramos, Maria Elisabete (2017), "Artigo 72º", *Código das Sociedades Comerciais em comentário,* coord. de J. M. Coutinho de Abreu, vol. I, 2ª ed., Coimbra: Almedina.

Abreu, J. M. Coutinho de/Ramos, Maria Elisabete (2017ª), "Artigo 78º", *Código das Sociedades Comerciais em comentário,* cood. de J. M. Coutinho de Abreu, vol. I, 2ª ed., Coimbra: Almedina.

Abreu, J. M. Coutinho de/Ramos, Maria Elisabete (2017ᵇ), "Artigo 79º", *Código das Sociedades Comerciais em comentário,* coord. de J. M. Coutinho de Abreu, vol. I, 2ª ed., Coimbra: Almedina.

Andrade, Margarida Costa (2017), "Artigo 21º", *Código das Sociedades Comerciais em comentário,* coord. de J. M. Coutinho de Abreu, vol. I, 2ª ed., Coimbra: Almedina.

Câmara, Paulo (2007), "Os modelos de governo das sociedades anónimas", *Reformas do Código das Sociedades,* Coimbra: Almedina/IDET.

Cordeiro, António Menezes (2011), *Direito das sociedades. I. Parte geral,* 3ª ed., Coimbra: Almedina.

Costa, Ricardo (2013), "Artigo 392º", *Código das Sociedades Comerciais em comentário,* coord. de J. M. Coutinho de Abreu, vol. VI, Coimbra: Almedina.

Costa, Ricardo (2017), "Artigo 252º", *Código das Sociedades Comerciais em comentário,* coord. de J. M. Coutinho de Abreu, vol. IV, 2ª ed., Coimbra: Almedina.

Cunha, Paulo Olavo (2016), *Direito das sociedades comerciais,* 6ª ed., Coimbra: Almedina.

Dias, Gabriela Figueiredo (2013), "Artigo 414º", *Código das Sociedades Comerciais em comentário,* coord. de J. M. Coutinho de Abreu, vol. VI, Coimbra: Almedina.

Dias, Gabriela Figueiredo (2017), "Artigo 262º", *Código das Sociedades Comerciais em comentário,* coord. de J. M. Coutinho de Abreu, vol. IV, 2ª ed., Coimbra: Almedina.

Gonçalves, Diogo Costa (2011), "O governo de sociedades por quotas. Breves reflexões sobre a celebração de negócios entre o gerente e a sociedade", *O governo das organizações. A vocação universal do corporate governance,* Coimbra: Almedina.

CAPÍTULO X – GOVERNAÇÃO DAS SOCIEDADES

Kurer, Peter (2015), *Legal and compliance risk. A strategic response to a rising threat for global business*, Oxford: Oxford University Press.

Maia, Pedro (2002), *Função e funcionamento do conselho de administração da sociedade anónima*, Coimbra: Coimbra Editora.

Martins, Alexandre de Soveral (1998), *Os poderes de representação dos administradores de sociedades anónimas*, Coimbra: Coimbra Editora.

Martins, Alexandre de Soveral (2007), "Comissão executiva, comissão de auditoria e outras comissões na administração", *Reformas do Código das Sociedades*, Coimbra: Almedina.

Martins, Alexandre de Soveral (2011), *Administradores delegados e comissões executivas. Algumas considerações*, 2ª ed., Coimbra: Almedina.

Martins, Alexandre de Soveral (2013), "Artigo 407º", *Código das Sociedades Comerciais em comentário*, coord. de J. M. Coutinho de Abreu, vol. VI, Coimbra: Almedina.

Martins, Alexandre de Soveral (2014), "Soft? Not soft enough? Too soft? Leitura crítica de algumas soluções contidas nos Códigos de Governo das Sociedades em Portugal (em 15 minutos)", *III Congresso Direito das Sociedades em Revista*: Almedina.

Martins, Alexandre de Soveral (2016), "Artigo 191º", *Código das Sociedades Comerciais em comentário*, coord. de J. M. Coutinho de Abreu, vol. II, 2ª ed., Coimbra: Almedina.

Martins, Alexandre de Soveral (2017), "Artigo 261º", *Código das Sociedades Comerciais em comentário*, coord. de J. M. Coutinho de Abreu, vol. IV, 2ª ed., Coimbra: Almedina.

Nunes, Pedro Caetano (2012), *Dever de gestão dos administradores de sociedades anónimas*, Coimbra: Almedina.

Ramos, Maria Elisabete (2010), *O seguro de responsabilidade civil dos administradores. Entre a exposição ao risco e a delimitação da cobertura*, Coimbra: Almedina.

Ramos, Maria Elisabete (2012), "Reembolso societário", *II Congresso Direito das Sociedades em Revista*, Coimbra: Almedina.

Ramos, Maria Elisabete (2013), "Artigo 396º", *Código das Sociedades Comerciais em comentário*, coord. de J. M. Coutinho de Abreu, vol. VI, Coimbra: Almedina.

Ramos, Maria Elisabete (2017), "Ações de responsabilidade civil dos administradores e competência em razão da matéria", *E depois do Código das Sociedades Comerciais em Comentário*, Coimbra: Almedina/IDET.

Silva, João Calvão da (2006), "Corporate governance" – responsabilidade civil de administradores não executivos, da comissão de auditoria e do conselho geral e de supervisão", *Revista de Legislação e de Jurisprudência*, 136, 3940.

Silva, Paula Costa e (2006), "O administrador independente", *Direito os valores mobiliários*, vol. VI, Coimbra: Coimbra Editora.

Vasconcelos, Pedro Pais de (2006), *A participação social nas sociedades comerciais*, 2ª ed., Coimbra: Almedina.

Ventura, Raúl (1991), *Sociedade por quotas*, III, Coimbra: Almedina.

Para saber mais

I – Leituras recomendadas

Costa, Ricardo (2016), "Comissão de auditoria e "administrador-auditor": um estatuto ambivalente", *IV Congresso Direito das Sociedades em Revista*, Coimbra: Almedina.

Dias, Rui Pereira (2016), "Entre a eficiência e a «parecerite»: opiniões periciais, «reliance» e responsabilidade dos administradores (primeiras observações)", *IV Congresso Direito das Sociedades em Revista*, Coimbra: Almedina.

Domingues, Paulo de Tarso (2014), "O exercício de funções de administração por parte dos órgãos fiscalizadores", *Cadernos de Direito Privado*, 46.

Frada, Manuel Carneiro da (2014), " "Ou cumpres ou explicas-te! Sobre a *soft law* no governo societário", *III Congresso de Direito das Sociedades em revista*, Coimbra: Almedina.

Martins, Alexandre de Soveral (2017), "DGFIA, *hedgefunds* e governação da sociedade anónima", *Direito das Sociedades em Direito*, 9. vol. 18.

Oliveira, Ana Perestrelo (2017), *Manual de governo das sociedades*, Coimbra: Almedina.

Vasconcelos, Pedro Pais de (2007), *D&O insurance: o seguro de responsabilidade civil dos administradores e outros dirigentes das sociedades anónimas*, Coimbra: Almedina.

II – Sítios oficiais de conteúdo informativo relevante para a compreensão de aspetos relativos à governação das sociedades

A Comissão Europeia tem desenvolvido várias iniciativas no domínio do governo das sociedades. Em http://ec.europa.eu/justice/civil/company-law/corporate-governance/index_en.htm pode ser encontrada a síntese de tais iniciativas e dos seus propósitos.

No sítio oficial da CMVM (www.cmvm.pt) podem ser encontrados regulamentos, recomendações, estatísticas, estudos, *working papers*, relatórios e publicações relevantes para quem estuda temas de governação das sociedades. A CMVM publica no seu sítio, regularmente, os "Cadernos do Mercado de Valores Mobiliários".

No sítio do Instituto Português de Corporate Governance (http://www.cgov.pt) estão disponíveis as "Edições do IPCG" e uma lista de "links de referência" dedicados ao governo das sociedades.

CAPÍTULO X – GOVERNAÇÃO DAS SOCIEDADES

Para quem quer aprofundar os seus estudos e conhecimentos em matéria de *corporate governance*, recomenda-se a consulta do sítio do Governance Lab (http://www.governancelab.org/).

No sítio do *European Corporate Governance Institute*, além de outra informação relevante, estão disponíveis os Códigos de *Corporate Governance* adotados pelos mais diversos países e *woking papers* (ECGI Working Paper Series in Finance and Law) da autoria de reputados especialistas internacionais.

A OCDE publica no seu sítio (http://www.oecd.org/corporate/) o G20/OECD *Principles of Corporate Governance* (2015) como divulga iniciativas subsequentes destinadas a avaliar a aplicação destes princípios.

O conhecimento da prática empresarial portuguesa faz-se também pelo acesso aos sítios das sociedades que, nos termos legais e regulamentares (art. 245°-A do CVM e art. 3° do Regulamento 4/2013), estão obrigadas a divulgar informação sobre o governo societário. Veja-se, a título de exemplo, sítio do Banco CTT, SA, e a informação aí disponibilizada sobre o governo da sociedade.

Em https://www.ren.pt/pt-PT/investidores/governo_da_sociedade/ e possível visualizar a estrutura de governo societário da REN – Redes Energéticas Nacionais, S.G.P.S., S.A.

DIREITO COMERCIAL E DAS SOCIEDADES. ENTRE AS EMPRESAS E O MERCADO

Para estudar melhor

I. Distinga:

a) Administrador de facto *de* administrador de direito;

b) Comissão de auditoria *de* comissão executiva;

c) Regulamento da CMVM *de* Recomendação da CMVM;

d) Conselho de administração *de* conselho de administração executivo, *quanto à possibilidade de delegação de gestão corrente*;

e) Renúncia de administrador *de* destituição de administrador.

II. Considere a seguinte factualidade:

A "Fonseca e Maia, Recuperação de Imóveis, S.A." foi regularmente constituída em maio de 2015. Nos termos dos estatutos, esta sociedade tem por objeto prestar os serviços necessários à preparação de habitações para as obras de renovação (realização das mudanças necessárias e depósito de móveis e outros bens) e à limpeza e reorganização da casa depois de concluídas as obras. A sociedade foi constituída com o capital social de 100 000 euros, distribuído em iguais partes pelos cinco sócios.

A sociedade é gerida por um administrador único, designado no contrato por um período de quatro anos civis, e fiscalizada por um fiscal único.

Questões:

1. Sabendo que o contrato é omisso quanto à questão, está o administrador único obrigado a prestar caução? Na sua resposta não deixe de caraterizar a caução.

2. Uma sociedade de advogados pode ser fiscal único de uma sociedade anónima? Justifique a sua resposta.

3. Tendo em conta os factos, esta sociedade poderia alterar o contrato de sociedade, de modo a adotar um conselho fiscal? Justifique a sua resposta.

4. Um amigo do administrador único disse-lhe que o art. 72º, 2, significa que "os administradores não estão obrigados ao cumprimento de qualquer dever legal ou contratual, pois ficam dispensados de os cumprir sem que com isso sofram consequências". Aprecie criticamente esta opinião.

5. Em que consiste o *D&O Insurance*?

Capítulo XI
DELIBERAÇÕES DOS SÓCIOS

1. Noção de deliberação

Segundo o art. 21º, *b*)[1], é direito de todo o sócio "participar nas deliberações de sócios, sem prejuízo das restrições previstas na lei". O regime jurídico-societário das *deliberações dos sócios* divide-se entre a Parte Geral do CSC (arts. 53º e ss.) e as normas próprias de cada um dos tipos societários, em especial os arts. 189º-190º (sociedades em nome coletivo), arts. 246º-251º (sociedades por quotas), arts. 373º-389º (sociedades anónimas), art. 472º (sociedades em comandita).

A *coletividade* ou o *conjunto dos sócios* é um órgão societário existente em todos os tipos societários. Trata-se de um *órgão* que forma a vontade da sociedade, mas "deliberativo-interno" (Abreu, 2017: 672) porque, em regra, a este órgão não compete manifestar a vontade societária para o exterior. Imagine-se que a coletividade dos sócios de uma sociedade por quotas, no âmbito das suas competências, delibera a venda de um bem imóvel pertencente à sociedade (art. 246º, 2, *c*)). Competirá à gerência (enquanto órgão de representação da sociedade) executar essa deliberação e a ela competirá representar a sociedade no contrato de compra e venda (ou, em alternativa, nomear mandatário para o ato, nos termos do art. 252º, 6).

É muito comum designar-se a coletividade dos sócios por "assembleia geral". Embora muito divulgada esta forma de referenciar a coletividade dos sócios, ela não é rigorosa do ponto de vista jurídico. Realmente, a assembleia

---

[1] São do Código das Sociedades Comerciais as normas cuja fonte legislativa não é mencionada.

geral refere a *reunião dos sócios* – presença dos sócios no mesmo lugar e ao mesmo tempo. Ora, em regra, tal reunião não existe nas sociedades unipessoais (v. *infra*). Além disso, a lei permite que as deliberações dos sócios sejam tomadas *sem ter sido constituída assembleia geral* (arts. 54°, 189°, 1, 247°, 3, 373°, 1, 472°, 1). São os casos, como veremos, das *deliberações unânimes por escrito* e das *deliberações por voto escrito*. Nestes casos, as deliberações são tomadas sem ter sido seguido o "método de assembleia".

O CSC tanto fala em deliberações tomadas em assembleia geral como em deliberações tomadas sem reunião de sócios, como são os casos das deliberações unânimes por escrito, previstas no art. 54°, 1, 1ª parte, e das *deliberações por voto escrito* (art. 247°). O que sugere que o CSC pressupõe uma noção ampla de deliberação.

As *deliberações dos sócios* "são decisões adotadas pelo órgão social de formação de vontade (a coletividade dos sócios) e imputáveis juridicamente à sociedade" (Abreu, 2017:673).

Muito discutida é a *natureza jurídica* das deliberações (sobre este debate doutrinal, v. Xavier, 1976:554, ss, nt. 14). São negócios jurídicos? São declarações negociais? São uma figura *sui generis* e, por isso, não reconduzível a nenhuma das figuras jurídicas já conhecidas?

A posição que, entre nós, parece prevalecer tende a considerar, em regra, a deliberação como *negócio jurídico, imputável à sociedade*, sendo formada pelas declarações de vontade dos sócios – o *voto* (Xavier, 1976:554, ss., nt 14; Abreu: 2017:673; Maia, 2015:225; Cunha, 2016:594).

O CSC prevê outras *deliberações sociais* além das deliberações dos sócios. Outros órgãos societários, quando atuam de modo colegial, adotam ou podem adotar deliberações. O CSC prevê e regula as deliberações do conselho de administração (arts. 410° a 412°, 433°, 1), do conselho fiscal (art. 423°) e do conselho geral e de supervisão (art. 445°, 2)[2].

2. Formas de deliberação

2.1. Generalidades
O art. 53°, intitulado "formas de deliberação", identifica as espécies ou modalidades de deliberação, caraterizadas por diferentes processos formativos (Coelho, 2002:337, s., Abreu, 2017:674.). Acresce que o art. 53°, 1, determina

---

[2] Com mais desenvolvimentos, v. Cunha, 2016: 595.

CAPÍTULO XI – DELIBERAÇÕES DOS SÓCIOS

que "as deliberações dos sócios *só* podem ser tomadas por alguma das formas admitidas por lei para cada tipo de sociedade"[3]. Consagra-se aqui a *taxatividade* ou *numerus clausus* de formas de deliberação.

As formas de deliberação admitidas por lei são: a deliberação em assembleia geral regularmente convocada; deliberação em assembleia universal; deliberação unânime por escrito e deliberação por voto escrito. Esta última forma de deliberação é apenas admitida nas sociedades por quotas e nas sociedades em nome coletivo, estando proibida nas sociedades anónimas e em comandita (arts. 54º, 1, 373º, 1, 472º, 1)[4]. As deliberações unânimes por escrito, as deliberações em assembleia geral regularmente convocada e em assembleia universal são admitidas em sociedades de todos os tipos (art. 54º, 1, 189º, 1, 247º, 1, 373º, 1, 472º, 1).

Em razão da *taxatividade* das formas de deliberação consagrada no art. 53º, 1, são proibidas quer as cláusulas estatutárias que criem outras formas de deliberação não previstas na lei (essa cláusula estatutária será nula) quer a adoção em um *caso concreto* de formas de deliberação não previstas na lei.

Distinto da *forma de deliberação* é a *forma de votação* – em particular, há suficiente fundamento legal para destrinçar *deliberações por voto escrito* (art. 247º) de *votos por correspondência* (arts. 377º, 5, *f*), 384º, 9). A *deliberação por voto escrito* é uma forma de deliberação; o *voto por correspondência* é uma forma de exercício do direito de voto que é própria da assembleia geral convocada. O voto por correspondência permite que o sócio exerça o seu direito de voto sem estar presente nem representado na reunião da assembleia geral regularmente convocada[5].

Nas sociedades unipessoais, o sócio único *decide*; em rigor, não delibera (Abreu, 2017:675; Cunha, 2016:602). Na sociedade unipessoal não há coletividade de sócios, mas sim *sócio único*. Se se falar de assembleia geral da sociedade unipessoal, quer-se, certamente, significar o *órgão social* a quem compete formar a vontade que é imputável à sociedade (Abreu, 2017:675). Não há na sociedade unipessoal reunião de sócios, mas pode haver reuniões do sócio com titular(es) do órgão de administração e/ou fiscalização (Costa, 2002:556, s., 579, s.).

---

[3] O itálico não consta do texto original.

[4] Para Maia, 2015:228, as deliberações por voto escrito são lícitas nas sociedades em comandita simples.

[5] Para exemplo de boletim de voto para o exercício do voto por correspondência em assembleia geral convocada, v. https://www.ren.pt/pt-PT/investidores/governo_da_sociedade/assembleias_gerais/.

2.2. Deliberações unânimes por escrito

Em qualquer tipo de sociedade, podem os sócios "tomar deliberações unânimes por escrito" (art. 54°, 1). Esta forma de deliberação prescinde de reunião dos sócios e do método colegial. Percebe-se que seja razoável prescindir do debate e da ponderação de pontos de vista propiciados pela reunião dos sócios, quando *todos* os sócios[6] concordam com determinadas propostas de deliberação[7].

As *deliberações unânimes por escrito* são decisões sociais escritas em documentos nos quais todos os sócios declaram concordar com elas (Coelho, 2002:339, s.; Abreu, 2017ª:678). As assinaturas dos sócios (manifestando o seu acordo) podem ser recolhidas ao mesmo tempo e no mesmo lugar, mas também em lugares e momentos distintos.

De maneira alguma pode ser confundida a *deliberação unânime por escrito* com a *deliberação por voto escrito*. As primeiras são *lícitas* em qualquer tipo de sociedade (art. 54°, 1); as segundas são lícitas nas *sociedades por quotas e nas sociedades em nome coletivo*. As deliberações unânimes por escrito consistem em *todos* os sócios manifestarem em documento escrito o *seu acordo* em relação a certa proposta de deliberação; as deliberações por voto escrito seguem o procedimento previsto no art. 247°, 3. As deliberações unânimes por escrito exigem a *unanimidade* quanto à proposta apresentada; as deliberações por voto escrito são, em regra, aprovadas com a maioria dos votos emitidos (art. 250°, 3).

Embora lícitas em qualquer tipo de sociedade, percebe-se que as deliberações unânimes por escrito são viáveis exclusivamente em sociedades com um reduzido número de sócios; não é verosímil que grandes sociedades anónimas adotem esta forma de deliberação.

2.3. Deliberações tomadas em assembleia geral universal

As deliberações tomadas em assembleias gerais universais são lícitas em sociedades de qualquer tipo, nos termos do art. 54°, 1. Dizem-se assembleias gerais *universais ou totalitárias* porque reúnem todos os sócios[8].

---

[6] Coelho, 2002:357, defende que a unanimidade deve ser aferida por referência ao "número total de sócios com direito de voto".

[7] Coelho, 2002:358, sustenta que as abstenções impedem as deliberações unânimes.

[8] Coelho, 2002:359, entende que "todos os sócios", no caso das sociedades anónimas, refere os acionistas com direito de voto. Tb. neste sentido, Cunha, 2016:640. Abreu, 2017ª:681, defende que integram a assembleia universal "todos os sócios com direito de participação". O que implica que a regular constituição da assembleia universal implique a participação "todos os sócios sem direito de voto – se a isso não se opuser o estatuto social –, ou os representantes de titulares de ações preferenciais sem voto, ou todos os sócios "agrupáveis" ou representantes seus".

CAPÍTULO XI – DELIBERAÇÕES DOS SÓCIOS

As referidas *assembleias gerais* caraterizam-se por ser uma reunião em que, não tendo sido observadas as formalidades legais relativas à convocação, todos os sócios estão presentes (ou representados) e todos manifestam a vontade de que a reunião se constitua como assembleia geral para deliberar sobre determinado(s) assunto(s).

Esta forma de deliberação é especialmente adequada a sociedades familiares e a sociedades com um reduzido número de sócios. Mais uma vez, esta forma de deliberação não se afigura viável (embora lícita, do ponto de vista legal) em grandes sociedades anónimas com o capital disperso por um número considerável de acionistas.

Para além da presença (ou representação) de todos os sócios[9], as assembleias universais exigem que todos os sócios concordem em que a assembleia geral se constitua e que delibere sobre determinado(s) assunto(s) (art. 54º, 1). Já não se exige unanimidade dos sócios na hora de aprovar as propostas em discussão.

A admissão das *assembleias universais* encontra-se plenamente justificada sob o ponto de vista dos interesses. Efetivamente, a falta de convocação da assembleia não prejudica quaisquer interesses, na medida em que todos os sócios estão presentes e, mais do que isso, todos concordam que a assembleia se constitua e todos concordam quanto aos assuntos sobre os quais serão tomadas deliberações.

Determina o art. 54º, 2, que "uma vez manifestada por todos os sócios a vontade de deliberar, aplicam-se todos os preceitos legais e contratuais relativos ao funcionamento da assembleia, a qual, porém, só pode deliberar sobre os assuntos consentidos por todos os sócios".

As deliberações sobre os assuntos consensualizados por todos os sócios são tomadas, de acordo com as disposições legais ou estatuárias aplicáveis às assembleias gerais (regularmente convocadas). Por outro lado, também a direção dos trabalhos estará a cargo de uma mesa (art. 374º)[10] ou será assegurada, nas sociedades por quotas, pelo sócio maioritário e, em caso de igualdade, pelo mais velho (art. 248º, 4)[11]. No entanto, a sociedade por quotas pode ter mesa da assembleia geral, se tal resultar de cláusula estatutária.

---

[9] Maia, 2015:226, considera que a ausência de um dos sócios impede que a reunião seja considerada assembleia universal.

[10] O secretário da sociedade, se existir, deve auxiliar a mesa da assembleia geral, designadamente na organização da lista de presenças.

[11] No sentido de que mais velho significa "mais idoso", Cunha, 2017:278. Mas pode discutir-se se "mais velho" significa mais antigo na qualidade de sócio e, por isso, mais experiente no funcionamento daquela sociedade.

2.4. Deliberações por voto escrito

As *deliberações por voto escrito* estão expressamente previstas para as sociedades por quotas, no art. 247°. São *lícitas* também nas sociedades em nome coletivo, por força da remissão constante do art. 189°, 1. Já vimos que não devem ser confundidas as deliberações por voto escrito com as deliberações unânimes por escrito. Têm em comum a circunstância de qualquer uma delas prescindir da reunião dos sócios, mas distinguem-nas muitos outros aspetos de regime.

Há normas que proíbem a adoção das deliberações por voto escrito e, nos termos do art. 247°, 2, também os estatutos as podem proibir. Vejam-se, a título de exemplo, proibições legais de deliberação por voto escrito: art. 247°, 8, "quando algum sócio esteja impedido de votar, em geral ou no caso de espécie"; art. 100°, 6, 120° e 132°, 4, relativos, respetivamente, à fusão, cisão e transformação que não podem ser aprovadas por deliberação por voto escrito.

Olhemos, agora, o *procedimento próprio das deliberações por voto escrito*. O(s) gerente(s) começa(m) por consultar os sócios sobre se concordam que sejam adotadas deliberações por voto escrito. Esta consulta deve ser feita por carta registada, em que se indica o objeto da deliberação a tomar e se avisará o destinatário que a falta de resposta dentro dos 15 dias seguintes à expedição da carta será tida como assentimento à dispensa da assembleia (art. 247°, 3).

Admitindo que todos os sócios concordam com a proposta de serem adotadas deliberações por voto escrito, o gerente enviará a todos os sócios a proposta concreta de deliberação, acompanhada pelos elementos necessários para a esclarecer, fixando para o voto prazo não inferior a 10 dias (art. 247°, 4).

O próximo passo do procedimento consiste na emissão do voto escrito por parte dos sócios. De acordo com o art. 247°, 5, "o voto escrito deve identificar a proposta e conter a aprovação ou rejeição desta; qualquer modificação da proposta ou condicionamento do voto implica rejeição da proposta. O voto pode ser enviado por carta ou por outro meio que garanta a autenticidade do voto (Ventura, 1989:183).

A proposta será aprovada se reunir a maioria dos votos exigida por lei (art. 250°, 3). De acordo com o art. 247°, 7, a "deliberação considera-se tomada no dia em que for recebida a última resposta ou no fim do prazo marcado, caso algum sócio não responda".

Exige o art. 247°, 6 que o gerente lavre ata "em que mencionará a verificação das circunstâncias que permitem a deliberação por voto escrito, transcreverá a proposta e o voto de cada sócio, declarará a deliberação tomada e enviará uma cópia desta ata a todos os sócios".

CAPÍTULO XI – DELIBERAÇÕES DOS SÓCIOS

2.5. Deliberações tomadas em assembleia geral convocada – sociedade em nome coletivo

As regras jurídicas relativas à *convocação* variam consoante o tipo societário em causa, sendo certo que são *nulas* as deliberações dos sócios "tomadas em assembleia geral não convocada" (art. 56°, 1, *a*)). Nos termos do art. 56°, 2, "não se consideram convocadas as assembleias cujo aviso convocatório seja assinado por quem não tenha essa competência, aquelas de cujo aviso convocatório não constem o dia, hora e local da reunião e as que reúnam em dia, hora ou local diversos dos constantes do aviso".

Às deliberações dos sócios de *sociedades em nome coletivo* aplicam-se as regras relativas às sociedades por quotas (art. 189°, 1). Por consequência, a convocação das assembleias gerais compete, em regra, a *qualquer gerente* (art. 248°, 3). A convocatória faz-se por carta registada, expedida com antecedência mínima de quinze dias (art. 248°, 3). Por força dos arts. 248°, 2, 375°, 2 e s., 378°, *qualquer sócio*, seja qual for a sua participação social, tem o direito de requerer a gerente(s) a convocação da assembleia geral e a inclusão de assuntos na ordem do dia de assembleia geral já convocada ou a convocar.

Há certas menções que a convocatória deve necessariamente conter (art. 248°, 1, 377°, 5, *a*), *b*), *e*), 6, 8), como sejam a identificação da sociedade, a indicação do lugar, o dia e a hora da reunião, a ordem do dia.

A presidência da assembleia caberá aquele que, em cada assembleia, seja o sócio que possuir ou representar maior fração do capital, preferindo-se em igualdade de circunstâncias, o mais velho (art. 248°, 4).

Nas sociedades por quotas e nas sociedades em nome coletivo nenhum sócio pode ser privado do direito de participar em assembleia geral, ainda que esteja impedido de exercer o direito de voto (art. 248°, 5). Determina o art. 251°, 1, que o sócio não pode votar nem por si, nem por representante, nem em representação de outrem, quando, relativamente à matéria da deliberação, se encontre em situação de conflito de interesses com a sociedade. Ainda assim, este sócio não pode ser impedido de participar em assembleia geral de sociedade.

Nas assembleias gerais de sociedade em nome coletivo, o sócio só pode fazer-se representar pelo seu cônjuge, por ascendente ou descendente ou por outro sócio, bastando para o efeito uma carta dirigida à sociedade (art. 189°, 4).

De acordo com o art 189°, 2, "as deliberações são tomadas por maioria simples dos votos expressos, quando a lei ou o contrato não dispuserem diversamente". A lei exige para determinadas deliberações *unanimidade* (arts. 180°, 1, 189°, 3, 187°, 2, 192°, 3, 194°, 1, 2) e para outras a maioria de três quartos dos votos dos restantes sócios (art. 186°, 2).

DIREITO COMERCIAL E DAS SOCIEDADES. ENTRE AS EMPRESAS E O MERCADO

Por fim, o art. 189°, 5, prescreve que as atas das reuniões das assembleias gerais devem ser assinadas por todos os sócios, ou seus representantes, que nelas participaram.

2.6. Deliberações tomadas em assembleia geral convocada – sociedade por quotas

Às assembleias gerais das sociedades por quotas é aplicável, nos termos do art. 248°, 1, "o disposto sobre assembleias gerais das sociedades anónimas, em tudo o que não estiver especificamente regulado para aquelas". O que significa que às assembleias gerais das sociedades por quotas se aplicam as *disposições específicas* deste tipo societário (arts. 248° a 251°) e o disposto para as assembleias gerais das sociedades anónimas (arts. 373° a 389°).

Nas sociedades por quotas, compete, em regra, ao *gerente único* ou a *qualquer dos gerentes* (sendo a gerência plural) a convocação da assembleia geral (art. 248°, 3).

Por força dos arts. 248°, 2, e 375°, 2, *qualquer sócio* tem o direito de requerer a convocação de assembleia geral. Qualquer sócio tem também o direito de requerer que "na ordem do dia de uma assembleia geral já convocada ou a convocar sejam incluídos determinados assuntos" (arts. 248°, 2, 378°, 1). O requerimento deve ser dirigido, por escrito, *a um gerente ou gerência* "nos cinco dias seguintes" à receção da convocatória (art. 378°, 2). Na hipótese de o requerimento apresentado pelo sócio ser deferido, os assuntos incluídos na ordem do dia por força do requerimento do sócio devem ser comunicados aos sócios pela mesma forma usada para a convocação até 5 dias antes da assembleia (art. 378°, 3).

Existindo órgão de fiscalização, ele pode convocar a assembleia geral, mas só no caso de, sem sucesso, ter requerido a convocação da assembleia geral (art. 377°, 7).

A convocatória chamando os sócios para a reunião deve ser feita por meio de carta registada, expedida com a antecedência mínima de 15 dias. No entanto, a lei e o contrato podem exigir outras formalidades (por exemplo, carta registada com aviso de receção) ou exigir um prazo mais longo (art. 248°, 3).

A convocação dos sócios para a reunião pode ser feita através de meios eletrónicos, quando o(s) sócio(s) consintam. Nos termos do art. 6°, 3, do DL 290-D/99, de 2 de agosto, "a comunicação do documento eletrónico, ao qual seja aposta assinatura eletrónica qualificada, por meio de telecomunicações que assegure a efetiva receção equivale à remessa por via postal registada".

CAPÍTULO XI – DELIBERAÇÕES DOS SÓCIOS

Tendo em conta o teor do art. 377°, 3, em relação a sócios que comuniquem previamente o seu consentimento, pode a carta registada ser substituída por correio eletrónico com recibo de leitura.

O conteúdo da convocatória é regulado pelo art. 377°, 5, que necessita de algumas adaptações quando aplicado à convocatória das sociedades por quotas. Em particular, a convocatória deve identificar a sociedade (art. 377°, 5, *a*)), lugar, dia e hora da assembleia (art. 377°, *b*)), ordem do dia (art. 377°, *e*), e 8).

As tecnologias de informação vieram propiciar a realização das *assembleias gerais virtuais*. Se tradicionalmente, a assembleia geral é uma reunião de pessoas num mesmo espaço e no mesmo contexto de tempo, as *assembleias gerais virtuais* caraterizam-se por a participação de sócios (e de outras pessoas legitimadas a participar na reunião) se fazer através de meios telemáticos (Domingues, 2007:107, ss.), podendo ser distinguidas as "assembleias *on-line* ou assembleias mistas e as ciber-assembleias ou assembleias virtuais propriamente ditas" (Domingues, 2007:108).

Nos termos do art. 377°, 6, *b*), as assembleias gerais virtuais são lícitas, "salvo disposição em contrário no contrato de sociedade". "A sociedade deve assegurar a autenticidade das declarações e a segurança das comunicações, procedendo ao registo do seu conteúdo e dos respetivos intervenientes".

O nosso ordenamento jurídico (art. 377°, 6) admite as *assembleias virtuais* propriamente ditas: aquelas em que "não há qualquer reunião presencial dos sócios, participando todos eles na assembleia por via telemática (*v.g.* através da Internet); ou seja, trata-se de uma assembleia totalmente virtual, na medida em que não se realiza em qualquer espaço físico, uma vez que todos participam nela através de meios de comunicação remotos" (Domingues, 2007:108). Neste caso das assembleias virtuais, o lugar será o "sítio onde os sócios, no dia e hora marcados, possam aceder, participar na discussão dos assuntos e votar" (Domingues, 2007:111). Poderá ser um sítio de *internet*, um endereço de correio eletrónico ou um número de telefone.

Também parecem ser admitidas na ordem jurídica portuguesa as chamadas *assembleias online* ou *assembleias mistas* – nestas "a reunião realiza-se num determinado espaço físico, permitindo-se igualmente que os sócios participem na assembleia, através de meios de comunicação remotos a partir de outras localizações" (Domingues, 2007:113).

Nos termos do art. 248°, 5, "nenhum sócio pode ser privado, nem sequer por disposição do contrato, de participar na assembleia, ainda que esteja impedido de exercer o direito de voto". O direito de participar na assembleia

DIREITO COMERCIAL E DAS SOCIEDADES. ENTRE AS EMPRESAS E O MERCADO

compreende o direito de estar presente na assembleia geral (que é uma reunião privada), o direito de pedir informações, participar nos debates, apresentar propostas e votar. O(s) sócio(s) impedido(s) de votar (arts. 251º, 227º, 2, 3) pode(m) exercer todos os outros direitos em que se densifica o direito de participação na assembleia geral.

Nas sociedades por quotas, quem preside a assembleia geral? Responde a esta pergunta o art. 248º, 4, nos termos do qual, na ausência de disposição estatutária em sentido diverso, "a presidência de cada assembleia geral pertence ao sócio nela presente que possuir ou representar maior fração de capital, preferindo-se, em igualdade de circunstâncias, o mais velho". Portanto, de acordo com esta regra, o presidente da assembleia geral é *sócio*, sendo em cada assembleia designado o presidente. No entanto, os estatutos podem dispor outro modo de designação – por exemplo, designar sócio ou não sócio como presidente, por certo número de anos ou por tempo indeterminado.

Quanto às atas das assembleias gerais das sociedades por quotas, o art. 248º, 6, determina que elas "devem ser assinadas por todos os sócios que nelas tenham participado"[12].

2.7. Deliberações tomadas em assembleia geral convocada – sociedade anónima

2.7.1. Convocatória

Consideremos, agora, as regras relativas à *convocação de assembleia geral* de sócios nas sociedades anónimas. O art. 375º, 1, dispõe sobre o *momento* em que devem ser convocadas as assembleias gerais de acionistas – "sempre que a lei o determine ou o conselho de administração, a comissão de auditoria, o conselho de administração executivo, o conselho fiscal ou o conselho geral e de supervisão entenda conveniente"[13].

Em regra, as assembleias gerais de acionistas são convocadas pelo *presidente da mesa da assembleia geral* (arts. 377º, 1)[14]. A lei determina que o presidente da mesa da assembleia geral convoca mediante a *iniciativa* ou o *impulso* de outros: sócios (arts. 375º, 2, 3, 23º-A, 1, do CVM), órgão de fiscalização (arts.

---

[12] Sobre as atas em geral, v. o art. 63º.

[13] Sobre o caráter equívoco desta norma, Abreu, 2013:62.

[14] Sobre a mesa da assembleia geral, v. o art. 374. Sobre as funções e poderes do presidente da mesa da assembleia geral, Maia, 2002.

CAPÍTULO XI – DELIBERAÇÕES DOS SÓCIOS

375°, 1, 377°, 7, e, ainda, 420°, 1, *h*), 423°-F, 1, *h*), e 441°, 1, *s*)), órgão de administração (arts. 375°, 406°, *c*), 431°, 3).

É muito discutida na doutrina a questão de saber se o presidente da mesa da assembleia geral tem competência para, por *iniciativa própria*, convocar a assembleia geral (com opiniões diferentes, v. Coelho, 1994:40; Maia, 2002:435; Furtado, 2005:427, Abreu, 2013:66).

Em alguns casos, o órgão de administração tem o *dever legal específico* de requer a convocação da assembleia geral – são os casos do art. 35°, 1 (perda de metade do capital social), 376°, 2 (assembleia geral anual).

A convocatória dos sócios (ou seja, o chamamento dos sócios para a reunião) da assembleia geral traduz-se, em regra, em *anúncio publicado* (art. 377°, 2) em sítio na Internet de acesso público do Ministério da Justiça (art. 167°). Exige o art. 21°-C, 1, *a*), do CVM que a convocatória de assembleias gerais de *sociedades emitentes de ações admitidas à negociação em mercado regulamentado* seja publicada também no sítio na Internet da sociedade. Além disso, deve ser publicada no sistema informático de difusão da informação organizado pela CMVM (arts. 244°, 249°, 2, *a*), 367°, 1, do CVM).

Os estatutos da sociedade podem "exigir outras formas de comunicação aos acionistas" (art. 377°, 3). Pode ser o caso, por exemplo, da publicação em jornais não oficiais ou o envio de cartas aos acionistas.

Quanto a titulares de ações nominativas[15], o art. 377°, 3 permite que cláusula estatutária exija que, *em vez* do anúncio publicado nos termos já descritos, a convocatória seja feita por cartas registadas ou, em relação a acionistas que comuniquem previamente à sociedade o seu consentimento, por correio eletrónico com recibo de leitura.

Como já vimos atrás, por força do art. 6°, 3, do DL 290-D/99, de 2 de agosto, a carta registada pode ser substituída por mensagem de correio eletrónico ao qual seja aposta a assinatura eletrónica qualificada.

Considerem-se, agora, os *prazos* que devem mediar entre a convocatória e a realização da assembleia geral. Segundo o art. 377°, 4, "entre a última divulgação e a data da reunião da assembleia deve mediar, pelo menos, um mês, devendo mediar, entre a expedição das cartas registadas ou mensagens de correio eletrónico referidas no n° 3 e a data da reunião, pelo menos, 21 dias". Os prazos contam-se nos termos dos arts. 296° e 279°, *b*), do CCiv.

---

[15] Recorde-se que a L n° 15/2017, de 3 de maio, proíbe a emissão de valores mobiliários ao portador, a partir do dia 4 de maio de 2017.

DIREITO COMERCIAL E DAS SOCIEDADES. ENTRE AS EMPRESAS E O MERCADO

Veja-se, no entanto, que nos termos do art. 21°-B, 1, "o período mínimo que pode mediar entre a divulgação da convocatória e da data da reunião da assembleia geral de *sociedade aberta* é de 21 dias"[16]. E, nos termos do art. 182°, 4, *a*), do CVM, o prazo de divulgação de convocatória de assembleia geral da sociedade visada pela OPA é reduzido para 15 dias.

O art. 377°, 5, rege o *conteúdo* da convocatória. O art. 377°, 5, *a*), determina que a convocatória deve identificar a sociedade, através das menções exigidas pelo art. 171°[17]. Devem também ser indicados o lugar, dia e hora da assembleia. Há que fazer aqui a distinção entre *assembleias tradicionais* (em que o conjunto de pessoas que participam na reunião da assembleia geral se encontram no mesmo lugar e ao mesmo tempo) e *assembleias gerais virtuais* (em que a participação na assembleia geral se faz por intermédio de meios telemáticos)[18]. O *local* da reunião é fixado por quem convoca, tendo em conta o disposto no art. 377°, 6. As assembleias tradicionais realizam-se, em regra, na *sede da sociedade*, mas podem ocorrer em outro local, escolhido pelo presidente da mesa dentro do *território nacional*, desde que as instalações da sede da sociedade não permitam a reunião em condições satisfatórias (art. 377°, 6, *a*))[19].

Deve a convocatória identificar a espécie, *geral* ou *especial*, da assembleia (art. 377°, 5, *c*)). Dizem-se *gerais* as assembleias em que, em princípio, estão legitimados a *participar todos os sócios*, sejam eles titulares de ações ordinárias ou de ações especiais (sem prejuízo, no entanto, das limitações que o regime das sociedades anónimas prevê quanto à participação nas assembleias gerais). Dizem-se *especiais* as assembleias em que estão legitimados a participar sócios titulares de ações de certa categoria (art. 389°, 1). Repare-se que nos termos do art. 389°, 3, "não há assembleias especiais de titulares de ações ordinárias".

Por força do art. 377°, 5, *d*), a convocatória deve mencionar "os requisitos a que porventura estejam subordinados a participação e o exercício do direito de voto". Efetivamente, ao contrário do que acontece em outros tipos societários, o regime da sociedade anónima *não garante* a todo o sócio o direito de participar na assembleia geral de acionistas. Vejam-se, por exemplo,

---

[16] O itálico não consta do texto original.

[17] Para uma interpretação restritiva desta menção ao art. 171°, Abreu, 2013:76.

[18] V. *supra* o que já está dito sobre esta matéria.

[19] Cunha, 2016:648, questiona a prática de sociedades abertas cotadas convocarem a assembleia geral para reunir em local distante da sede social, em casos distando mais de 300 km. Este autor pondera a possibilidade de a sociedade dever reembolsar aos acionistas os custos necessários à deslocação.

CAPÍTULO XI – DELIBERAÇÕES DOS SÓCIOS

o disposto no art. 23º-C, 1, 3 e 4 do CVM, o art. 343º quanto às limitações estatuárias de participação de titulares de ações preferenciais sem direito de voto na assembleia geral, o art. 384º, 2, sobre as limitações estatutárias relativas ao exercício de direito de voto[20].

A lista de menções que devem constar da convocatória da assembleia geral das sociedades anónimas faz referência à "ordem do dia" (art. 377º, 5, e)). Ora, a *ordem do dia* elenca os assuntos sobre os quais serão tomadas as deliberações. Precisa o art. 377º, 8, que "o aviso convocatório deve mencionar claramente o assunto sobre o qual a deliberação será tomada". Serve esta menção o *interesse dos acionistas* em conhecerem com antecedência o rol dos assuntos a serem debatidos e permitir-lhes que reúnam a informação relevante para decidirem, de modo informado, o sentido de voto. Deve, no entanto, acrescentar-se que há assuntos sobre os quais podem validamente os sócios deliberar, sem que eles se encontrem inscritos na ordem do dia. São os casos previstos no art. 376º, 1, c), e no art. 75º, 2.

Por fim, a convocatória deve esclarecer como é exercido o direito de voto por correspondência, no caso de os estatutos o não proibirem (art. 377º, 5, f), e art. 384º, 9, que prescreve que se os estatutos não proibirem o voto por correspondência, devem regular o seu exercício).

2.7.2. Participação na assembleia geral

Vejamos, agora quem *tem direito de participar* nas assembleias gerais de acionistas. Nos termos do art. 379º, 1, "têm o direito de estar presentes na assembleia geral e aí discutir e votar os acionistas que, segundo a lei e o contrato, tiverem direito a, pelo menos, um voto".

É de esperar que o acionista que tem direito de participar na assembleia geral tenha de *provar* a sua qualidade. Deverá ser distinguido o regime das sociedades cujas ações não estão admitidas à negociação em mercado regulamentado (não cotadas) das sociedades cotadas.

Consideremos o primeiro regime. Nos termos do art. 55º, 1, do CVM, "quem, em conformidade com o registo ou com o título, for titular de direitos relativos a valores mobiliários está legitimado para o exercício dos direitos que lhes são inerentes". Os estatutos da sociedade podem regular a questão da prova da qualidade de acionista. Não o fazendo, pode o acionista provar a sua qualidade através de certificado de registo de ações escriturais

---

[20] Para um exemplo, ver a convocatória para a assembleia geral anual da REN, Redes Energéticas Nacionais, S.G.P.S., S.A, disponível em https://www.ren.pt/pt-PT/investidores/governo_da_sociedade/.

DIREITO COMERCIAL E DAS SOCIEDADES. ENTRE AS EMPRESAS E O MERCADO

(art. 83° do CVM) ou ainda o certificado de registo de ações tituladas integradas em sistema centralizado (art. 105° do CVM). De acordo com o art. 104°, 2, do CVM "os direitos inerentes aos valores mobiliários titulados nominativos não integrados em sistema centralizado são exercidos de acordo com o que constar no registo do emitente". Neste caso, parece que não deverá ser exigido ao acionista documento que prove a sua qualidade, uma vez que a sociedade dispõe dessa informação.

Atendemos, agora, ao regime das sociedades cotadas (ou seja, aquelas sociedades cujas ações estão admitidas à negociação em mercado regulamentado). De acordo com o art. 62° do CVM, "são obrigatoriamente integrados em sistema centralizado os valores mobiliários escriturais admitidos à negociação em mercado regulamentado"[21]. Exigindo os estatutos de sociedade cotada (como é habitual acontecer) que o acionista faça prova da sua qualidade antes da data da reunião, então será necessário o chamado "bloqueio das ações".

O *bloqueio das ações*, consistindo em uma inscrição registal que determina a indisponibilidade temporária das ações, pode constituir um entrave à participação de acionistas nas assembleias gerais. Na verdade, estando impedidos de negociar as ações bloqueadas, os acionistas podem perder importantes oportunidades de as transacionar com ganhos. E, portanto, o *bloqueio das ações* e consequente indisponibilidade durante esse período de bloqueio podem constituir um desincentivo à participação de acionistas nas assembleias gerais.

Nas *sociedades cotadas* havia que suprimir este constrangimento à participação de acionistas na assembleia geral. A Diretiva 2007/36/CE, de 11 de julho de 2007, relativa ao exercício de certos direitos dos acionistas de sociedades cotadas, acolheu o critério da "data de registo" (art. 7°, 1, *b*)).

Na sequência da transposição da Diretiva 2007/36/CE, de 11 de julho de 2007, para as sociedades emitentes de ações admitidas à negociação em mercado regulamentado, o art. 23°-C, 1, do CVM determina que "tem direito a participar na assembleia geral e aí discutir e votar quem, na data de registo, correspondente às 0 horas (GMT) do 5° dia de negociação anterior ao da realização da assembleia, for titular de acções que lhe confiram, segundo a lei e o contrato de sociedade, pelo menos um voto".

Esta norma constitui uma *exceção* ao disposto no art. 72° do CVM, pois a participação na assembleia geral de sociedade com ações admitidas à negociação em mercado regulamentado não depende do bloqueio das ações entre a data do registo e a data da assembleia e, por conseguinte, permite a negociação das ações neste período. Suscita-se a questão (muito relevante)

---

[21] V. tb. o art. 92°, 2, *a*), do CVM.

CAPÍTULO XI – DELIBERAÇÕES DOS SÓCIOS

de saber se o acionista que, depois da data do registo, alienou todas as ações (e, portanto, não é acionista) mantém ou não a legitimidade para participar na assembleia geral (com opiniões divergentes, Abreu, 2013ª:87; Cunha, 2012:84).

Tem direito de participar na assembleia geral o acionista que nos termos da lei e do contrato tem direito a, pelo menos, *um voto* (art. 379º, 1). É certo que o art. 384º, 1, dispõe que, na falta de diferente cláusula contratual, a cada ação corresponde um voto. Os estatutos podem fazer corresponder um certo número de ações a um voto (art. 384º, 2, *a*)) e, neste caso, não terá direito de voto o acionista que tiver um número de ações inferior ao estatutariamente fixado. E, por consequência, esse acionista, individualmente considerado, *não terá direito de participar* na assembleia geral, porque, segundo as regras estatutárias, à sua participação social não corresponde um voto. Neste caso, a alternativa será que vários acionistas, cada um deles com um número de ações inferior ao estatutariamente fixado para atribuir o direito de voto, se agrupem e se façam representar por um dos agrupados (art. 379º, 5).

"Os acionistas sem direito de voto podem assistir às assembleias gerais e participar na discussão dos assuntos indicados na ordem do dia, se o contrato de sociedade não determinar o contrário" (art. 379º, 2). São exemplos de acionistas *sem direito de voto* os que sejam exclusivamente titulares de ações preferenciais sem direito de voto (art. 341º, 3).

Nos termos do art. 379º, 4, "devem estar presentes nas assembleias gerais de acionistas os administradores, os membros do conselho fiscal ou do conselho geral e de supervisão e, na assembleia anual, os revisores oficiais de contas que tenham examinado as contas".

Há que recordar que as assembleias gerais são *reuniões privadas* e não públicas e, por conseguinte, a *presença de outras pessoas* "depende de autorização do presidente da mesa, mas a assembleia pode revogar essa autorização" (art. 379º, 6).

O CSC não regula a *acreditação* dos acionistas à assembleia geral. Normalmente, esta matéria é objeto de previsão estatutária. No entanto, estando proibidas as ações ao portador e passando a existir exclusivamente ações nominativas[22], a sociedade (não cotada[23]) está em condições de saber em cada momento quem são os acionistas. Acresce que a obrigatoriedade de a

---

[22] Veja-se a obrigatoriedade de conversão de valores mobiliários ao portador em valores mobiliários nominativos, prevista no art. 2º, 2, e 3º da L 15/2017. O DL 123/2017 de 25 de setembro, estabelece o regime de conversão dos valores mobiliários ao portador em valores mobiliários nominativos, em execução da L 15/2017, de 3 de maio.

[23] V. o arts. 62º do CVM e 99º, 2, *a*), do CVM.

sociedade organizar o registo do beneficiário efetivo (art. 4º da L 89/2017, de 21 de agosto) implica que ela fique na posse da informação não só sobre a "identificação dos sócios, com a discriminação das respetivas participações sociais", como das "pessoas singulares que detêm, ainda que de forma indireta ou através de terceiro, a propriedade das participações sociais" (art. 4º, 1, *a*), *b*), da L 89/2017).

2.7.3. Quórum constitutivo

A assembleia geral foi regularmente convocada e, chegado o dia da *reunião*, importa apurar se a assembleia geral se pode considerar constituída. Não será de estranhar que não se possa considerar constituída uma assembleia tradicional, se no dia da sua realização não tiver comparecido sócio algum.

O art. 383º trata a questão do *quórum constitutivo* – "número mínimo de sócios possuindo, ou não, determinada quantidade de ações com direito de voto, cuja presença ou representação é necessária para que a assembleia geral possa constituir-se e/ou deliberar" (Abreu, 2013[b]:120). Segundo o art. 383º, 1, a assembleia geral em primeira convocação pode deliberar *qualquer que seja o número de acionistas presentes ou representados*. Igual regra vale para as assembleias gerais em segunda convocação (art. 383º, 3).

No entanto, para determinados assuntos, a lei é (compreensivelmente) bem mais exigente. Assim, nos termos do art. 383º, 2, para que a "assembleia geral possa deliberar, em primeira convocação, sobre a alteração do contrato de sociedade, fusão, cisão, transformação, dissolução da sociedade ou outros assuntos para os quais a lei exija maioria qualificada, sem a especificar, devem estar presentes ou representados acionistas que detenham, pelo menos, ações correspondentes a um terço do capital social"[24].

Não estando reunido o quórum exigido por lei não pode a assembleia validamente constituir-se e funcionar. Questão que se discute na doutrina é a de saber quando é que se apura o quórum constitutivo: no início dos trabalhos ou em momento posterior (sobre esta questão, com opiniões divergentes: Cunha, 2016:652, 672, Triunfante, 2016:222, s.).

Compete ao presidente da assembleia "mandar organizar a lista dos acionistas que estiverem presentes e representados no início da reunião" (art. 382º, 1), que ficará arquivada na sociedade. Esta lista, normalmente preparada com antecedência, permite assegurar que as pessoas presentes são acionistas (ou seus representantes), permite apurar se estão reunidos os exigidos (legal

---

[24] Para estes efeitos contam somente as ações com direito de voto (Abreu: 2013ª: 121).

CAPÍTULO XI – DELIBERAÇÕES DOS SÓCIOS

e estatutariamente) quórum constitutivo e quórum deliberativo e facilita o apuramento das votações (Coelho, 1994:55).

Nos termos do art. 388°, 1, deve ser lavrada uma ata de cada reunião da assembleia geral. Neste caso, a ata é redigida e assinada por quem nela tenha servido como presidente e secretário (art. 388°, 2).

2.8. Deliberações tomadas em assembleia geral convocada – sociedades em comandita simples e em comandita por ações

O regime jurídico das assembleias gerais convocadas das sociedades em comandita simples e em comandita por ações é construído, essencialmente, por via *remissiva*. Aplicável tanto às sociedades em comandita simples como às sociedades em comandita por ações, o art. 472° não trata especificamente o regime da convocação das assembleias. Assim, à convocação das assembleias gerais de sociedades em comandita simples aplicam-se as regras das sociedades em nome coletivo (art. 474°) e à convocação das assembleias gerais das sociedades em comandita por ações (art. 478°).

3. O voto e a votação

3.1. Critérios de atribuição de votos

O *direito de voto* tem sido entendido como *uma declaração de vontade do sócio* (a favor ou contra determinada proposta) (Xavier, 1976:583, s.) com a qual ele contribui para a formação da deliberação social.

O critério de atribuição de votos depende, em significativa medida, do *tipo societário* em causa. Nas sociedades em nome coletivo, a regra é a de um sócio um voto, independentemente da participação social de cada um (art. 190°). Para as sociedades em comandita, rege o disposto no art. 472° que remete para os estatutos a *fixação dos critérios*, em função do capital, da atribuição de votos aos sócios.

Nas sociedades por quotas, segundo o art. 250°, 1, conta-se um voto por cada cêntimo do valor nominal da quota. Permite-se neste tipo societário o voto duplo (dois votos por cada cêntimo de valor nominal da quota), consagrado estatutariamente como *direito especial* (art. 24°).

Nas sociedades anónimas, a regra é a de que a cada ação corresponde um voto (art. 384°, 1). No entanto, o art. 384°, 2, prevê duas limitações estatutárias: *a)* fazer corresponder um só voto a um certo número de ações, contanto que sejam abrangidas todas as ações e fique cabendo um voto, pelo menos, a cada € 1000 de capital; *b*) estabelecer que não sejam contados votos acima de certo número, quando emitidos por um só acionista, em nome próprio ou também como representante de outro. Consagra-se, neste último caso, os chamados "tetos de voto" que constitui uma das medidas estatutárias que favorece a dispersão do capital social e desincentiva a constituição de lotes significativos de ações[25]. Estes "tetos de voto" são compatíveis com a regra uma ação/um voto. O que acontece é que impedem a contagem de votos acima de certo número.

Nas sociedades anónimas está proibido o voto plural (art. 384°, 5), mas veja-se o disposto no art. 531°.

Havendo *mora* na realização da entrada de capital (em dinheiro) e enquanto esta se mantiver, o acionista não pode exercer o direito de voto (art. 384°, 4), mas pode participar na assembleia geral, se o contrato não dispuser diversamente (art. 379°, 2).

O *conflito de interesses* entre o sócio e a sociedade impede-o de votar (arts. 251°, 384°, 6).

3.2. Formas de voto

O CSC permite que seja escolhida a *forma do exercício do direito de voto*. E, na verdade, o voto pode ser dado oralmente, por gestos (levantado, sentado, braço no ar), por escrito, por esferas.

Segundo o art. 384°, 8, "a forma de exercício do voto pode ser determinada pelo contrato, por deliberação dos sócios ou por decisão do presidente da assembleia". Assim, em primeiro lugar, deve ser respeitado o disposto nos estatutos; nada dizendo os estatutos, caberá ao presidente da mesa da assembleia geral decidir. Em vez de tomar uma decisão sobre esta matéria pode submeter à assembleia proposta para que os sócios deliberem.

O art. 384°, 9 regula o *voto por correspondência* nas sociedades anónimas. Trata-se de uma forma de voto em deliberação adotada em *assembleia geral convocada*. Significa que se realiza a assembleia geral em que se reúnem os sócios, mas alguns não estão presentes, votando através de *voto escrito* que enviam por correio (postal ou eletrónico), de modo a ser contabilizado no apuramento dos votos a favor e dos votos contra.

---

[25] Considere-se o seguinte exemplo constante do art. 12°, 3, dos Estatutos da REN, Redes Energéticas Nacionais, S.G.P. S., SA.: "Não são contados os votos emitidos por qualquer acionista, em nome próprio ou como representante de outrem, que excedam 25% da totalidade dos votos correspondentes ao capital social".

CAPÍTULO XI – DELIBERAÇÕES DOS SÓCIOS

Esta forma de votação é *lícita, desde que não seja proibida pelos estatutos.* Devem os estatutos regular o seu exercício (art. 384°, 9). Admitindo que os estatutos nada dizem (e, por consequência, não proíbem o voto por correspondência), a convocatória deve descrever o modo como se processa o voto por correspondência, "incluindo o endereço, físico ou eletrónico, as condições de segurança, o prazo para a receção das declarações de voto e a data do cômputo das mesmas" (art. 377°, 5, *f*)).

Quanto ao "tratamento" a dar ao voto por correspondência, o art. 384°, 9, apresenta duas alternativas. Na ausência de cláusula estatutária, aplica-se o disposto na alínea *a*).

3.3. Quórum deliberativo

Do ponto de vista teórico, é possível destrinçar entre *quórum constitutivo* e *quórum deliberativo*. Fala-se em *quórum deliberativo* para referir o *número mínimo de votos* a favor de determinada proposta para que possa ser considerada aprovada.

Segundo o art. 386°, 1, "a assembleia geral delibera por maioria dos votos emitidos, seja qual for a percentagem do capital social nela representado (…)". Igual regra vale para as sociedades por quotas (art. 250°, 3) e, por remissão, para as sociedades em nome coletivo (189°, 1), em comandita simples (art. 474°) e em comandita por ações (art. 478°). Consagra-se aqui a regra da *maioria simples* – significa que uma deliberação positiva se considera aprovada quando reunir mais de metade dos votos a favor dessa proposta. As abstenções *não são contadas* nem a favor, nem contra (também não são contados os votos nulos). Havendo empate entre os votos a favor e os votos contra de determinada proposta, não há deliberação (positiva) adotada[26].

Esta regra da *maioria simples* conhece várias exceções legais. Desde logo, o disposto no art. 386°, 2, relativo à deliberação sobre a designação de titulares de órgãos sociais ou de revisores oficiais de contas. Neste caso, se houver várias propostas, fará vencimento aquela que tiver a seu favor o *maior número de votos* – a lei exige, neste caso, *a maioria relativa* dos votos para que a deliberação positiva se considere aprovada.

Em outras hipóteses, a lei exige *maioria qualificada de dois terços dos votos emitidos*. É o que acontece, por exemplo, na hipótese prevista pelo art. 386°, 3.

Outras vezes, a lei exige, além da maioria dos votos emitidos, que não seja formada uma determinada minoria de bloqueio. Veja-se o caso do art.

---

[26] Veja-se o que se diz *infra* sobre deliberações negativas.

DIREITO COMERCIAL E DAS SOCIEDADES. ENTRE AS EMPRESAS E O MERCADO

74°, 2 (sobre esta minoria de bloqueio e as razões que a fundamentam, Abreu/Ramos, 2017ª:930).

4. Competência deliberativa dos sócios

4.1. Sociedade em nome coletivo

O rol das competências deliberativas dos sócios depende, em significativa medida, do tipo societário em causa.

Segundo o art. 189°, 3, "são necessariamente objeto de deliberação dos sócios a apreciação do relatório de gestão e dos documentos de prestação de contas, a aplicação dos resultados, a resolução sobre a proposição, transação ou desistência de ações da sociedade contra sócios ou gerentes, a nomeação de gerentes de comércio e o consentimento referido no artigo 180°, n° 1".

Além disso, os estatutos podem atribuir competências deliberativas aos sócios – pense-se, por exemplo, que os estatutos exigem o prévio consentimento dos sócios para a prática, pelos gerentes, de atos que ultrapassem determinado valor. Tais cláusulas estatutárias devem respeitar as competências que, imperativamente, a lei reserva aos gerentes.

4.2. Sociedade por quotas

Quanto às sociedades por quotas, o art. 246°, 1, elenca as matérias que *imperativamente* são da competência da coletividade dos sócios. E, por isso, para estas matérias está proibida cláusula estatuária que disponha diversamente, designadamente que confie a deliberação sobre estas matérias a outro órgão.

Já o art. 246°, 2, elenca matérias que serão da competência dos sócios, se os estatutos não dispuserem diversamente. Trata-se de *competência legal dispositiva* dos sócios.

É também possível, através de cláusula estatutária, atribuir determinadas competências deliberativas aos sócios (art. 246°, 1, quando determina "além de outros que (…) o contrato determinar[em]"). Considere-se, por exemplo, o caso em que, mediante cláusula estatutária, é estipulado que determinados atos ou categorias de atos ficam sujeitos a deliberação dos sócios. Será esta uma competência deliberativa *estatutária* dos sócios.

4.3. Sociedade anónima

Já nas *sociedades anónimas* dispõe o art. 373°, 2, que os "acionistas deliberam sobre as matérias que lhes são especialmente atribuídas pela lei ou pelo con-

CAPÍTULO XI – DELIBERAÇÕES DOS SÓCIOS

trato e sobre as que não estejam compreendidas nas atribuições de outros órgãos da sociedade".

As *competências imperativas* são aquelas que, por força da lei, estão reservadas à coletividade dos sócios e não lhes podem ser retiradas pelo contrato – ex. aplicação dos resultados (art. 376°, 1, *b*)), apreciação geral da administração e da fiscalização da sociedade (art. 376°, 1, *c*)), eleição dos membros do conselho de administração, do conselho geral e de supervisão, da comissão de auditoria (arts. 376°, 1, *d*), 391°, 1, 435°, 1), ação social de responsabilidade (art. 75°, 1); fusão, cisão e transformação (arts. 103°, 120°, 133°), *etc.*.

Noutros casos, a lei configura a competência deliberativa dos sócios como *dispositiva*. Quer-se com esta qualificação designar os casos em que a lei admite que, observados determinados requisitos, as competências atribuídas legalmente aos sócios sejam confiadas, por cláusula estatuária, a outro órgão. Considere-se, por exemplo, art. 13°, 2, nos termos do qual "a criação de sucursais, agências, delegações ou outras formas locais de representação depende de deliberação dos sócios, quando o contrato a não dispense".

Também é possível identificar a *competência legal residual* dos acionistas. Ela resulta do art. 373°, 2, quando este dispõe que "os acionistas deliberam sobre as matérias que (…) não estejam compreendidas nas atribuições de outros órgãos da sociedade".

A *competência estatutária* da coletividade dos sócios resulta, como o nome indica, de cláusula constante dos estatutos. Veja-se, a título de exemplo, o disposto no art. 425°, 1, *b*), em que se permite que, mediante cláusula estatutária, seja a coletividade dos sócios o órgão competente para designar os administradores.

Dispõe o art. 373°, 3, que "sobre matérias de gestão da sociedade, os acionistas só podem deliberar a pedido do órgão de administração". Pense-se, por exemplo, que o órgão de administração pede que os sócios autorizem a alienação de determinado bem imóvel da sociedade por um determinado preço.

Perguntar-se-á porque razão o órgão de administração da sociedade anónima, comprometido na gestão da sociedade e possuidor de mais informação do que os sócios, toma a decisão (a isso não é obrigado) de solicitar aos sócios (que, enquanto tais não gerem a sociedade) que deliberem sobre determinada matéria e, em particular, autorizem determinado negócio jurídico de alienação de bem imóvel. Nos termos do art. 72°, 5, "a responsabilidade dos gerentes ou administradores para com a sociedade não tem lugar quando o ato ou omissão assente em deliberação dos sócios, ainda que anulável". O efeito desresponsabilizador desta norma deve ser *entendido restritivamente*

(Abreu/Ramos, 2017: 909). Designadamente, *não será afastada* a responsabilidade civil dos administradores para com a sociedade em casos em que os administradores não informaram devidamente os acionistas sobre os seus interesses no negócio objeto de deliberação (Abreu/Ramos, 2017: 909).

5. Deliberações ineficazes e inválidas

Inseridos na Parte Geral do CSC, os arts. 55°, 56° e 58° tratam, respetivamente, as *deliberações ineficazes*, as *deliberações nulas* e as *deliberações anuláveis*. O CSC não prevê *deliberações juridicamente inexistentes*. A doutrina divide-se quanto à sua admissibilidade (com opiniões divergentes, Abreu, 2015:443-444; Cunha, 2016:727, s.).

5.1. Deliberações ineficazes

Comecemos pela noção de *ineficácia* de negócios jurídicos. A *ineficácia em sentido amplo* "tem lugar sempre que um negócio não produz, por impedimento decorrente do ordenamento jurídico, no todo ou em parte, os efeitos que tenderia a produzir segundo o teor das declarações respetivas" (Pinto, 2005:615). A ineficácia em sentido amplo abrange a *invalidade* (nulidade e anulabilidade). A *ineficácia em sentido estrito* carateriza-se por depender de "alguma circunstância extrínseca que, conjuntamente com o negócio, integra a situação complexa (*fattispecie*) produtiva de efeitos jurídicos" (Pinto, 2005:615).

Determina o art. 55°, 1, que "salvo disposição legal em contrário, as deliberações tomadas sobre assunto para o qual a lei exija o consentimento de determinado sócio são ineficazes para todos enquanto o interessado não der o seu acordo, expressa ou tacitamente". Está consagrada *a ineficácia* (em sentido estrito) de deliberações. Significa que a deliberação não produz nenhum dos efeitos a que tendia (quer perante sócios quer perante não sócios), por falta de consentimento do sócio. Consagra-se, aqui, a *ineficácia absoluta* de deliberações.

Exemplo de deliberações *absolutamente ineficazes* são as deliberações que suprimem ou coartam direitos especiais dos sócios sem o consentimento dos respetivos titulares (art. 24°, 5, 6).

A parte inicial do artigo ressalva "disposição legal em contrário", admitindo, por conseguinte, que a *falta de consentimento de sócio* desencadeie outros efeitos jurídicos. Pode, efetivamente, a falta de consentimento de determinado sócio determinar que a deliberação adotada é *ineficaz em relação a si* (e não em relação a todos os restantes sócios). Será, por exemplo, o caso previsto no art. 86°, 2. Se a alteração estatutária "envolver o aumento das prestações

CAPÍTULO XI – DELIBERAÇÕES DOS SÓCIOS

impostas pelo contrato aos sócios, esse aumento é ineficaz para os sócios que nele não tenham consentido".

Por definição, as deliberações ineficazes não produzem os efeitos a que tendiam (por exemplo, não se produz a supressão do direito especial do sócio, se não houver o consentimento do sócio), *não sendo exigido legalmente* que o sócio afetado intente ação judicial.

5.2. Deliberações inválidas

5.2.1. Generalidades

As deliberações inválidas dividem-se em *deliberações nulas* (art. 56°) e *deliberações anuláveis* (art. 58°). Para determinar se uma determinada deliberação é nula ou anulável, o CSC serve-se, por um lado, da distinção entre *vícios de conteúdo* e *vícios de procedimento*[27] e, por outro, da *natureza das normas jurídicas violadas.*

O *procedimento deliberativo* é o "modo ou processo de formação" (Xavier, 1976: 7) da deliberação. Já o *conteúdo* da deliberação refere-se à "regulamentação de interesses a que o ato dá vida" (Xavier, 1976:384, nt. 3).

Há também que distinguir, entre normas legais, bem como o seu *caráter imperativo* ou não, e as *normas estatuárias.*

Assim, conjugados estes critérios dir-se-á:

a) Se o *conteúdo* da deliberação violar *norma legal imperativa*, em regra, a consequência jurídica é a nulidade de tal deliberação (art. 56°, 1, *d*)).

b) Se o *conteúdo* da deliberação violar *norma legal dispositiva ou norma estatutária,* em regra, a consequência jurídica é *anulabilidade* (art. 58°, 1, *a*));

c) Os *vícios de procedimento* causam, em regra, a *anulabilidade* das deliberações, ainda que tenha sido violada norma legal imperativa (art. 58°, 1, *a*), *c*)).

d) Excecionalmente, os *vícios de procedimento* previstos no art. 56°, 1, *a*), *b*), provocam a nulidade da deliberação (embora *nulidade atípica*).

5.2.2. Deliberações nulas por vício de conteúdo e de procedimento

O art. 56°, 1, *a*) e *b*), identifica as "deliberações nulas" por *vício de procedimento.* São nulas as deliberações dos sócios "tomadas em assembleia geral não convocada, salvo se todos os sócios tiverem estado presentes ou representados" e as deliberações "tomadas mediante voto escrito sem que todos os sócios com

---

[27] Distinção que em Portugal foi desenvolvida por Xavier, 1976:180, s.

DIREITO COMERCIAL E DAS SOCIEDADES. ENTRE AS EMPRESAS E O MERCADO

direito de voto tenham sido convidados a exercer esse direito, a não ser que todos eles tenham dado por escrito o seu voto". A hipótese do art. 56°, 1, *b*), deve ser lida à luz do regime das *deliberações por voto escrito*, reguladas no art. 247° para as sociedades por quotas.

Consideram-se *não convocadas* "as assembleias cujo aviso convocatório seja assinado por quem não tenha essa competência, aquelas de cujo aviso convocatório não constem o dia, hora e local da reunião e as que reúnam em dia, hora ou local diversos dos constantes do aviso" (art. 56°, 2).

No caso da alínea *a*) do n° 1 do art. 56°, *não há nulidade* quando todos os sócios "tiverem estado presentes ou representados". Uma das formas de *deliberação válida* é a deliberação em assembleia geral universal ou totalitária em que os sócios reúnem-se em assembleia geral, "sem observância de formalidades prévias, desde que todos estejam presentes e todos manifestem a vontade de que a assembleia se constitua e delibere sobre determinado assunto" (art. 54°, 1). No caso de todos os sócios terem estado presentes (ou representados), apesar da falta de convocatória, mas nem todos terem dado o seu assentimento a que a assembleia se constituísse ou deliberasse sobre determinado assunto, é discutida na doutrina a consequência jurídica. Parece que a maioria da doutrina se inclina para que tal deliberação *não é nula*, mas configura uma *deliberação anulável*, nos termos do art. 58°, 1, *a*) (neste sentido, por todos, Vasconcelos, 2006:178; Maia, 2015:242, 243; Abreu, 2017[b]:693; contra Frada, 1988:331, Furtado, 2005:565, s.).

No caso da alínea *b*) do mesmo preceito, também não há nulidade quando todos os sócios "tenham dado por escrito o seu voto".

Costuma dizer-se que as nulidades previstas no art. 56°, 1, *a*) e *b*), são *atípicas* ou *invalidades mistas* (deve-se esta designação à circunstância de o seu regime jurídico integrar soluções que são próprias do regime jurídico da anulabilidade, como seja a possibilidade de sanação do vício). Nos termos do art. 56°, 3, "a nulidade de uma deliberação nos casos previstos nas alíneas *a*) e *b*) do n° 1 não pode ser invocada quando os sócios ausentes e não representados ou não participantes na deliberação por escrito tiverem posteriormente dado por escrito o seu assentimento à deliberação".

As alíneas *c*) e *d*) do n° 1 do art. 56° elencam deliberações *nulas por vício de conteúdo*. São muito discutidos o sentido e o alcance do art. 56°, 1, *c*). Xavier, 1986: 18, sustentou que esta hipótese visava os casos em que as deliberações dos acionistas versam matérias "que estejam compreendidas nas atribuições de outros órgãos da sociedade anónima" e os casos em que "a assembleia geral (...) resolve interferir na esfera jurídica de terceiros – geralmente de

CAPÍTULO XI – DELIBERAÇÕES DOS SÓCIOS

sócios enquanto terceiros (ou, de qualquer modo, em qualidade diversa da de sócios) ou de outros terceiros ligados à empresa social"[28].

Com um entendimento divergente, Coutinho de Abreu defende que esta hipótese do art. 56º, 1, *c)*, é "supérflua" (Abreu, 2017[b]:696), tendo em conta que considera que as diversas propostas interpretativas para o art. 56º, 1, *c)*, referem vícios de conteúdo consistentes na violação de normas legais imperativas e, por isso, abrangidas no âmbito do art. 56º, 1, *d)*.

O art. 56º, 1, *d)*, comina com *nulidade* as deliberações "cujo conteúdo, diretamente ou por atos de outros órgãos que determine ou permita, seja ofensivo dos bons costumes ou de preceitos legais que não possam ser derrogados, nem sequer por vontade unânime dos sócios".

A norma começa por determinar a nulidade de "deliberações sociais cujo conteúdo (…) seja ofensivo de bons costumes". O signos "bons costumes" são fluidos e vagos e, por isso, de difícil concretização jurídica. Há quem entenda que a densificação dos "bons costumes" deve ser feita à luz do art. 280º do CCiv., aplicável ao negócio jurídico (Maia, 2015:246). Para que se possa decretar a nulidade deliberação por ofensa aos bons costumes é essencial que o conteúdo dessa deliberação (e não só os motivos que a determinaram) seja ofensivo dos bons costumes[29].

A parte final do art. 56º, 1, *d)*, determina que são *nulas* as deliberações cujo conteúdo ofenda "preceitos legais que não possam ser derrogados, nem sequer por vontade unânime dos sócios". Esta norma está a referir as normas ou os *preceitos legais imperativos*. É certo que o CSC não diz quais são esses preceitos. Essa tarefa só será alcançada através de interpretação jurídica das normas. Nessa tarefa interpretativa dever ser atendido o teor literal da norma, a tutela de interesses de terceiros (por exemplo, credores da sociedade), "interesses indisponíveis dos sócios" ou até a preservação de "certo esquema organizativo-funcional" (Abreu, 2017[b]:698).

São nulas as deliberações que distribuam lucros fictícios (art. 32º, 1), que introduzam no contrato de sociedade cláusulas de limitação ou de exclusão da responsabilidade civil dos administradores (art. 74º, 1); que limitem ou suprimam o direito de preferência dos sócios em aumento de capital sem que o interesse social o justifique (art. 460º, 2); que ofendam as normas relativas à constituição, reforço ou utilização da reserva legal (art. 69º, 3); que, nas sociedades por quotas, anónimas e em comandita por ações, dispensem o relatório do revisor oficial de contas (art. 28º) na avaliação das entradas em espécie.

---

[28] Acompanhando Xavier, 1986, quanto à segunda hipótese, Maia, 2015:246.
[29] Apresentando alguns exemplos, Abreu, 2015:474.

5.2.3. Deliberações anuláveis

O art. 58° é dedicado às "deliberações anuláveis" por vício de conteúdo ou por vício de procedimento. Assim, nos termos desta norma, são anuláveis: as deliberações que violem disposições da lei, quando ao caso não caiba a nulidade (n° 1, *a*)); as deliberações que violam os estatutos (n° 1, *a*), *in fine*); as deliberações abusivas (n° 1, *b*)); as deliberações que não tenham sido precedidas do fornecimento dos elementos mínimos de informação (n° 1, *c*), 4).

São anuláveis, as deliberações cujo conteúdo viola *lei dispositiva* (art. 58°, 1, *a*)). Em regra, são anuláveis as deliberações que sofram de *vícios de procedimento*, quer tenha sido ofendida norma legal imperativa quer tenha sido desrespeitada norma legal dispositiva (excecionam-se deste regime de anulabilidade os vícios de procedimento contemplados no art. 56°, 1, *a*), *b*)).

Exemplos de deliberação anulável por *vício de procedimento* – deliberações tomadas em assembleia geral convocada sem a antecedência mínima legalmente exigida (arts. 248°, 3, 377°, 4); em sociedade por quotas, deliberação tomada em assembleia geral convocada por aviso publicado em jornal da localidade, mas não por carta registada (art. 248°, 3).

Consideremos, agora, exemplos de deliberações anuláveis porque o seu conteúdo ofende normas *legais dispositivas* – deliberação que estabeleça uma medida de participação nos lucros não proporcional ao valor das participações sociais (art. 22°, 3).

Também são anuláveis as deliberações anti-estatutárias, seja por vício de conteúdo, seja por vício de procedimento. É exemplo de deliberação anulável por vício de procedimento a que é tomada sem respeitar a maioria qualificada prevista nos estatutos (art. 250°, 3, 386°, 1). Constitui exemplo de deliberação anulável por *vício de conteúdo* a que autoriza a administração a praticar atos fora do objeto social fixado nos estatutos.

Para os efeitos do art. 58°, 1, *b*), são *abusivas* as deliberações que "sejam apropriadas para satisfazer o propósito de um dos sócios de conseguir, através do exercício do direito de voto, vantagens especiais para si ou para terceiros, em prejuízo da sociedade ou de outros sócios ou simplesmente de prejudicar aquela ou estes (...)".

Esta disposição contempla duas situações: *a*) deliberações que "sejam apropriadas para satisfazer o propósito de um dos sócios de conseguir, através do exercício do direito de voto, vantagens especiais para si ou para terceiros, em prejuízo da sociedade ou de outros sócios"; *b*) deliberações apropriadas para o propósito de simplesmente prejudicar a sociedade ou sócio(s).

A parte final do art. 58°, 1, *b*), ressalva as situações em que "se prove que as deliberações teriam sido tomadas mesmo sem os votos abusivos". Está aqui

CAPÍTULO XI – DELIBERAÇÕES DOS SÓCIOS

consagrada a chamada "prova de resistência". Feita esta "prova de resistência" (pela sociedade contra quem é intentada a ação de anulação), a *deliberação não é anulada*.

O n° 3 do art. 58° preceitua que "os sócios que tenham formado maioria em deliberação abrangida pela alínea *b*) do n° 1 respondem solidariamente para com a sociedade ou para com os outros sócios pelos prejuízos causados". Discute-se, a propósito desta norma, se são responsáveis todos os sócios cujos votos formaram a maioria (sejam sócios que tenham emitido votos abusivos ou sócios cujos votos sejam lícitos) ou tão-só os sócios cujos votos sejam considerados abusivos. Não parece razoável responsabilizar civilmente os sócios cujo voto é lícito (e, por isso, não abusivo) pela simples circunstância de o seu voto ter sido no sentido que fez vencimento. Na verdade, parece que a responsabilidade que se prevê no art. 58°, 3, é uma hipótese de responsabilidade por *factos ilícitos* e o sócio que, de modo lícito, exerce o seu direito de voto pratica um *ato lícito* e não ilícito (Vasconcelos, 2006:157, s. Abreu, 2017[b]:717. Com entendimento diverso, Furtado, 2005:691, s. Almeida, 2013:235, 236, 237; Triunfante, 2004:399, s.).

6. Deliberações nulas e deliberação anuláveis – diferenças de regime jurídico

As deliberações são consideradas *negócios jurídicos* e, por conseguinte, é-lhes aplicável o regime geral da nulidade e da anulabilidade, previsto no CCiv., com as *especialidades* previstas no CSC.

Comecemos pelas *deliberações nulas*. O art. 57° consagra a "iniciativa do órgão de fiscalização quanto a deliberações nulas" que se traduz no *dever legal* de "dar a conhecer aos sócios, em assembleia geral, a nulidade de qualquer deliberação anterior" (n° 1). Não reagindo os sócios quer pela renovação da deliberação (quando possível, nos termos do art. 62°, 1) quer pela declaração judicial de nulidade, "deve o órgão de fiscalização promover sem demora a declaração judicial de nulidade da mesma deliberação" (n° 2). Nas sociedades que não sejam dotadas de órgão de fiscalização, estes *deveres legais específicos* perante a sociedade competem "a qualquer gerente" (n° 3).

Para lá das especialidades consagradas nesta norma, aplica-se às deliberações nulas o regime geral constante do art. 286° do CCiv. Assim, "a nulidade é invocável a todo o tempo por qualquer interessado e pode ser declarada oficiosamente pelo tribunal".

Ao contrário do previsto para a *ação de anulação* (que deve ser proposta dentro de certo prazo), a ação de nulidade pode ser proposta "a todo o tempo" (art. 286° CCiv.).

DIREITO COMERCIAL E DAS SOCIEDADES. ENTRE AS EMPRESAS E O MERCADO

Consideremos, agora, a *ação de anulação*, regulada pelo art. 59º. As deliberações anuláveis produzem os seus efeitos jurídicos enquanto não forem anuladas. E, para o serem, é necessário que sejam judicialmente anuladas, através de sentença proferida em *ação de anulação*. Por ser assim, é frequente que os interessados se sirvam do *procedimento cautelar especificado* de suspensão de deliberação social (art. 396º do CPC), de modo a ser suspensa a execução da deliberação impugnada.

Segundo o nº 1 do art. 59º, a "anulabilidade pode ser arguida pelo órgão de fiscalização ou por qualquer sócio que não tenha votado no sentido que fez vencimento nem posteriormente tenha aprovado a deliberação, expressa ou tacitamente".

Não vota no sentido que fez vencimento (e, por isso, tem legitimidade para impugnar a deliberação através da ação de anulação): *a)* o sócio que não emitiu voto; *b)* o sócio que se abstém[30]; *c)* o sócio que votou no sentido contrário à proposta aprovada (deliberações positivas) – neste, caso, o sentido que fez vencimento foi o da *aprovação* da proposta; *d)* o sócio que *votou a favor* da proposta recusada (quando a deliberação seja *negativa*[31]) – neste caso, o sentido que fez vencimento foi o da *recusa* da proposta.

O art. 59º, 6, resolve a questão da legitimidade ativa, nos casos em que a deliberação é tomada por *voto secreto* e, por conseguinte, não é possível identificar o sentido de voto de cada um dos sócios. Determina o art. 59º, 6, que "tendo o voto sido secreto, considera-se que não votaram no sentido que fez vencimento apenas aqueles sócios que, na própria assembleia ou perante notário, nos cinco dias seguintes à assembleia tenham feito consignar que votaram contra a deliberação tomada".

Cessa a legitimidade ativa de sócio que votou no sentido que fez vencimento se posteriormente aprovou a deliberação que fez vencimento (art. 59º, 1).

O prazo para a proposição da ação de anulação é de 30 dias, contados a partir dos factos indicados nas alíneas *a)*, *b)* e *c)* do art. 59º, 2. Decorrido o prazo sem que a ação tenha sido intentada, considera-se *sanado* o vício que afetava a deliberação.

Este prazo curto justifica-se por relevantes razões de certeza jurídica (recorde-se que é de um ano o prazo geral previsto no art. 287º CCiv. para

---

[30] V. o art. 250º, 3, 386º, 1.

[31] Diz-se negativa a deliberação de não aprovação da proposta. Este resultado pode ser devido a várias razões: a maioria dos votos foi contra a proposta; houve empate nos votos a favor ou contra ou a proposta reuniu um insuficiente número de votos a favor.

CAPÍTULO XI – DELIBERAÇÕES DOS SÓCIOS

a anulação de negócios jurídicos). É importante que muito rapidamente se clarifique se os legitimados ativamente para a ação de anulação a vão propor ou não.

O art. 60º prevê "disposições comuns às ações de nulidade e de anulação". Assim, "tanto a ação de declaração de nulidade como a de anulação são propostas contra a sociedade" (art. 60º, 1). Identifica-se, nesta disposição, a *legitimidade passiva* nas ações de anulação e de nulidade. O art. 60º, 2, trata a *apensação* das várias ações de invalidade da mesma deliberação.

A questão do *financiamento* das ações propostas pelo órgão de fiscalização é regulada no art. 60º, 3, determinando-se que "a sociedade suportará todos os encargos das ações propostas pelo órgão de fiscalização ou, na sua falta, por qualquer gerente, ainda que sejam julgadas improcedentes".

Os *juízos de comércio* são competentes em razão da matéria para preparar e julgar as ações de suspensão de deliberações sociais e as ações de anulação (art. 128º, 1, *d*), da LOSJ).

As ações de declaração da nulidade ou de anulação de deliberações estão sujeitas registo (art. 9º, *e*), do CRCom.). Este registo é obrigatório, devendo ser requerido no prazo de dois meses a contar da propositura da ação, nos termos do art. 15º, 5, 7, do CRCom..

DIREITO COMERCIAL E DAS SOCIEDADES. ENTRE AS EMPRESAS E O MERCADO

Bibliografia citada

Abreu, J. M. Coutinho de (2013), "Artigo 375°", *Código das Sociedades Comerciais em comentário*, coord. de J. M. Coutinho de Abreu, vol.VI, Coimbra: Almedina.

Abreu, J. M. Coutinho de (2013[a]), "Artigo 379°", *Código das Sociedades Comerciais em comentário*, coord. de J. M. Coutinho de Abreu, vol.VI, Coimbra: Almedina.

Abreu, J. M. Coutinho de (2013[b]), "Artigo 383°", *Código das Sociedades Comerciais em comentário*, coord. de J. M. Coutinho de Abreu, vol.VI, Coimbra: Almedina.

Abreu, J. M. Coutinho de (2015), *Curso de direito comercial*, vol. II. *Das sociedades*, 5ª ed., Coimbra: Almedina.

Abreu, J. M. Coutinho de (2017), "Artigo 53°", *Código das Sociedades Comerciais em comentário*, coord. de J. M. Coutinho de Abreu, vol. I, 2ª ed., Coimbra: Almedina.

Abreu, J. M. Coutinho de (2017[a]), "Artigo 54°", *Código das Sociedades Comerciais em comentário*, coord. de J. M. Coutinho de Abreu, vol. I, 2ª ed., Coimbra: Almedina.

Abreu, J. M. Coutinho de (2017[b]), "Artigo 56°", *Código das Sociedades Comerciais em comentário*, coord. de J. M. Coutinho de Abreu, vol. I, 2ª ed., Coimbra: Almedina.

Abreu, J. M. Coutinho de (2017[c]), "Artigo 58°", *Código das Sociedades Comerciais em comentário*, coord. de J. M. Coutinho de Abreu, vol. I, 2ª ed., Coimbra: Almedina.

Abreu, J. M. Coutinho de/Ramos, Maria Elisabete (2017), "Artigo 72°", *Código das Sociedades Comerciais em comentário*, coord. de J. M. Coutinho de Abreu, vol. I, 2ª ed., Coimbra: Almedina.

Abreu, J. M. Coutinho de/Ramos, Maria Elisabete (2017[a]), "Artigo 74°", *Código das Sociedades Comerciais em comentário*, coord. de J. M. Coutinho de Abreu, vol. I, 2ª ed., Coimbra: Almedina.

Almeida, A. Pereira de Almeida (2013), *Sociedades comerciais, valores mobiliários, instrumentos financeiros e mercados*, vol. I, 7ª ed., Coimbra: Coimbra Editora.

Coelho, Eduardo Lucas (1994), *A formação das deliberações sociais – assembleia geral das sociedades anónimas*, Coimbra: Coimbra Editora.

Coelho, Eduardo Lucas (2002), "Formas de deliberação e votação dos sócios", *Problemas do direito das sociedades*, Coimbra: Almedina.

Costa, Ricardo (2002), *A sociedade por quotas unipessoal no direito português*, Coimbra: Almedina.

Cunha, Paulo Olavo (2012), "Assembleias gerais de sociedades anónimas I: questões relativas à convocação, participação e funcionamento", *Direito das sociedades em revista*, 7.

Cunha, Paulo Olavo (2016), *Direito das sociedades comerciais*, 6ª edição, Coimbra: Almedina.

Cunha, Paulo Olavo (2017), "O presidente da assembleia geral", *Estudos de Advocacia em Homenagem a Vasco Vieira de Almeida*, Coimbra: Almedina/VdA.

Domingues, Paulo de Tarso (2007), "Os meios telemáticos no funcionamento dos órgãos sociais. Uma primeira aproximação ao regime do CSC", *Reformas do Código das Sociedades*, Coimbra: Almedina.

Frada, Manuel Carneiro da (1988), "Deliberações sociais inválidas no novo Código das Sociedades", *Novas perspetivas do direito comercial*, Coimbra: Almedina.

CAPÍTULO XI – DELIBERAÇÕES DOS SÓCIOS

Furtado, J. Pinto, *Deliberações de sociedades comerciais*, Coimbra: Almedina, 2005.

Maia, Pedro (2002), "O presidente das assembleias de sócios", *Problemas do direito das sociedades*, Coimbra: Almedina.

Maia, Pedro (2015), "Deliberações dos sócios", *Estudos de direito das sociedades*, coord. de J. M. Coutinho de Abreu, 12ª ed., Coimbra: Almedina.

Pinto, Carlos Alberto da Mota (2005), *Teoria geral do direito civil*, 4ª ed. por António Pinto Monteiro e Paulo Mota Pinto, Coimbra: Coimbra Editora.

Triunfante, Armando M. (2004), *A tutela das minorias nas sociedades anónimas*, Coimbra: Coimbra Editora.

Triunfante, Armando (2016), "O quórum constitutivo e as minorias deliberativas nas sociedades anónimas e por quotas portuguesas", *IV Congresso Direito das Sociedades em Revista*, Coimbra: Almedina.

Vasconcelos, Pedro Pais (2006), *A participação social nas sociedades comerciais*, 2ª ed., Coimbra: Almedina.

Ventura, Raúl (1989), *Sociedades por quotas*, vol. III, Coimbra: Almedina.

Xavier, V. G. Lobo (1976), *Anulação de deliberação social e deliberações conexas*, Coimbra: Altântida Editora.

Xavier, Vasco Lobo (1986), "O regime das deliberações sociais no Projeto do Código das Sociedades", *Temas de direito comercial*, Coimbra: Almedina.

DIREITO COMERCIAL E DAS SOCIEDADES. ENTRE AS EMPRESAS E O MERCADO

Para saber mais

I – Leituras recomendadas

Abreu, Jorge Manuel Coutinho de (2011), "Impugnação de deliberações sociais (Teses, antíteses, sem sínteses)", *I Congresso Direito das Sociedades em Revista*, Coimbra: Almedina.

Ascensão, J. Oliveira (2002), "Invalidades das deliberações dos sócios", *Problemas do direito das sociedades*, Coimbra: Almedina.

Coelho, Eduardo Lucas (2011), "O quórum constitutivo das assembleias gerais – a pretexto do lançamento do 2º volume do "Código das Sociedades Comerciais em Comentário"", *Direito das Sociedades em Revista*, 6.

Cordeiro, António Menezes (2007), *S.A.: assembleia geral e deliberações sociais*, Coimbra: Almedina.

Gião, João Sousa (2005), "Notas sobre o anunciado fim do bloqueio de acções como requisito do direito de voto em sociedades cotadas", *Cadernos do Mercado de Valores Mobiliários*, 21.

Labareda, João (2011), "Sobre os direitos de participação e de voto nas assembleias gerais de sociedades cotadas", *Direito das Sociedades em Revista*, 5.

Maia, Pedro (2001), "Invalidade de deliberação social por vício de procedimento", *Revista da Ordem dos Advogados*, Abril.

Maia, Pedro (2007), "Deliberações dos sócios e respetiva documentação: alguns problemas", *Nos 20 anos do Código das Sociedades Comerciais,* vol. I, *Congresso empresas e sociedades*, Coimbra: Coimbra Editora.

Martins, Alexandre de Soveral (2006), "A propósito da suspensão de deliberações sociais e do princípio da igualdade de tratamento, *Cadernos de Direito Privado*, 13.

Ribeiro, Maria de Fátima (2012), "Responsabilidade dos sócios pelo voto", *II Congresso Direito das Sociedades em Revista*, Coimbra: Almedina.

Santos, Filipe Cassiano dos/Fonseca, H. Duarte (2012), "Inexistência e nulidade de deliberações sociais", *Direito das Sociedades em Revista*, 7.

Silva, Paula Costa e (2008), "O conceito de acionista e o sistema de *record date*", *Direito dos Valores Mobiliários*, vol. VIII, Coimbra: Coimbra Editora.

CAPÍTULO XI – DELIBERAÇÕES DOS SÓCIOS

Triunfante, Armando (2007), "A revisão do CSC e o regime das reuniões e deliberações dos órgãos de administração e de fiscalização da SA", *Jornadas Sociedades Abertas, valores mobiliários, e intermediação financeira*, Coimbra: Almedina.

II – Sítios oficiais de conteúdo informativo relevante para a compreensão de aspetos relativos a deliberações sociais

Os sítios oficiais de sociedades cotadas publicam as convocatórias das assembleias gerais e os documentos que acompanham as referidas convocatórias. Para um exemplo desta prática, veja-se o sítio da REN – Redes Energéticas Nacionais, S.G.P.S., S.A., disponível em https://www.ren.pt/pt-PT/investidores/governo_da_sociedade/assembleias_gerais/, que, entre outros elementos, publica a convocatória para a assembleia geral anual de 2017.

O sistema informático de difusão de informação da CMVM, acessível ao público, divulga as convocatórias de assembleias gerais. V. www.cmvm.pt.

Para o conhecimento de vícios de conteúdo ou de procedimento de deliberações sociais, é proveitoso consultar a jurisprudência dos tribunais, disponível em www.dgsi.pt.

DIREITO COMERCIAL E DAS SOCIEDADES. ENTRE AS EMPRESAS E O MERCADO

Para estudar melhor

I. Distinga sucintamente:

a) Deliberações positivas *de* deliberações negativas;

b) Presidente da assembleia geral na sociedade por quotas *de* presidente da assembleia geral na sociedade anónima;

c) Deliberação por voto escrito *de* deliberação unânime por escrito;

d) Quórum deliberativo *de* quórum constitutivo.

II. Considere a seguinte factualidade.

"Manuel da Fonseca, comercialização de materiais de construção, Lda" é gerida por António Gonçalves, gestor de profissão e não sócio. A sociedade é constituída por cinco sócios, cada um deles tem uma quota de valor nominal de 1 000 euros.

António Gonçalves, na qualidade de gerente, recebeu uma proposta de aquisição de um terreno da sociedade no valor de 1 milhão de euros. Sabendo que o contrato de sociedade nada diz sobre o órgão competente para deliberar sobre esta proposta, António Gonçalves decidiu que é necessário convocar a assembleia geral com urgência.

Uma vez que António Gonçalves se encontra no estrangeiro, a participar numa feira internacional de materiais de construção, deu instruções ao secretariado da gerência no sentido de que este convocasse os sócios da "Manuel da Fonseca, comercialização de materiais de construção, Lda" para se reunirem em assembleia geral, na sede da sociedade, tendo como ordem de trabalhos "Ponto único: deliberar sobre a proposta de alienação de bem imóvel da sociedade conhecido como "Quinta das Conchas", no valor de um milhão de euros". Seguindo as instruções do gerente, o secretariado enviou a convocatória através de cartas registadas que foram expedidas com antecedência mínima de 15 dias.

Questões:

1. Aprecie se a coletividade dos sócios é o órgão competente para deliberar a alienação do imóvel "Quinta das Conchas". Justifique a sua resposta.

2. Aprecie a legalidade da convocatória da assembleia geral da "Manuel da Fonseca, comercialização de materiais de construção, Lda". Justifique a sua resposta.

CAPÍTULO XI – DELIBERAÇÕES DOS SÓCIOS

3. No dia e hora indicados na carta registada, todos os sócios estiveram presentes na sede da sociedade e todos concordaram que era necessário deliberar sobre a proposta de aquisição do imóvel. 4 sócios consideraram que o valor oferecido é inferior ao valor do mercado e votaram contra. Um sócio considerou o valor oferecido adequado e votou a favor. Aprecie a legalidade desta deliberação. Justifique a sua resposta.

Capítulo XII
SOCIEDADES COLIGADAS

1. Tipicidade das sociedades coligadas

Verdadeiramente não se conhece uma economia de mercado e os seus agentes se não se perceber como funcionam as diversas *relações de coligação intersocietária*. A "fisionomia da prática societária contemporânea deixou de ser fielmente retratada pela sociedade individual e isolada para passar a vir refletida essencialmente através da emergência de grupos societários que assim se tornaram no verdadeiro *paradigma central do universo económico-empresarial nacional e internacional dos nossos dias*" (Antunes: 2002:58).

Tais relações jurídicas comportam relevantes consequências jurídicas, sendo menos intensos os efeitos nas sociedades em relação de simples participação e mais intensos nas relações de domínio ou de grupo. As sociedades dominadas e subordinadas, do ponto de vista formal, *são entidades jurídicas dotadas de personalidade jurídica própria*, mas muito limitadas na autonomia da decisão económica, tendo em conta o *controlo intersocietário* exercido pela sociedade dominante ou diretora.

No universo das relações de coligação, os *grupos de sociedades* constituem, sem margem para dúvidas, a *figura central*. Os grupos de sociedades apresentam *vantagens económicas* (permitem que, através da integração vertical, sejam asseguradas as fontes de fornecimento de matérias primas), *vantagens financeiras* (porquanto, através de "um reduzido investimento inicial de capital, se poderá obter o domínio de uma enorme massa de capitais e de patrimónios, submetendo-os a uma direção económica comum" (Antunes, 2002:67)), *vantagens jurídicas* (de que deve ser destacada a "divisão dos riscos de exploração empresarial" (Antunes, 2002:68)).

DIREITO COMERCIAL E DAS SOCIEDADES. ENTRE AS EMPRESAS E O MERCADO

No entanto, a constituição de grupos implica também *riscos* para vários sujeitos: sócios minoritários da sociedade dominada ou subordinada, riscos para os credores da sociedade subordinada ou dominada, riscos para a economia geral inerentes à redução de concorrência causada por operações de concentração empresarial[1], *etc.*

O CSC dedica o Título VI às "Sociedades Coligadas". Em rigor, o CSC não define o que são "sociedades coligadas". Para os efeitos do CSC, sociedades coligadas são *tão-só* as que entre si estabelecem as relações contempladas no art. 482º[2]: *a*) sociedades em relação de simples participação; *b*) sociedades em relação de participações recíprocas; *c*) sociedades em relação de domínio; *d*) sociedades em relação de grupo. Consagra-se aqui o *princípio da tipicidade das sociedades coligadas* (Antunes, 2002:279).

Acompanhando as relações jurídicas estabelecidas pelas *sociedades coligadas*, o CSC apresenta designações específicas para as sociedades envolvidas. Assim, o CSC fala em sociedades *participantes* e *participadas* (identificam as sociedades coligadas em relação de simples participação ou em relação de participações recíprocas, arts. 483º, ss.); sociedades *dominantes e dependentes* (mencionam as sociedades em relação de domínio, arts. 486º, ss.), sociedades *diretoras e subordinadas*, sociedades *totalmente dominantes e dominadas* (referem, respetivamente, as sociedades em relação de grupo constituído por domínio total e sociedades em relação de grupo constituído por contrato de subordinação, nos termos dos arts. 488º, ss).

O Título VI, dedicado às sociedades coligadas, *não se aplica* a todos os tipos societários. O art. 481º, 1, delimita o *âmbito pessoal* de aplicação do regime das sociedades coligadas às relações que entre si estabeleçam "as sociedades por quotas, sociedades anónimas e sociedades em comandita por ações". Como é fácil de perceber, ficam excluídas deste específico regime das *sociedades coligadas,* previsto nos arts. 481º, ss., todas as relações jurídicas em que um ou ambos os sujeitos jurídicos seja sociedade em nome coletivo, sociedade em comandita simples ou sociedade civil. Além destas, todas as *entidades não societárias* estão excluídas da aplicação do regime específico das sociedades coligadas: cooperativas, associações, fundações, agrupamentos complementares de empresas, agrupamentos europeus de interesse económico.

De igual modo, *não se encontra sujeita ao regime das sociedades coligadas* o *empresário individual.* Se por hipótese de raciocínio, *A*, empresário individual,

---

[1] Sobre os grupos de sociedades e operações de concentração, Antunes, 2011.
[2] São do Código das Sociedades Comerciais as normas cuja fonte legislativa não é mencionada.

CAPÍTULO XII – SOCIEDADES COLIGADAS

domina, com uma participação social de 90%, uma sociedade anónima B ou uma sociedade por quotas C, *não configura* tal participação social em B ou em C uma relação de domínio, pois relativamente a um dos sujeitos da relação jurídica (A) *não se verifica* um dos requisitos legais exigidos pelos arts. 481º, 1, 486º, 2. Mas, como é fácil de ver, *A* é sócio maioritário e mantém uma relação de domínio na sociedade por si participada, mas não sendo uma sociedade por quotas, anónima ou em comandita por ações, não se lhe aplica a disciplina jurídica das relações de domínio e, por consequência, não está sujeito às regras legais protetoras de sociedade dominada ou subordinada, dos seus sócios minoritários ou dos credores sociais.

Por outro lado, o regime-regra é a de que a disciplina legal das sociedades coligadas envolve unicamente as *sociedades de direito nacional*, mas com as exceções previstas no nº 2 do art. 481º (sobre estas exceções, v. Dias, 2014:25, ss.).

2. Sociedades *holding*

O conceito de origem inglesa "holding", também vulgarizado na experiência empresarial portuguesa, designa aquelas sociedades que têm por objeto gerir carteiras de participações sociais em outras sociedades. Na ordem jurídica portuguesa, as sociedades gestoras de participações sociais (SGPS) são *sociedades de direito especial*, cujo regime jurídico está consagrado no DL 495/88, de 30 de novembro (várias vezes alterado).

Nos termos do art. 1º do regime das SGPS, as sociedades gestoras de participações sociais "têm por único objeto contratual a gestão de participações sociais noutras sociedades, como forma indireta de exercício de atividades económicas". As "SGPS podem constituir-se segundo o tipo de sociedades anónimas ou de sociedades por quotas" (art. 2º, 1, do DL 495/88, de 30 de novembro). O regime das SGPS exige que a sua firma contenha a "menção «sociedade gestora de participações sociais» ou a abreviatura SGPS, considerando-se uma ou outra dessas formas indicação suficiente do objeto social" (art. 2º, 4, do DL 495/88, de 30 de novembro).

É frequente que uma "holding" seja a sociedade dominante numa relação de grupo constituído por domínio total. No entanto, não deve ser confundida a sociedade "*holding*" com o próprio grupo (desenvolvidamente, Antunes, 2002:88, s.). Na verdade, a sociedade "holding" constitui uma das formas possíveis que a sociedade-mãe pode assumir. O grupo de sociedades pode ser liderado por uma sociedade anónima ou sociedade por quotas que não seja do tipo especial de sociedade gestora de participações sociais.

A carteira gerida por uma sociedade gestora de participações sociais pode integrar participações sociais muito diversificadas. Assim, de acordo com o regime jurídico previsto pelo DL 495/88, de 30 de novembro, o portefólio da SGPS detém participações correspondentes a 10% com direito de voto (art. 1º, 2), mas podem ser, em determinados casos, de valor inferior (art. 3º, 3). Assim, uma sociedade "holding" pode ser titular de qualquer uma das relações jurídicas de coligação: relações de simples participação, relações de participações reciprocas, relações de domínio ou, ainda, relações de grupo. O art. 11º do DL 495/88, de 30 de novembro, determina que também as sociedades gestoras de participações sociais estão sujeitas à "aplicação das normas respeitantes a sociedades coligadas".

3. Sociedades em relação de simples participação

As sociedades em relação de *simples participação* constituem a forma *mais simples* de coligação societária prevista no CSC. Nos termos do art. 483º, 1, "considera-se que uma sociedade está em relação de simples participação com outra quando uma delas é titular de quotas ou ações de outra em montante igual ou superior a 10% do capital desta, mas entre ambas não existe nenhuma das outras relações previstas no art. 482º"[3].

As situações abrangidas por esta hipótese são *muito diversas*. Pode acontecer que uma sociedade detenha em outra 40% do capital social e esta última detenha na primeira 2% ou situações em que só uma das sociedades detém na outra 10% do capital social.

Por fim, nem todas as relações de coligação entre sociedades por quotas, anónimas e em comandita por ações, com sede em Portugal, estão sujeitas às normas dos arts. 481º, ss.. É necessário que a concreta relação de coligação se possa reconduzir a uma das legalmente tipificadas e previstas no CSC. Assim, se uma sociedade participar em outra em 8% do capital social de esta, tal situação não constitui uma coligação societária por relação de simples participação.

Antunes, 2002:317, sublinha que relevantes, para os efeitos dos arts. 481º e ss. do CSC, são, em princípio, apenas as "relações diretas e bilaterais". O que significa que, seguindo este regime-regra, para os efeitos dos arts. 481º, ss., apenas importam aquelas relações de coligação que uma sociedade estabeleça *diretamente* com outra sociedade; são, em regra, irrelevantes (e, por isso, *não submetidas* ao regime dos arts. 481º, ss), as relações indiretas ou reflexas. Servindo-nos do exemplo de Antunes, 2002: 318, se a sociedade *A* detém

---

[3] Repare-se que participações sociais superiores a 50% de uma sociedade no capital social de outra sociedade constituem indício de relações de domínio, nos termos do art. 486º, 2, *a*).

CAPÍTULO XII – SOCIEDADES COLIGADAS

duas participações, cada uma de 60%, na sociedade *B* e na sociedade *C*, configurará, respetivamente, a relação entre *A* e *B* e entre *A* e *C* uma *relação de domínio*. Inexiste qualquer coligação societária entre B e C.

Sendo a regra a de que só relevam as relações diretas e bilaterais, os arts. 483º, 2, e 493º, 2, apresentam exceções a tal regra. Nos termos do art. 483º, 2, determinadas *relações indiretas de coligação* estão sujeitas ao regime jurídico de sociedades coligadas.

A existência de uma relação de simples participação, tal como configurada pelo art. 483º, 1, implica o *dever legal de comunicação* previsto no art. 484º, 1 – "uma sociedade deve comunicar, por escrito, a outra sociedade todas as aquisições e alienações de quotas ou ações desta que tenha efetuado, a partir do momento em que se estabeleça uma relação de simples participação e enquanto o montante da participação não se tornar inferior àquele que determinar essa relação".

Visa-se, pela imposição deste dever legal, garantir a *publicidade* e a *transparência*, tendo-se em vista, essencialmente, os interesses da sociedade participada, dos seus sócios (atuais e futuros) e dos credores sociais (Antunes, 2002:330).

Algo paradoxalmente, a *lei não prevê qualquer sanção para o incumprimento do dever de comunicação* previsto no art. 484º. Antunes, 2002: 371 considera que esta omissão configura uma *lacuna legal* que deve ser integrada pela aplicação da sanção de suspensão ou paralisação dos direitos sociais inerentes às ações ou quotas detidas pela sociedade inadimplente, aplicando-se *analogicamente* o que se dispõe no art. 485º, 3, e arts. 324º, 1, *a*), 325º-B, 1.

4. Sociedades em relação de participações recíprocas

O CSC distingue entre a coligação por *simples participação* (arts. 482º, *a*), 483º) e as *sociedades em relação de participações recíprocas* (arts. 482º, *b*), 485º).

No contexto da *relação de participações recíprocas* é possível distinguir entre, por um lado, as *participações recíprocas simples* (arts. 482º, *b*), 485º), em que as sociedades participantes são independentes entre si, e as *participações recíprocas qualificadas*, prevista nos arts. 487º, 325º-A, 325º-B, por força do art. 485º, 4. Estas últimas distinguem-se "pela circunstância de o cruzamento de participações interceder entre sociedades que se encontram entre si numa relação de domínio (ou seja, entre sociedades dominante e dependente)" (Antunes, 2002: 423). Neste contexto, será abordada, essencialmente, a disciplina das *participações recíprocas simples*.

Antunes, 2002:378, identifica os perigos associados às relações de participações recíprocas: *a*) por um lado, perigos de natureza patrimonial, pois a

DIREITO COMERCIAL E DAS SOCIEDADES. ENTRE AS EMPRESAS E O MERCADO

reciprocidade de participações sociais põe em risco a constituição e conservação do capital social; *b*) por outro lado, perigos de natureza organizatória (a reciprocidade de participações pode propiciar o desrespeito da divisão de competências fixadas por lei).

O regime jurídico das sociedades em relação de participações recíprocas assenta em três pressupostos jurídicos constantes do art. 485°: *a*) duas sociedades são reciprocamente titulares de participações no capital da outra; *b*) as participações recíprocas são ambas *iguais* ou *superiores* a 10% do capital social; *c*) que uma das sociedades tenha cumprido o dever previsto no art. 484°, 1, de comunicar à outra a participação que detém no seu capital social.

As participações sociais recíprocas que relevam para o regime do art. 485° podem ser diretas (*A* participa no capital social de *B* em 12% e *B* participa no capital social de *A* em 20%) ou *indiretas*. No entanto, as *participações recíprocas indiretas* só estão abrangidas pelo regime do art. 485° quando "uma das sociedades intervenientes na cadeia de participações seja uma sociedade em relação de domínio ou de grupo com a sociedade recíproca e indiretamente participante" (Antunes, 2002:395).

Para que se aplique o regime jurídico de participações recíprocas previsto no art. 485° é necessário que ambas as participações sejam superiores a 10% (este é o *limite mínimo*). Participações recíprocas em que uma delas ou ambas sejam inferiores a 10% não são abrangidas pelo regime do art. 485° e, consequentemente, não estão sujeitas "aos deveres e restrições constantes" (n° 1) desta norma. Quanto ao limite máximo das participações recíprocas, ele é de 50%. A partir deste limiar constitui-se a *presunção iuris tantum* de que subsiste entre as sociedades uma relação de domínio. É a solução que resulta a conjugação do disposto nos arts. 485°, 4, e 486°, 2.

É requisito de aplicação do art. 485° que *uma* das sociedades comunique à sua participada que é detentora de uma participação social de 10% ou mais (art. 484°, 1). Tal comunicação é *obrigatória*, mas, como já vimos, a norma que a impõe (art. 484°) não é assistida de sanção. O que pode incentivar a prática empresarial de nenhuma das sociedades reciprocamente participadas fazer a comunicação e, por esta, via não se aplicar o regime previsto no art. 485°.

Nos termos do art. 485°, 1, "As sociedades que estiverem em relação de participações recíprocas ficam sujeitas aos deveres e restrições constantes dos números seguintes, a partir do momento em que ambas as participações atinjam 10% do capital da participada". Uma destas "restrições" resulta do art. 485°, 2: "a sociedade que mais tardiamente tenha efectuado a comunicação exigida pelo artigo 484°, n° 1, donde resulte o conhecimento do montante

CAPÍTULO XII – SOCIEDADES COLIGADAS

da participação referido no número anterior, não pode adquirir novas quotas ou ações na outra sociedade".

A partir desta norma, é possível distinguir entre, por um lado, o estatuto da sociedade que *primeiramente* cumpriu o dever de comunicação e o da que "mais tardiamente" cumpriu o mesmo dever. Apesar do teor literal do art. 485º, 1 (que, numa leitura apressada, induz a ideia de que ambas as sociedades em participação recíprocas ficam sujeitas às "restrições" previstas no art. 485º), a verdade é que a sociedade que primeiramente cumpriu o dever de comunicação continua livre para adquirir participações sociais da sua participada e exercer os correspondentes direitos sociais.

A sociedade que "mais tardiamente" cumpriu o dever de comunicação ficará impedida de adquirir novas ações ou quotas na primeira sociedade, ficará impedida de exercer os direitos sociais correspondentes às ações ou quotas que excedam 10% do capital social (art. 485º, 3), e os seus administradores poderão ser responsabilizados, "nos termos gerais, pelos prejuízos que a sociedade sofra pela criação e manutenção de tal situação" (art. 485º, 3, *in fine*) (desenvolvidamente, Antunes, 2002:406, s.).

Perguntar-se-á qual é a razão de ser desta disciplina que, em regra, faz assentar em um critério temporal a identificação da sociedade que fica sujeita às "restrições" inerentes ao regime jurídico-societário das participações sociais recíprocas. Antunes, 2002:407, entende que se trata de um regime que visa *proteger* a posição da sociedade que *primeiramente* adquiriu a participação social de 10% ou que primeiramente cumpriu o dever de comunicação – esta ou não pôde impedir o surgimento da relação de participações recíprocas juridicamente relevante ou, então, permaneceu mais tempo no desconhecimento da existência desse cruzamento de participações.

Nos termos do art. 485º, 3, a violação da proibição de aquisição de novas quotas ou ações noutra sociedade *não determina a nulidade* de tais aquisições. O que acontece é que a sociedade adquirente "não pode exercer os direitos inerentes a essas quotas ou ações na parte que exceda 10% do capital, excetuado o direito à partilha do produto da liquidação, embora esteja sujeita às respetivas obrigações". A aquisição *não é nula*, mas a lei determina a suspensão dos direitos.

Só os direitos sociais, nos termos do art. 485º, 3, são suspensos ou paralisados; a suspensão *não afeta as obrigações da sociedade* (não se suspende a obrigação de cumprir a obrigação de entrada em dinheiro que tenha sido parcialmente diferida nos termos do art. 285º).

DIREITO COMERCIAL E DAS SOCIEDADES. ENTRE AS EMPRESAS E O MERCADO

5. Sociedades em relação de domínio

5.1. Definição de relação de domínio

Segundo o art. 486º, 1, "considera-se que duas sociedades estão em relação de domínio quando uma delas, dita dominante, pode exercer, diretamente ou por sociedades ou pessoas que preencham os requisitos indicados no artigo 483º, nº 2, sobre a outra, dita dependente, uma influência dominante".

É necessário não confundir as *relações de domínio* (arts. 482º, *c*), 486º, 1) com as *relações de grupo por domínio total* (arts. 482º, *d*), 488º, s.). São distintos conceitualmente, mas também nas consequências jurídicas, como veremos *infra*.

O legislador português *não definiu* o que entende por "influência dominante", para os efeitos do art. 486º, 1. O que significa que caberá à *doutrina* e à *jurisprudência* quando aprecia e decide casos concretos, a densificação deste conceito legal indeterminado (para propostas doutrinais, v. Antunes, 2002:454, s.; Dias, 2014ª:83, s.).

5.2. Presunções de domínio

O art. 486º, 2, prevê *presunções legais de dependência*.

Apelando às regras da experiência empresarial e societária, o art. 486º contempla três situações que, *em regra*, indiciam a existência de influência dominante de uma sociedade sobre outra. Todas estas presunções legais constituem *presunções relativas* ou presunções *iuris tantum* (art. 350º, 2, do CCiv.). E, por conseguinte, o nº 2 do art. 486º não deve ser interpretado como uma lista taxativa de instrumentos de influência (também neste sentido, Antunes, 2002:555, 556).

Ou seja, verificadas as circunstâncias elencadas no art. 486º, 2, *presume-se* (sem necessidade de prova suplementar) que a sociedade (por quotas, anónima ou em comandita por ações) titular de participação maioritária, da maioria de votos ou titular do direito de designar a maioria dos membros do órgão de administração ou fiscalização exerce influência dominante sobre a sociedade dependente.

Estas presunções legais invertem o *ónus da prova*. Na verdade, "quem tiver a seu favor a presunção legal escusa de provar o facto a que ela conduz" (art. 350º, 1, CCiv.). Assim, provados os factos constantes das diversas alíneas do art. 486º, 2, considera-se provada (por presunção) a existência de influência dominante da sociedade dominante sobre a sociedade dependente.

Por definição, as *presunções legais relativas* admitem prova em contrário, conforme o que resulta do art. 350º, 2, CCiv. O que significa que, pela con-

CAPÍTULO XII – SOCIEDADES COLIGADAS

jugação dos arts. 350°, 2, do CCiv. e do art. 486°, 2, CSC, é admitida a prova de que, apesar da verificação de uma das circunstâncias previstas no art. 486°, 2, a sociedade (por quotas, anónima e em comandita por ações) *não tem a possibilidade de exercer influência dominante*. Assim, por exemplo, a sociedade *A*, apesar de deter a maioria do capital social da sociedade *B* não tem a possibilidade de exercer influência dominante em razão de cláusula estatutária da sociedade *B* que impõe um "teto de voto" de 20%, ao abrigo do disposto no art. 384°, 2, *b*).

5.3. Instrumentos de influência dominante

Teoricamente, podem ser muito variados os instrumentos através dos quais uma sociedade domina uma outra, tornando esta última dependente: *participação maioritária* no capital social, *poder de voto* maioritário, direitos especiais previstos estatutariamente, acordos parassociais, certos contratos entre as sociedades, relações de facto, *etc*.

Em regra, a participação social maioritária no capital da sociedade dominada constitui instrumento de domínio, pois confere, *em regra*, à sociedade dominante um *poder de voto maioritário* que lhe permite, com os seus votos, aprovar ou rejeitar propostas de deliberações e, por esta via, eleger ou destituir os titulares do órgão de administração e indiretamente influenciar os rumos da gestão societária. Pode, no entanto, acontecer que a sociedade tenha uma participação maioritária no capital social, mas a esta participação social maioritária não corresponde o poder de voto maioritário. Também pode acontecer que a sociedade não tenha uma participação maioritária, mas tenha a maioria dos votos. Pense-se, por exemplo, nos casos em que a lei admite que, como direito especial, seja atribuído voto plural a determinado(s) sócio(s) (arts. 250°, 2, 531°, 1).

A realidade empresarial e societária conhece *outros instrumentos* de influência dominante que não constam da lista do art. 486°, 2, como serão os casos de *certos* acordos parassociais (Dias, 2014ª:95) ou de determinados vínculos contratuais. O que acontece é que a prova de instrumentos de influência dominante não previstos no art. 486°, 2, *não beneficia de presunções legais*, sendo necessária a prova de que tal instrumento constitui fonte de influência dominante. Por conseguinte, *não é taxativa* a enumeração prevista pelo art. 486°, 2.

5.4. Consequências jurídicas

Atentemos, agora, as *consequências jurídicas* associadas às relações de domínio entre sociedades (por quotas, anónimas e em comandita por ações).

DIREITO COMERCIAL E DAS SOCIEDADES. ENTRE AS EMPRESAS E O MERCADO

É geralmente salientada e criticada (por todos, Antunes, 2002:448, s.; Dias, 2014ª:103, 104) a *escassez* de consequências jurídicas *especificamente* associadas às *relações de domínio* entre sociedades.

O CSC não resolve expressamente a questão de saber quais os *meios* ou *canais* através dos quais a sociedade dominante pode ou está autorizada a exercer a influência dominante sobre a sociedade dependente. Esta questão está resolvida no regime jurídico dos grupos constituídos por contrato de subordinação, aplicável aos grupos constituídos por domínio total (inicial ou superveniente) que autoriza que a sociedade diretora ou dominante remeta à administração da sociedade subordinada ou dominada *instruções vinculantes lícitas*, designadamente desvantajosas (arts. 503º, 491º).

O regime jurídico das sociedades coligadas por relações de domínio não prevê este "direito de dar instruções". Ao abrigo da lei portuguesa, os *meios lícitos* de exercício da influência dominante são: *a)* através do seu poder de voto maioritário, a sociedade dominante elege e destitui os membros do órgão de administração da sociedade dependente; *b)* através do seu poder de voto maioritário, a sociedade dominante faz aprovar ou rejeitar as propostas de deliberação da sociedade dependente (admitindo que individualmente considerada a sociedade dominante detém o número de votos suficiente para aprovar ou rejeitar determinada proposta de deliberação); *c)* quanto à sociedade por quotas dependente, a sociedade dominante, através de deliberação social, pode dirigir à gerência da sociedade dependente orientações sobre matérias de gestão (art. 259º); *d)* na sociedade anónima, nos termos do art. 373º, 3, *a pedido da administração da sociedade anónima dependente*, a sociedade dominante, através de deliberação social, pode dirigir orientações à sociedade anónima dependente.

O que o regime jurídico-societário das relações de domínio não autoriza é que a sociedade dominante, *maxime*, o órgão de administração da sociedade dominante remeta instruções vinculantes ao órgão de administração da sociedade dependente. Na verdade, o quadro legal regulador do relacionamento entre a administração da sociedade dominante e a administração da sociedade dependente preserva a independência formal e a autonomia de decisão desta última (Ventura, 1994:117; Ascensão, 2000: 605; Antunes, 2002:579).

A escassa regulação legal das consequências jurídicas associadas às relações de domínio traduz-se em: *a)* deveres de declaração e de publicidade (art. 468º, 3); *b)* proibir que a sociedade dependente adquira participações da sociedade dominante (art. 487º).

CAPÍTULO XII – SOCIEDADES COLIGADAS

Nos termos do art. 486°, 3, "sempre que a lei imponha a publicação ou declaração de participações, deve ser mencionado, tanto pela sociedade presumivelmente dominante, como pela sociedade presumivelmente dependente, se se verifica alguma das situações referidas nas alíneas do n° 2 deste artigo".

O art. 487° prevê e regula a *proibição de aquisição de participações*[4]. Por força desta disposição, é proibida, em regra, a aquisição de participações da dominante pela sociedade dependente, seja direta seja indiretamente. As aquisições de ações ou de quotas que violem esta proibição são *nulas* (art. 487°, 2). São *lícitas* e *válidas*, todavia, as aquisições que uma sociedade dependente faça de ações ou quotas de sociedade dominante quando sejam efetuadas a título gratuito, por adjudicação em ação executiva movida contra devedores ou em partilha de sociedades de que seja sócia (art. 487°, 1). Parece que também devem ser consideradas *lícitas e válidas* as aquisições que sociedade dependente faça de ações de sociedade anónima dominante em bolsa. Tais aquisições seguem o regime jurídico de *ações próprias da sociedade anónima dominante* (art. 325°-B, 1).

Como é fácil de ver, estas disposições legais e as consequências jurídicas aí previstas não são idóneas a proteger adequadamente a sociedade dependente, seus sócios minoritários e credores. O legislador português não resolveu expressamente esta questão, deixando-a para a *doutrina* e para a *jurisprudência*.

A doutrina procura, em *normas gerais do direito das sociedades*, soluções jurídicas que possam prevenir ou sancionar os potenciais abusos inerentes ao exercício da influência dominante. E, assim, são convocadas para esta sede figuras jurídicas muito diversas e, consequentemente, potenciadoras de efeitos jurídicos também eles muito diversos (desenvolvidamente, Ribeiro, 2014:425, ss.). Assim, e a título de exemplo, são convocados a proibição de deliberações sociais abusivas e a possibilidade de estas serem anuladas; o impedimento de voto em situação de conflito de interesses (arts. 251°, 367°, 2, 384°, 6, 478°); deveres e responsabilidades dos membros do órgão de administração (arts. 64°, 72°, 1, 78°, 1, 79°); responsabilidade do sócio controlador (art. 83°)[5], *etc.*.

---

[4] O Preâmbulo do DL 328/95, de 9 de dezembro, proclama a "derrogação dos artigos 487° e 481°, n° 2, que se mantêm apenas em vigor para as sociedades por quotas".

[5] Sobre a responsabilidade civil do sócio controlador, v. Abreu/Ramos, 2004:11, ss.

DIREITO COMERCIAL E DAS SOCIEDADES. ENTRE AS EMPRESAS E O MERCADO

6. Sociedades em relação de grupo

6.1. Diversidade de fontes de relações de grupo

Embora o art. 482° regule as várias relações de coligação entre sociedades, a verdade é que são as *relações de grupo* as que concitam mais atenção da doutrina.

Os arts. 488° e seguintes apresentam a "enumeração taxativa dos instrumentos jurídicos" (Antunes, 2002:609) de constituição do grupo de sociedades. O CSC *não oferece* ao intérprete/aplicador do direito a noção de grupo de sociedades.

Os arts. 488° e s. regulam os *grupos de direito*. Designam-se *grupos de direito* aqueles "cuja criação resulta da utilização de um dos instrumentos jurídicos que a lei previu taxativamente para tal efeito – no direito português são três esses instrumentos; o domínio total (arts. 488° e 489°), o contrato de grupo paritário (art. 492°) e o contrato de subordinação (art. 493°) – e a cuja organização e funcionamento se fez associar um regime jurídico excecional, derrogador dos cânones gerais do direito das sociedades (…)" (Antunes, 2002:73).

Os grupos de direito são objeto de um "regime jurídico excecional" (Antunes, 2002: 73) que, por um lado, autoriza e legitima o poder de direção da sociedade-mãe sobre a sociedade-filha (nomeadamente, a possibilidade de serem emitidas instruções vinculantes desfavoráveis para a sociedade-filha) e por outro lado, a proteção da sociedade filha, dos seus sócios minoritários e credores.

Os *grupos de facto não são objeto* de disciplina específica do CSC. A doutrina carateriza-os de uma *forma negativa* como sendo aqueles "em que o poder de direção detido pela sociedade-mãe sobre as suas filhas teve a sua origem num outro instrumento – "máxime", participações maioritárias, acordos parassociais, contratos interempresariais, uniões pessoais, relações económico--fácticas de dependência – e ao qual a lei não fez associar expressamente qualquer regime jurídico especial" (Antunes, 2002: 73).

Os arts. 488° e seguintes, dedicados às "sociedades em relação de grupo", preveem os grupos constituídos por *domínio total* (inicial e superveniente – arts. 488°-491°), por *contrato de grupo paritário* (art. 492°) e por *contrato de subordinação* (arts. 493°-508°-G[6]).

Os grupos de sociedades congregam sociedades que, embora dotadas de personalidade jurídica própria, estão sujeitas a uma *direção económica unitária ou comum*. Reconhecendo a lei esta especificidade, consagrou também o

---

[6] O art. 508°-G foi aditado pelo DL 89/2017, de 28 de julho.

CAPÍTULO XII – SOCIEDADES COLIGADAS

poder de direção que a sociedade-mãe do grupo exerce sobre as sociedades-filhas. Traduz-se tal poder de direção na subordinação direta dos administradores das sociedades-filhas às instruções emitidas pela administração da sociedade-mãe, designadamente instruções vinculantes *desfavoráveis* às sociedades-filhas. Ora, este poder de direção da sociedade-mãe sobre as sociedades-filhas contraria princípios básicos do direito das sociedades, designadamente em matéria de autonomia de decisão do órgão de administração.

Contrabalançando o poder de direção da sociedade diretora ou dominante, o CSC prevê um *regime jurídico excecional* de tutela das sociedades-filhas, dos seus sócios e credores. As medidas legais de proteção das sociedades filhas, seus sócios e credores sociais são a atribuição de certos direitos aos sócios minoritários (arts. 494º, 497º, 499º, 500º), a responsabilidade ilimitada da sociedade-mãe perante os credores da sociedade-filha (art. 501º), o dever de cobrir as perdas anuais (art. 502º); especiais deveres e responsabilidades dos membros do órgão de administração da sociedade diretora ou dominante (art. 504º).

6.2. Grupos constituídos por contrato de grupo paritário

Nos termos do art. 492º, 1, "duas ou mais sociedades que não sejam dependentes nem entre si nem de outras sociedades podem constituir um grupo de sociedades, mediante contrato pelo qual aceitem submeter-se a uma direção unitária e comum". Constituir-se-á, por força deste contrato de grupo paritário, um grupo de *base contratual* e de natureza horizontal.

O *grupo paritário* estabelece-se entre sociedades que são independentes entre si e de outras sociedades. Por conseguinte, as sociedades participantes no grupo paritário não podem ser sujeitos passivos de relação de domínio nem ser participantes em relações de grupo por domínio total, nem sujeito passivo de contrato de subordinação.

A lei não diz o que deve entender-se por "direção unitária e comum". Essencial é que todas as sociedades participantes no grupo paritário estejam em situação de *igualdade* na definição das medidas em que se concretiza tal direção unitária e comum.

São *variados* os modelos organizacionais através dos quais pode ser conseguida a direção unitária comum – órgão *especial de direção*, de composição paritária (v. art. 492º, 4), elementos comuns nos órgãos de administração das várias sociedades integrantes do grupo.

Não existindo uma relação vertical, como ocorre nos grupos constituídos por contrato de subordinação ou por domínio total, ainda que haja um

DIREITO COMERCIAL E DAS SOCIEDADES. ENTRE AS EMPRESAS E O MERCADO

poder de direção, o exercício de tal poder tem de ser compatível com a *natureza paritária* do grupo. O CSC não prevê, quanto aos grupos paritários, a possibilidade de serem emitidas instruções vinculantes. Serão estas admissíveis? A resposta tem sido positiva (Antunes, 2002:920; Trigo, 1991: 96; Oliveira, 2011:1266; Guiné, 2014:187), havendo, no entanto, dúvidas quanto à licitude de instruções vinculantes desvantajosas.

A circunstância de o regime dos grupos paritários não prever normas legais de proteção dos credores sociais, da sociedade destinatária das instruções e dos sócios minoritários parece inviabilizar a possibilidade de serem emitidas instruções vinculantes desvantajosas para as sociedades dirigidas (Oliveira, 2011:1266).

O art. 492°, 2, determina que o "contrato e as suas alterações e prorrogações devem ser reduzidos a escrito e precedidos de deliberações de todas as sociedades intervenientes, tomadas sobre proposta das suas administrações e pareceres dos seus órgãos de fiscalização, pela maioria que a lei ou os contratos de sociedade exijam para a fusão". O contrato deve ter termo certo, mas pode ser prorrogado (art. 492°, 3).

Por outro lado, o contrato de grupo paritário deve respeitar a estrutura legal da administração e fiscalização de cada uma das sociedades (art. 492°, 4). No entanto, pode ser instituído *um órgão comum de direção ou coordenação* de que todas as sociedades devem participar em igualdade.

O contrato de grupo paritário não pode violar as normas da concorrência[7].

Poder-se-á, pois, dizer que as *escassas* normas dedicadas aos grupos constituídos por contrato de grupo paritário versam, *essencialmente*, a celebração do contrato de grupo paritário. Efetivamente, o CSC não estabeleceu quaisquer mecanismos especiais de tutela de sócios e credores sociais.

6.3. Grupos constituídos por contrato de subordinação

Nos termos do art. 493°, 1, "uma sociedade pode, por contrato, subordinar a gestão da sua própria atividade à direção de uma outra sociedade, quer seja sua dominante, quer não".

---

[7] Nos termos do art. 3°, 2, da Lei da Concorrência (L 19/2012, de 8 de maio), os grupos de sociedades são considerados "uma única empresa". Consagrou o legislador o privilégio ou cláusula especial em favor dos grupos de sociedades, não se considerando uma concentração, para efeitos da concorrência, as operações realizadas no perímetro do grupo entre as sociedades que o integram. Desenvolvidamente, Antunes, 2011:67, s. Para uma apreciação crítica do teor do art. 3°, 2, da Lei da Concorrência, v. Abreu, 2016:119, s..

CAPÍTULO XII – SOCIEDADES COLIGADAS

O objeto do contrato de subordinação é *submeter* a gestão da sociedade subordinada à sociedade diretora.

Por força do art. 503º, a sociedade diretora passa a dispor do direito de emitir instruções vinculantes, até desvantajosas, destinadas ao órgão de administração da sociedade subordinada (art. 503º, 1), ficando a sociedade diretora vinculada a cumprir determinadas obrigações para com a sociedade subordinada, os sócios e credores sociais desta (arts. 494º, 501º e 502º).

O contrato de subordinação deve ser *reduzido a escrito* (art. 498º), devendo dele constar "as obrigações essenciais da sociedade diretora" (art. 494º), sob pena de ele não poder ser juridicamente qualificado como contrato de subordinação. O projeto de contrato de subordinação segue um procedimento que é próximo do dos projetos de fusão e, por isso, se aplicam, por remissão as normas relativas à fiscalização do projeto de contrato de fusão, convocação das assembleias, requisitos das deliberações o disposto quanto às fusões (art. 496º).

Neste caso, o grupo tem na sua base uma *relação contratual* entre a sociedade subordinante e a sociedade subordinada. É constituído um *grupo vertical,* porquanto, como vimos, a sociedade subordinada submete a sua gestão à sociedade diretora.

Em ordem a delimitar o *perímetro do grupo,* o art. 493º, 2, determina que "a sociedade diretora forma um grupo com todas as sociedades por ela dirigidas, mediante contrato de subordinação, e com todas as sociedades por ela integralmente dominadas, direta ou indiretamente".

O art. 506º regula o *termo* do contrato de subordinação e, simultaneamente a cessação da relação de grupo. O contrato de subordinação cessa em *razão de revogação por acordo* (art. 506º, 1, 2); de *caducidade* (art. 506º, 3, *b*)); de sentença judicial que decrete a extinção do contrato de subordinação com fundamento em justa causa (art. 506º, 3, *c*)); de *denúncia* (art. 506º, 3, *d*), 4, 5) e, além destes factos extintivos, de *dissolução* de uma das sociedades contratantes (art. 506, 3, *a*)) (desenvolvidamente, Marques, 2014:310, s.).

A cessação do contrato de subordinação está sujeita a registo e publicação obrigatória (arts. 3º, 1, *v*), 15º, 1, 70º, 1, 71º, 1, do CRCom.).

O contrato de subordinação, como já referiu Vasconcelos, 1995:1, "está tipificado na lei mas não existe tipificado na vida". A sua disciplina jurídica releva para lá do contrato de subordinação, porque os arts. 501º e 504º são aplicados, por via remissiva, aos grupos constituídos por domínio total (art. 491º).

6.4. Grupos constituídos por domínio total

A disciplina jurídica dos grupos constituídos por domínio total distingue entre "domínio total inicial" (art. 488º) e "domínio total superveniente" (art

DIREITO COMERCIAL E DAS SOCIEDADES. ENTRE AS EMPRESAS E O MERCADO

489°). Em ambos os casos, as sociedades totalmente dominadas *mantêm a sua personalidade jurídica*. As relações de grupo por domínio total distinguem-se juridicamente de outra operação de concentração que é a *fusão* (art. 97°). Nesta última, as *sociedades fundidas* (seja na fusão por constituição de nova sociedade seja na fusão por incorporação) extinguem-se e, por conseguinte, perdem a personalidade jurídica.

No domínio total inicial, uma sociedade (art 481°) constitui uma *sociedade anónima* de cujas ações ela é *inicialmente* a única titular (art. 488°). Constitui--se, desta forma, uma *sociedade anónima unipessoal*, admitida pelo art. 7°, 2[8].

Uma pessoa singular ou outras pessoas coletivas, além das que se encontram referidas no art. 481°, não se encontram autorizadas a constituir uma sociedade anónima unipessoal. É diferente, neste aspeto, a solução que vigora para o sócio único da sociedade unipessoal por quotas (art. 270°-A).

O que se tem discutido é se está abrangido pelo regime de grupos constituídos por domínio total o caso em que uma sociedade unipessoal por quotas é constituída por um dos sujeitos previstos no art. 481°. A doutrina tem maioritariamente respondido em sentido positivo, (Antunes, 2002:850; Mesquita, 2003:240; Ribeiro, 2009: nt 90; Santos, 2009: 74-75, 91-92; Oliveira, 2011ª:1240, 1242; Abreu, 2012, 228, s). Em sentido negativo pronuncia--se Costa, 2003:85, s.

Sociedade detentora da totalidade do capital social e a sociedade totalmente dominada formam, entre si, um *grupo de sociedades* constituído por domínio total inicial, independentemente da vontade imputada às sociedades dominante e dominada. Neste aspeto, distinguem-se os grupos constituídos por domínio total dos outros cuja fonte radica em *contrato de subordinação* ou *contrato de grupo paritário*. Os grupos de sociedades de base contratual assentam na vontade dos sujeitos (ativo e passivo) participantes.

O *domínio total superveniente*, previsto no art. 489°, resulta de "uma aquisição derivada ou superveniente d[as] frações do capital de uma sociedade já existente" (Antunes, 2002:857)[9]. A sociedade totalmente dominada supervenientemente pode ser do tipo sociedade por quotas ou anónima ou em comandita por ações.

Quando termina a relação de grupo por domínio total inicial? O art. 488°, 3, manda aplicar ao grupo constituído por domínio total o disposto nos n°s 4, 5 e 6 do art. 489°. Por força desta remissão, o domínio total inicial cessa em razão dos factos extintivos aí previstos.

---

[8] V. Ramos, 2017:146, s.

[9] A interpolação não consta do texto citado.

CAPÍTULO XII – SOCIEDADES COLIGADAS

Por sua vez, o art. 489°, 4, identifica as três situações em que a relação de *grupo por domínio total superveniente termina*[10].

O termo da relação de grupo está sujeito a registo e publicação obrigatórios (arts. 488°, 3, 489°, 6, CRCom, arts. 3°, 1, *u*), 15°, 1, 53°-A, 5, *a*), 70°, 1, *a*)).

7. Efeitos do contrato de subordinação

7.1. Generalidades

Os efeitos do contrato de subordinação são: *a*) consagração de *poder de direção* por parte da sociedade diretora sobre a administração da sociedade subordinada (arts. 493°, 503°); *b*) medidas de proteção da sociedade subordinada (art. 502°), dos sócios minoritários desta (arts. 494°, 1, 497°, 499°, 500°) e dos credores sociais desta (art. 501°).

Ainda que a prática empresarial e societária não se tenha apropriado do contrato de subordinação, a verdade é que por força do art. 491°, aplicam-se aos grupos constituídos por domínio total (seja ele inicial ou superveniente) "as disposições dos artigos 501° a 504° e as que por força destes forem aplicáveis".

7.2. Poder de direção da sociedade diretora e da sociedade dominante

O art. 503°, intitulado "direito de dar instruções" aplica-se, por força do art. 491°, aos grupos constituídos por domínio total. O que significa que este *direito de dar instruções* é reconhecido à sociedade dominante e à sociedade diretora ou subordinante.

Este poder jurídico de dirigir instruções vinculantes à sociedade dominada *contraria*, de forma marcada, as regras legais vigentes para as sociedades em geral. Na verdade, "fora das relações de grupo societário, nenhum sócio (mesmo que maioritário ou controlador) tem o poder jurídico (apesar de ter o poder de facto) de, sem observância dos procedimentos e orgânica societários, exigir certo comportamento aos administradores da sociedade. Muito menos tem o direito de exigir, em qualquer circunstância, comportamento prejudicial para a sociedade" (Abreu, 2014ª:281).

---

[10] A norma do art. 489°, 4, c), mostra que a participação totalitária não é necessária para que a relação de grupo se mantenha. Ela mantém-se quando a sociedade dominante tiver 90% ou mais do capital social da dominada (Abreu, 2014:134).

DIREITO COMERCIAL E DAS SOCIEDADES. ENTRE AS EMPRESAS E O MERCADO

O que acontece, como se extrai do art. 503°, é que nas *relações de grupo*, fundadas em contrato de subordinação ou em domínio total (portanto, grupos verticais), a sociedade dominante tem o *poder jurídico* de dirigir à administração da sociedade dominada instruções vinculantes, incluindo as que sejam *desvantajosas* para esta última.

Compete ao *órgão de administração da sociedade dominante* dirigir à sociedade dominada as instruções vinculantes (Abreu, 2014a:281). Por sua vez, nos termos do art. 503°, 1, as referidas instruções são dirigidas "à administração da sociedade subordinada". Parece, pois, que se pode retirar do art. 503°, 1, que o poder de a dominante dar instruções "restringe-se às matérias da competência do órgão administrador da dominada, às matérias de administração/atividade desta sociedade" (Abreu, 2014a:282). Pode traduzir-se, por exemplo, numa ordem para que a sociedade dominada convoque a assembleia geral (art. 248°, 3, que atribui esta competência a qualquer dos gerentes) ou para que a administração da sociedade anónima dirija ao presidente da mesa da assembleia geral um pedido de convocação da assembleia geral, para que a administração da sociedade dominada elabore um projeto de cisão ou de transformação. Parece que o poder de dar instruções vinculantes não pode ser exercido relativamente a *outros órgãos da sociedade* (órgão de fiscalização ou coletividade dos sócios).

Nos termos do art. 503°, 2, "se o contrato não dispuser o contrário, podem ser dadas instruções desvantajosas para a sociedade subordinada, se tais instruções servirem os interesses da sociedade diretora ou das outras sociedades do mesmo grupo".

"Uma instrução é qualificável como desvantajosa para a sociedade dominada quando os administradores desta, cumprindo os deveres de cuidado e de lealdade para com ela (art. 64°), não adotariam o comportamento visado pela instrução – não o adotariam se não houvesse grupo ou, havendo, se não recebessem a instrução (lícita)" (Abreu, 2014a:286). Exemplo de instrução *desvantajosa lícita* é o caso de a sociedade dominante exigir que a sociedade dominada lhe forneça matérias primas a preço inferior ao que é praticado no mercado.

O art. 503°, 2, faz depender a licitude das instruções desvantajosas do facto de elas "servirem os interesses da sociedade diretora ou das outras sociedades do mesmo grupo". Discute a doutrina em que consiste o "interesse do grupo". Há quem entenda o interesse do grupo como o interesse da "unidade empresarial plurissocietariamente organizada", substituindo o interesse de cada uma das sociedades individuais (Antunes, 2002:739). Em sentido diverso, há quem se pronuncie no sentido de que o grupo não cons-

CAPÍTULO XII – SOCIEDADES COLIGADAS

titui uma "nova entidade (jurídica) de grau superior com socialidade própria e interesses próprios diferentes e superiores aos das entidades agrupadas" (Abreu, 2014ª:287). Nesta última compreensão, a sociedade diretora ou dominante tem o direito de dirigir instruções vinculantes desvantajosas, se com isso "visar satisfazer os interesses lícitos dela própria ou de outras sociedades do grupo" (Abreu, 2014ª:287).

O art. 503º, 2, além de qualificar como *lícitas* as instruções vinculantes desvantajosas, aponta limites ao poder de a sociedade dominante dirigir instruções vinculantes. Um deles é traçado pelas *cláusulas estatutárias da sociedade dominada* que a sociedade dominante deve respeitar.

Por outro lado, nos termos do art. 503º, 2, parte final, determina-se que "em caso algum serão lícitas instruções para a prática de atos que em si mesmos sejam proibidos por disposições legais não respeitantes ao funcionamento de sociedades". Desnecessário seria dizer que são *ilícitas* as instruções que imponham a violação de normas laborais, de direito fiscal, de direito ambiental, e assim sucessivamente. Tais normas legais não estão na disposição da sociedade dominante e, por conseguinte, são *nulas* as instruções que, por exemplo, imponham a violação por parte a sociedade dominada das normas que proíbem os cartéis entre empresas ou que proíbem o abuso de informação privilegiada (*insider trading*). Sendo nulas, devem ser desrespeitadas pela administração da sociedade dominada, porque tais instruções são *ilícitas* (tb. neste sentido, Abreu, 2014ª:295). Nos termos do art. 504º, 3, "os membros do órgão de administração da sociedade subordinada não são responsáveis pelos atos ou omissões praticados na execução de instruções lícitas recebidas".

Como é fácil de ver, é diferente ser-se administrador de uma sociedade que se encontra numa relação de grupo (vertical) e ser-se administrador de sociedade que não está em relação de grupo. Na verdade, a administração de sociedades dominadas está obrigada a cumprir as instruções vinculantes que lhes sejam dirigidas pela sociedade dominante. E, sendo tais instruções *lícitas* (ainda que desvantajosas), devem ser acatadas pela administração da sociedade dominada, sob pena de ela poder ser responsabilizada por não ter cumprido ou executado as instruções lícitas emitidas pela sociedade dominante.

No entanto, também parece que ser membro da administração da sociedade dominada não exime cada um dos administradores de cumprir o deveres de cuidado, designadamente avaliando se determinada instrução é ou não lícita.

DIREITO COMERCIAL E DAS SOCIEDADES. ENTRE AS EMPRESAS E O MERCADO

7.3. Responsabilidade da sociedade diretora para com os credores da sociedade subordinada

Nos termos do art. 501º, 1, a "sociedade diretora é responsável pelas obrigações da sociedade subordinada, constituídas antes ou depois da celebração do contrato de subordinação, até ao termo deste".

Esta norma visa proteger os *credores da sociedade dominada*. E justifica-se que se tenha previsto legalmente esta proteção, porquanto, como vimos, o regime jurídico dos grupos constituídos por contrato de subordinação e por domínio total autoriza que a sociedade dominante/subordinante dirija instruções vinculantes desvantajosas à sociedade subordinada/dominada. Ora, a execução destas instruções pode prejudicar os credores da sociedade dominada.

Quanto à exigibilidade da responsabilidade da sociedade dominante, determina o art. 501º, 2, que "a responsabilidade da sociedade diretora não pode ser exigida antes de decorridos 30 dias sobre a constituição em mora da sociedade subordinada".

A responsabilidade da sociedade dominante não depende de culpa. Tal responsabilidade também não depende de facto ilícito – dirigir instruções vinculantes (ainda que sejam desvantajosas) é, nos limites previstos na lei, um *ato lícito*. Por outro lado, a responsabilidade da sociedade dominante é *ilimitada*, pois responde *com todo o seu património* pelas dívidas da sociedade dominada ou subordinada.

Mas não só. Nos grupos verticais, a sociedade dominante poderá ter de responder não só pelas dívidas da(s) sociedade(s) que diretamente subordina ou domina, mas também pelas dívidas das sociedades subordinadas ou totalmente dominadas de segundo grau ou de terceiro grau (ditas *sociedades netas*, *sociedades bisnetas*, desde que relativamente a todas elas se cumpram os requisitos previstos no art. 501º).

Este regime de responsabilidade para com os credores da sociedade subordinada constitui, em significativa medida, um desvio à típica *responsabilidade limitada* dos quotistas, acionistas e comanditários. No caso de grupos constituídos por contrato de subordinação, a sociedade diretora será, normalmente, sócia da sociedade subordinada; mas não é forçoso que o seja. Não sendo sócia da sociedade subordinada, teremos o caso em que um *não--sócio*, dotado de poder jurídico para dirigir instruções vinculantes, é ilimitadamente responsável pelas dívidas sociais da sociedade subordinada.

CAPÍTULO XII – SOCIEDADES COLIGADAS

7.4. Responsabilidade da sociedade dominante por perdas da sociedade dominada

Nos termos do art. 502º, 1, "a sociedade subordinada tem o direito de exigir que a sociedade diretora compense as perdas anuais que, por qualquer razão, se verifiquem durante a vigência do contrato de subordinação, sempre que estas não forem compensadas pelas reservas constituídas durante o mesmo período".

Esta medida legal constitui a *contrapartida* do poder jurídico de a sociedade dominante dirigir instruções vinculantes à administração da sociedade dominada. Visa-se, através desta medida, proteger *a sociedade* dominada – garantindo que, no fim da relação de grupo, a sua situação patrimonial financeira não é inferior à registada no início desta relação. De *forma mediata ou reflexa* procura-se também proteger os credores da sociedade dominada (o ingresso no património da sociedade dominada do montante correspondente ao valor das perdas reforça o património desta que, como sabemos, é a garantia geral dos seus credores) e até de *sócios minoritários*[11].

7.5. Deveres e responsabilidades dos administradores

Correlativos ao poder jurídico de dirigir instruções vinculantes às sociedades dominadas são os deveres e responsabilidades de quem emite as referidas instruções (membros do órgão de administração da sociedade dominante), mas também de quem é delas destinatário (membros do órgão de administração da sociedade dominada).

O art. 504º prevê os deveres dos administradores da sociedade dominante para com a(s) sociedade(s) totalmente dominada(s). Nos termos do art. 504º, 1, "os membros do órgão de administração da sociedade diretora devem adotar, relativamente ao grupo, a diligência exigida por lei quanto à administração da sua própria sociedade".

Os membros do órgão de administração da sociedade dominante devem cumprir os deveres de *cuidado e de lealdade* devidos a esta, nos termos gerais previstos no art. 64º. Quanto a estes deveres dos administradores perante a sociedade dominante, o art. 504º, 1, *não introduz qualquer especialidade*.

O que é específico das relações de grupo constituídos por contrato de subordinação e por domínio total é a imposição de que os membros do órgão de administração da sociedade dominante adotem "relativamente ao

---

[11] As sociedades constituídas por domínio total inicial são sociedades unipessoais (não haverá sócios minoritários). Nos grupos constituídos por domínio total superveniente, pode haver sócios minoritários, conforme o que resulta do art. 489º, 4, *c*).

DIREITO COMERCIAL E DAS SOCIEDADES. ENTRE AS EMPRESAS E O MERCADO

grupo" os deveres de cuidado e de lealdade exigidos por lei quanto à administração da sua própria sociedade (arts. 504º, 1, 491º).

O que suscita a questão de saber se o "grupo" é ou não uma nova entidade relativamente às sociedades que o integram (v. *supra*).

Outra *particularidade* em matéria de responsabilidades consta do art. 504º, 2, nos termos do qual "os membros do órgão de administração da sociedade diretora são responsáveis também para com a sociedade subordinada, nos termos dos artigos 72º a 77º desta lei, com as necessárias adaptações; a ação de responsabilidade pode ser proposta por qualquer sócio ou acionista livre da sociedade subordinada, em nome desta".

O art. 504º, 2, regula, por um lado, aspetos substantivos do regime da responsabilidade civil dos administradores da sociedade diretora perante a sociedade dominada. Assim, os membros do órgão de administração da sociedade subordinante/dominante *são civilmente responsáveis perante a sociedade dominada*, nos termos do art. 72º.

Sabendo que a sociedade dominante tem o poder jurídico de dirigir instruções vinculantes à sociedade dominada, relevam, aqui, em especial os casos de responsabilidade civil dos administradores da sociedade dominante pela *emissão ou não emissão de instruções vinculantes.*

Um dos casos de responsabilidade civil dos membros do órgão de administração da sociedade dominante é o da emissão de *instruções vinculantes ilícitas* (v. art. 503º, 2, *in fine*).

Como sabemos, a sociedade dominante não deve dirigir instruções ilícitas à sociedade dominada e, dirigindo-as, elas não devem ser cumpridas pelos membros do órgão de administração da subordinada. Ocorrendo que os administradores da sociedade dominada as cumprem e, desta forma, causam danos à sociedade dominada, estes administradores são responsáveis perante a sociedade por si administrada. Parece que será de afirmar também a *responsabilidade solidária* dos administradores da sociedade dominante (para com a sociedade dominada) que dirigiram instruções ilícitas à sociedade dominada pelos danos causados pela execução destas (Abreu, 2014[b]:301).

O art. 504º, 2, introduz, ainda, particularidades (tendo por referência o regime geral previsto nos arts. 75º e 77º) no que diz respeito às *ações judiciais* intentadas pela sociedade dominada contra os administradores da sociedade subordinante/dominante. Em particular, o art. 504º, 2, trata a questão da *legitimidade processual ativa.*

Nos termos do art. 75º, a *sociedade dominada*, cumpridos os requisitos exigidos por esta norma, tem legitimidade ativa para intentar a ação de responsabilidade civil contra os administradores da sociedade dominante. Acresce

CAPÍTULO XII – SOCIEDADES COLIGADAS

que, nos termos do art. 504º, 2, é atribuída *legitimidade processual ativa* a "qualquer sócio" *minoritário da dominada*, seja qual for a participação social de que ele seja titular. O que significa que, para os efeitos desta norma, não é exigido que o sócio tenha participação social exigida pelo art. 77º, 1.

Outra das particularidades consagrada no art. 504º, 2, é que o sócio intenta a ação de responsabilidade civil contra os administradores da sociedade dominante "em nome" da sociedade dominada. Esta previsão tem como consequência que será a sociedade dominada a responsável pelo pagamento das custas da ação (Antunes, 2002:751-752; Abreu, 2014ᵇ:302).

O art. 504º, 2, não remete para o art. 78º, 2, que regula a ação sub-rogatória dos credores sociais. No entanto, deve entender-se que este preceito também se aplica. Ou seja, os credores da sociedade dominada, sub-rogando-se na posição da sociedade dominada, estão legitimados processualmente a intentar ação de responsabilidade civil contra os administradores da sociedade dominante, se estiverem cumpridos os requisitos do art. 78º, 2 (Antunes, 2002:866; Oliveira, 2011ᵃ:1221; Abreu, 2014ᵇ:302).

Nos termos do art. 504º, 3, "os membros do órgão de administração da sociedade subordinada não são responsáveis pelos atos ou omissões praticados na execução de instruções lícitas recebidas". Por conseguinte, se pela execução de instruções vinculantes lícitas, os administradores da sociedade dominada causam danos a esta, *não se constitui a obrigação de indemnizar* nem para com a sociedade dominada nem para com a sociedade dominante.

Os administradores da sociedade dominada poderão ser responsabilizados pela sociedade dominante pelos danos que lhe causarem a *não execução de instruções lícitas* (Abreu, 2014ᵇ:302). Recorde-se que os prejuízos patrimoniais causados na sociedade dominada pela violação do dever de executar instruções lícitas têm (ou podem ter) repercussões na sociedade dominante, tendo em conta a responsabilidade desta para com os credores sociais da dominada (art. 503º) e a responsabilidade da dominante/subordinante pelas perdas sofridas pela sociedade dominada (art. 502º).

DIREITO COMERCIAL E DAS SOCIEDADES. ENTRE AS EMPRESAS E O MERCADO

Bibliografia citada

Abreu, J. M. Coutinho de (2012), "Responsabilidade civil nas sociedades em relação de domínio", *Scientia Iuridica*, 329.

Abreu, J. M. Coutinho de (2014), "Artigo 489°", *Código das Sociedades Comerciais em comentário*, coord. de J. M. Coutinho de Abreu, vol. VII, Coimbra: Almedina.

Abreu, J. M. Coutinho de (2014ª), "Artigo 503°", *Código das Sociedades Comerciais em comentário*, coord. de J. M. Coutinho de Abreu, vol. VII, Coimbra: Almedina.

Abreu, J. M. Coutinho de (2014ᵇ), "Artigo 504°", *Código das Sociedades Comerciais em comentário*, coord. de J. M. Coutinho de Abreu, vol. VII, Coimbra: Almedina.

Abreu, J. M. Coutinho de (2016), "Artigo 3°", *Lei da Concorrência. Comentário conimbricense*, 2ª ed., dir. de Miguel Gorjão-Henriques, Coimbra: Almedina.

Abreu, J. M. Coutinho de/ Ramos, Maria Elisabete (2004), "Responsabilidade civil de administradores e de sócios controladores", *Miscelâneas*, 3, Coimbra: Almedina.

Antunes, José A. Engrácia (2002), *Os grupos de sociedades. Estrutura e organização jurídica da empresa plurissocietária*, 2ª ed., Coimbra; Almedina.

Antunes, José Engrácia (2011), "Controlo de concentração de empresas e grupos de sociedades", *Revista de Concorrência e Regulação*, II, n° 6.

Ascensão, J. de Oliveira (2000), *Direito comercial*, vol. IV. *Sociedades comerciais. Parte geral*, Lisboa.

Costa, Ricardo (2003), *A sociedade por quotas unipessoal no direito português. Contributo para o estudo do seu regime jurídico*, Coimbra: Almedina.

Dias, Rui Pereira (2012), "Artigo 325°-A", *Código das Sociedades Comerciais em comentário*, coord. de J. M. Coutinho de Abreu, vol. V, Coimbra: Almedina.

Dias, Rui Pereira (2014), "Artigo 481°", *Código das Sociedades Comerciais em comentário*, coord. de J. M. Coutinho de Abreu, vol. VII, Coimbra: Almedina.

Dias, Rui Pereira (2014ª), "Artigo 486°", *Código das Sociedades Comerciais em comentário*, coord. de J. M. Coutinho de Abreu, vol. VII, Coimbra: Almedina.

Guiné, Orlando Vogler (2014), "Artigo 492°", Código das Sociedades Comerciais em comentário, coord. de J. M. Coutinho de Abreu, vol. VII, Coimbra: Almedina.

Marques, Elda (2014), "Artigo 506°", *Código das Sociedades Comerciais em comentário*, coord. de J. M. Coutinho de Abreu, vol. VII, Coimbra: Almedina.

Mesquita, Henrique (2003), "Os grupos de sociedades", em *Colóquio Os quinze anos de vigência do Código das Sociedades Comerciais*, Coimbra: Fundação Byssaia Barreto/Instituto Superior Bissaya Barreto.

Oliveira, Ana Perestrelo (2011), "Artigo 488°", *Código das Sociedades Comerciais anotado*, coord. A. Menezes Cordeiro, 2ª ed., Coimbra: Almedina.

Oliveira, Ana Perestrelo de (2011ª), "Artigo 504", *Código das Sociedades Comerciais anotado*, coord. de A. Menezes Cordeiro, 2ª ed., Coimbra: Almedina.

Ramos, Maria Elisabete (2017), "Artigo 7°", *Código das Sociedades Comerciais em comentário*, coord. de J. M. Coutinho de Abreu, vol. I, 2ª ed., Coimbra: Almedina.

Ribeiro, Maria de Fátima (2009), *A tutela dos credores da sociedade por quotas e a "desconsideração da personalidade jurídica"*, Coimbra: Almedina.

CAPÍTULO XII – SOCIEDADES COLIGADAS

Ribeiro, Maria de Fátima (2014), "Responsabilidade nas relações de domínio", *III Congresso Direito das Sociedades em revista*, Coimbra: Almedina.

Santos, Filipe Cassiano dos (2009), *A sociedade unipessoal por quotas. Comentários e anotações aos artigos 270º-A a 270º-G do Código das Sociedades Comerciais*, Coimbra: Coimbra Editora.

Trigo, Graça (1991), "Grupos de sociedades", *O Direito*, 123.

Vasconcelos, Pedro Pais de (1995), *Contratos atípicos*, Coimbra: Almedina.

Ventura, Raúl (1994), *Novos estudos sobre sociedades anónimas e sociedades em nome coletivo*, Coimbra: Almedina.

DIREITO COMERCIAL E DAS SOCIEDADES. ENTRE AS EMPRESAS E O MERCADO

Para saber mais

I – Leituras recomendadas

Abreu, J. M. Coutinho de (1990), "Grupos de sociedades e direito do trabalho", *Boletim da Faculdade de Direito*, vol. LXVI.

Castro, Carlos Osório de (2017) "A relação de domínio total: diagnóstico e remédios", *Direito das Sociedades em Direito*, 9, vol. 18.

Dias, Rui Pereira (2007), *Responsabilidade por exercício de influência sobre a administração de sociedades anónimas – uma análise de direito material e de direito dos conflitos*, Coimbra: Almedina.

França, Maria Augusta (1990), *A estrutura das sociedades anónimas em relação de grupo*, Lisboa: AAFDL.

Guiné, Orlando Vogler (2006), "A responsabilização solidária nas relações de domínio qualificado. Uma primeira noção sobre o seu critério e limites", *Revista da Ordem dos Advogados*.

Koppensteiner, Hans-Georg (2006), "Os grupos no direito societário alemão", IDET, *Miscelâneas*, 4, Coimbra: Almedina.

Monteiro, António Pinto/Maia, Pedro (2010), "Sociedades anónimas unipessoais e a Reforma de 2006", *Revista de Legislação e de Jurisprudência*, 3960, 139.

Vasconcelos, Pedro Pais de (2012), "Constituição de grupo por domínio total superveniente – o tempo e o modo", *Direito das Sociedades em Revista*, 4, vol. VIII.

II – Sítios oficiais de conteúdo informativo relevante para a compreensão das sociedades coligadas em Portugal

Para exemplos de grupos de empresas em Portugal, veja-se o diagrama sobre a estrutura acionista do Grupo TAP: http://www.tapportugal.com/Info/pt/sobre-tap/grupo-tap/estrutura-acionista

Em http://www.rar.com/pt/participadas/ está disponível o universo de empresas que constitui o grupo RAR. Segundo informação institucional, neste grupo a sociedade RAR – Sociedade de Controle (Holding), S.A. detém direta ou indiretamente a totalidade das participações sociais do grupo RAR.

CAPÍTULO XII – SOCIEDADES COLIGADAS

Para estudar melhor

I. Distinga

a) Grupos de facto *de* grupos de direito;

b) Grupo constituído por domínio total inicial *de* grupo constituído por domínio total superveniente;

c) Relações de domínio *de* relações de grupo por domínio total.

II. Considere as seguintes situações:

a) António é, desde a constituição da sociedade, sócio único da "António da Fonseca, unipessoal, Lda." Configura esta situação uma relação de grupo por domínio total inicial?

b) Uma sociedade por quotas tem como sócio único, desde a sua constituição, "Manuel António, Construções, S.A". Configura esta situação uma relação de grupo por domínio total inicial?

c) "António da Fonseca, Têxteis, Lda." détem 5% do capital social de "Manuel da Fonseca, Têxteis, S.A." e esta detém 20% no capital social da primeira. Configura esta situação uma relação de participações recíprocas?

d) A sociedade "Serafim da Silva, Construções, S.A." detém 51% do capital social da "Moisés Espírito Santo, S.A.". Em razão de cláusula estatutária que prevê limitações ao exercício do direito de voto, a primeira sociedade tem 35% dos votos emissíveis pelos sócios de "Moisés Espírito Santo, S.A.". Configura esta situação uma relação de domínio?

Capítulo XIII
DISSOLUÇÃO E LIQUIDAÇÃO DA SOCIEDADE

1. Dissolução da sociedade

1.1. Generalidades

A dissolução da sociedade está regulada na Parte Geral do CSC (arts. 141º, ss.)[1]. Neste contexto, é consagrado o *regime jurídico comum* aos vários tipos societários. A este regime comum acrescem as especialidades aplicáveis a cada um dos tipos societários: sociedades em nome coletivo – arts. 195º, 196º; sociedades por quotas – art. 270º; sociedades anónimas – art. 464º; sociedades em comandita – art. 473º. Além destas normas societárias, importa atender ao Regime Jurídico dos Procedimentos Administrativos de Dissolução e de Liquidação de Entidades Comerciais, instituído pelo DL 76-A/2006, de 29 de março. Este regime, nos seus arts. 27º a 30º, prevê o procedimento especial de extinção imediata de entidades comerciais", vulgarmente conhecido por "dissolução na hora"[2].

As sociedades comerciais e civis em forma comercial adquirem personalidade jurídica a partir do registo definitivo do ato constituinte (art. 5º). A personalidade jurídica da sociedade mantém-se até ao registo do encerramento da liquidação. É o que resulta do art. 160º, 2, nos termos do qual "a

---

[1] São do Código das Sociedades Comerciais as normas cuja fonte legislativa não é mencionada.
[2] Considerando que dificilmente se encontram reunidos os requisitos legais de que depende a aplicação deste regime, Cunha, 2016:1046.

DIREITO COMERCIAL E DAS SOCIEDADES. ENTRE AS EMPRESAS E O MERCADO

sociedade considera-se extinta, mesmo entre os sócios e sem prejuízo do disposto nos artigos 162º a 164º, pelo registo do encerramento da liquidação".

Como já vimos anteriormente, a desconsideração da personalidade jurídica da sociedade não visa a extinção desta; a sociedade mantém a sua personalidade jurídica. O que acontece é que, para determinados efeitos, não é observada "a autonomia jurídico-subjetiva e/ou patrimonial das sociedades em face dos respetivos sócios" (Abreu, 2017:108). A desconsideração da personalidade jurídica implica outros efeitos jurídicos, como por exemplo, a responsabilidade de sócios de responsabilidade limitada por dívidas sociais.

À luz do CSC, a *qualquer momento* podem os sócios deliberar a dissolução da sociedade (art. 141º, 1, *b*)). Reunidas as maiorias legais ou estatutárias necessárias, tal deliberação é *desvinculada*, vale por dizer, não é exigida motivação ou fundamentação de tal deliberação, não é necessário que os sócios sustentam a racionalidade económica de tal deliberação.

Não há um prazo legal mínimo de vigência da sociedade que os sócios devam respeitar. "A sociedade dura por tempo indeterminado se a sua duração não for estabelecida no contrato" (art. 15º, 1). Ainda que o contrato de sociedade integre cláusula de duração da sociedade (art. 15º, 1, parte final), nada impede que, *através de deliberação dos sócios*, seja dissolvida a sociedade antes de ter decorrido tal prazo (art. 141º, *b*)). A fixação estatutária de prazo de duração da sociedade não equivale a uma duração mínima imposta aos sócios que eles devam respeitar; corresponde, ao invés, ao interesse dos sócios em limitar no tempo a sua "vinculação contratual" (Ventura, 1987:46). E, por conseguinte, em sintonia com este interesse dos sócios, decorrido o prazo fixado contratualmente, a sociedade dissolve-se imediatamente, nos termos do art. 141º, *a*).

A *dissolução da sociedade não extingue ainda a sociedade.* O efeito da dissolução consiste, em regra, na *entrada da sociedade em liquidação* (arts. 146º, 1, 15º, s. do RJPADLEC). Assim, a dissolução é "um efeito jurídico de certos factos" (Ventura, 1987:13) que são as causas de dissolução.

O estatuto de sociedade dissolvida e em liquidação torna-se cognoscível através das menções introduzidas na firma. Na verdade, nos termos do art. 146º, 3, a partir da dissolução, à firma da sociedade acrescentar-se-á a menção "sociedade em liquidação" ou "em liquidação".

Acresce, ainda, que com a dissolução da sociedade, em regra, "os membros da administração da sociedade passam a ser liquidatários desta a partir do momento em que ela se considere dissolvida" (art. 151º, 1).

CAPÍTULO XIII – DISSOLUÇÃO E LIQUIDAÇÃO DA SOCIEDADE

A *sociedade dissolvida e em liquidação mantém a personalidade jurídica* e, em regra, continuam a ser-lhe aplicáveis, com as devida adaptações, as disposições que regem as sociedades não dissolvidas (art. 146º, 2).

Não deve ser confundida a dissolução da sociedade com a *anulação ou declaração de nulidade do contrato de sociedade*. A distinção importa ser sublinhada porque, nos termos do art. 52º, 1, também a declaração de nulidade e a anulação do contrato "determinam a entrada da sociedade em liquidação, nos termos do artigo 165º (...)". A anulação ou declaração de nulidade do contrato de sociedade funda-se em *vício(s) do ato constituinte*; enquanto a dissolução da sociedade e entrada em liquidação fundam-se em outras causas (v. *infra*) que não vícios do ato constituinte.

Também não deve ser confundida a *liquidação de parte social* (arts. 184º, 185º, 186º, 183º, 2, 188º) com a liquidação da sociedade. Na verdade, a *liquidação de parte* social visa a *extinção de participação social*, mantendo-se a sociedade; a liquidação da sociedade visa a extinção da sociedade (art. 160º, 2).

O CSC regula em disposições distintas os "casos de dissolução imediata" (art. 141º), as "causas de dissolução administrativa ou por deliberação dos sócios" (art. 142º) e as "causas de dissolução oficiosa" (art. 143º). O signo "causas" refere *os factos jurídicos que determinam a dissolução* (Ventura, 1987:28).

Caraterístico das causas de dissolução imediata é a circunstância de elas operarem "por si mesmas (ainda que eventualmente acrescidas de um ato de *reconhecimento*), independentemente da vontade dos sócios ou, havendo vontade dos sócios em deliberar discricionária e constitutivamente a dissolução, de qualquer outra entidade (arts. 141º, 1, *a*) a *e*))" (Costa, 2015:636).

Já as causas de *dissolução administrativa* podem ser separadas em causas de dissolução administrativa "oficiosa e necessária" (Costa, 2015:636) e causas de dissolução administrativa "voluntária ou facultativa" (Costa, 2015:636). O que carateriza a *dissolução administrativa*, em qualquer uma das suas modalidades, é a circunstância de ela operar por *decisão do conservador do registo comercial*.

Em alguns casos, o procedimento administrativo é instaurado por *iniciativa do próprio conservador* em cumprimento de dever que resulta da lei. Por esta razão, por corresponder ao cumprimento de *dever de ofício*, se diz que estes casos *configuram causas de dissolução administrativa oficiosa* (art. 143º CSC e art. 5º, *a*) a *e*) e *j*), do RJPADLEC). Em outros casos, a dissolução decidida pelo conservador do registo comercial faz-se na sequência de requerimento apresentado pelos sujeitos nomeados no art. 4º do RJPADLEC, em que manifestam a vontade de que seja decretada a dissolução da sociedade. Neste caso, a dissolução da sociedade será *decidida pelo conservador do registo comercial*, mas

DIREITO COMERCIAL E DAS SOCIEDADES. ENTRE AS EMPRESAS E O MERCADO

na sequência de requerimento apresentado. A dissolução em causa configurará uma *dissolução administrativa voluntária ou facultativa*. Diz-se assim porque ela radica na *vontade dos sujeitos legitimados*, manifestada em requerimento em que pedem que o conservador do registo comercial decrete a dissolução da sociedade.

No que diz respeito à dissolução e liquidação, a principal reforma introduzida pelo DL 76-A/2006 foi a *desjudicialização* da dissolução das sociedades, porquanto a dissolução que é hoje da competência do conservador do registo comercial veio substituir os casos de dissolução determinada por decisão do tribunal (prevista na redação anterior dos arts. 142°, 1, 144°).

Subsistem, no entanto, hipóteses legais de *dissolução judicial* de sociedade. A título de exemplo, considerem-se a dissolução da sociedade enquanto efeito da sentença judicial que decreta a insolvência da sociedade, art. 141°, 1, *e*); ou ainda, a dissolução ordenada por decisão judicial que, em sede de recurso, revogue a decisão administrativa de não dissolução (arts. 12° do RJPADLEC e 128°, 2, da LOSJ).

1.2. Dissolução imediata da sociedade

O art. 141° elenca os "casos de dissolução imediata"[3] da sociedade. Nos termos do art. 141°, 1, a sociedade dissolve-se nos casos previstos no contrato[4] e ainda nos casos elencados nas diversas alíneas. São *muito diversos* os casos elencados no art. 141°, 1, mas todos eles qualificados como produtores da "dissolução imediata". Ou seja, como se disse já, verificados os factos elencados no n° 1 do art. 141°, "a sociedade dissolve-se". A lei admite o "reconhecimento da dissolução" (art. 141°, 2). Tal "reconhecimento" visa tornar a situação de dissolução da sociedade clara e pode ocorrer nos casos das alíneas *a*), *c*), e *d*) – por conseguinte, decurso do prazo fixado no contrato, realização completa do objeto social, ilicitude superveniente do objeto contratual.

O reconhecimento pode ser feito através de *deliberação dos sócios* "por maioria simples dos votos produzidos na assembleia" (art. 141°, 2). E, ainda, "qualquer sócio, sucessor de sócio, credor da sociedade ou credor de sócio de responsabilidade ilimitada" pode promover o reconhecimento da dissolução prevista nas alíneas *a*), *c*) e *d*) do art. 141°, 1, "por justificação notarial" (lavrada por *notário*) ou por "procedimento simplificado de justificação",

---

[3] "Casos de dissolução imediata" e não "causas", como nos arts. 142° e 143°.
[4] Para as sociedades por quotas e anónimas, os arts. 270°, 2, e 464°, 2, determinam que a simples vontade do sócio ou sócios, quando não manifestada na deliberação de dissolução não pode constituir causa contratual de dissolução.

CAPÍTULO XIII – DISSOLUÇÃO E LIQUIDAÇÃO DA SOCIEDADE

mediante decisão do conservador do registo comercial, conforme o previsto no art. 79°-A do CRCom.

No caso previsto no art. 141°, 1, *a*), a sociedade dissolve-se *independentemente de deliberação dos sócios*. No caso previsto no art. 141°, 1, *b*), a deliberação é *constitutiva* da dissolução da sociedade. Distingue-se, por conseguinte, da deliberação de sócios que *reconhece* a dissolução fundada em outra causa (art. 141°, 2).

O art. 141°, 1, *b*), não trata a questão de saber qual maioria necessária para ser validamente tomada a deliberação de dissolução da sociedade. Das várias normas que, relativamente a cada um dos tipos societários, regulam a dissolução da sociedade, retira-se que o CSC exige para tal deliberação uma maioria reforçada. Qual seja a maioria em concreto depende do tipo societário: art. 194°, 1, para as sociedades em nome coletivo; art. 270°, 1, para as sociedades por quotas; arts. 464°, 1, 383°, 2, 3, 386°, 3, 4, 5, para as sociedades anónimas, 473° para as sociedades em comandita.

A terceira causa de dissolução imediata da sociedade é "a realização completa do objeto contratual" (art. 141°, 1, *c*)). Em muitas sociedades esta norma nunca chegará a ser aplicável, porque em momento algum é atingido o ponto da "realização completa do objeto contratual". Imagine-se que uma sociedade tem por objeto produzir sapatos ou dedicar-se à indústria têxtil ou fazer sabonetes. Nestes casos, a sociedade tem por objeto atividades económicas que não se esgotam.

A hipótese do art. 141°, 1, *c*), diz respeito a casos em que a atividade económica que constitui o objeto da sociedade é "de tal modo específica que materialmente haja a possibilidade da sua realização completa" (Ventura, 1987:69). Imagine-se o caso de uma sociedade cujo objeto é construir uma determinada ponte ou explorar uma determinada concessão administrativa, por um período de tempo determinado. No caso de "realização completa do objeto contratual" (art. 141°, 1, *c*)), a dissolução da sociedade radica, indiretamente, na vontade dos sócios que estipularam estatutariamente um objeto social circunscrito e limitado.

Também constitui um caso de dissolução imediata da sociedade a "ilicitude superveniente do objeto contratual" (art. 141°, 1, *d*)). Esta situação abrange os casos em que no momento em que a sociedade é constituída o objeto social escolhido pelos sócios *é lícito*, vale por dizer, permitido pela lei, e, *em momento posterior à constituição da sociedade*, em razão de alterações legislativas ou de sentença judicial, é reputado *ilícito*. Por isso se diz "ilicitude superveniente". Sendo a ilicitude do objeto social contemporânea da cons-

DIREITO COMERCIAL E DAS SOCIEDADES. ENTRE AS EMPRESAS E O MERCADO

tituição da sociedade, a consequência será a *nulidade* do contrato, nos termos dos arts. 41°, 42°, 1, *c*), 43°, 1, 2.

No caso do art. 141°, 1, *d*), o facto que desencadeia a "dissolução imediata" da sociedade é estranho à vontade dos sócios pois a dissolução é o resultado da *impossibilidade legal* de tal atividade ser exercida por sociedade comercial.

Por fim, a declaração de insolvência de sociedade, decretada por juiz, nos termos do art. 36° do CIRE, determina a "dissolução imediata" da sociedade insolvente (art. 141°, 1, *e*)). Todos os trâmites seguintes do processo de insolvência, designadamente, os órgãos da insolvência e os mecanismos para a satisfação dos credores e a liquidação do ativo, estão regulados, de modo especial, no CIRE.

A sentença de declaração de insolvência é *constitutiva* da dissolução da sociedade.

1.3. Causas de dissolução administrativa ou por deliberação dos sócios

A atual redação do art. 142°, dedicado às "causas de dissolução administrativa ou por deliberação dos sócios", foi introduzida pelo DL 76-A/2006, de 29 de março.

A *dissolução administrativa* é decidida pelo *conservador do registo comercial*, no âmbito do regime dos Procedimentos Administrativos de Dissolução e de Liquidação de Entidades Comerciais, introduzido pelo DL 76-A/2006, de 29 de março.

O procedimento administrativo de dissolução pode ter "início voluntário" (art. 4° RJPADLEC) ou "início oficioso" (art. 5° do RJPADLEC). No primeiro caso, o procedimento administrativo de dissolução inicia-se "mediante a apresentação de requerimento no serviço de registo competente" (art. 4°, 1, RJPADLEC)[5]; no segundo caso, o procedimento "é instaurado oficiosamente pelo conservador" (art. 5° RJPADLEC). Para o requerimento de pedido de dissolução da sociedade, o art. 4°, 1, do RJPADLEC atribui *legitimidade ativa* à sociedade (na letra da lei "entidade comecial") representada, nos termos gerais, por gerente(s) ou administrador(es), sócio(s), sucessor(es) de sócios, credores sociais e os credores dos sócios de responsabilidade ilimitada.

---

[5] Segundo o art. 1°, *h*), do DL 76-A/2006, de 29 de março, foi eliminada a competência territorial das conservatórias do registo comercial, com efeitos a partir de 1 de janeiro de 2007.

CAPÍTULO XIII – DISSOLUÇÃO E LIQUIDAÇÃO DA SOCIEDADE

Segundo o art. 142º, 1, "pode ser requerida a dissolução administrativa da sociedade com fundamento em facto previsto na lei ou no contrato e quando" se verifiquem os factos previstos nas diversas alíneas integrantes do nº 1[6].

A decisão do conservador tomada no contexto do procedimento administrativo de dissolução da sociedade tem *valor constitutivo* (Costa, 2015ª:651).

A lista de causas de dissolução da sociedade, constante do nº 1 do art. 142º pode igualmente, ser fundamento de *deliberação dos sócios* de dissolução da sociedade. É o que resulta da epígrafe do art. 142º – "Causas de dissolução administrativa ou por deliberação dos sócios" – e do art. 142º, 3, que determina que "nos casos previstos no nº 1 podem os sócios, por maioria absoluta dos votos expressos na assembleia, dissolver a sociedade, com fundamento no facto ocorrido."

Se bem virmos, a lei fala em dissolução por deliberação dos sócios no art. 141º, 1, *b*), e no art. 142º, 3. Mas há *diferenças* entre as duas previsões normativas. No primeiro caso, trata-se de uma deliberação que produz imediatamente a dissolução da sociedade, tomada com as maiorias previstas no regime específico de cada um dos tipos societários e a deliberação é discricionária, não necessitando de ser motivada ou fundada. No segundo caso, a deliberação, seja qual for o tipo societário, considera-se aprovada com o concurso da *maioria simples* dos votos emitidos, descontadas as abstenções, e é vinculada à existência de uma das causas previstas no nº 1 do art. 142º.

O elenco de causas de dissolução da sociedade, previstas no art. 142º, 1, começa pela redução de número de sócios abaixo do número exigido por lei para a constituição da sociedade, por um *período superior a um ano* (art. 142º, 1, *a*), CSC, art. 4º, 1, *a*), RJPADLEC). O que significa que a redução de número de sócios abaixo do número mínimo legal não é, em si mesma, suficiente para determinar a dissolução da sociedade. É necessário que a situação se mantenha "por período superior a um ano". Através desta solução, permite-se que os sócios regularizem a situação recompondo o número legal mínimo de sócios. Ainda que não seja recomposto o número legal mínimo de sócios por período superior a um ano, ainda assim, a sociedade pode não ser dissolvida. Basta que os sujeitos legitimados não requeiram o procedimento administrativo de dissolução nem os sócios deliberem a dissolução da sociedade com base no fundamento previsto no art. 142º, 1, *a*), e art. 4º, 1, *a*), RJPADLEC.

---

[6] Para a lista de causas legais de dissolução da sociedade, não previstas no art. 142º, 1, CSC nem no art. 4º, 1, *a*) a *d*), RJPADLEC, v. Costa, 2015ª:652.

DIREITO COMERCIAL E DAS SOCIEDADES. ENTRE AS EMPRESAS E O MERCADO

Não está sujeita a dissolução a sociedade reduzida a número de sócios inferior ao mínimo legal, "se um dos sócios for uma pessoa coletiva pública ou entidade a ela equiparada por lei para esse efeito" (art. 142°, 1, *a*), CSC, art. 4°, 1, *a*), RJPADLEC)[7].

A sociedade pode ser dissolvida nos casos em que "a atividade que constitui o objeto contratual se torne de facto impossível" (art. 142°, 1, *b*), art. 4°, 1, *b*), RJPADLEC). Trata-se de um caso de impossibilidade física ou material que ocorre em momento posterior ao da constituição da sociedade. Por isso, esta norma consagra a *superveniente* impossibilidade física ou material do objeto contratual enquanto causa de dissolução de sociedade, quer por intermédio de procedimento administrativo voluntário, quer por meio de deliberação dos sócios.

Esta causa de dissolução prevista no art. 142°, 1, *b*), distingue-se da consagrada no art. 141°, 1, *d*). O que está em causa no art. 142°, 1, *b*), é a *impossibilidade física ou material*; a hipótese do art. 141°, 1, *d*), contempla a *impossibilidade legal*. Por outro lado, no caso do art. 141°, 1, *d*), temos uma *causa imediata* de dissolução. No caso do art. 142°, 1, *b*), a sociedade considera-se dissolvida a partir da data da deliberação dos sócios; se a deliberação dos sócios for impugnada judicialmente, a dissolução ocorre na data do trânsito em julgado da sentença (art. 142°, 4).

Também a *inatividade da sociedade durante dois anos consecutivos* constitui causa de dissolução da sociedade (art. 142°, 1, *c*), CSC, art. 4°, 1, *c*), RJPADLEC). Como se vê, a mera inatividade da sociedade não é, em si mesma, suficiente para fundamentar a sua dissolução ao abrigo do art. 142°, 1, *c*). É necessário que a referida inatividade de prolongue no tempo, por pelo menos, dois anos consecutivos.

Quando é que se pode dizer que uma determinada sociedade está inativa[8]. Considere-se, por exemplo, o caso em que a sociedade alienou o seu único estabelecimento e, durante dois anos consecutivos, não desempenhou qualquer atividade empresarial enquadrável no seu objeto estatutário. No entanto, geriu as contas bancárias onde depositou o dinheiro proveniente da alienação do estabelecimento, fez aplicações financeiras e con-

---

[7] V. o art. 545°. Recorde-se que a "IPE – Investimentos e participações do Estado, SA", mais tarde IPE – Investimentos e Participações Empresariais, S.A.", deixou de ser equiparada o Estado, por força do art. 5° do DL 406/90, de 26 de dezembro. Foi dissolvida em 2002 (Resolução do Conselho de Ministros n° 70/2002, de 6 de agosto).

[8] Com opiniões distintas, v. Santos, 2007:148-149; Costa, 2015ª:668.

CAPÍTULO XIII – DISSOLUÇÃO E LIQUIDAÇÃO DA SOCIEDADE

tratou ou renovou seguros relativos a imóveis de que é proprietária. Estará a sociedade inativa?

Parece que a atividade pressuposta no art. 142°, 1, *c*), do CSC e no art. 4°, 1, *c*), do RJPADLEC diz respeito, em primeiro lugar, à atividade económica que constitui o seu objeto social, especialmente a atividade empresarial. Não sendo exercida qualquer atividade económica ou empresarial durante dois anos consecutivos parece que se pode dizer que a sociedade está inativa, ainda que tenham sido providos os seus órgãos sociais e os titulares do órgão de administração, em representação da sociedade, cumpram as diversas obrigações legais a que a sociedade continua a estar vinculada: cumprir as obrigações fiscais, contratar os seguros obrigatórios, movimentar e gerir as contas bancárias, acautelar a preservação do património social, *etc*. Não restam dúvidas que estes atos praticados por gerentes e administradores da sociedade são imputados à sociedade. E, neste sentido, a sociedade atua. No entanto, para se apurar se a sociedade se encontra ativa ou inativa, para os efeitos do art. 141°, 1, *c*), há que atender, em primeira linha, *ao objeto social*; há que saber se a sociedade continua a desenvolver as atividades económico/empresariais que constituem o seu objeto social ou se, sob este ponto de vista, se encontra inativa.

Por fim, o art. 142°, 1, *d*), do CSC e o art. 4°, 1, *d*), do RJPADLEC, consagram o exercício de facto de atividade alheia ao objeto social como causa de dissolução da sociedade.

A indicação do objeto social constitui uma das *menções obrigatórias* do ato constituinte de qualquer sociedade (art. 9°, 1, *d*)). Acresce que, nos termos do art. 6°, 4, os membros do órgão de administração da sociedade estão obrigados a respeitar o objeto social. O que se compreende, tendo em conta que os sócios investiram na sociedade com vista a que esta desenvolva a(s) atividade(s) económica(s) própria(s) do objeto social.

Também já vimos que nas sociedades por quotas, anónimas e em comandita por ações, em regra, a sociedade fica vinculada em relação a terceiros por atos que não respeitam o objeto social, uma vez que as cláusulas estatutárias relativas ao objeto social não são, em regra, oponíveis a terceiros (arts. 260°, 1, 409°, 478°).

Certamente que a prática de atos isolados ou episódicos alheios ao objeto social não constitui fundamento suficiente para a dissolução da sociedade, ao abrigo do art. 142°, 1, *d*), do CSC e o art. 4°, 1, *d*), do RJPADLEC. Na verdade, o art. 142°, 1, *d*), fala em "atividade não compreendida no objeto contratual" e não de atos. Assim, para que se considere verificada a hipótese do art. 142°, 1, *d*), é necessário que se consiga identificar uma "atividade permanente e identificável enquanto sucessão persistente de atos" (Costa, 2015ª:662).

DIREITO COMERCIAL E DAS SOCIEDADES. ENTRE AS EMPRESAS E O MERCADO

A doutrina admite que os arts. 8º, 3, e 9º, 1, *b*), 2, do RJPADLEC que preveem que seja concedido um prazo máximo de 90 dias para ser regularizada a situação, sejam aplicados também no caso de procedimento administrativo requerido com fundamento no art. 142º, 1, *d*), do CSC (Santos, 2007:152, 153; Costa, 2015ª:663). Uma das formas de regularização da situação será a alteração de cláusula estatutária relativa a objeto social, conformando-a com a atividade que, de facto, é desenvolvida pela sociedade (Ventura, 1987:133, 199, 200).

1.4. Causas de dissolução administrativa oficiosa

O art. 143º identifica as "causas de dissolução oficiosa". Por outro lado, o art. 5º do RJPADLEC regula os casos de "início oficioso do procedimento".

O conservador toma conhecimento dos factos que irão constituir fundamento do procedimento administrativo de dissolução seja por que é o conservador competente (quando se trate de informação que resulta do registo comercial) seja por lhe é comunicada pela administração tributária. Tomado este conhecimento, o conservador do registo comercial deve proceder ao "início oficioso do procedimento", mediante auto que "especifique as circunstâncias que determinaram a instauração do procedimento e que identifique a entidade e a causa de dissolução" (art. 5º, 1, do RJPADLEC).

Olhemos, agora, as causas de *dissolução administrativa oficiosa*. Elas constam quer do art. 143º do CSC quer do art. 5º do RJPADLEC, *mas não coincidem.* É compreensível que não *coincidam* porque o art. 5º aplica-se a "entidades comerciais" que *não são sociedades* (v. art. 2º do RJPADLEC).

Cingindo-nos ao universo das sociedades comerciais e civis em forma comercial, verifica-se uma *discrepância* entre o teor literal do art. 143º, *a*), e o do art. 5º, *a*), do RJPADLEC. Costa, 2015[b]:667 entende que o art. 143º, *a*), deve ser objeto de interpretação corretiva, tendo como referente o art. 5º, *a*) do RJPADLEC. Seguindo-se este entendimento, o teor desta última norma (alterada pelo art. 3º do DL 250/2012, de 23 de novembro) deve *prevalecer* sobre a formulação literal do art. 143º, *a*) (Costa, 2015[b]:667, 668).

Assim, constitui causa de *dissolução oficiosa* da sociedade o facto de durante dois anos consecutivos, a sociedade não ter procedido ao registo da prestação de contas (art. 5º, *a*), do RJPADLEC). O conservador que toma conhecimento desta omissão, mantida por dois anos consecutivos, deve, por sua iniciativa, dar início ao procedimento oficioso de dissolução da sociedade.

Nos termos da alínea *b*) do art. 143º do CSC e do art. 5º, *b*), do RJPADLEC, constitui causa de dissolução oficiosa a "ausência de atividade

CAPÍTULO XIII – DISSOLUÇÃO E LIQUIDAÇÃO DA SOCIEDADE

efetiva da sociedade, verificada nos termos previstos na legislação tributária" (v. art. 83º do CPPT), sendo esta "ausência de atividade efetiva da sociedade" comunicada pela administração tributária ao serviço de registo competente, "para efeitos de instauração dos procedimentos administrativos de dissolução e de liquidação da entidade, no prazo de 30 dias posteriores à apresentação daquela declaração" (art. 83º, 1, CPPT).

Nos termos do art. 143º, *c*), CSC e do art. 5º, *c*), a "declaração oficiosa da cessação de atividade da sociedade"[9], comunicada pela administração tributária (art. 83º, 2, *b*), do CPTT) ao serviço de registo competente constitui *causa de dissolução oficiosa*.

Fora da lista de causas constante do art. 143º do CSC, o art. 5º, *d*), do RJPADLEC prevê que estão sujeitas a dissolução administrativa oficiosa as sociedades que "não tenham procedido ao aumento do capital e à liberação deste, nos termos dos nᵒˢ 1 a 3 e 6 do artigo 533º do Código das Sociedades Comerciais".

Já o art. 5º, *e*), RJPADLEC, determina que será *dissolvida oficiosamente* a sociedade que "não tenha sido objeto de atos de registo comercial obrigatórios durante mais de 20 anos". Os atos de *registo obrigatório* estão previstos no art. 15º, 1, do CRCom.. Recorde-se que é de *dois meses* o prazo que o art. 15º, 2, do CRCom. fixa para o registo de atos sujeitos a registo obrigatório. O incumprimento da obrigação de registar dentro do prazo está sujeito às consequências previstas no art. 17º do CRCom. 20 anos parece um prazo excessivamente longo e excessivamente generoso para sociedades que omitem sucessiva e reiteradamente a obrigação de proceder ao registo obrigatório.

O DL 250/2012, de 23 de outubro, acrescentou ao art. 5º do RJPADLEC a alínea *j*) com o seguinte teor: "a entidade competente para a concessão da licença para operar no âmbito institucional da Zona Franca da Madeira comunique à conservatória do registo comercial privativa a caducidade ou revogação da respetiva licença"[10]. Neste caso, a caducidade ou a revogação da licença para operar na Zona Franca da Madeira constitui causa de *dissolução oficiosa*. O conservador obtém o conhecimento da referida caducidade ou

---

[9] V. também o art. 8º, 6, do CIRC.

[10] O DL nº 234/88, de 5 de julho, cria os serviços de Registo e de Notariado Privativos da Zona Franca da Madeira. O Decreto Regulamentar Regional nº 21/87/M, de 5 de setembro (na redação que lhe é dada pelo Decreto Regulamentar Regional nº 23/2016/M, de 16 de novembro), aprova o Regulamento das Atividades Industriais, Comerciais e de Serviços Integradas no âmbito Institucional da Zona Franca da Madeira.

DIREITO COMERCIAL E DAS SOCIEDADES. ENTRE AS EMPRESAS E O MERCADO

revogação da licença para operar na Zona Franca da Madeira, através de comunicação que a entidade competente para a concessão da licença lhe remete.

1.5. Forma e registo da dissolução

Nos termos do art. 145°, 1, a dissolução da sociedade não depende de forma especial nos casos em que tenha sido deliberada pela assembleia geral. Basta, por consequência, a ata da deliberação.

Além disso, nos casos em que a dissolução da sociedade *tenha sido deliberada pela assembleia geral*, a "administração da sociedade ou os liquidatários devem requerer a inscrição da dissolução no serviço de registo competente e qualquer sócio tem esse direito, a expensas da sociedade" (art. 145°, 2).

Nos termos dos arts. 3°, 1, *r*), e 15°, 1, do CRCom., o registo da dissolução *é obrigatório*, devendo, nos termos gerais, ser requerido no prazo de dois meses, sob pena das consequências legais aplicadas ao incumprimento da obrigação de registar dentro do prazo (art. 17° do CRCom.).

Aos sócios é concedido o *direito* de promover o registo da dissolução da sociedade (art. 145°, 2), a "expensas da sociedade". O custo do registo será suportado pela sociedade dissolvida e em liquidação.

Também a dissolução da sociedade decidida pelo conservador do registo comercial (dissolução administrativa) *está sujeita a registo*. Neste caso, nos termos do art. 13° do RJPADLEC, o conservador lavra *oficiosamente* o registo da dissolução.

2. Regime jurídico dos procedimentos administrativos de dissolução e de liquidação de entidades comerciais

O art. 144° prescreve que "o regime do procedimento administrativo de dissolução é regulado em diploma próprio". Refere-se esta disposição ao Regime Jurídico dos Procedimentos Administrativos de Dissolução e de Liquidação de Entidades Comerciais, instituído pelo DL 76-A/2016, de 29 de março.

O RJPADLEC tem um âmbito de aplicação que ultrapassa as sociedades comerciais, pois, nos termos do art. 2°, é aplicável às sociedades comerciais, às sociedades civis sob forma comercial, às cooperativas e aos estabelecimentos individuais de responsabilidade limitada. Todas estas entidades são, para efeitos deste procedimento, designadas "entidades comerciais".

O procedimento administrativo de dissolução e liquidação da sociedade começa pela instauração (arts. 4°, 5°, 6°) e apreciação preliminar. Na verdade,

CAPÍTULO XIII – DISSOLUÇÃO E LIQUIDAÇÃO DA SOCIEDADE

é exigido ao conservador do registo comercial que aprecie liminarmente o requerimento de dissolução da sociedade que lhe é dirigido[11] (art. 7º). O pedido de dissolução será indeferido pelo conservador, sempre que "seja manifestamente improcedente ou não tenham sido apresentados os documentos comprovativos dos factos com interesse para a decisão que só documentalmente possam ser provados e cuja verificação constitua pressuposto da procedência do pedido"[12].

Sendo indeferido liminarmente o pedido de dissolução da sociedade, o procedimento administrativo não avança e, naturalmente, a sociedade não é dissolvida. No entanto, os interessados podem contestar ("impugnar") judicialmente a decisão de indeferimento liminar proferida pelo conservador do registo comercial (arts. 7º, 3, 12º do RJPADLEC).

Admitindo que o procedimento administrativo de dissolução ultrapassa esta fase de apreciação liminar, seguem-se a notificação e participação da sociedade e dos interessados (art. 8º do RJPADLEC) e, ainda, no caso de o procedimento ter sido instaurado oficiosamente, o pedido de informações (art. 9º do RJPADLEC).

Segue-se o momento do processo em que vai ser recolhida a prova, designadamente através de testemunhas que tenham sido indicadas pelo(s) requerente(s).

Por ocasião da notificação, os destinatários são informados de que dispõem do prazo de 10 dias "a contar da notificação, para dizerem o que se lhes oferecer, apresentando os respetivos meios de prova" (art. 8º, 2, c), 9º, 1, do RJPADLEC)[13].

Em todos os casos de *dissolução administrativa oficiosa*, a notificação elaborada pelo conservador concede um prazo de 30 dias, a contar da notificação, para *regularização da situação* ou para a demonstração de que a regularização já se encontra efetuada (art. 9º, 1, b), do RJPADLEC). Também é admitida a *regularização da situação* no procedimento administrativo voluntário. No entanto, nos termos do art. 8º, 3, do RJPADLEC, essa possibilidade só existe para os casos em que a causa de dissolução consiste na diminuição do nú-

---

[11] O art. 7º, 1, do RJPADLEC, subordinado ao título "indeferimento liminar", fala em "pedido". O indeferimento liminar aplica-se ao procedimento administrativo voluntário e não ao procedimento administrativo oficioso.

[12] Santos, 2007:158, considera que o indeferimento liminar é o meio para o controlo da legitimidade do sujeito que requer a dissolução da sociedade.

[13] Santos, 2007:147, s. defende a inconstitucionalidade do RJPADLEC por este, em violação do art. 202º do CRP, atribuir funções jurisdicionais ao conservador do registo comercial.

DIREITO COMERCIAL E DAS SOCIEDADES. ENTRE AS EMPRESAS E O MERCADO

mero legal de membros ou, ainda, a sociedade não tenha exercido qualquer atividade durante dois anos consecutivos ou, ainda, a sociedade unipessoal por quotas tenha como sócio único outra sociedade unipessoal por quotas (arts. 8º, 3, 9º, 1, *b*), do RJPADLEC).

"Sendo regularizada a situação no prazo concedido para o efeito, o conservador declara findo o procedimento" (11º, 1, do RJPADLEC). Por conseguinte, havendo *regularização,* não há dissolução da sociedade.

Caso se tenham verificado os pressupostos previstos na lei, o conservador proferirá a *decisão final de dissolução da sociedade* (art. 11º, 3, a 5). A decisão do conservador é suscetível de ser contestada judicialmente, através da impugnação judicial (art. 12º)[14].

Segue-se o registo da decisão definitiva de dissolução (arts. 13º do RJPADLEC, e arts. 3º, 1, *r*), 2, *g*), 53º-A, 2 e 5, e 70º, 1, *a*), todos do CRCom), *lavrado oficiosamente.* Conclui-se o procedimento pelas comunicações subsequentes ao registo da dissolução (art. 14º).

3. Liquidação da sociedade

3.1. Noção de liquidação

Em regra, "a sociedade dissolvida entra imediatamente em liquidação" (art. 146º, 1), sendo certo que a sociedade em liquidação mantém a personalidade jurídica (art. 146º, 2).

A *liquidação* designa "a *situação jurídica* da sociedade no período, mais ou menos longo, compreendido entre a respetiva dissolução e o momento em que o encerramento da liquidação é registado, facto que verdadeiramente determina a extinção do ente societário" (Cunha, 2015: 688).

A liquidação também designa o *processo* constituído pelo "conjunto ordenado de atos a realizar ao longo daquela fase terminal da vida societária" (Cunha, 2015:688). Na fase da liquidação serão extintas as relações jurídicas de que a sociedade é titular e, além disso, serão realizadas as operações necessárias à "monetarização do património social" (Serens, 2011:47). À liquidação do património da sociedade seguir-se-á a *"partilha do ativo restante"* (art. 156º)

A liquidação interessa aos *sócios* pois, nesta fase da vida societária, poderão recuperar as entradas, bem como receber os lucros finais ou de liquidação.

---

[14] Para esta ação são competentes, em razão da matéria, os juízos de comércio, nos termos do art. 128º, 2, da LOSJ.

CAPÍTULO XIII – DISSOLUÇÃO E LIQUIDAÇÃO DA SOCIEDADE

Mas também interessa aos credores sociais, na medida em que estes poderão ver os seus créditos satisfeitos.

No âmbito da liquidação são realizadas operações preliminares que visam determinar a situação patrimonial da sociedade dissolvida (art. 149°), satisfação do passivo social (art. 154°), a partilha do ativo que restar (art. 156°) e a transmissão e entrega dos bens partilhados aos sócios (arts. 159°).

A *sociedade dissolvida* e em liquidação *mantém a personalidade jurídica*, aplicando-se, em regra, as normas que regem as sociedades não dissolvidas (art. 146°, 2). Mas nem sempre é assim, porque, na verdade, a sociedade *encontra-se em liquidação*. Desde logo, haverá alterações na firma da sociedade à qual será aditada a menção "sociedade em liquidação" ou "em liquidação" (art. 146°, 3); cessam as funções dos administradores que, em regra, passam a ser *liquidatários da sociedade* desde o momento em que esta se considera dissolvida, assumindo os deveres, poderes e responsabilidades previstos no art. 152°. Além disso, nos atos externos deve ser evidenciada a menção de que "a sociedade se encontra em liquidação" (art. 171°, 1).

Discute a doutrina se a sociedade em liquidação mantém o mesmo fim e o mesmo âmbito da capacidade de gozo ou se, ao invés, a sociedade em liquidação tem a sua capacidade de gozo restringida às operações de liquidação e partilha (no sentido da não restrição da capacidade de gozo das sociedades em liquidação, Ventura, 1987:236, s.; Cunha, 2015:690; defendendo uma capacidade restringida da sociedade em liquidação porque o fim da sociedade mudou, Serens, 2011:47, s.).

3.2. Modalidades de liquidação

O regime-regra da liquidação é a *liquidação extrajudicial* (arts. 146° e ss.). Trata-se dos casos em que a liquidação da sociedade é realizada diretamente pelos *liquidatários* que devem ultimar os negócios pendentes, cumprir as obrigações da sociedade, cobrar os créditos da sociedade, reduzir a dinheiro o património residual e propor a partilha dos haveres sociais (art. 152°, 3). Estas operações são realizadas *sem intervenção dos tribunais* (daí a designação *extrajudicial*).

Casos há em que a lei exige que a *liquidação seja judicial*. São os casos previsto nos arts. 165°, 2, e 172°.

Por fim, a liquidação pode ser *administrativa*. Trata-se do caso em que a liquidação da sociedade é levada a cabo no contexto do *procedimento administrativo de liquidação* (arts. 15° e ss. do RJPADLEC). O procedimento administrativo de liquidação pode ter início *voluntário*, em que os sujeitos legitimados para o efeito *manifestam a vontade* de que a sociedade seja liquidada administrativamente (art. 15°, 1, do RJPADLEC).

Em outros casos, a liquidação administrativa é *imposta por lei*. Vejam-se os casos previstos no art. 150°, 3, 146°, 6, CSC, art. 4°, 4, do RJPADLEC, 234°, 4, do CIRE.

3.3. Liquidatários

Os membros da administração da sociedade passam a ser liquidatários a partir do momento em que ela se considera dissolvida (art. 151°, 1). Por conseguinte, opera-se uma mudança na estrutura organizatória da sociedade – cessam as funções dos administradores[15] e iniciam-se as funções dos liquidatários. O art. 146°, 2, determina que, em regra, são aplicadas à sociedade dissolvida as disposições legais aplicáveis às sociedades não dissolvidas. Por isso, mantém-se na sociedade em liquidação o órgão deliberativo-interno (vulgarmente conhecido por assembleia de sócios) e o órgão de fiscalização (caso exista).

Desde 2006, admite-se a possibilidade de o liquidatário ser designado por via administrativa (art. 151°, 4). O que significa que tão-só a designação é que administrativa; de resto mantém-se extrajudicial da liquidação.

Pessoas coletivas não podem ser designadas liquidatários, excetuadas as sociedades de advogados ou as sociedades de revisores oficiais de contas (art. 151°, 5).

Havendo vários liquidatários, a regra supletiva é a de que atuem de modo *disjunto*. É o que resulta do art. 151°, 6, quando determina que "havendo mais de um liquidatário, cada um tem poderes iguais e independentes para os atos de liquidação". Este modo de atuação disjunto não se aplica à alienação de bens da sociedade para o que é necessária a intervenção de, pelo menos, dois liquidatários (art. 151°, 6). A atuação disjunta torna mais fácil o desenvolvimento da liquidação, mas simultaneamente, envolve alguns riscos de atuações contraditórias.

O art. 151°, 9, pressupõe que o cargo de liquidatário é *remunerado*, por isso determina que "a remuneração dos liquidatários é fixada por deliberação dos sócios e constitui encargo da liquidação".

A remuneração do (s) liquidatário(s) pode ser *fixa* (um certo montante por determinada unidade de tempo) ou ser *variável* (um determinado montante que, de alguma forma, se liga ao desempenho dos liquidatários). Assim,

---

[15] Ventura, 1987:298, defende que o órgão de administração se extingue por efeito da lei.

CAPÍTULO XIII – DISSOLUÇÃO E LIQUIDAÇÃO DA SOCIEDADE

o montante devido ao(s) liquidatário(s) pode ser calculado em função do valor do ativo realizado, do valor do passivo pago ou do valor do saldo partilhado entre os sócios (Ventura, 1987:320).

O art. 152° dedica-se a regular os *deveres, poderes e responsabilidade* dos liquidatários. Nesta matéria, o art. 152°, 1, começa por consagrar a regra geral de que "os liquidatários têm, em geral, os deveres, os poderes e a responsabilidade dos membros do órgão de administração da sociedade". Ressalvam-se as "disposições legais que lhes sejam especialmente aplicáveis" e "as limitações resultantes da natureza das suas funções".

Por conseguinte, compete aos *liquidatários* representar perante terceiros a sociedade em liquidação. Mas importa atender, nesta matéria, a disposições legais que "sejam especialmente aplicáveis" aos liquidatários. Assim, por um lado, o art. 151°, 6, consagra supletivamente o modo disjunto de atuação dos liquidatários. Por outro lado, há que considerar as *limitações legais* aos poderes dos liquidatários constantes do art. 152°, relativas, por um lado, às especiais funções dos liquidatários e, por outro, à *necessidade de autorização dos sócios* para a prática de determinados atos.

Dependem de *autorização dos sócios*, manifestada em deliberação social ou em cláusula estatutária (Ventura, 1987:335), os poderes dos liquidatários para a prática dos atos previstos no art. 152°, 2. A deliberação que conceda poderes aos liquidatários para a prática dos atos elencados no art. 152°, 2, necessita de ser registada (art. 151°, 7).

O art. 152°, 3, prevê os *deveres legais específicos dos liquidatários*.

O art. 152°, 3, *não esgota* o elenco dos deveres legais dos liquidatários da sociedade. Muitos outros estão previstos no CSC: dever de prestar contas da liquidação (periódicas e finais), nos termos dos arts. 155°, 157°; entregar os bens partilhados (art. 159°), promover o registo do encerramento da liquidação (art. 160°, 1), *etc.*

O art. 152° não regula especificamente a responsabilidade civil pelo exercício das funções de liquidatário. O art. 158° prevê uma *hipótese específica* de responsabilidade dos liquidatários para com os *credores sociais cujos direitos não tenham sido satisfeitos ou acautelados.* Os pressupostos em que assenta esta responsabilidade dos liquidatários são: *a)* declaração *falsa* inscrita nos documentos apresentados à assembleia (v. art. 157°, 2, 4) de que os direitos dos credores da sociedade foram satisfeitos ou acautelados; *b)* atuação com culpa ou com dolo; *c)* a partilha foi efetivada e, consequentemente, os bens sociais foram entregues aos sócios.

As consequências desta responsabilidade são diversas consoante a atuação do liquidatário tenha sido *culposa* ou *dolosa*. No primeiro caso, o liquidatário

DIREITO COMERCIAL E DAS SOCIEDADES. ENTRE AS EMPRESAS E O MERCADO

paga os créditos não satisfeitos ao credor social, mas a lei concede-lhe o direito de regresso contra os antigos sócios (art. 158°, 2). Por conseguinte, na hipótese de culpa, o liquidatário ainda pode almejar recuperar dos sócios o montante pago aos credores sociais insatisfeitos. No caso de *dolo*, o liquidatário responsável suporta, sem direito de regresso, o pagamento devido ao(s) credor(es) insatisfeito(s) (art. 158°, 2, *parte final*).

Discute a doutrina que responsabilidade é a que se encontra prevista no art. 158°. Há quem entenda que esta é uma hipótese específica de responsabilidade civil extracontratual por violação de normas de proteção (Cordeiro, 2011:558). Noutra opinião, trata-se de uma *sanção* aplicável à violação do dever de, no relatório final apresentado à assembleia, declarar com exatidão e sem falsidade que todos os direitos dos credores estão satisfeitos ou acautelados (arts. 157°, 2, 158°) (Ventura, 1987:420). Sanção essa que não segue o regime da responsabilidade civil.

Aos liquidatários são aplicáveis, nos termos gerais, as hipóteses de responsabilidade civil, previstas nos arts. 72° e ss., tendo em conta que se segue a regra da aplicação das normas aplicáveis aos membros do órgão de administração da sociedade (art. 152°, 1).

As funções dos liquidatários, nos termos do art. 151°, 8, "terminam com a extinção da sociedade". E a extinção da sociedade ocorre com o "registo do encerramento da liquidação" (art. 160°, 2). Pode acontecer que as funções dos liquidatários se prolonguem para lá da extinção da sociedade. São os casos em que: *a*) à data da extinção da sociedade estejam contra ela pendentes ações em tribunal – neste caso o(s) liquidatário(s) fica(m) encarregado(s) de, em juízo, representar a generalidade dos sócios (art. 162°); *b*) o liquidatário, em representação da generalidade dos sócios, após a extinção da sociedade, é citado em ações contra aqueles, destinadas a satisfazer o passivo superveniente (art. 163°, 2); *c*) foi encontrado ativo adicional que é necessário reduzir a dinheiro (se já não estiver em dinheiro) e propor a partilha entre os antigos sócios (art. 164°).

A *cessação de funções* dos liquidatários pode ainda ocorrer em virtude de deliberação de destituição tomada pelos sócios (art. 151°, 2); destituição com justa causa, decretada pelo conservador do registo comercial, por iniciativa deste ou a requerimento do órgão de fiscalização, de sócio(s), de credor(es) da sociedade ou de credor(es) de sócios de responsabilidade ilimitada (arts. 151°, 3, CSC, 22° do RJPADLEC); renúncia do liquidatário; decurso do prazo para que foram nomeados.

CAPÍTULO XIII – DISSOLUÇÃO E LIQUIDAÇÃO DA SOCIEDADE

3.4. A partilha do ativo restante e entrega dos bens partilhados

Cabe aos liquidatários "propor a partilha dos haveres sociais" (art. 152º, 3, *e*)). Em rigor, não são todos os "haveres sociais" que são partilháveis pelos sócios. Há que, antes de proceder à partilha, acautelar a satisfações dos direitos dos credores da sociedade, liquidando o passivo social (art. 154º, 1). O que é partilhável entre os sócios é tão-só o "ativo restante" que se apura depois de satisfeitos ou acautelados, nos termos do art. 154º, os direitos dos credores da sociedade" (art. 156º, 1). Acresce que os liquidatários "podem excluir da partilha as importâncias estimadas para encargos da liquidação até à extinção da sociedade" (art. 156º, 5). Recorde-se que a remuneração dos liquidatários constitui um dos encargos da liquidação (art. 151º, 9).

A regra é a de que *seja partilhado dinheiro* (156º, 1). Na verdade, a *partilha de bens em espécie* (por exemplo, um automóvel, uma marca, um prédio, computadores, mobiliário, *etc.*), sendo *lícita*, não pode ser imposta aos sócios. Para que se proceda à *partilha em espécie* é necessário que ela esteja prevista no contrato de sociedade ou, em alternativa, tenha sido deliberada unanimemente (art. 156º, 1).

O ativo restante começa por ser afetado ao "reembolso do montante das entradas efetivamente realizadas; esse montante é a fração de capital correspondente a cada sócio, sem prejuízo do que dispuser o contrato para o caso de os bens com que o sócio realizou a entrada terem valor superior àquela fração nominal" (art. 156º, 2).

Acontecendo o ativo restante não ser suficiente para reembolsar integralmente as diversas entradas, far-se-á o rateio entre os diversos sócios, tendo como critério a proporção em que cada um deles participa nas perdas da sociedade. Esta proporção pode corresponder à proporção de participação no capital social ou ser diversa (art. 22º, 1). Na verdade, não havendo o reembolso integral da entrada, o(s) sócio(s) regista(m) uma *perda*. Para apurar o montante desta "perda", há que contabilizar, relativamente a cada sócio, parte *da entrada em dinheiro que ainda se encontra em dívida* (art. 156º, 3).

Pode acontecer que, reembolsadas as entradas, se registe *saldo positivo* que, esse sim, representará o *lucro final* ou de *liquidação*. Este será distribuído pelos sócios na proporção da participação no capital social ou de outro critério previsto nos estatutos (art. 22º).

O relatório final e as contas finais elaborados pelos liquidatários são submetidos a deliberação dos sócios (art. 157º, 4). Este relatório deve conter a declaração expressa, da responsabilidade dos liquidatários, de que estão satisfeitos ou acautelados os direitos dos credores (art. 157º, 2). A falsidade desta

DIREITO COMERCIAL E DAS SOCIEDADES. ENTRE AS EMPRESAS E O MERCADO

declaração tem as consequências do art. 158° e, eventualmente, consequências jurídico-criminais (art. 256°, 1, *d*), do CP)[16].

Tendo os sócios deliberado o que cabe a cada um (arts. 157°, 4, 159°, 1), há que proceder à entrega dos bens partilhados (art. 159°).

3.5. Encerramento da liquidação e extinção da sociedade

A sociedade em liquidação *mantém a personalidade jurídica* (art. 146°, 2) até ao momento do registo do encerramento da liquidação que deve ser promovido pelos liquidatários (art. 160°). Nos termos do art. 3°, *t*), 15°, 1, do CRCom., este registo é obrigatório e feito por transcrição (art. 53°-A do CRCom.). O registo do encerramento da liquidação está sujeito a *publicação obrigatória*, quando respeitante a sociedades por quotas, anónimas e em comandita por ações (art. 70°, 1, do CRCom). Esta publicação é feita no sítio publicacoes.mj.pt, promovida oficiosamente pelo conservador do registo comercial e paga pela sociedade em liquidação (é mais um dos encargos da liquidação) (art. 71° do CRCom.). Publicita-se, pois, a extinção da sociedade.

3.6. Passivo superveniente

A extinção da sociedade não extingue dívidas sociais que, por uma qualquer razão, não tenham sido satisfeitas ou acauteladas pelos liquidatários. Sendo

---

[16] Esta é uma questão de significativa importância prática e muito discutida na jurisprudência. Há desencontrados arestos jurisprudenciais na decisão da questão de saber se a falsa declaração dos liquidatários de que não há passivo nem passivo da sociedade constitui ou não um crime de falsificação de documentos. A jurisprudência divide-se. O Ac. do Tribunal da Relação do Porto de 25.3.2015, relatado pela Juíza Desembargadora Deolinda Dionísio, ajuizou que "I – A relevância criminal da declaração falsa de inexistência de passivo inserta em acta de deliberação social com vista à dissolução da sociedade apenas poderá ser aferida em concreto. II – Demonstrando-se que: – a vontade determinante e subjacente a tal declaração foi a de prejudicar terceiros, – existiam activos no património social que permitam a satisfação dos créditos dos terceiros que foram partilhados e dissipados, estará preenchido o conceito de "facto juridicamente relevante" da al. *d*) do n° 1 do art° 256° CP.". Este mesmo Acórdão indica jurisprudência no sentido da não relevância penal do comportamento dos liquidatários que falsamente declaram que a sociedade não tem passivo e, assim, regista o encerramento da liquidação e conseguem a extinção da sociedade. O mesmo Tribunal da Relação do Porto, em 21.1.2015, em Acórdão relatado pelo Juiz Desembargador Donas Boto, decidiu que "a declaração em acta de que não existia passivo, feita pelo arguido, não é idónea a provar qualquer facto juridicamente relevante e não ofende o bem jurídico protegido pelo art. 256° do C. Penal". E, portanto, considerou não haver indícios da prática de crime de falsificação de documentos.

CAPÍTULO XIII – DISSOLUÇÃO E LIQUIDAÇÃO DA SOCIEDADE

assim, põe-se o problema de saber quem responde por tais dívidas, sendo certo que a sociedade extinta já não poderá satisfazer tal encargo.

A regra está consagrada no art. 163º que determina a responsabilidade dos antigos sócios. No entanto, a responsabilidade dos sócios tem como limite "o montante que receberam na partilha, sem prejuízo do disposto quanto a sócios de responsabilidade ilimitada" (art. 163º, 1). O fundamento que subjaz a esta solução é o de que os sócios receberam na partilha mais do que lhe era devido, pois havia que satisfazer os créditos dos credores sociais. Já nada haverá a pagar aos credores sociais pelos sócios de responsabilidade limitada, nos casos em os sócios declaram, para efeitos de partilha imediata, que a sociedade não tem ativo nem passivo (art. 147º) e, por consequência, os sócios nada recebem.

"O antigo sócio que satisfizer alguma dívida (…) tem direito de regresso contra os outros, de maneira a ser respeitada a proporção de cada um nos lucros e nas perdas" (art. 163º, 3).

Os direitos dos credores contra os sócios, ao abrigo do art. 163º, prescrevem no prazo de cinco anos a contar do registo da extinção da sociedade, nos termos do art. 174º, 3.

Bibliografia citada

Abreu, J. M. Coutinho de (2017), "Artigo 5°", *Código das Sociedades Comerciais em comentário*, coord. de J. M. Coutinho de Abreu, vol. I, 2ª ed., Coimbra: Almedina.

Cordeiro, António Menezes (2011), "Artigo 158°", *Código das Sociedades Comerciais anotado*, 2ª ed., Coimbra: Almedina.

Costa, Ricardo (2015), "Artigo 141°", *Código das Sociedades Comerciais em comentário*, coord. de J. M. Coutinho de Abreu, vol. II, 2ª ed., Coimbra: Almedina.

Costa, Ricardo (2015ª), "Artigo 142°", *Código das Sociedades Comerciais em comentário*, coord. de J. M. Coutinho de Abreu, vol. II, 2ª ed., Coimbra: Almedina.

Costa, Ricardo (2015[b]), "Artigo 142°", *Código das Sociedades Comerciais em comentário*, coord. de J. M. Coutinho de Abreu, vol. II, 2ª ed., Coimbra: Almedina.

Cunha, Carolina (2015), "Artigo 146°", *Código das Sociedades Comerciais em comentário*, coord. de J. M. Coutinho de Abreu, vol. II, 2ª ed., Coimbra: Almedina.

Santos, Filipe Cassiano dos (2007), "Dissolução e liquidação administrativas de sociedades", *Reforma do Código das Sociedades*, Coimbra: IDE/Almedina.

Serens, Manual Nogueira (2011), "A dissolução (imediata) de sociedade anónima por deliberação dos sócios – Breve reflexão sobre alguns aspetos do respetivo regime", *Direito das Sociedades em Revista*, 5.

Ventura, Raúl (1987), *Dissolução e liquidação de sociedades*, Coimbra: Almedina.

CAPÍTULO XIII – DISSOLUÇÃO E LIQUIDAÇÃO DA SOCIEDADE

Para saber mais

I – Leituras recomendadas

Cunha, Carolina (2014), "Responsabilidade dos sócios pelo passivo superveniente após a extinção da sociedade nos casos de ausência de liquidação", *III Congresso Direito das Sociedades em Revista*, Coimbra: Almedina.

Silva, Paula Costa e (2007), "Dissolução e liquidação de sociedades comerciais: nótula", *A reforma do Código das Sociedades Comerciais. Jornadas em Homenagem ao Professor Doutor Raúl Ventura*, Coimbra: Almedina.

Silva, Paula Costa /Pinto, Rui (2011), "DLA (Dissolução e liquidação administrativas) – Regime jurídico dos procedimentos administrativos de dissolução e de liquidação de entidades comerciais", *Código das Sociedades Comerciais anotado*, coord. de A. Menezes Cordeiro, 2ª ed., Coimbra: Almedina.

II – Sítios oficiais de conteúdo informativo relevante para a compreensão de aspetos relativos à dissolução e liquidação das sociedades

https://www.portaldocidadao.pt/web/instituto-dos-registos-e-do-notariado/registos-online-por-transcricao, podem ser consultados os custos do registo online de dissolução, de dissolução com nomeação de liquidatários e de dissolução com encerramento de liquidação ou requerimento para dissolução imediata de sociedade.

Em https://www.ibc-madeira.com/pt/ pode ser encontrada informação sobre o Centro Internacional de Negócios da Madeira.

DIREITO COMERCIAL E DAS SOCIEDADES. ENTRE AS EMPRESAS E O MERCADO

Para estudar melhor

I. Distinga sucintamente

a) Dissolução da sociedade *de* anulação do contrato de sociedade;

b) Liquidação da sociedade *de* liquidação de parte social;

c) Dissolução administrativa *de* dissolução judicial;

d) Dissolução administrativa voluntária *de* dissolução administrativa oficiosa.

II. Responda às seguintes questões:

a) Quem fixa a remuneração dos liquidatários?

b) Havendo vários liquidatários, qual é o modo de atuação previsto na lei?

c) Quem fiscaliza a atuação dos liquidatários?

d) A decisão administrativa de dissolução de sociedade é suscetível de impugnação judicial. Qual é o tribunal competente em razão da matéria?

ÍNDICE

ABERTURA	5
LISTA DE ABREVIATURAS E SIGLAS	7

CAPÍTULO I. INTRODUÇÃO AO DIREITO COMERCIAL	9
1. O que é o direito comercial?	9
1.1. Direito privado especial	9
1.2. O direito comercial português	11
2. Fontes do direito comercial	13
Bibliografia citada	20
Para saber mais	21
Para estudar melhor	23

CAPÍTULO II. ATOS DE COMÉRCIO	25
1. Atos de comércio	25
1.1. Caraterização geral	25
1.2. Principais classificações (legais e doutrinais)	27
1.2.1. Atos objetivos de comércio e atos subjetivos de comércio	27
1.2.2. Atos formalmente comerciais e atos substancialmente comerciais	30
1.2.3. Atos bilateralmente comerciais e atos unilateralmente comerciais	31
1.3. Consequências jurídicas das classificações	31
2. Contratos comerciais	34
2.1. As cláusulas contratuais gerais e os contratos de adesão	34
2.2. Cláusulas típicas dos contratos internacionais	36
2.3. Compra e venda comercial	38
2.4. Contrato de agência	41
2.5. Contrato de seguro	44
2.6. Contratos bancários	48
2.6.1. Abertura de conta	49
2.6.2. Depósito bancário (de dinheiro)	50
2.6.3. Transferência bancária	51
2.6.4. Cartões bancários	52

DIREITO COMERCIAL E DAS SOCIEDADES. ENTRE AS EMPRESAS E O MERCADO

3. Juros comerciais	53
4. Títulos de crédito	56
4.1. Caraterização geral: incorporação, literalidade, autonomia, circulabilidade	56
4.2. Funções dos títulos de crédito	58
4.3. Classificações dos títulos de crédito	58
4.4. Títulos de crédito, títulos executivos e valores mobiliários	59
4.5. Letra, livrança e cheque	60
4.6. Os negócios cambiários	62
5. Outros títulos de crédito	64
6. Atos não comerciais	66
Bibliografia citada	67
Para saber mais	69
Para estudar melhor	71
CAPÍTULO III. OS COMERCIANTES	73
1. Quem é comerciante?	73
1.1. O (escasso relevo) do estatuto de comerciante	73
1.2. Pessoas singulares comerciantes	74
1.3. Pessoas coletivas comerciantes	76
2. Os não comerciantes	77
3. Sujeitos a quem a lei impede a qualidade de comerciante	78
4. As obrigações dos comerciantes	80
4.1. Adoção de firma	80
4.2. Escrituração mercantil	84
4.3. Registo comercial	86
4.4. Dever de prestar contas	87
4.5. O dever de se apresentar à insolvência (remissão)	88
5. Responsabilidade por dívidas comerciais contraídas por cônjuge comerciante	88
6. A organização administrativa e profissional do comércio	90
6.1. Os objetivos da política comercial	90
6.2. O Governo	91
6.3. O Conselho Económico e Social	91
6.4. Os reguladores económicos	91
6.4.1. Autoridade da Concorrência e reguladores setoriais	92
6.4.2. Reguladores do setor financeiro	92
6.5. O regime de acesso ao comércio	93
6.6. Estruturas associativas representativas do comércio	94
7. Resolução de litígios comerciais	95
7.1. A competência dos tribunais de comércio	95
7.2. Julgados de paz	96
7.3. Arbitragem	98
7.3.1. Caraterização geral	98
7.3.2. Modalidades de arbitragem	99
7.3.3. Convenção de arbitragem e tribunal arbitral	101

Bibliografia citada	103
Para saber mais	104
Para estudar melhor	106

CAPÍTULO IV.   EMPRESAS E EMPRESÁRIOS — 109

1. A empresa na lei, na doutrina e na jurisprudência	109
1.1. Pluralidade de definições de empresa	109
1.2. Empresa em sentido subjetivo e empresa em sentido objetivo	112
1.3. Empresas comerciais e empresas não comerciais	113
1.4. O debate em torno dos elementos da empresa	114
2. Pequenas e médias empresas	116
2.1. A discriminação positiva das PME	116
2.2. Recomendação da Comissão de 6 de maio de 2003 relativa à definição de micro, pequenas e médias empresas	117
2.3. Medidas de promoção das PME e normas sobre auxílios públicos	118
2.4. Certificação PME	118
3. Os sujeitos titulares de empresas	119
3.1. Empresas do setor público	119
3.2. Empresas do setor privado	121
3.3. Empresas do setor cooperativo e social	122
4. As (controversas) empresas sociais	122
4.1. Panorama europeu	122
4.2. O quadro legal português	124
5. Os empresários	125
6. Trespasse e locação de empresa	126
6.1. Trespasse	126
6.2. Locação de estabelecimento comercial	129
6.3. Âmbitos de entrega	130
7. Obrigação de não concorrência	133
7.1. Caraterização geral – os sentidos jurídicos de concorrência	133
7.2. Fundamento jurídico da obrigação de não concorrência	133
7.3. Locação de estabelecimento e obrigação (expressa) de não concorrência	135
7.4. Sanções para a violação da obrigação de não concorrência	135
8. A empresa em crise e a insolvência	136
8.1. Insolvência, recuperação de empresa, liquidação da empresa	136
8.2. Insolvência culposa e insolvência fortuita	139
Bibliografia citada	140
Para saber mais	142
Para estudar melhor	144

CAPÍTULO V.   IDENTIDADE DA SOCIEDADE COMERCIAL — 145

1. Noção de sociedade e de sociedade comercial	145
1.1. Noção geral de sociedade	145
1.2. Motivos para a constituição de uma sociedade	148

DIREITO COMERCIAL E DAS SOCIEDADES. ENTRE AS EMPRESAS E O MERCADO

2. Algumas distinções relevantes	150
2.1. Sociedades abertas e sociedades fechadas	150
2.2. Sociedades de capital fixo e sociedades de capital variável (organismos de investimento coletivo sob forma societária)	152
2.3. Sociedades cotadas e sociedades não cotadas	153
2.4. Sociedade e empresa	154
2.5. Sociedades familiares e pequenas e médias empresas	155
2.6. Sociedades e *startup*	156
2.7. Sociedades e entidades públicas empresariais	156
2.8. Sociedade e cooperativa	157
2.9. Sociedade e consórcio	158
2.10.Sociedades, agrupamentos complementares de empresas e agrupamentos europeus de interesse económico	159
2.11.Sociedades e grupos de sociedades	161
3. Sociedades comerciais	162
3.1. Caraterização geral	162
3.2. Princípio da taxatividade dos tipos societários	163
3.3. Principais notas dos tipos legais societários	164
3.3.1. Responsabilidade dos sócios perante a sociedade e perante os credores da sociedade	164
3.3.2. Transmissão das participações sociais	166
3.3.3. Estrutura organizatória	167
3.3.4. Capital social	168
3.3.5. Número de sócios	168
4. Sociedade civil em forma comercial	169
5. Sociedade civil simples	170
Bibliografia citada	171
Para saber mais	173
Para estudar melhor	175
CAPÍTULO VI. CONSTITUIÇÃO DE SOCIEDADE COMERCIAL	177
1. Empreendedorismo e constituição de sociedades	177
2. Os diversos atos constituintes de sociedades comerciais e civis em forma comercial	179
2.1. Contrato de sociedade	179
2.2. Negócio jurídico unilateral	179
2.3. Sentença homologatória de plano de insolvência	181
2.4. Constituição de sociedades com apelo a subscrição pública	181
2.5. Criação de sociedade através de ato legislativo	183
3. Confronto entre contrato de sociedade e acordo parassocial	183
4. Processos de constituição de sociedades	186
4.1. Variedade de processos de constituição de sociedades	186
4.2. Processo tradicional	187
4.2.1. Conteúdo do ato constituinte inicial	187

ÍNDICE

4.2.1.1. Identidade dos sócios	187
4.2.1.2. Tipo de sociedade	187
4.2.1.3. Firma da sociedade	188
4.2.1.4. Objeto social	189
4.2.1.5. Sede da sociedade	189
4.2.1.6. Capital social	190
4.2.1.7. Participação social	190
4.2.1.8. Cláusulas relativas às entradas dos sócios	191
4.2.1.9. Encerramento do exercício anual	192
4.2.1.10. Menções específicas	193
4.2.1.11. Outras menções	194
4.2.2. Forma do ato constituinte	194
4.2.3. Registo definitivo	195
4.2.4. Publicação obrigatória (sociedade por quotas, anónima e em comandita por ações)	196
5. Os regimes especiais de constituição de sociedades por quotas e anónimas	198
5.1. Regime especial de constituição imediata de sociedades por quotas e anónimas – a "empresa na hora"	198
5.2. Regime especial de constituição *online* de sociedades	200
6. Reestruturação empresarial e constituição de sociedades	201
6.1. A constituição de sociedade nova	201
6.2. Fusão por constituição de nova sociedade	202
6.3. Cisão e constituição de nova(s) sociedade(s)	203
6.4. Transformação extintiva	204
6.5. Partes na constituição de sociedade nova e número mínimo de sócios	204
6.6. Forma do ato constituinte da nova sociedade; registo	205
Bibliografia citada	207
Para saber mais	209
Para estudar melhor	211

CAPÍTULO VII. PERSONALIDADE E CAPACIDADE JURÍDICA	213
1. Personalidade jurídica	213
1.1. Sentido de personalidade jurídica	213
1.2. Efeitos da personalidade jurídica	217
2. Desconsideração da personalidade jurídica	218
2.1. Caraterização geral	218
2.2. Grupos de casos de imputação	219
2.3. Grupos de casos de responsabilidade	220
3. Capacidade de gozo de direitos	223
3.1. O princípio da especialidade do fim (lucrativo)	223
3.2. Liberalidades da sociedade	226
3.3. Prestação de garantias a dívidas de outras entidades	227
4. A capacidade de exercício de direitos – a representação da sociedade (remissão)	229
Bibliografia citada	230

DIREITO COMERCIAL E DAS SOCIEDADES. ENTRE AS EMPRESAS E O MERCADO

Para saber mais   232
Para estudar melhor   234

CAPÍTULO VIII.   PARTICIPAÇÃO SOCIAL   237
1. Noção de participação social   237
2. Partes sociais, quotas e ações   240
3. Modalidades de ações   242
   3.1. Ações nominativas   242
   3.2. Ações escriturais e ações tituladas   242
   3.3. Ações ordinárias e ações especiais   243
4. Principais direitos do sócio   244
   4.1. O direito a quinhoar nos lucros   244
   4.2. O direito a participar nas deliberações dos sócios (remissão) 249
   4.3. O direito a obter informações sobre a vida da sociedade   250
   4.4. O direito a ser designado para os órgãos de administração e de fiscalização
     da sociedade (remissão)   253
5. Obrigações do sócio   253
   5.1. Obrigação de entrada   253
     5.1.1. Noção   253
     5.1.2. Entradas em indústria, em dinheiro e em bens diferentes de dinheiro   254
     5.1.3. Tempo das entradas   257
     5.1.4. Garantias de cumprimento da obrigação de entrada   260
   5.2. Participação nas perdas   261
Bibliografia citada   264
Para saber mais   266
Para estudar melhor   268

CAPÍTULO IX.   FINANCIAMENTO DA SOCIEDADE   269
1. Diversidade das fontes de financiamento da sociedade   269
2. Noções de capital social   270
   2.1. Capital social – uma figura contestada   270
   2.2. Capital social nominal   271
   2.3. Capital social real   273
   2.4. Capital social e património social   274
3. Capital social e investimento colaborativo (*crowdfunding*)   274
4. Fixação legal de capital social mínimo   275
   4.1. Sociedades anónimas e em comandita por ações   275
   4.2. Capital social livre nas sociedades por quotas – manutenção capital social
     mínimo, eliminação do "custo de contexto"   277
5. Função de financiamento e outras funções do capital social   278
   5.1. Função de financiamento da sociedade   278
   5.2. Função de organização   280
   5.3. Função de garantia dos credores da sociedade   281
   5.4. Função de avaliação económica da sociedade   282

6. Aumentos de capital social	282
6.1. Noção e competência para o aumento do capital social	282
6.2. Modalidades de aumento do capital social	283
6.3. Ações sem valor nominal e financiamento da sociedade	284
7. Prestações suplementares, suprimentos e obrigações acessórias	285
7.1. Generalidades	285
7.2. Contrato de suprimento	286
7.3. Prestações suplementares	288
7.4. Obrigação de prestações acessórias	289
8. As reservas	290
8.1. Noção e modalidades de reservas	290
8.2. Reserva legal	291
8.3. Reserva estatutária	293
8.4. Reserva livre	293
8.5. Reserva oculta	293
9. Outros recursos de financiamento	293
9.1. As obrigações	294
9.2. *CoCos*	295
9.3. *Cash pooling*	295
9.4. Capital de risco e *business angels*	296
10. *Debt governance*	297
Bibliografia citada	299
Para saber mais	301
Para estudar melhor	303

CAPÍTULO X. GOVERNAÇÃO DAS SOCIEDADES

CAPÍTULO X. GOVERNAÇÃO DAS SOCIEDADES	305
1. Governação das sociedades – sentido jurídico e principais problemas	305
2. Estrutura organizatória – sociedades em nome coletivo e sociedades por quotas	307
2.1. Generalidades	307
2.2. Coletividade dos sócios ou assembleia geral	309
2.3. Gerência	310
2.4. Fiscalização da sociedade	314
3. Estrutura organizatória – sociedade anónima	316
3.1. Generalidades	316
3.2. Administrador – pluralidade de sentidos	318
3.2.1. Administradores de direito e administradores de facto	318
3.2.2. Administradores executivos e não executivos	319
3.2.3. Administrador independente	320
3.3. Composição do conselho de administração e do conselho de administração executivo	320
3.4. Administração e representação da sociedade anónima	323
3.5. Duração do mandato e remuneração dos administradores	324
3.6. Cessação de funções de administrador	325
3.7. A fiscalização da sociedade anónima	326

DIREITO COMERCIAL E DAS SOCIEDADES. ENTRE AS EMPRESAS E O MERCADO

3.7.1. Generalidades	326
3.7.2. Fiscal único e conselho fiscal	327
3.7.3. Comissão de auditoria e revisor oficial de contas	329
3.7.4. Conselho geral e de supervisão e revisor oficial de contas	330
4. Sociedade em comandita simples e sociedade em comandita por ações	331
5. Secretário da sociedade	332
6. *Compliance*	333
7. Os deveres de cuidado e de lealdade dos administradores	335
8. Responsabilidade civil dos administradores	337
8.1. Generalidades	337
8.2. Responsabilidade civil para com a sociedade	339
8.3. Responsabilidade civil para com os credores sociais	339
8.4. Responsabilidade civil para com sócios e terceiros	341
8.5. Tribunal competente	342
9. A proteção dos administradores – *business judgement rule*, reembolso societário e *D&O Insurance*	343
Bibliografia citada	346
Para saber mais	348
Para estudar melhor	350

CAPÍTULO XI.   DELIBERAÇÕES DOS SÓCIOS 351

1. Noção de deliberação	351
2. Formas de deliberação	352
2.1. Generalidades	352
2.2. Deliberações unânimes por escrito	354
2.3. Deliberações tomadas em assembleia geral universal	354
2.4. Deliberações por voto escrito	356
2.5. Deliberações tomadas em assembleia geral convocada – sociedade em nome coletivo	357
2.6. Deliberações tomadas em assembleia geral convocada – sociedade por quotas	358
2.7. Deliberações tomadas em assembleia geral convocada – sociedade anónima	360
2.7.1. Convocatória	360
2.7.2. Participação na assembleia geral	363
2.7.3. Quórum constitutivo	366
2.8. Deliberações tomadas em assembleia geral convocada – sociedades em comandita simples e em comandita por ações	367
3. O voto e a votação	367
3.1. Critérios de atribuição de votos	367
3.2. Formas de voto	368
3.3. Quórum deliberativo	369
4. Competência deliberativa dos sócios	370
4.1. Sociedade em nome coletivo	370
4.2. Sociedade por quotas	370

4.3. Sociedade anónima	370
5. Deliberações ineficazes e inválidas	372
5.1. Deliberações ineficazes	372
5.2. Deliberações inválidas	373
5.2.1. Generalidades	373
5.2.2. Deliberações nulas por vício de conteúdo e de procedimento	373
5.2.3. Deliberações anuláveis	376
6. Deliberações nulas e deliberação anuláveis – diferenças de regime jurídico	377
Bibliografia citada	380
Para saber mais	382
Para estudar melhor	384

CAPÍTULO XII.   SOCIEDADES COLIGADAS 387

1. Tipicidade das sociedades coligadas	387
2. Sociedades *holding*	389
3. Sociedades em relação de simples participação	390
4. Sociedades em relação de participações recíprocas	391
5. Sociedades em relação de domínio	394
5.1. Definição de relação de domínio	394
5.2. Presunções de domínio	394
5.3. Instrumentos de influência dominante	395
5.4. Consequências jurídicas	395
6. Sociedades em relação de grupo	398
6.1. Diversidade de fontes de relações de grupo	398
6.2. Grupos constituídos por contrato de grupo paritário	399
6.3. Grupos constituídos por contrato de subordinação	400
6.4. Grupos constituídos por domínio total	401
7. Efeitos do contrato de subordinação	403
7.1. Generalidades	403
7.2. Poder de direção da sociedade diretora e da sociedade dominante	403
7.3. Responsabilidade da sociedade diretora para com os credores da sociedade subordinada	406
7.4. Responsabilidade da sociedade dominante por perdas da sociedade dominada	407
7.5. Deveres e responsabilidades dos administradores	407
Bibliografia citada	410
Para saber mais	412
Para estudar melhor	413

CAPÍTULO XIII.   DISSOLUÇÃO E LIQUIDAÇÃO DA SOCIEDADE 415

1. Dissolução da sociedade	415
1.1. Generalidades	415
1.2. Dissolução imediata da sociedade	418
1.3. Causas de dissolução administrativa ou por deliberação dos sócios	420

1.4. Causas de dissolução administrativa oficiosa	424
1.5. Forma e registo da dissolução	426
2. Regime jurídico dos procedimentos administrativos de dissolução e de liquidação de entidades comerciais	426
3. Liquidação da sociedade	428
3.1. Noção de liquidação	428
3.2. Modalidades de liquidação	429
3.3. Liquidatários	430
3.4. A partilha do ativo restante e entrega dos bens partilhados	433
3.5. Encerramento da liquidação e extinção da sociedade	434
3.6. Passivo superveniente	434
Bibliografia citada	436
Para saber mais	437
Para estudar melhor	438